U0526556

中国少数民族传统法律文献汇编

ZHONGGUOSHAOSHUMINZU
CHUANTONGFALVWENXIANHUIBIAN

（第四册）

张冠梓 ◎ 编

中国社会科学出版社

总 目 录

第一册　法典法规

第二册　地方法规、乡规民约

第三册　习惯法

第四册　司法文书（一）

第五册　司法文书（二）

第四册　司法文书（一）

目 录

诉状控告书传票判决书批票批照 …………………………（1）
  唐开元某年卖兴胡作人状 …………………………………（1）
  唐某年九月十七日杰谢镇帖为羊户市毛事 ………………（2）
  归化城三村浇灌告示 ………………………………………（2）
  宗教法庭为毛拉肉孜裁决索要土地事 ……………………（3）
  巧尔旁妣妣等三人上诉索要遗产事 ………………………（4）
  阿卜拉海里排遗产继承人偿还债务契约 …………………（5）
  毛拉塔里向阿卜拉海里排索要工钱和欠款事 ……………（6）
  吾守尔阿訇上诉尼亚孜阿訇在伙种地上放牲畜、
    装粮食要求赔偿事 ………………………………………（6）
  吐尔地卡力租给买买提艾山的果园因拒交租金
    起诉书 ……………………………………………………（7）
  阿依夏木控告受继父依明虐待并要求分立门户状 ………（8）
  依布拉音谢赫因麻札瓦合甫地与其他谢赫的
    纠纷事立约 ………………………………………………（8）
  木来达斯喀孜等上告费祖拉阿吉等欠付租种的
    瓦合甫地工钱书 …………………………………………（9）
  阿不都里木因土地已卖光而仍派公粮事禀告肉孜

伯克事 …………………………………………… (9)
巴拉提阿訇等控告新任村长吐尔迪卡力状子 ………… (10)
村民控诉吐尔迪卡力书 ………………………………… (10)
库尔班撤回控告马木提阿吉立约 ……………………… (11)
库尔班阿訇等20余人联合控告村长吐尔迪卡力
　诉状 …………………………………………………… (11)
牙库甫阿訇等撤回控告阿布拉热依斯书 ……………… (12)
邓敬祖山场纠纷判处碑 ………………………………… (12)
为黎民沉冤当雪等事碑 ………………………………… (14)
潘彦成等控告恶棍禀文 ………………………………… (18)
潘日忠等控告禀文 ……………………………………… (19)
潘日忠等控诉催禀文 …………………………………… (20)
潘学禄喊禀词文 ………………………………………… (20)
控告李怀秀买夫田抗供役禀文 ………………………… (21)
控告李怀秀抗供役禀帖 ………………………………… (22)
呈控李怀秀抗供役禀文 ………………………………… (24)
呈控李怀秀抗供役禀文 ………………………………… (26)
大理移居西昌马氏产权诉讼碑 ………………………… (26)
广西罗城县大梧屯吴氏宗祠判词碑 …………………… (28)
蕉岭塘新寨诉状书 ……………………………………… (29)
骆存新案诉讼碑 ………………………………………… (31)
邱太卓案诉讼碑 ………………………………………… (33)
违禁肇事口供录 ………………………………………… (36)
潘天洪上呈书 …………………………………………… (37)
潘天洪再呈要求禁革书 ………………………………… (37)
袁荏麟判决地界书 ……………………………………… (38)
缉拿逃犯传在狱票 ……………………………………… (39)
追捉盗贼传票 …………………………………………… (39)

传票救护月食文 …… (40)
州知事出巡传牌 …… (40)
委用差役须照 …… (40)
提讯传票 …… (40)
添差提拘传票 …… (41)
添差提解传票 …… (41)
提讯传票 …… (41)
通行护照三例 …… (41)
解发回犯人批票 …… (42)
递解批票 …… (42)
护送铜船差票 …… (42)
递解人犯批照 …… (43)
护送俸饷批照 …… (43)
递送公文及解人犯差照 …… (43)
佃耕官田批照 …… (44)
差役催缴砂糖传票 …… (44)
差役催收粮款传票 …… (44)
水目山普贤寺水利诉讼判决碑 …… (45)
广西维新乡万全村争执地产控告及判决文 …… (46)
南丹土州免除下甲河村差役牌照碑 …… (54)
罗阳土县蠲免徭役碑奉立碑记 …… (54)
罗阳土县减税印照碑 …… (55)
张仰具呈姑免息究文 …… (56)
通告给照 …… (56)
凤凰堡地照碑文 …… (57)
定例夫役文契 …… (58)
分派夫马差使文契 …… (58)
重立定例分派差使契 …… (59)

刘继宗帮夫费文契……………………………………（60）
侯玉龙等四人立断夫役契……………………………（60）
魁星楼等征收灯油粮银合同书………………………（61）
侯昌耀收夫钱字契……………………………………（62）
赵鸿飞兄弟推呈谢案文………………………………（62）
黄文隆催呈复名顶替文………………………………（63）
农秀荣推呈禀告文……………………………………（63）
呈复遵令调查梭热村客朱格西等控东生一案文………（64）
奉令拟呈无从遵办请示文……………………………（67）
禀呈公允派差役文……………………………………（68）
抚彝府方山静德寺庄田租佃公判碑（断碑）…………（69）
云南环洲乡五十一村民事判决碑……………………（71）

田产房屋税契差役执照……………………………（77）

蒙古海亮照条一………………………………………（77）
蒙古海亮照条二………………………………………（77）
蒙古海亮照条三………………………………………（78）
蒙古海亮照条四………………………………………（78）
蒙古海亮照条五………………………………………（79）
赵林有土地执照………………………………………（79）
黄显鸿圩地铺屋执照…………………………………（80）
赵二田产执照…………………………………………（81）
赵有成田产执照………………………………………（81）
赵恩光田产执照………………………………………（82）
民黄鸾等三人谢纳照文………………………………（82）
安平州土官颁发土地执照……………………………（83）
赵恒望田产执照………………………………………（84）
赵廷西田产执照………………………………………（85）
农班谢纳执照…………………………………………（85）

农班田产执照 ······················· (86)
农凤田产执照 ······················· (87)
土官出售公山契 ···················· (88)
农二谢纳印照文 ···················· (88)
农二田产执照 ······················· (89)
梁金玉谢纳执照 ···················· (90)
农余旺等谢纳执照 ················· (90)
农二田产执照 ······················· (91)
冯三产业执照 ······················· (92)
农三谢纳印照 ······················· (93)
农仕理等田产执照 ················· (94)
梁慎民屋执照 ······················· (94)
黎卡等执照 ·························· (95)
农檐执照 ····························· (96)
梁廷惠赎田执照 ···················· (96)
黄正昌田产执照 ···················· (97)
黄信田产执照 ······················· (98)
农士昌田产执照 ···················· (98)
农生贵抚屋厅执照 ················· (99)
农生美田产执照 ···················· (100)
农生美赏给田产执照 ·············· (101)
安平土州颁发的执照 ·············· (101)
农成田恳呈税契文 ················· (102)
农崇益税契执照 ···················· (102)
农万珍田产执照 ···················· (103)
农崇儒税契执照 ···················· (104)
赵国政田产执照 ···················· (104)
杜品林佾生执照 ···················· (105)

赵国政赎田执照 …………………………………（106）
　　杜伦美抚婿产业执照 ………………………………（106）
　　农克敏免役批照 ……………………………………（107）
　　潘光耀立退房屋业产书 ……………………………（108）
宗教事务与宗教裁判文书 ……………………………（109）
　　阿里胡孜伯克给礼拜寺捐赠瓦合甫地契约 ………（109）
　　斯拉木巴依为礼拜寺捐瓦合甫地及其官司事立约 …（109）
　　毛拉尼亚孜等人给罕尼卡礼拜寺捐赠瓦合甫地
　　　契约 ………………………………………………（110）
　　叶城宗教法庭裁决米孜拉甫谢赫之子伙西瓦合等
　　　接任谢赫和店主事立约 …………………………（111）
　　依斯冯得亚尔巴依给罕尼卡经文学校捐赠
　　　瓦合甫地契约 ……………………………………（111）
　　教师吐尔地给礼拜寺捐赠瓦合甫地契约 …………（112）
　　莱丽姚姚给经文学校捐赠瓦合甫地契约 …………（113）
　　毛拉阿布杜拉等人为经文学校原清洁夫的3个
　　　儿子继承父职事立约 ……………………………（113）
　　毛拉坎吉艾乌尔西木为礼拜寺捐地契约 …………（114）
　　塔里姚姚遗子遵遗嘱为礼拜寺捐地契约 …………（116）
　　库尔班买买提向礼拜寺捐献房屋、家具
　　　做瓦合甫契约 ……………………………………（116）
　　阿卜拉海里排的继承人向礼拜寺捐瓦合甫地契约 …（117）
　　布维西客从胡赛因巴依的继承人索回土地
　　　仍做经文学校瓦合甫地事立约 …………………（118）
　　米尔托合提和加的子孙向莎车阿肯木伯克呈请
　　　接续和加家谱事 …………………………………（119）
　　千户长热万巴依等立约承认乞为斯玛依勒之子
　　　为清洁夫 …………………………………………（120）

黑依提和加重新立约为经文学校捐瓦合甫地 ………(121)
赛派尔巴依为捐献的礼拜寺瓦合甫地重新立约 ……(122)
肉孜哈里克把自己租种的礼拜寺瓦合甫地和埋着
　其父的地产、树木、房舍交其给叔吾守尔巴依
　经营事立约 ……………………………………(122)
依米提汗继承人为曼苏尔伯克修建的经文学校捐瓦合
　甫地契约 ………………………………………(123)
叶城人贝拉里苏皮为镇上依禅新建的罕尼卡捐瓦合
　甫地契约 ………………………………………(124)
优奴斯王开办的经文学校教师买合木提尼亚孜阿訇出租
　瓦合甫地契约 …………………………………(125)
优奴斯王开办的经文学校学生上诉该校教师不付给学生
　粮食事 …………………………………………(126)
札萨克右亲王给予族人肉孜海里排经文学院教授职称的
　通知 ……………………………………………(126)
宗教法庭补发买合木提尤奴斯伯克遗失的瓦合甫地契
　证明 ……………………………………………(127)
优奴斯王开办的经文学校教师为分配收入事立约 …(127)
伊斯兰阿吉给依禅努尔买买提买合杜木大寺捐瓦合甫地
　契约 ……………………………………………(128)
买买提尼牙孜阿訇给乌布里海山奉献房产等契约 …(128)
托合提布维给肉孜阿訇卖地契约 …………………(129)
艾力阿訇等三人与优奴斯王修建的经文学校为
　水磨事立约 ……………………………………(130)
色提尼布维给黑力木阿吉卖地契约 ………………(130)
叶城托合提阿訇向阿吉奴尔穆罕默德汗依禅和加奉献
　土地契约 ………………………………………(131)
海里排提阿吉向乌布里海山赠送经文学校立约 ……(131)

玉田人托合提阿訇修复经文学校后重新约事 ……… (132)
依禅阿吉木奴尔买买提为宗教事业捐地立约 ……… (133)
阿不都拉阿訇因侮辱经文学校学生忏悔书 ……… (133)
依玛目司马义被控告出卖瓦合甫地事认错书 ……… (134)
优奴斯王修建的经文学校的阿訇们保证管理好
　　校园子立约 ……………………………………… (134)
艾孜米夏合哈拉提给乌布里海山赠地契约 ……… (135)
白合特妣妣等保证不拖欠租种的寺院瓦合甫
　　地租金书 ………………………………………… (136)
乌布里海山买房产归入自己修建的经文学校
　　事立约 …………………………………………… (136)
代吾来提尼亚孜立约按时缴纳租种的瓦合甫
　　地租金 …………………………………………… (137)
莎车县政府裁决优奴斯王开办的经文学院诸教师因瓦合
甫地纠纷事 …………………………………………… (138)
优奴斯王开办的经文学校教师艾布都力巴斯提
　　伯克肉孜阿吉海力排经吐鲁番王伯克的干预
　　恢复教师职务等事 ……………………………… (138)
札萨克亲王给巴斯提伯克教授职务的委任状 ……… (139)
优奴斯王开办的经文学校教师买买提阿吉因瓦合甫地
　　纠纷立约 ………………………………………… (140)
叶城人巴拉提阿吉的两个女儿分配遗产契约 ……… (140)
艾尤甫拜赫提经宗教法庭裁决缴纳麻札瓦合甫
　　地租金契约 ……………………………………… (142)
买买提库旺给塔牙洪卖地契约 ……………………… (142)
海克木阿吉经宗教法庭裁决偿还乌布里海山之
　　子羊只事立约 …………………………………… (143)
乌布里海山的家属为海克木阿吉偿还羊只立约 …… (143)

奴尔阿訇等买得司马义阿訇土地分期付款契约 …… (144)
达吾提阿訇给喀吾孜阿訇卖地契约 …………… (145)
县政府任命沙里大毛拉为麻札谢赫并经营管理
　瓦合甫地的决定 ……………………………… (145)
穆罕默德艾拉洪艾黑来木的后代把土地租给
　托合提阿訇事立约 …………………………… (146)
经文学校穆特外力吐尔地卡力因诬陷阿訇事
　立约赔礼道歉 ………………………………… (147)
经文学校教师赛义德阿訇租用瓦合甫园子立约 …… (148)
牙合甫阿訇典押土地事 ………………………… (148)
优奴斯王修建的经文学校教师马合木德阿吉因朝觐将教学
　任务及自己的园子委托阿布杜巴斯提事立约 …… (149)
伊斯兰协会通知买合木尔等缴纳吾守尔的通知 …… (149)
阿比提阿訇立约按时缴纳礼拜寺瓦合甫地租 …… (150)
塔力克巴拉提阿訇立约缴纳礼拜寺瓦合甫地租金事 … (151)
赛甫纳等退还收买的经文学校瓦合甫地契约 …… (151)
叶城托合提阿訇退还经文学校瓦合甫地契约 …… (152)
吾守尔买买提阿訇立约按时缴纳经文学校瓦合甫
　地租 …………………………………………… (153)
阿布拉布牙克给苏皮阿訇卖地契约 …………… (153)
乃再尔阿訇等退还寺院瓦合甫地事 …………… (154)
铁木耳阿訇加倍偿还礼拜寺瓦合甫地租事 …… (155)
伯祖拉哈吉木立约归还借得经文学校粮食事 …… (155)
尼莎妣妣立约按期缴纳寺院瓦合甫地租金 …… (156)
买合木德阿訇立约缴纳经文学校瓦合甫地租金 …… (156)
哈西木立约按期缴纳经文学校瓦合甫地租金 …… (157)
买买提依明巴依立约按期缴纳经文学校瓦合甫地
　租金 …………………………………………… (157)

库尔班阿訇立约按时缴纳经文学校瓦合甫地租金 …（158）
吾守尔买买提阿訇立约按时缴纳经文学校瓦合甫
　地租金 ……………………………………………（158）
依玛目赛伊丁保证管理好瓦合甫立约 ……………（159）
赛依提艾西热夫租种的优努斯王开办的经文学校
　瓦合甫地缴租契约 ………………………………（160）
海提甫买合苏提等立约按时缴纳经文学校
　瓦合甫地租金 ……………………………………（160）
库尔班阿訇等11人立约按时缴纳寺院瓦合甫地
　租金 ………………………………………………（161）
优奴斯王开办的经文学校增加瓦合甫地地租通知 …（161）
艾则孜阿訇等给维文协会卖地契约 ………………（162）
色依提阿訇等给维文协会卖房、地契约 …………（162）
宗教法庭任命经文学校财务管理长告示 …………（163）
玉素甫阿訇租寺院瓦合甫地、房按时缴租证明 ……（164）
曼立克巴依租种瓦合甫地契约 ……………………（164）
阿布杜力提甫和加等让原清洁夫之子继任父职的
　决定 ………………………………………………（165）
吐尔地租种瓦合甫地契约 …………………………（165）
玉素甫阿訇等因侵占他人房、地事立悔过书 ……（166）
则乃甫布维离婚不要依代提事立约 ………………（167）
苏皮阿吉木的继承人分配遗产事 …………………（167）
米吉提汗因侵占他人土地立悔过书 ………………（168）
叶城镇政府任命沙里喀孜阿訇任经文学校教师
　仍兼谢赫书 ………………………………………（169）
阿依夏姆妣妣给经文学校捐赠瓦合甫地契约 ……（169）
买买提色依提伯克请人代往朝觐交送拜毡契约 …（170）
哈提甫喀孜给艾伯都拉卖地契约 …………………（170）

吐拉阿吉木等给艾贝杜拉·买合苏木等卖地契约 … (171)
色依提阿訇代其女儿立约离婚 ……………………… (172)
吾守尔阿訇等为破坏树木赔礼道歉立约 …………… (172)
买买提尼牙孜巴依等为牲口吃麦子赔礼道歉立约 … (173)
沙代提汗、卡斯木阿訇因离婚纠纷向宗教法庭立
　誓言 …………………………………………………… (173)
托合塔阿訇等将苇池赠送经文学校做瓦合甫事
　立约 …………………………………………………… (174)
玉素甫阿訇给经文学校捐赠瓦合甫地契约 ………… (175)
依沙木丁依玛目将寺院瓦合甫地出租契约 ………… (176)
买买提因土地纠纷经宗教法庭裁决后立约 ………… (176)
马木提阿訇等将本村荒地卖给阿不拉买合苏木事
　立约 …………………………………………………… (177)
依斯拉木阿訇因侵占经文学校瓦合甫财产立
　悔过书 ………………………………………………… (178)
哈提甫阿不杜瓦里等将寺院瓦合甫地出租给依明
　阿訇事立约 …………………………………………… (178)
阿布杜哈里木的继承人给艾布都来海依出卖遗产
　事立约 ………………………………………………… (179)
阿不杜瓦里依玛目等将经文学校瓦合甫地出租给
　依明阿訇事立约 ……………………………………… (180)
依明阿訇给艾比不拉艾来木的儿子卖地契约 ……… (180)
乌斯曼阿吉给艾比不拉艾来木卖地契约 …………… (181)
沙依木阿訇立约按时缴纳租种经文学校瓦合甫
　地租事 ………………………………………………… (181)
阿依夏木妣妣租种寺院瓦合甫地契约 ……………… (182)
海木杜拉买合苏木因前妻遗产纠纷前往宗教法庭
　裁决立约 ……………………………………………… (182)

神判书悔过书 (184)

　　白门潘氏神控鸣冤文 (184)

　　廖□□神控书牒 (185)

　　韦茂旺洗心革面悔过书 (186)

　　潘日昌悔过戒约 (186)

　　廖玉贵等悔恶从善保证书 (187)

　　廖杨刚父子悔过书 (188)

　　潘昌龙悔过休恶书 (189)

　　廖金龙休心悔改书 (189)

　　潘学禄休息杜后书 (190)

　　潘学六悔休书 (191)

　　廖杨冈等神判书 (192)

婚姻赡养抚养收养逐革书 (194)

　　侯玉龙等具结保证书 (194)

　　廖弟领等息事合同书 (194)

　　黄河平离婚书 (195)

　　潘内瑶族退婚书 (196)

　　农徽纯续弦书契 (197)

　　王启义卖妻契约 (197)

　　廖正旺膳老书 (198)

　　廖良老继承奉养文契 (199)

　　廖弟林招赘抚业产契 (199)

　　廖良老受业抚养文契 (200)

　　潘学荣等分居合同书 (201)

　　侯金汉财产清单合同书 (202)

　　逐革潘日昌字契 (203)

　　潘福喜不受业产字契 (204)

买卖契约 (206)

李节卖房约 …………………………………………… (206)

唐大历十六年杰谢合川百姓勃门罗济卖野驼契 …… (206)

兀女浪杰典麦契 …………………………………… (208)

刘折兀埋典麦契 …………………………………… (208)

康吃□典麦契 ……………………………………… (209)

吃□□□典麦契 …………………………………… (209)

夜贺尼典麦契 ……………………………………… (210)

夜利那征布典麦契 ………………………………… (210)

夜某典(麦)契 ……………………………………… (211)

某人典麦契(甲) …………………………………… (211)

某人典麦契(乙) …………………………………… (212)

某人典麦契(丙) …………………………………… (212)

某人折典麦契 ……………………………………… (213)

高丽国僧世贤买地券 ……………………………… (213)

寡妇耶和氏宝引母子卖地房契 …………………… (214)

哈剌火州阿体卖奴草契 …………………………… (215)

哈剌火州阿体卖奴正契 …………………………… (217)

哈剌火州薛赛大师买奴红契 ……………………… (218)

苦叉(库车)土尔迷失的斤卖田园房屋契 ………… (219)

巴比卖房地产契 …………………………………… (221)

敦煌腊赞卖儿马契约 ……………………………… (222)

和加纳斯尔和加的遗族给优奴斯王卖房、地、
　树木契约 ………………………………………… (222)

杜来提江巴依代人转卖土地、房屋、院落事立约 … (223)

沙木沙克苏皮给阿卜拉海里排卖地契约 ………… (224)

巧尔旁妣妣给吐尔地和加卖地契约 ……………… (224)

毛拉奴肉孜给哈洁尔阿依拉卖地契 ……………… (225)

吐尔地尼牙孜托乎提之子给热合买提阿訇卖地

契约 …………………………………………………（225）
毛拉塔里代表麦斯托热和加的继承人和撒拉和加的
　继承人给依斯拉木和加卖地契约 ……………………（226）
如斯坦木和加等出卖水磨及设施与毛拉尤素夫
　立约 …………………………………………………（227）
毛拉沙比提之子给其长子木哈买提艾里阿訇
　卖地契约 ……………………………………………（227）
阿布杜赛买提给牙库甫和加卖地契约 ………………（228）
托乎提吐尔地给买斯提莱姒姒卖房契约 ……………（228）
苏皮阿訇等给其兄艾布都来海依汗卖遗产契约 ……（229）
毛拉哈克木阿訇的继承人给莎车人毛拉肉孜卖地产、
　房院契约 ……………………………………………（229）
海拜姒姒给依禅买合苏木卖房产契约 ………………（230）
哈瓦孜阿訇卖房产给米吉提买合苏木契约 …………（231）
买买提尼亚孜给耶克亚和加卖地契约 ………………（231）
穆罕默德色衣提阿訇委托乌布里海山卖地书 ………（232）
依斯拉木依力给阿依夏木姒姒卖地契约 ……………（232）
热合买提阿訇将土地卖给其兄契约 …………………（232）
库尔班色卡给乌布里海山卖地、房产契约 …………（233）
买买提司迪克给乌布里海山卖地契约 ………………（234）
疏附县亚库甫阿訇转卖乌布里海山房产事立约 ……（234）
阿卡依力布维给乌布力海山卖地契约 ………………（235）
肉孜买买提阿訇给乌布力海山卖地契约 ……………（235）
巴克阿訇给乌布力海山卖地契约 ……………………（236）
吐尔地库杰克给叶城努尔买买提汗阿吉卖地契约 …（236）
吐尔逊姒姒等给买买提尼亚孜阿吉出卖房产契约 …（237）
叶城人玉素甫给沙依提伯克卖地契约 ………………（238）
亚库甫托合提卡尔台给乌布力海山卖地契约 ………（238）

马木提托合提等给乌布里海山卖土地、草场契约……(239)
塔西图木耳阿吉及妻给乌布里海山卖房契约………(239)
铁木耳阿訇给乌布里海山卖地契约………………(240)
阿不都里艾里木阿訇给东干人艾卜都里
　汗卖地契约……………………………………(240)
哈米提库尔班给依都里德阿吉卖地契约…………(241)
买合苏木汗给艾布都来海依卖地契约……………(241)
依布杜艾来木给依布杜海阿吉卖地契约…………(242)
艾布都力艾力木为付债出卖土地房产契约………(243)
艾布都力艾力木给且末人艾布都来海依汗
　阿吉卖地契约…………………………………(243)
买买提阿訇给艾布都来海依阿吉卖地契约………(244)
沙比提阿訇给赛里木哥卖草地契约………………(245)
依明阿訇孔达克给买斯图热妯妯等卖地契约……(245)
乌布里海山之子苏皮阿訇与其兄换地契约………(246)
热赫木阿訇与且末的艾布都来海依汗对换
　土地契约………………………………………(246)
乌布里海山之妻和女儿出卖房产契约……………(246)
艾卜杜艾力给艾布都来海依汗卖地契约…………(247)
艾沙阿訇代理买木乃海尼木与艾布都来海依
　汗换地契约……………………………………(247)
艾布都来海依汗与其弟苏皮阿訇对换土地契约…(248)
艾布都力卡里木给艾布都来海依卖地契约………(249)
艾合买提给沙依提卖地契约………………………(249)
木沙洪买买提衣力瓦尔迪之子给叶城马木提
　汗卖地契约……………………………………(250)
艾白都拉阿訇给苏皮阿訇卖地契约………………(250)
阿布力孜给其兄阿布拉卡力卖地契约……………(251)

海杰尔妣妣将地契转交苏菲阿訇立约 …………… (251)
伊明吾赫里吐尔地卖地契约 …………………… (252)
库尔班阿訇给艾布都来海依汗卖地契约 ………… (252)
海提甫依布拉音卖地契约 ………………………… (253)
苏皮阿訇给艾布都来海依阿吉卖地契约 ………… (254)
吐尔逊巴依之子苏菲阿訇给艾布都来海依阿吉
　卖地契约 ………………………………………… (254)
阿依夏姆汗给艾布杜来海依阿吉卖地契约 ……… (255)
吐尔逊库斯给艾布都来海依卖地契约 …………… (255)
买买提尼牙孜给其母卖牧场契约 ………………… (256)
吐尔地巴依给热依斯阿訇卖地契约 ……………… (257)
赛买提阿訇与克默尔妣妣换地契约 ……………… (257)
买买提托合提转卖土地契约 ……………………… (257)
司马义阿訇等给苏皮阿訇和加卖地契约 ………… (258)
米吉提尼牙孜给阿布杜拉阿吉卖水磨契约 ……… (259)
苏来曼和加换地契约 ……………………………… (259)
买买提吐尔逊给艾布都来海依汗卖地契约 ……… (260)
买买提卡斯木等给吐尔逊阿訇卖地契约 ………… (260)
买买提赛义德依布拉音等给艾布都来海依汗
　卖房契约 ………………………………………… (261)
艾布都艾力木阿吉给艾布都来海依汗转卖
　土地契约 ………………………………………… (262)
则乃白汗向阿吉阿訇出卖遗产契约 ……………… (262)
则乃白汗向艾布都来海依汗出卖遗产契约 ……… (263)
买买提尼牙孜给阿依夏木汗卖水磨契约 ………… (264)
买买提尼牙孜给阿依夏木汗卖水磨契约 ………… (264)
买买提尼牙孜给艾布都来海依出卖水磨契约 …… (265)
依米提尼牙孜给阿依夏木卖水磨事立约 ………… (266)

吐尔地买阿依夏木水磨事立约 …………………………（266）
尤素甫阿訇等给牙生阿訇卖地契约 …………………（267）
曾趾麟卖田契 ……………………………………………（268）
李辉卖田契约 ……………………………………………（268）
黄陈卖地契约 ……………………………………………（269）
梁里卖畲地契约 …………………………………………（269）
永卖畲地契约 ……………………………………………（270）
农文忠卖筋竹契约 ………………………………………（270）
农文忠卖树木契约 ………………………………………（271）
王班典当田契约 …………………………………………（272）
黄南福卖畲地契约 ………………………………………（272）
陈何金卖河契约 …………………………………………（273）
黄飚卖田契约 ……………………………………………（274）
汤光显卖木契约 …………………………………………（274）
梁富卖塘契约 ……………………………………………（275）
黄成隆卖田契约 …………………………………………（275）
黄将卖畲地契约 …………………………………………（276）
黎葱卖田契约 ……………………………………………（277）
黄庄卖畲地契约 …………………………………………（278）
李仕隆永卖畲地契约 ……………………………………（278）
黄暖黄庄永卖房屋契约 …………………………………（279）
农严永远卖田契约 ………………………………………（279）
梁宴卖田契约 ……………………………………………（280）
李恬卖田契约 ……………………………………………（281）
许显三卖田契约 …………………………………………（282）
黄将卖田契约 ……………………………………………（282）
许志进卖田契约 …………………………………………（283）
袁莅爵卖田契约 …………………………………………（284）

梁二姑卖屋契约 …………………………………… (284)
黄花卖畲地契约 …………………………………… (285)
赵毓秀卖田契约 …………………………………… (286)
刘恒扬卖田契约 …………………………………… (286)
黎父完卖田契约 …………………………………… (287)
姜里卖畲田契约 …………………………………… (288)
黄狮卖地契约 ……………………………………… (289)
黄何帝卖地屋契约 ………………………………… (289)
黄连卖田契约 ……………………………………… (290)
黎崇礼卖畲地契约 ………………………………… (291)
黎崇权卖田契约 …………………………………… (291)
农耕盛卖田契约 …………………………………… (292)
姝兄娘卖田契约 …………………………………… (292)
赵必冠退田契约 …………………………………… (293)
姜仕清卖田契约 …………………………………… (294)
黎崇理卖田契约 …………………………………… (294)
黎崇贤卖田契约 …………………………………… (295)
黄姝二永卖田契约 ………………………………… (295)
黎崇贤卖畲地契约 ………………………………… (296)
黎崇理永远卖田契约 ……………………………… (297)
黎崇理卖畲地契约 ………………………………… (297)
袁苤纪卖地基契约 ………………………………… (298)
黄念卖田契约 ……………………………………… (298)
黎崇贤永远卖田契约 ……………………………… (299)
黎崇理卖田契约 …………………………………… (300)
黎崇贤卖田契约 …………………………………… (301)
袁苤麟卖地基契约 ………………………………… (302)
赵龙直卖田契约 …………………………………… (302)

赵必冠退赎田契约 …………………………………… (303)

赵龙积卖田契约 ……………………………………… (304)

高何包卖铺地契约 …………………………………… (304)

农克明卖田契约 ……………………………………… (305)

农永安换新契纸 ……………………………………… (306)

梁庭元卖田契约 ……………………………………… (307)

黎枝贞卖田契约 ……………………………………… (308)

袁玉堂卖田契约 ……………………………………… (309)

黄何太卖竹木契约 …………………………………… (309)

赵必免卖田契约 ……………………………………… (310)

农乐成卖畬地契约 …………………………………… (311)

方成玉卖畬地契约 …………………………………… (311)

曾趾麟卖田契约 ……………………………………… (312)

黎伙主卖田契约 ……………………………………… (312)

冯赐福卖地基契约 …………………………………… (313)

曾一理卖瓦屋契约 …………………………………… (314)

曾一理又卖瓦屋契约 ………………………………… (314)

农余瑶验契执照 ……………………………………… (315)

赵必冠卖田契约 ……………………………………… (316)

农世忠换新契纸 ……………………………………… (316)

农世忠验契执照 ……………………………………… (317)

农振光卖田契纸 ……………………………………… (318)

农振光永卖田契约 …………………………………… (319)

农秀荣卖田契约 ……………………………………… (320)

农庆余卖木契约 ……………………………………… (320)

方荣恩卖竹木契约 …………………………………… (321)

杜品林买得膳田契约 ………………………………… (322)

李子周卖田契约 ……………………………………… (322)

方荣产卖竹契约 …………………………………… (323)
李德普卖田契约 …………………………………… (324)
梁修业卖畲地契约 ………………………………… (324)
李德普断卖田契约 ………………………………… (325)
李德普断卖契纸 …………………………………… (326)
李珆卖田契约 ……………………………………… (327)
赵必免永远卖田契约 ……………………………… (328)
赵启英验契执照 …………………………………… (328)
李竜卖田契约 ……………………………………… (329)
姜善宇、银花兄弟卖木契 ………………………… (330)
姜凤章卖山契 ……………………………………… (330)
姜文华卖田契 ……………………………………… (331)
姜保该、启才卖田契 ……………………………… (331)
姜银启三卖木契 …………………………………… (332)
姜老岩卖仓厰契 …………………………………… (332)
姜应保卖田契 ……………………………………… (333)
姜兴宇卖田契 ……………………………………… (333)
姜老六卖田契 ……………………………………… (334)
姜文彬卖田契 ……………………………………… (334)
姜老睨三卖木并山契 ……………………………… (335)
姜应保卖田契 ……………………………………… (335)
姜老管、老岩卖田契 ……………………………… (336)
姜士凤卖荒田契 …………………………………… (336)
朱崇山卖地契 ……………………………………… (337)
姜纹三卖田契 ……………………………………… (337)
姜映交卖木契 ……………………………………… (338)
朱国丙、姜祥宇卖山契 …………………………… (338)
姜今保、老年父子卖木契 ………………………… (338)

朱老连卖木并山契 …………………………………… (339)

陈什生卖田契 ………………………………………… (339)

姜周文卖田契 ………………………………………… (340)

姜映交卖田契 ………………………………………… (340)

姜映交卖田契 ………………………………………… (341)

姜九毛、老生父子卖屋基契 ………………………… (341)

姜引声卖菜园契 ……………………………………… (342)

姜今五、今三兄弟卖田契 …………………………… (342)

姜国政卖山契 ………………………………………… (343)

姜甫周卖木契 ………………………………………… (343)

姜老远、九唐卖木契 ………………………………… (343)

姜国政卖山契 ………………………………………… (344)

巫香科卖山契 ………………………………………… (344)

姜廷俊、老三兄弟卖田契 …………………………… (345)

姜甫乡卖田契 ………………………………………… (345)

姜周杰、任印生卖山契 ……………………………… (346)

姜老剪卖山契 ………………………………………… (346)

姜启泰卖山契 ………………………………………… (347)

姜岳保卖田契 ………………………………………… (347)

姜启贵、启琏兄弟卖田契 …………………………… (348)

姜老令、老路卖山契 ………………………………… (348)

姜周培卖田契 ………………………………………… (348)

姜廷智卖田契 ………………………………………… (349)

龙光林卖田契 ………………………………………… (349)

姜相周、老领父子卖木契 …………………………… (350)

姜文照等卖田契 ……………………………………… (350)

姜映元卖田契 ………………………………………… (351)

姜福生、陆生兄弟卖田契 …………………………… (351)

姜文甫卖田契 …………………………………………… (352)

姜文甫卖田契 …………………………………………… (352)

姜文甫、文邱卖木并山契 ………………………………… (353)

李安远等卖木契 ………………………………………… (353)

姜绍魁卖山契 …………………………………………… (354)

范学奇卖田契 …………………………………………… (354)

范锡畴卖木契 …………………………………………… (355)

龙绍成卖木契 …………………………………………… (355)

龙仕吉、仕清兄弟卖田契 ………………………………… (356)

龙仕吉、仕清卖木契 ……………………………………… (356)

姜环德、朝相卖木契 ……………………………………… (357)

姜万年卖木契 …………………………………………… (357)

姜通义等卖木并山契 ……………………………………… (358)

姜绍宗卖木契 …………………………………………… (359)

姜光儒、老少兄弟卖田契 ………………………………… (359)

范玉堂等叔侄卖木契 ……………………………………… (360)

姜绍祖卖木契 …………………………………………… (360)

范绍涵卖木契 …………………………………………… (361)

范绍廉卖木契 …………………………………………… (361)

范绍涵卖山契 …………………………………………… (362)

陈龙磅卖木契 …………………………………………… (362)

姜映科等卖木契 ………………………………………… (363)

姜廷元卖山契 …………………………………………… (363)

龙卧姑卖田契 …………………………………………… (364)

李必望卖木契 …………………………………………… (364)

姜光儒、光玉兄弟卖木契 ………………………………… (365)

姜相周、老领父子卖木契 ………………………………… (365)

刘得兴卖木契 …………………………………………… (366)

姜卓卖木契 …………………………………… (366)

姜映辉买田连契 ……………………………… (366)

姜玉兴、远昌卖山契 ………………………… (368)

姜老通卖山契 ………………………………… (368)

范咸宗等卖木契 ……………………………… (369)

龙廷彩、廷振卖山契 ………………………… (369)

姜老交、老□兄弟卖木契 …………………… (370)

范维远卖木契 ………………………………… (370)

范绍昭等卖木契 ……………………………… (371)

姜昌盛、福绞父子卖木契 …………………… (371)

姜孟九等卖山契 ……………………………… (372)

姜保富卖山契 ………………………………… (372)

姜朝顺、老华叔侄卖木契 …………………… (373)

姜绍祖卖田契 ………………………………… (373)

姜天九父子卖木契 …………………………… (374)

范福镇卖山契 ………………………………… (374)

姜某某卖木契 ………………………………… (375)

姜祥楼、开文父子卖木契 …………………… (375)

刘老你兄弟卖木契 …………………………… (376)

姜长生兄弟等卖木契 ………………………… (376)

姜光儒、光玉兄弟卖木契 …………………… (377)

姜本坤卖田契 ………………………………… (377)

范绍田卖木契 ………………………………… (378)

范绍田等卖木契 ……………………………… (378)

范咸宗等卖木契 ……………………………… (379)

范维远卖木契 ………………………………… (380)

姜士模卖田契 ………………………………… (380)

姜绍祖等卖木契 ……………………………… (381)

姜魁元卖田契 …………………………………（382）
姜魁元卖田契 …………………………………（382）
姜朝贵卖木契 …………………………………（382）
姜万华卖山契 …………………………………（383）
姜朝贵卖田契 …………………………………（383）
姜田包卖木契 …………………………………（384）
李万明卖山契 …………………………………（384）
杨宗成卖木契 …………………………………（385）
杨永成父子卖木契 ……………………………（385）
姜保章卖山契 …………………………………（386）
姜文焕卖木契 …………………………………（386）
姜光儒卖田契 …………………………………（387）
龙廷彩卖山契 …………………………………（387）
范宗尧、梅姑父女卖木契 ……………………（388）
姜映荣等卖山契 ………………………………（388）
姜连卖田契 ……………………………………（389）
姜寿元卖木契 …………………………………（390）
姜映辉等买山契 ………………………………（390）
姜国衡等卖山契 ………………………………（390）
姜连中、福中卖山契 …………………………（391）
姜有凤、七生母子卖木契 ……………………（391）
姜述昌卖田契 …………………………………（392）
姜世琏卖田契 …………………………………（392）
姜之豪等换田契 ………………………………（393）
龙朝显、天林兄弟卖木契 ……………………（393）
龙廷彩卖山契 …………………………………（394）
姜本伸卖荒地契 ………………………………（394）
姜宗玉卖木契 …………………………………（395）

姜凤桥、映桥兄弟卖木契 …………………………………（395）
姜大受卖山契 ……………………………………………（396）
姜时泰卖田契 ……………………………………………（396）
姜朝聘卖山契 ……………………………………………（396）
姜相林、七星兄弟卖田契 ………………………………（397）
姜卧女卖木契 ……………………………………………（397）
姜绍周卖木契 ……………………………………………（398）
姜朝顺等换地基合同 ……………………………………（398）
范献瑶卖木契 ……………………………………………（399）
姜昌荣卖山契 ……………………………………………（399）
朱达泗卖田契 ……………………………………………（400）
姜老龙、老凤兄弟卖山契 ………………………………（400）
姜氏楼真卖田契 …………………………………………（401）
李绍璜父子卖山契 ………………………………………（401）
姜宏章卖山契 ……………………………………………（402）
姜三火父子叔侄卖木契 …………………………………（402）
姜宗智卖木并山契 ………………………………………（403）
姜氏有凤、七星母子卖木契 ……………………………（403）
龙应九父子卖木契 ………………………………………（404）
龙老孝、老四卖木契 ……………………………………（404）
姜氏柳真卖田契 …………………………………………（405）
姜七生卖木契 ……………………………………………（405）
姜朝胡卖木契 ……………………………………………（406）
姜士模卖鱼塘契 …………………………………………（407）
姜昌凌兄弟卖田及山契 …………………………………（407）
龙引辉父子卖田契 ………………………………………（408）
姜绍齐买田连契 …………………………………………（408）
姜士模卖田契 ……………………………………………（409）

范乔四、老丙兄弟卖木契 …………………………………… (409)

姜氏叱音、相廷母子卖山契 ………………………………… (410)

干榜地买卖连契 ……………………………………………… (411)

龙长生卖山契 ………………………………………………… (412)

姜玉才父子卖木契 …………………………………………… (412)

姜光训、光主兄弟卖田契 …………………………………… (413)

姜宗连兄弟卖木契 …………………………………………… (413)

姜宏章卖山契 ………………………………………………… (414)

姜昌厚卖木契 ………………………………………………… (414)

龙文彪卖树契 ………………………………………………… (415)

姜怀德卖山契 ………………………………………………… (415)

姜老卯、老引卖木契 ………………………………………… (416)

姜连寿卖木契 ………………………………………………… (416)

姜相清等卖木契 ……………………………………………… (417)

肖廷彩卖木契 ………………………………………………… (417)

姜宏章卖山契 ………………………………………………… (418)

姜之美兄弟卖田契 …………………………………………… (418)

姜朝广等卖田契 ……………………………………………… (419)

姜济盛等卖田契 ……………………………………………… (419)

姜昌俊等卖木并山契 ………………………………………… (420)

姜未乔等卖地基契 …………………………………………… (420)

姜氏林氏等卖田契 …………………………………………… (421)

姜通敬卖田契 ………………………………………………… (421)

姜□美兄弟卖田契 …………………………………………… (422)

姜朝广、万兴兄弟卖田契 …………………………………… (422)

姜宏章卖山契 ………………………………………………… (423)

龙朝显卖田契 ………………………………………………… (423)

姜昌俊卖山契 ………………………………………………… (424)

范献瑶卖地契 …………………………………………… (424)

李魁卖田契 ……………………………………………… (424)

龙文忠卖油树契 ………………………………………… (425)

罗老龙卖木契 …………………………………………… (425)

姜必显卖木契 …………………………………………… (426)

姜氏香矫、开怡母子卖田契 …………………………… (426)

姜氏香矫、开怡母子卖田契 …………………………… (427)

姜显祖等卖木契 ………………………………………… (428)

姜开贵等卖田契 ………………………………………… (428)

姜昌后卖菜园契 ………………………………………… (429)

姜氏香矫、开怡母子卖田契 …………………………… (429)

姜万年卖木契 …………………………………………… (430)

姜昌远兄弟卖木契 ……………………………………… (430)

姜朝广、光谨叔侄卖山契 ……………………………… (431)

杨枝一卖田契 …………………………………………… (431)

姜光模卖田契 …………………………………………… (432)

姜光模卖木契 …………………………………………… (432)

龙玉宏卖木契 …………………………………………… (433)

龙文顺等卖山契 ………………………………………… (433)

姜开科等卖木并山契 …………………………………… (433)

范献连父子卖田契 ……………………………………… (434)

姜启智等卖山契 ………………………………………… (435)

姜老生等卖木契 ………………………………………… (435)

玉宏卖木契 ……………………………………………… (436)

姜光模卖田契 …………………………………………… (436)

姜遇魁卖木契 …………………………………………… (437)

姜光照卖木契 …………………………………………… (437)

姜光宗卖田契 …………………………………………… (438)

姜朝望父子卖山契 …………………………………… （438）

李如兰卖山契 ………………………………………… （439）

李如葵卖木契 ………………………………………… （439）

姜光禹父子卖田契 …………………………………… （441）

李开弟等卖木契 ……………………………………… （441）

姜天祥等卖木契 ……………………………………… （442）

龙士宠卖木契 ………………………………………… （442）

姜凌汉等卖田契 ……………………………………… （443）

姜凌汉等卖田契 ……………………………………… （443）

范德政父子卖木契 …………………………………… （443）

陆春华卖田契 ………………………………………… （444）

李正明、姜连寿卖木契 ……………………………… （444）

姜绞生卖木契 ………………………………………… （445）

姜老霞卖木契 ………………………………………… （445）

范献璧父子卖山契 …………………………………… （446）

李如莲卖木契 ………………………………………… （446）

姜庚酉卖木契 ………………………………………… （447）

姜熙翱卖木契 ………………………………………… （448）

李绍璜父子卖木契 …………………………………… （448）

姜光典卖田契 ………………………………………… （449）

李绍璜父子等卖木契 ………………………………… （449）

姜开儒卖田契 ………………………………………… （450）

姜相儒卖山契 ………………………………………… （451）

姜昌后等卖木契 ……………………………………… （451）

龙绍宾卖木契 ………………………………………… （452）

姜老福卖木契 ………………………………………… （452）

姜凌汉等卖木契 ……………………………………… （453）

姜凌有卖山契 ………………………………………… （454）

姜壬午等卖木契 …………………………………（454）
姜光典卖山契 ……………………………………（455）
姜门李氏、姜凌云祖孙卖木契……………………（455）
姜朝广卖山契 ……………………………………（456）
姜光照卖木契 ……………………………………（456）
姜光绪卖山契 ……………………………………（457）
姜朝广卖山契 ……………………………………（458）
姜本善卖木契 ……………………………………（458）
姜本美卖木契 ……………………………………（459）
姜开儒卖田契 ……………………………………（459）
姜老惟卖木契 ……………………………………（460）
姜开儒卖田契 ……………………………………（460）
姜氏辰妙等卖木契 ………………………………（461）
姜老齐卖木契 ……………………………………（461）
姜老贵卖木契 ……………………………………（462）
姜开二等卖田契 …………………………………（463）
姜相廷卖木契 ……………………………………（463）
龙昌贵父子卖菜园契 ……………………………（463）
李绍黄父子卖山契 ………………………………（464）
姜相儒卖田契 ……………………………………（464）
姜凌霄卖木契 ……………………………………（465）
姜凌霄卖木契 ……………………………………（465）
兆鲤卖田契 ………………………………………（466）
龙士吉、光渭卖木契………………………………（466）
姜老主、老平卖木契………………………………（467）
姜凌汉、凌青卖木契………………………………（468）
姜天祥父子卖木契 ………………………………（468）
姜凌汉、凌青兄弟卖木契…………………………（469）

龙文甫、光渭佃契 …………………………………………（469）
吴凤乔卖田契 ……………………………………………（469）
范长寿、富乔卖木契 ……………………………………（470）
姜保三卖木契 ……………………………………………（471）
李如兰等卖木契 …………………………………………（471）
姜本洪卖田契 ……………………………………………（471）
姜本洪卖田契 ……………………………………………（472）
姜绍宏卖木契 ……………………………………………（473）
龙绞灵卖木契 ……………………………………………（473）
姜松佰母子卖田契 ………………………………………（474）
姜本洪等卖木契 …………………………………………（474）
姜玉兴父子等卖地基契 …………………………………（475）
姜本洪卖荒坪契 …………………………………………（475）
姜开杰卖田契 ……………………………………………（476）
姜老根卖木契 ……………………………………………（476）
姜昌义卖木契 ……………………………………………（477）
姜光宗卖木契抄件 ………………………………………（477）
姜相弼卖山契 ……………………………………………（478）
姜戴长等卖屋契 …………………………………………（478）
舒昌麟、志礼叔侄卖木契 ………………………………（479）
潘元兴卖田契 ……………………………………………（479）
杨昌甲等卖木契 …………………………………………（480）
台老九卖地基契 …………………………………………（480）
杨昌甲卖木契 ……………………………………………（481）
李老明父子卖木契 ………………………………………（481）
姜光清父子卖木契 ………………………………………（482）
姜钟述卖木契 ……………………………………………（483）
姜钟泰卖木契 ……………………………………………（483）

姜老宗、龙万宗卖木契 …………………………………… （483）

姜老条卖木契 …………………………………………… （484）

龙松茂卖木契 …………………………………………… （484）

龙作林卖木契 …………………………………………… （485）

杨老保卖木契 …………………………………………… （485）

姜正诚卖木契 …………………………………………… （486）

姜老德卖地基契 ………………………………………… （486）

姜乔生、来生卖地基契 ………………………………… （487）

姜世清卖地基契 ………………………………………… （487）

姜世臣卖田契 …………………………………………… （488）

台言发兄弟卖菜园契 …………………………………… （488）

姜世臣、世美转让山场契 ……………………………… （489）

姜登高卖田契 …………………………………………… （489）

姜老德卖地基并屋契 …………………………………… （490）

姜登选卖田契 …………………………………………… （491）

姜世□卖田契 …………………………………………… （491）

姜登选菜园换山场契 …………………………………… （492）

姜世臣卖地基契 ………………………………………… （492）

姜世臣卖仓宇并地基契 ………………………………… （493）

姜世官等卖木契 ………………………………………… （493）

杨昭洪卖仓宇契 ………………………………………… （494）

姜登沅卖木契 …………………………………………… （494）

姜门李氏、凌云祖孙卖田官契 ………………………… （495）

姜登儒卖木并山契 ……………………………………… （496）

姜登焕卖木契 …………………………………………… （496）

姜登选卖园基契 ………………………………………… （497）

姜登悌卖木契 …………………………………………… （497）

姜熙豪等卖木契 ………………………………………… （498）

姜登宰等卖地基契 …………………………………………（499）

姜登儒等卖木契 ……………………………………………（499）

姜世美等卖田契 ……………………………………………（499）

姜登宰卖田契 ………………………………………………（500）

姜氏彩元等卖塘契 …………………………………………（501）

朱家振等卖木并山契 ………………………………………（501）

朱家根卖木契 ………………………………………………（501）

姜登科等卖塘契 ……………………………………………（502）

吾苴加添文约 ………………………………………………（502）

里由奴卖山场契约 …………………………………………（503）

国日加添文约 ………………………………………………（504）

和小瓦三卖山地文约 ………………………………………（504）

和桂卖前程文约 ……………………………………………（505）

和瓦三妻田文约 ……………………………………………（505）

和阿恒卖山地文约 …………………………………………（506）

李德泰卖干地文约 …………………………………………（506）

廖正旺卖断田契 ……………………………………………（507）

廖金贵卖田契 ………………………………………………（507）

潘学美卖田契 ………………………………………………（508）

廖弟广卖断山场文契 ………………………………………（508）

廖弟埠换山合同书 …………………………………………（509）

潘学海卖断田契 ……………………………………………（509）

贡胜绿卖断水田契 …………………………………………（510）

潘学美卖田契约 ……………………………………………（510）

潘内瑶族卖田契约 …………………………………………（511）

侯金傍卖禾仓契 ……………………………………………（512）

潘日皎卖断山场契 …………………………………………（512）

廖正旺卖断菜园契约 ………………………………………（513）

廖正喜立架设枧槽契据 …………………………………… (513)
潘大福卖断水田契 ………………………………………… (514)
潘弟湘补约田契 …………………………………………… (515)
潘昌元禀状归赎田产文 …………………………………… (515)
陆本义等批山契约 ………………………………………… (516)
陆运宗等批山契约 ………………………………………… (517)
茶城乡瑶族批山契约 ……………………………………… (518)
姜盛荣卖地屋契约 ………………………………………… (520)

诉状控告书传票判决书批票批照

唐开元某年卖兴胡作人状①

（一行）作人兴胡门□

（二行）牒：被问得牒称：□

（三行）答：其胡不是细门□

（四行）于此市用小练肆□□

（五行）亦不是恶人及本□

（六行）虚妄，请求受重罪谨□□

（七行）被问依实，谨牒。（押）

---

① 唐开元某年卖兴胡作人状与唐某年九月十七日杰谢镇帖为羊户市毛事摘自乜小红著《俄藏敦煌契约文书研究》，上海古籍出版社 2009 年版。

本件为俄藏 Дх. 02826 号，图版见《俄藏敦煌文献》第十册第七八页。《俄藏敦煌文献》定题是"开元某年牒状"，据第三—四行"其胡……于此市用小练肆……"文推断，是申述此兴胡作人乃是从市上用小练四十疋买得。此件虽不是直接的买卖契，却是一件与买卖契约有关的买卖作人审问笔录，是对作为作人身份的"兴胡"来源作的调查，即审问牒，其内容反映了当时买卖作人的实情。唐朝政府对买卖奴婢、作人有严格限制和法律规定。本件第二—三行顶部有残印痕一半，字迹难辨，又通过第七行末笔录吏员的签押符号，曾见于吐鲁番出土文书。由此可知，本件实出自唐西州。

注：

一、"兴胡"：兴指兴生利之意，兴胡，多指经商兴利之胡人，或称兴生胡、商胡。此处之兴胡，乃对一般胡人的称呼。

二、"此市"：应是指唐西州之市。

三、"小练"：唐制，绢练疋长四十尺、幅阔一尺八寸为足缴，所谓小练，乃指不足此数之练。

开元□

唐某年九月十七日杰谢镇帖为羊户市毛事[①]

（一行）杰谢镇帖羊户等

（二行）当镇诸色羊户共料官市毛壹佰斤

（三行）右被守捉帖，称上件羊毛，帖至速市供，

（四行）分付专官介华领送守捉，不得欠少。其价

（五行）直，卖即支遣者。准状各牒所由，限三日内

（六行）送纳。待凭送上，迟违科所由。九月十七日帖

（七行）判官别将卫惟悌。

（八行）镇官将军杨晋卿

归化城三村浇灌告示[②]

原件长五十公分宽四十七公分

特授归化城蒙古民事府加五级记录十次文，为出示晓案，蒙将军、都统大人饬审察素齐村甲头巴力赞（赞）等呈，控把什板申村公楚克不遵前禁，将水分私自典给民人贾登拢浇灌地

---

① 本件为俄藏 Дx.18915 号，图版见《俄藏敦煌文献》第十七册第二八○页。本件出土于和田，文书首尾完整，左上角有残损，但没有伤其文字，文书上有朱印痕，但不可辨认。

注：

一、第一行"杰谢镇"：其地位于今和田东北沙漠深处的丹丹乌里克（Dan-dan-uiliq）遗址。在唐朝，它应是六城质逻州下属的一个城，而从军事体制来讲，它是于阗军下属的一个镇。

二、第七行"别将"：唐府兵制中有别将一职，位在果毅都尉以下，校尉之上。

② 摘自内蒙古大学图书馆/晓克编《清代至民国时期归化城土默特土地契约》，内蒙古大学出版社 2011 年版。

亩等情一案，业经本府会同委员查照嘉庆十九年间旧章，断令把什板申、察素齐二村各浇灌二日二夜，荣社堡村浇灌一日一夜，轮流浇灌周而复始，毋许紊乱。并不许将水分私典民人，亦不准另开支渠引水，以杜争端。取具各遵结议详在案。兹蒙将军都统大人批允檄饬，严加出示晓谕等因到府蒙此合亟出示晓谕，为此仰蒙民人等知悉。自示之后，尔等各按本分，务将水分仍循旧章轮流浇灌，周而复始，毋许紊乱，并不许将水分私典民人，亦不准另开支渠引水。倘敢违，一经查出或被告发，定将典价照例入官，严加究办绝不姑宽。各宜禀遵毋违。特示。

道光拾叁年壹月拾陆日

押

实贴察素齐村

告示

宗教法庭为毛拉肉孜裁决索要土地事[①]

清　道光三年　1823年6月11日

县长伯克大人：

具结人毛拉肉孜。我曾上诉尧尔达西和加、吾守尔尼牙孜等，不经我允许，把我在热巴其合洁渠的4帕特曼母亲遗产田卖给了他人。买我地的外乡人谢赫瓦尔已做生意外出，我要自己的地，村民们都不理睬。当协里叶提方面召集村民询问时，他们否认卖了我的地，并说除了谢赫瓦尔买去的地外，还有一

[①] 宗教法庭为毛拉肉孜裁决索要土地事至牙库甫阿訇等撤回控告阿布拉热依斯书。摘自王守礼、李进新编《新疆维吾尔族契约文书资料选编》，新疆社会科学院宗教所1994年编印。

部分地是属于原主的。于是协里叶提判决说：卖给谢赫瓦尔的地等买主回来以后查询，其他的地交给原主。这样，出示了把两帕特曼土地归还我的字据，被卖了的地等谢赫瓦尔回来后再处理。至此，这一官司也就了结了。今后，倘我或我身后之人闹出纠纷，概不算数。空口无凭，具结为证。

伊斯兰教历1239年（鼠年）10月1日，星期四。

证明人：阿卜拉沙木沙克

尤奴斯等。

（印章一枚）

巧尔旁妣妣等三人上诉索要遗产事

清　道光十四年　1834年4月30日

毛拉大师县长伯克阁下：

我们是巧尔旁妣妣、阿色亚妣妣、毛拉托乎提苏皮。在热巴其有我们母亲遗留下来的12亩土地。我们的兄长毛拉纳斯尔背着我们，把土地连同15棵树卖给了别人。我们问他为什么要卖，他拒不回答，为此，我们曾上诉，要求处理。在经卷教规之前询问他时，他还说在他那里没有我们的地。后来，在迫不得已的情况下，经一些好中人出来调解，结果田买主阿卜拉海里排出银元13块，吐尔地海里排出银元2块，共出银元15块交给了我们。我们得到了钱，土地纠纷也就此了结。今后，对那里的土地和树木，我们再无过问权，倘有反悔，一概无效。空口无凭，立约为证。

证明人：沙木沙克苏皮

依斯玛依尔

热依木巴依等。

伊斯兰教历1249年12月20日，星期四

（印章一枚）

地界：东头是旱田；南头是道路，有埂；西头是尧尔达西巴依的地，有杏树为界；北头是我自己的地，有杏树为界。

证明人：尼牙孜

沙里等

（印章二枚）

阿卜拉海里排遗产继承人偿还债务契约

清　道光十七年　1837年7月1日

毛拉县长伯克大人：

我们是毛拉阿卜拉海里排的继承人：夫人茹克亚阿依拉，女儿海力麦西妣妣、海比白妣妣、海力其妣妣，儿子艾卜杜吉力利、艾卜杜黑力利。我们的父亲在世时，通过协里叶提，将合洁渠的田地恩赐给我们已达7年了，父亲去世后，对于没有恩赐给我们的东西、财物，除去为他老人家的葬礼而开支的费用外剩余下来的，因分配中产生了矛盾，我们曾要求官署处理。协里叶提在处理此案时，我们都出示了恩赐证。审理过程中发现父亲还有189块银元的债务。父亲恩赐给我们的财务还不够还他的债，于是我们当中男的各出10块银元，女的各出5块银元，还清了父亲的债。至此官司了结，我们兄弟姐妹互不欠账。今后，倘在父亲的遗田问题上有谁出来闹事，在协里叶提面前一律无效。

证明人：吐尔地和加

买买提赛里木和加

买买提伊明海里排

伊卜拉黑木和加

托合提和加

苏皮等。

伊斯兰教历1253年（猪年）3月27日，星期二

（印章一枚）

毛拉塔里向阿卜拉海里排索要工钱和欠款事

清　道光二十二年　1843年6月1日

具结人毛拉塔里。我和我弟弟毛拉安尼瓦尔，在阿卜拉海里排处念经并工作两年，现在我弟弟去世了，我要工钱，阿卜拉海里排不给。我向协里叶提上诉时，协里叶提判决说：阿卜拉海里排把毛拉安尼瓦尔教育培养成了毛拉，因此不付工钱。

此外，我提出阿卜拉海里排还短我10块银元时，阿卜拉海里排承认此事，并把一头公驴顶给了我。至此，我同阿卜拉海里排的钱财账目已清，经济官司已了结，今后，倘我或我身后之人向阿卜拉海里排闹钱财纠纷，一律无效。

证明人：尤素夫海里排

　　　　哈里克海里排等

伊斯兰教历1259年（羊年）5月3日

（印章2枚）

吾守尔阿訇上诉尼亚孜阿訇在伙种地上放牲畜、装粮食要求赔偿事

1921年2月15日

立约人法射村吐尔地阿訇、色吾子村吾守尔阿訇。

我们与尼牙孜阿訇伙种一块地,我给他 10 称子小麦、1 称子杂粮。可他不问我一声,便将麦场上的粮食装走了,将牲口放到苜蓿地吃我的苜蓿。因此,我上诉要求赔偿。若上述事实不符,则我甘受教法处置。我同尼亚孜阿訇起誓,如果尼亚孜阿訇敢起誓的话,他就会解脱起诉;我如果起誓时死去,则我自己负责。我的亲友再申诉也无效。特此立约。

(尼亚孜阿訇手印)

(印章 3 枚)

民国十年一月八日

吐尔地卡力租给买买提艾山的果园因拒交租金起诉书

1926 年 12 月 15 日

伊斯兰教历 1345 年 6 月 9 日。

我叫吐尔地卡力,我起诉如下:

我有一处果园,以 8 年的期限租给了买买提艾山。原先议定每年付租费 50 两银子,可是 8 年来他并无付给我一文钱,我先后向有关地方起诉 40 次,均无效果。

后来他谎称我在某年某月某日,曾借了他 30 只羊,想用羊来赖掉应付的租费,我认为这是天理难容的丑事。

此外,吾麦尔阿吉、肉孜海里排还欠我银两(吾麦尔 30 两,肉孜 50 两),并要求他们如数归还。

如果他们归还我银子,付出租费,我再无意见,请政府为我作主。另外,我还有 6 亩园子租给了吾买尔阿吉和肉孜海里排。

（印章2枚）

阿依夏木控告受继父依明虐待并要求分立门户状

1933年12月8日

伊斯兰教历1352年8月20日。

我是阿布提村人，是海比布的女儿，名叫阿依夏木妣妣。为控告依明写这份状子：

我的继父依明常常无故毒打我，生话上百般虐待。我曾上告多次，他虽受到处罚教育，但仍不思悔改。现我除提出控告外，我要求分门另过，家中财物应分我一份。分居后我仍与我母亲保持亲属关系，别无要求，希为我做主。

（指印1枚）

依布拉音谢赫因麻札瓦合甫地与其他谢赫的纠纷事立约

1933年12月25日

伊斯兰教历1352年（鱼年）8月24日。

立约人克尔阿兹村依布拉音谢赫。

依明谢赫曾控告我说，在该村有属于白西托额拉克麻札所有的一些草地，我去放牧牲畜时，依布拉音不让放牧。

我依布拉音自祖先以来，就是谢赫，而依明则是宣礼员，他现在想争当谢赫。专员将我们俩人传进了公堂进行了审问，判决如下：将该麻札所属谢赫之地分为3份，1份给予依布拉音谢赫；1份给予依明；1份给予艾不都卡力阿吉掌管。将属于国王的瓦合甫地分为4份，3份交艾不都卡力阿吉、依布拉音谢赫管理，依明谢赫管理1份。

我们双方对该判决心悦诚服。

诉讼就此结束，再不重提，另有异议，则属无效。

特此立约为证。

（印章1枚）

木来达斯喀孜等上告费祖拉阿吉等欠付租种的瓦合甫地工钱书

1934年1月8日

状子

伊斯兰教历1352年9月22日。

我们是尼尔克海孜来村人，名叫木来达斯喀孜，谢木提阿吉、巴拉提喀孜、玉索甫·赛丁、吐尔地卡力。

费祖拉阿吉，沙比提阿吉叫我们耕种200亩瓦合甫地，言明每亩每年给工钱1恰勒克粮食（小麦），如今已有14年之久，尚欠我们33亩地的工钱。

我们特此上告。

证明人：伊玛目米吉提·吐尔地

（印章1枚）

阿不都里木因土地已卖光而仍派公粮事禀告肉孜伯克事

1936年7月17日

伊斯兰教历1355年4月27日。

立约人兰杆村阿不都里木。本人曾将亡父所留土地卖给买买提阿訇，尤尔瓦斯阿訇，司马义阿訇，依敏阿訇，托克逊阿訇，托达訇等人，已逾14年。土地已卖，而公粮仍然派到我身上，我上禀帖给肉孜伯克。伯克派公差实地询问，证实亡父之地全已卖光。伯克下令：今后不论交公粮或支差应由买主负责。空口无凭，立此文约为证。

（印章1枚）

巴拉提阿訇等控告新任村长吐尔迪卡力状子

1939年4月19日

状 纸

伊斯兰教历1358年2月28日。

我们是艾特兰奇阿布克逊比克村人，名叫巴拉提阿訇、艾买提阿訇。

现在我们代表50余名佃户写这份状子。

政府任命的村长吐尔迪卡力是一个压迫人民的人，他无事生非，欺上压下，无故剥夺我们的权利。如果他再继续担任下去，就没有我们的活路了，我们只好流落他乡。因此，我们要求政府将他撤换掉，永不准他再当村长。吐尔地卡力是个大坏蛋，是我们50多人的土皇帝。

（印章3枚）

村民控诉吐尔迪卡力书

1939年4月

控诉书

新任乡老，群众对他议论纷纷，都说："这个奴役者若再任乡老，我们非背井离乡，到处流浪不可。"所以我们要求不要再派吐尔迪卡力做乡老。

吐尔迪卡力有四五个官职：一、乡老；二、总管；三、寺院秘书；四、教师等。

白天他到我们家里当教师，晚上当乡老，肆意侮辱我们的妇女，我们绝对不欢迎他。

特写这份控诉书。

（印章2枚）

库尔班撤回控告马木提阿吉立约

1939年6月4日

伊斯兰教历1358年4月15日。

立约人卡额勒克巴扎口上大院买洛夫阿訇之子库尔班。

我曾向县长控告阿吉马木提曾强索去我60两银币。有几个好心人居间说和，给我向阿吉马木提要了12称子小麦、12称子玉米，我满意地接受了这一调解。我的控告结束了，我再也不控告马木提阿吉了。

特此立约。

证明人：依玛目吾甫尔卡力阿訇

萨依提阿古

巴合西阿訇等人

（印章1枚）

库尔班阿訇等20余人联合控告村长吐尔迪卡力诉状

1939年9月10日

诉状

伊斯兰教历1358年7月25日。

我们是米夏加海巴克人，以百户长库尔班阿訇为首20余人联名控告内容如下：

我们早在60年以前就租种优奴斯王所建礼拜寺的瓦合甫地，以此维持生活。所交租粮经我们称过，送去从未短缺。但以后吐尔迪卡力当了乡老以后，他与奴役者相勾结，用大秤进的方法剥削我们。我们送去10恰勒克粮食，经他一称就变成8恰勒克。另外还夺取我们的毛驴和口袋，任意欺负我们。县长知此情况后罢免了吐尔迪卡力的职务，另派阿布杜巴斯提阿訇当乡老，我们才松了一口气。最近听说专横独裁的吐尔迪卡力又要当我们的社头。

牙库甫阿訇等撤回控告阿布拉热依斯书

1942年3月25日

伊斯兰教历1361年3月7日。

我们是昆达尔村牙库甫阿訇、阿依夏妣妣。

我们原控告阿布拉热依斯填我们的水渠和砍伐我们的树木一案，经查明判决已给我们赔偿了损失。我们十分满意。今后我们对此再无纠葛，若再向政府控告，甘愿受罚。

我们对卖给阿布拉依斯的13亩地无话可说。

（印章3枚）

邓敬祖山场纠纷判处碑

立复文书人，系定远千户所郝百户下军人邓敬祖。先年有父将树□□□□由本所军人，□时新砍伐了讫。后又钱粮紧急，别无应役，只得央中人上门求说，原卖之山场，砍伐已了，仍又将山场田地卖与李全禄名下，□□日复成气之日，任从砍伐，只得成交。况众亲族写立杜绝契约，出卖与本县大基村民李全禄，子孙砍伐耕种，任从变卖，日后子孙亦不许扰乱，等情。所说前面价，绝并不短少分文。又至万历五年九月内，邓敬祖管办钱粮时，纳付给，只得央亲中证上门与伊求说，有买主原说树木未曾成气不从，又转请孙益并中人□来说，□□□□□牛，一条牯子，二项共作价银二两整，所有麻栗冲恼本身，中心大树之下，有坟□琢，前后共□步左右。其□步，左有一井流泉，右有出山咀，前有平堆荞地，后有路，四至分明。□□□□井外□以路隔石岩□和山场，到山顶并老甘冲为界。坟迤边以后箐至丫□□山梁为界，□□在契约凭中说合立复，仍重价与买主子孙看养长大，任从砍伐变卖，勿得阻当，卖主子孙亲房，亦不得紊乱告□□。岂前面卖与本所军王俸砍卖后，嘉靖四十三年又只卖田地山场，无有加伐，凭中明白了当，日后再不得悔言争论，如有争论卖主一面承当。成交之后所有树木山场买主住房□远难以看守，所□卖主替卖主看守，如有别人在山偷砍拿获交官，买主一力承当。自成之后二比各不许反悔告扰，滋生事端。如有告扰，将复□赴官呈告之罪，甘罚红米三□，运□本县官仓上纳。今恐人信难凭，此复，存验。

万历五年九月初九日立，复□□纳□邓敬祖同男邓汝登凭日母……再批情具告本县处，找山场树价银七钱了绝，万历十一年二月，加□邓敬祖上山场树价□□领毡条一床，共

□□□□。中人并友高万仓在内当天血酒盟誓。

　　该碑立牟定县蟠猫乡龙神祠内。砂石质，高116厘米，宽60米。行书直行。于明万历十一年（1583年）立。由于年久磨砺，字迹少数不清。撰书人不明。

　　碑文记述明代定远千户所郝百户下军人邓敬祖因急需钱用，将本户山场出卖于本所军户李姓。因契约未写树木，李姓后人砍伐树木引起争讼，经审理判决，两姓争控始息。

为黎民沉冤当雪等事碑

　　武定军民府和曲州正堂纪录十次袁，为黎民之沉冤当雪等事，康熙四十三年七月二十五日奉本府正堂加三级纪录四次王信牌，本年七月二十一日奉云南等处提刑按察使司刘□宪牌本年七月十六日奉总督云贵部院带管巡抚云南都察院印务巴批据。本司呈详，据武定府申详，和曲州土目李宗唐与自必仁互争疆界一案。该本府查看得滇蜀皆为王土，疆域难容横争。查二目控争疆界，会审五次，九载未结，皆由州员勘不秉公，偏私未化之故。殊不知姜驿地方，一有界牌之足据，二有钱粮之可凭，三有防汛之现驻，若大图舆、志书，班班可考，下帖完票，历历可稽，虽欲偏徇横争，其可得乎？本年三月二十四日，该州与赵备会同川省文武踏勘齐夏等村，目击界牌在北，齐夏□□坐落东南，相距界碑二十余里，形势划然，其为滇壤无疑。乃川员不察地形之向背，钱粮之有无，舆图志书之难泯，惟以昔年武备移覆空文为定案，必欲得齐鱼二村，归之必仁而甘心焉。独不思齐鱼二村现在界碑以内，岂有挖腹中之土壤而归之他省之理。再查齐夏等村，额纳府款喇俣四十余两，而齐夏一村，独纳六两有零，又纳太平里秋粮叁石陆斗二升，下帖完票实征册籍，照然足据，岂有钱粮纳之武定，而地方属于川省之理。复查姜驿为和曲四驿之一，广舆郡志，刊载凿凿，而姜驿塘汛现系武定营兵，又岂有川省地土，而滇省代为防守之理，此不待智者，而知其为滇非蜀也明矣。夫何川员绝不秉公，徒以刑威劫杀之术，挟之以不得不从之势，一则有不从审断，夹死几人之语，一则有起身二三十里，必要厮杀之言，更欲提到宗唐之弟李宗虞，加以严刑慑服。而宗虞适因瘤病，不能出官，此候审之宗唐，暮夜潜回，实畏刑避死，苟为自全之计，而非敢于抗审也。州备二官，当即移明川员，方各回署，亦非竟无一语，相率私回者也。本府反复推求，此案九年未结，即再委勘，亦难定局。合无请祈转详移咨，严饬自必仁，各安本业，毋得妄生觊觎，等情到司。据此，该本司查看得李宗唐、自必仁互争齐戛□□等村一案，时阅九载，委勘五次，纷纷聚讼。讫无定义，良由奉委之员各执偏见，在滇者袒滇，在川者袒川之过耳。夫事当疑难不决之际，莫若两存而评论之。据川牧详称，康熙二十二年塘兵骚扰齐戛□□等村，自必仁之父自敬圣禀求武定营饬禁。二十五年李尚仁绑缚土目人口，敬圣又禀会卫，移文和曲州，此川牧袒川之证据也。据滇牧详称，齐戛一村额纳喇俱银六两零，太平里三甲下秋粮叁石陆斗零，节年完票，并实征册籍可凭。姜驿塘汛，系武定营兵防守，又形势舆图。显列在滇，此滇牧袒滇之证据也。本司随移布政司，查核钱粮，回称虽无村落名目，确有喇俱疑项。及缴行武定府，又申称：渡江以北五十里，直抵界牌，中包一十四村，内有姜驿七村，系纳和曲州秋条，齐戛七村，系纳武定府喇俱，其塘汛系在姜驿，武定营拨兵五十名、百总一名防守，附有抄白、敕书碑文、完票舆图、下帖告示、申覆前来本司，即其一说。平心虚怀，揆情度理，从来分茅胙土，此疆彼界，一考钱粮，二严防汛，三辨疆域，兹之喇悞钱粮，载在全书，齐戛等十四村又有完票，武定营兵五十名防守其地，岂有川之地，而纳粮于滇；滇之兵而防汛于川之理乎？又阅舆图，越江北距界碑五十里，共一十四村，俱处界碑之南，本司遍历各省，人牙绣错则有之矣，从无南北划然，越界碑而问居民者。至川牧所云，文移往来不过甫经兵燹，营员横移并未与闻钱粮，衙门难为信据。由此而推？则滇牧之说长地方当归滇无疑也，合无详请移咨四川提抚两台，饬令自必仁，各守分界，不得争执，永绝边衅，以归和好，则两省边民之幸也。若云另委能员，复行会勘，究竟彼此互争，终难归一，是与前此之会勘二次无异也。倘非然者，有会题请古遴差部员，查勘之一法耳。缘系两省争界，事关重大，本司未敢擅议，录口两详，从中加勘，伏惟一宪台裁夺，咨覆施行。至川牧详称，土目李宗唐不候会审，私行逃归，袁牧赵备，任其去留，置之不问，亦无一语回复等情。本司方行查讯，兹据袁牧详称，川委各官大言曰：李宗虞不出，必要夹死几人，若齐戛地方不归，必须厮杀，番彝多疑惧而先遁，实非抗违不服。袁牧赵备曾经通报，并知会川委文武各官，初非置之不问也。所有抄白、敕书、下帖、告示、完票、舆图，合并呈详奉批。仰候据详，转咨四川提督抚部院，转饬自必仁缴，等因，奉此，除移武定营外，拟合就行为此牌，仰武定军民府官吏遵照牌内详奉审批饬行事理，即便行知地方官知照，勒石，仍具碑模呈报查考，毋违，等因，行府到州。为此牌仰环洲甸土舍李宗唐，遵照饬禁事理，速将姜驿界址勒石经管，办纳钱粮，仍具碑模呈报查考，均毋有违外，至太三甲秋粮三石六斗二升，前经马一贞等告，经本府批行，吏目张祝议于该土舍名下捐银四十五两，交马一贞等于就近府城地方置买租谷数石田亩，只补太三甲前项秋粮以斩葛藤，两造允服，业经详明请给执照在案。其粮已归马一贞等完纳，并与该土舍无干，合并勒石，永为遵守，须至勒石者。

康熙四十三年八月二十日奉文

康熙四十七年十月十五日

土舍李宗唐立石

滇蜀分界处姜驿地方界事纷争一案，自康熙三十五年起，康熙三十八年（1699）两省会勘，饬令自必仁"将所劫李宗唐的人口牲畜逐一归还原主，不得再行争占"。但在此次裁决后，黎溪土司自必仁口服心不服，四处张扬恐吓，声称"李氏家族如有起身二三十里的，誓必杀之"，"如齐戞等村不归自氏必厮杀"。自必仁竟派人绑劫李宗唐之弟李宗虞，并加严刑拷打。李宗唐避祸外逃。于是诉案再起。康熙四十三年（1704）二月，川滇双方委派州府勘查裁决。经布政司查核："渡江以北五十里直抵界牌中包一十四村内，有姜驿七村系纳和曲州秋条，齐纳七村系纳武定府喇倓，其塘汛系在姜驿武定营拨兵五十名、百总一名防守。"批文曰："岂有川之地而纳粮于滇；滇之兵而防汛于川之理乎！又阅舆图，越江北距界碑五十里，共一十四村，俱处界碑之南。"康熙四十三年七月十六日云贵总督巴锡文判定姜驿十四村"归滇无疑"。案移四川抚台提台，"饬令自必仁，各守分界，不得争执，永绝边衅，以归和好"。至此，历两省五次会勘争斗九载，李宗唐、自必仁土司争夺领地纠纷，始告结束。此碑当年八月二十日奉文勒石，于四十七年（1708）十月十日由环洲甸土舍李宗唐立定。碑为左行楷书直行，30 行，行 90 字，约 2600 字。以上两碑现存元谋县姜驿乡土主庙内，为县级文物保护单位。

潘彦成等控告恶棍禀文①

送呈具送禀龙脊头人潘彦成、潘世荣、廖昌吉等，为恳恩除暴安良，以靖地方事。缘目等身充头甲，有管地方之责，如有不法之徒，必须捆送治究，以靖地方。情于本月初五日，有滥恶潘日昌勾引无知之徒七八之人，在地方生端索诈。目等即询，该七八人均同声称，日昌纠邀串同等语。地方开言，即伸目等要将日昌捆送究治。恶即闻信，当时逃走不知去向。因思该恶欲其前来砌词妄控，目等是以连（联）名先行禀明，如恶来控，乞恩押候，案下地方再行具禀请究。所有该恶，素不安分之徒，每靠油火度日之辈，地方大小事件，均系该恶从中主使，或索一千八百或三五千不等，地方愚民，受其毒者不少，是以痛恨者多。惟是良可保，恶棍当除，为此具禀，俯叩仁政太老爷台前作主，赏发革条地方，免有油火之患，则感洪恩无既矣。

光绪四年（1878）戊寅八月初七日地方送禀呈稿。

---

① 原存广西龙胜各族自治县和平乡龙脊村平寨屯。1956 年 11 月 27 日，广西少数民族社会历史调查组搜集。

潘日忠等控告禀文①

具告人龙脊平段寨上民潘日忠、潘日交、潘光煌等，为造仓挖脉一案遭伤，乞恩赏，提追毁饬奠龙神，保全人众事。窃民等平段一寨十家，守分安耕，妇孺获庆。祸因丙寅年，有富恶侯金成，移居民等寨坡上，尚未骑住民寨后龙。至丙戌年，其子永保，遂侵过四丈，正于民寨后龙开挖，意欲添造房廊。适彼甫挖民等，寨内被犯，人口欠安。民等见其所挖年月方位，均犯三煞，与民寨有碍，即行请中阻造。伊等自愿以挖处作田，不准侵过半尺数寸。民等见伊听阻，二比将事清息。诅知该恶存心奸险，利己损人。复于七月初二日，将前挖之处，挖深数尺，竖造禾仓，将民寨地脉龙神骑压挖伤，以致合寨鸡犬乱叫，老少多病，猪牛不安。民等见此奇灾，稔知遭犯，即请巫问卦，果示以后龙被伤。民等随经中向论，劝其急将仓房拆毁，奠禳神煞，以免民等遭害，岂料该恶不顾天良，一味横言。伏思城乡市镇，皆赖龙脉以兴亡。今该恶只图便宜，任意乱挖，诚谓利一损百，今伊抗不拆毁，蓄意害人。民等逃不胜逃，避难尽避，遭兹残害，情实戕心。为此，迫得联名具呈泣即，伏乞仁德大老爷台前做主，赏提追毁仓房，勒令禳灾，严行重办，以安寨众，而免遭殃。施行沾恩无既。

---

① 原存广西龙胜各族自治县和平乡龙脊村平段寨。1956年11月27日，广西少数民族社会历史调查组搜集。

潘日忠等控诉催禀文①

具催禀人潘日忠、潘日文、潘光煌等，为案悬日久，法外逍遥，恳恩加提勒毁，速赏给清，免贻巨患事。窃照民等，前以一寨遭伤等由，呈控富恶侯永保在案，蒙赏差提，岂且知该恶借词延抗，意欲将屋造成。惟是民等地方封山禁造，非仅民等一寨而然，尚有平寨等处可证。临讯将图附呈，今该恶强行伤龙侵造，一经告发，复敢故意抗延，显见畏质不赴。兹民等寨内老少，抱病尚有多人，倘成不起，追悔何及。恐民等乡愚罔知忌惮，彼时为情所激，必致酿成巨祸。万情不已，只得再呈，催恳仁宪体好生之德，以人命为重，赏速严提，务到勒令毁移奠安，以免民遭奇谴，而罹宪灾。为此，谨将催呈缘由备呈，伏乞慈德大老爷台前作主，速赏加差严提，核究施行。

潘学禄喊禀词文②

具喊禀人，系南团龙脊塘、平段寨，古土民潘学禄，年七十六岁，距城六十里。为侵夺膳田，强恶霸占，乞恩差拘断偿事。缘民父弟妹二人，姑母留家招赘，家业均分。民父生民兄弟六人，二大兄早故，民居六，因姑母无嗣，民父将三兄学荣及民二人抚继姑母为嗣顶枝。时姑母除养膳田三十屯，日后归世，民兄弟均分。殊时同治五年（1886）姑母去世，所遗膳田，

---

① 原存广西龙胜各族自治县和平乡龙脊村平段屯。1956 年 11 月 27 日，广西少数民族社会历史调查组搜集。

② 原存广西龙胜各族自治县和平乡龙脊村平段寨。1956 年 11 月 27 日，广西少数民族社会历史调查组搜集。

三兄学荣独霸。民生子四人，长曰太、二曰贵、三曰其、四曰仪。学荣单生日照，殊其父子狼狈。姑母故后，竟将其膳田出卖。时民亲向学荣父子追偿民份一半。民兄学荣，以计笼民。日后将民第四子曰义继伊为嗣。殊学荣又故，民子曰义又未过继家业，日照独霸。况其膳田卖去多年，本利有百余千。民念手足，亦不追究。殊日照子昧良无伦，欺祖奸婶，欺民太甚。为此央中向论，追民份所占膳田一半。殊日照一味横强，反称赌控，似此昧良夺业，理法莫容。若不喊禀追偿法究，任其效尤，无法无伦。为此情切不已，沥由喊叩，伏乞仁政太爷台前作主，速拘追赏法究；以昭平允施行。

计开：被禀潘日照，系侵夺膳田人；潘运荣，系欺奸婶母灭伦人。协同潘光黄。头人廖玉贤。

光绪壬寅二十八年（1902）七月十五日呈，花银五圆。

控告李怀秀买夫田抗供役禀文①

具呈壮民廖学荣，年三十四岁，赵才友年四十岁，系龙胜厅官衙塘龙脊半塘人。现寓省城内县（府）前街黄家店。为唆控脱抵蠹役串索，叩宪亲提究保原例事。缘龙胜各塘夫役，亘古跟田承当，自乾隆五年（1740）官衙塘夫役，蚁龙脊占上半团，官衙占下半团共为一团。凡遇护送扛担夫役，概系官衙下团承办，并不与龙脊相干；惟遇提宪大人巡阅官兵，所需猪只、柴薪、松毛、篙把、石灰，在此蚁等陇脊承办塘房等项，照例

---

① 原存广西龙胜各族自治县和平乡龙脊村侯家寨侯会庭家。1956年11月25日，广西少数民族社会历史调查组搜集。

承办。若需用夫至二百名外者，龙脊仅帮四十名。此等规例章程，历来无异亘执，向日派夫字据现存。前因徐宪升迁，需夫无几。讵有灵邑富监李怀秀，买得官衙猺（瑶）獞（壮）夫田，自恃势矜，昂不当夫，阴唆出廖海贤等控以抗夫。大题控蚁等在案，被蠢役秦高、李秀将廖光贤、廖光成、潘光本、潘天红等锁押在堂，勒蚁龙脊衙制钱三十千文，将廖光贤释放。讵蚁龙脊于腊月二十二日，如数备交钱与秦高清白，复又串索计诱廖光裕、廖仁凤勒写二百四十千钱飞，付与秦高方可释放。现今廖光贤等白锁押在堂。蚁思亘古龙胜夫出于田，被怀秀盗买夫田，将矜不当，反以蚁龙脊向未当夫，受伊控以抗夫呈控，且又受蠢役串索，将来古例尽减。如不吊案提究，蚁等龙脊永受役害矣。不已只得奔叩。

崇辕伏乞钦命大老爷台前作主，亲提严惩役害役，沾恩切赴。

计开：被告人李怀秀、廖海钱、潘贵良、潘弟生、潘金贵、廖光学、候士通、候士金、潘贵安、廖弟爱、秦高、李秀。

桂林府许老（爷）呈批陇胜厅民廖学荣等，呈据控监生李怀秀盗买夫田，抗不供役，反唆廖海钱等捏告，并差秦高等借案锁押，勒索多赃，如果属实，均干法纪，龙胜厅立即查讯，究报毋延。

道光十七年（1837）岁次丁酉正月二十八日具。

控告李怀秀抗供役禀帖①

按察司床大人呈为差索受民，叩宪作主，亲提严除苦累事。

---

① 原存广西龙胜各族自治县和平乡龙脊村侯家寨侯会庭家。1956年11月25日，广西少数民族社会历史调查组搜集。

自乾隆五年（1740）开辟龙胜分府以来，凡各塘承当夫役，均从耕受田亩出夫，亘古不易。今官衙塘占下半团，蚁龙脊占上半团，凡遇护送肩担夫役，系官衙下半团承当，不与龙脊相干。若遇提宪大人巡阅官兵，所需柴薪、松毛、篙把、猪只、石灰，以及修理等件，在此蚁等龙脊照例承办，不与官衙相干；需夫至二百名外者，蚁等龙脊仅帮四十名，历来章程无异。祸因前任除主升迁，需夫无几，有灵邑恶监李怀秀，恃富买得官衙摇（瑶）獞（壮）夫田，昂然不遵，向例当夫。阴唆獞（壮）民廖海钱，捏以违抗夫役大题，控蚁等在司案下，被蠹差秦高、李秀，将廖光贤、廖光成、潘光本、潘天红锁押在案，蠹差勒蚁龙脊出钱三十千文。讵料蚁于去岁腊月二十二日，如数备交钱与高、秀收清明白。复又计诱廖光压、廖仁凤勒写二百四十千钱飞，付与高、秀手执，乞（迄）今光本锁押在案，历有两月未释。朝夕逼索钱飞限数，受蠹苦累何以得休。蚁等于正月二十八日历叩府主蒙批录，后如仍仰龙胜厅查讯究报，蚁等终难脱，被蠹差陷索累，何以得免，此不啻羊报（投）虎口矣。不已，只得沥叩宪天大人垂邻作主，亲提除索局，蚁等顶祝公侯万代。

道光十七年（1837）二月十八日具

批呈：据呈监生李怀秀，买田抗役，唆使捏控并厅差秦高等，锁押勒索，如系实情，均属不法，仰桂林府该厅提齐，一千严讯究报，毋稍徇纵干咎，粘抄并发桂林府补呈为叩宪赏给以涤流弊事，缘因官衙恶监阵怀秀，唆使獞（壮）民廖海钱，捏以抗违夫役等情，具控蚁等在龙胜司案下，被蠹差秦高、李秀，将廖光前、廖光成、潘光本、潘天红锁押在巡检衙门，勒以龙脊规钱三十千文，于去岁腊月如数备交高、秀二差，复又廖秀玉、廖仁凤勒写二百四十千文付与高、秀执，始将蚁放回，独留光本迄今两月未释。缘此蚁等前叩宪天续叩：臬宪蒙批录，后独不思，官衙亘古承当夫役，并不与蚁龙脊相干，既属蚁陇脊承当，而提宪大人巡阅官兵，其猪只、松毛、柴薪、篙把、石灰，彼官衙如不当，独归龙脊承当。缘此蚁团难受，捏计唆控，又被蠹差朝夕执飞逼索，究何报前。蚁现在王家店歇住俟候，宪讯，格遵宪批，以免差提。为此不已，冒渎奔叩宪天大老爷阁前，速赏提案讯结，以除流弊施行。

桂林府批回龙胜府王批：此案前据该民等，以蠹役秦高等，借案押索等词，赴司府具呈词内，并将巡检弓役字样，声叙明晰，殊属蒙混。兹据称，廖海钱系龙胜司衙门捏控，被弓役秦高锁押勒索，如果属实，尤干法纪，龙胜厅立即亲自提一千，确讯究报，勿稍徇纵。原告廖阮秀、廖学荣、幡元吉三名，发临桂县递回收审。

呈控李怀秀抗供役禀文①

龙胜府庄大老呈为背夫唆控特役叠索，乞恩镜究事，缘蚁龙脊与官衙共一团，官衙夫役以田承当，蚁龙脊并未当夫，实系提宪大人，承办猪只、松毛、篙把、柴薪、石灰此等承备，自古亘不易。祸因前徐主升迁需夫，有恶监李怀秀，买得猺（瑶）獞（壮）夫田，恃令不遵，向例当夫，阴唆廖海钱等捏

---

① 原存广西龙胜各族自治县和平乡龙脊村侯家寨侯会庭家。1956 年 11 月 25 日，广西少数民族社会历史调查组搜集。

以违抗夫役等情，控蚁等龙脊在巡检司主案下。彼时蚁等原呈，叩宪天时，有司役秦高、李秀诱拦住，诱蚁等列司具诉，殊料被二役将廖光成、廖光前、潘天红、潘光本等锁押在司，勒蚁龙脊出现规钱三十（千）文，于去岁十二月如数备交高、秀二役，讵意得钱入手，复计诱廖仁凤、廖光玉勒二百四十千钱飞，付与高、秀手执。独留光本锁押在司，二役朝夕执飞，到蚁各寨逼讨，即元旦犹来追讨，嗣新正二十日开印。蚁欲奔叩，又适遇公省，蚁等獐（壮）愚无知，即奔叩臬府两宪，蒙批回府。乞叩青天大老爷台前作主，正其夫额，惩其役索，蚁顶公侯万代。

批龙胜司准上提讯署理桂林府龙胜分司加三级顾为唆控脱抵蠹役申索事，本月二十五日奉分府宪王批准桂林府宪许批奉臬宪宋批：据龙脊廖学荣、赵才友、潘进才、潘元吉、蒙正全、廖金全等上控李怀秀等批准桂林府宪许批奉臬宪宋批：据龙脊廖学荣、赵才友、潘进才、潘元吉、蒙正全、廖金全等上控李怀秀等缘由，并原呈批发到厅，立即查讯等究报，等因奉此，合行差传，为此票差本役前去协同头人廖文成，立即将后开原被告有名人证，定本月二十八日刻即传齐，带赴本分司衙门，以凭查明，录供详报。去役毋得借票滋索，延误干咎，火速。

被告：李怀秀、廖海钱、廖弟爱、潘贵良、潘弟生、潘成贵、潘贵安、廖光学、侯上通、侯士全。

协同：廖文成、曹兴、差黄福、袁洪、叶茂、杨贵。

道光十七年（1837）三月二十六日。

呈控李怀秀抗供役禀文①

为违额担控诉，恳电劈察究事，窃自乾隆五年（1740）开辟龙胜以来，设立各塘夫马，运送扛担肩舆，蚁等与官衙系属一塘，历来甘分定额。但凡小夫肩舆扛担，需用总有百余名至二百名者，犹属官衙承管，不干龙脊之事；只有提宪大人巡阅往来，应用猪只、柴薪、松毛等项，惟蚁等有龙脊承办。若需夫役数至二百名外者，蚁龙脊帮当四十名。前有甘分额派，即于前道光十年（1830）三月内，委员经过因夫工钱，二比曾控在案，现有券结可稽。昨因徐宪升迁，需夫无几，兹侯士全等，捏控藐官抗夫，大题违额，捏控蚁等在案，屡遭迭害，惟天可鉴。今蒙传讯，遵唤诉明。伏乞太爷台前作主，恳赏电劈察究，照额施行。

龙胜司顾太爷呈。

道光十七年（1837）十一月十四日具呈稿。

大理移居西昌马氏产权诉讼碑②

从济有功不没，所以启人之建功也，有善不忘，所以发人之向善也。□□办理主圣之事，为众出力之人，操心用力，受苦受累，迨其后湮没功劳，声名不传者，往往多矣。要必垂碑勒石，明其心志，表其所为，则出身当事之人之功苦，庶几彰于一时，扬于后世焉。如我扶风氏，起自云南大理府青石桥马

---

① 原存广西龙胜各族自治县和平乡龙脊村侯家寨侯会庭家。1956 年 11 月 25 日，广西少数民族社会历史调查组搜集。

② 此碑文共二十一行。

家巷。始祖马登，士官，授指挥之职。洪武二十五年，奉旨至建，征伐越鲁，镇守南夷。年老致仕，落业玉石瑭。上有山场一段，下有水田一分，升课报粮，载在县册。世历两朝，人经几辈，世守为业。至万历年间，合族招佃张在位、张居位等，开挖耕种。不料张姓重索工资，主客口角，马张二姓将所开之地同舍在于土主庙，以作香灯之资，四面皆有墙基为界。庙内存有舍约，立有马张二姓功德之碑。有族人马德业、马德盛与庙租来耕种，因租息不清，庙首具控，租佃即起贪心，铲碑换约，减去马姓之名，改了舍约之界，出界修房，开挖甚宽，欲霸上下之地土。道光六年，族人马朝元、马应刚、马发文、马应仕、马应福、马应照等出名，与伊西盐两县宁远府争讼，为公忘私，大费用心。蒙府县清明，断给界外永远封禁，二比照界跟管。伊违断不遵，换官迭讼不休，越界开挖，损伤祖坟。道光十年，族人议举马朝元、马应刚庄省上控，跋山涉水，路途辛苦，去来挫折，言之难尽，非有肝有胆，才略过人，岂能受此大任？蒙三院批，宁远府提讯，又命差官亲履看踏讯究，依然由先府县所断，界外永远封禁，各照界管理，不准越界贪占。伊亦不遵断，竟至道光十八年，有庙首徐、张等又在西昌书县主台前，复兴词讼。蒙书县主斥责伊等借神霸业，恃众欺寡，过分好事，按法究洽，将案断明，永除祸根。我等追想，我族有此业产山场，始祖之创业固属有能，俟道光年间遭此土主庙恶毒之首人，若无前辈马朝元、马应刚等与伊诋敌克决，必将以有粮有册之业，顿失于无良之人之手矣。何以结继先人之能志，遗留于今时之后人乎。故垂碑勒石，以志前人之功苦千古不朽云。

西邑逸士马尚麟题。清道光二十年（1840）八月十八吉日立。

广西罗城县大梧屯吴氏宗祠判词碑

窃吾村众，于民国二十六年春，奉令植桐于五冬公共之五雷岭东面斜坡，乃有覃村覃学艺、覃学先等希图霸占，主诉于罗城县政府，当蒙派员勘验明白，于同年六月二十八日接奉第审判决书，兹将其判决全文抄录于下：

罗城县政府民事判决二十五年度民字第九四号。

原告覃学艺、覃学先，被告吴光廷，右当事人因占地植桐事件，本府判决如左：

主文：土名五雷岭，东面斜坡领地一幅，准被告村人植桐。讼费由原告负担。

事实：原告声明，求为判准被告在五雷岭东面天等岭垦植桐子树领地一幅归其所有。其起诉要旨，该岭及五雷岭、山磊山、长岭、圈椅岭等处，为其先人于康熙三十六年在洞口圈椅地方，垦有荣果田二处，东至塘底为界，南至冲潭为界，西至山磊为界，北至塘尾为界。天等岭系在原告所有地界之内，且荣果田原为田之上田，岭地植有荣树，故以名之。今被告将原告之天等岭地植桐，殊无理由，云云。并提出康熙三十六年、乾隆二十四年、光绪二十三年执照三纸为证。被告声明，求为如主文之判决，某辩诉要旨，谓五雷岭、长岭、圈椅岭各岭地，为原告村人与被告村人及罗宥村、四把村、新峒村、山磊村、新村、猫儿堡村、钟村各村所共有口故场所，被告村有石街（阶）路一道通达至该岭地内，为村人樵牧往来之要道。本年春，被告奉令植桐，因为将五雷岭东面一部分岭地植桐五十斤，乃原告认该岭地为天等岭为其执照所载界地内之地，为其所有，出而告争该岭地实非原告所有云云。理由：本案告争五雷岭东面一部之岭地一幅，究为原告所有抑为原告与被告及附近各村所共有，自应视原告执照所载界址内记载有无岭地为断，查原告持有执照，原系记载呈请将原有洞口、圈椅二处地方已荒废之荣果田重为开垦，开科输纳粮税之学租田业，并无记载岭地在内。按荣果田之意义，为当时学者用以助为荣果之资而设，于执照内已记载明白，乃原告谓有荣果树地方之田以为荣果田之说，已属非是。况原告执照界址内冲方面，尚有猫儿堡田一段在内，果如原告所云，则其地界内岂容他人垦田在内耶？由是以规，被告植桐之岭地，原为附近各村所共有，而非原告所独有，已甚为明了，况被告村落有旧石街（阶）大路一道直达圈椅岭等处，为村人往来樵牧之路，原告村落亦有石街大路一道与被告之路相衔接，而达圈椅岭地之石花地牧场，业经本府勘明无误。被告为大吴村村长，奉令植桐，乃以五雷岭一部分之地种植桐子数十斤，为村有林场，自应准许原告不得借端争占。

基上论结：原告主张殊无理由，合依民事诉讼法第七十八条、第八十七条第一项、第三百八十一条第一项为判决。

注：该碑现藏于二冬吴氏宗祠内。

蕉岭塘新寨诉状书[①]

兴安县叔父溶江洞蕉岭塘新寨四甲人地具禀：两乡四甲管

---

① 该文稿存广西龙胜各族自治县龙脊乡廖家寨。1957年3月，广西少数民族社会历史调查组搜集抄存。

征人廖尔瑚，为随评哀恳，赏正民业，以清国赋事。情于嘉庆九年二月内，已送示□□等情，禀恳县天批示，并查原案详晰等因，连年三叩绿批粘单，存后蚁遵，稽查得殷盛宗佃种土名中流山等处场禀在案，殊瑶佃潘日亮等，互争无敌，将山吞占，至本年二月十三日，殷盛宗以强夺侵霸具控前任张主批蚁禀夺勿迟遵批二叩案批、镜批委社水司勘讯评夺，宗佃无力，未蒙司主勘验，已赏票差，前至金坑大寨瑶佃潘弟笑等，聚统恋□会议，但见差拘，即用器械凶殴，差司何敢捉获，只得良言退步，禀明场属山界，契约明确，东南进虎，西北遇狼，均被奸佃勾引，越党侵吞，不一粘单呈验，共本户钱三两三分之银粮，尽遭恶佃隐瞒。蚁查册数并无除销。何甲其户目，今瑶佃耕种数百余户，止岂魁星完银八钱四分，乃金坑大小等村耕田户数百余亩，未必正八钱四分税，焉能度活万人之口？不惟本户粮耕，强伊新垦，均当遵例投税，纵容匿税，律如期国，何倒纠党吞谋嚼害粮钱无厌。为此，随文哀恳再叩仁政青天大老爷台前镜究，劈正民业，清理户税，差课有赖，伏乞委勘提究，国计民业，两相靠天。

计开瑶佃各村寨名单：

旧屋村隘长：潘五保，甲长潘料保、潘科保。

小寨隘长：潘贵生、潘公宗、潘弟长、潘弟明、潘凤富。

新寨瑶佃：潘凤仁、潘弟岩、潘弟偶。

大毛界甲长：潘□仁、潘弟对、潘弟保、潘弟害。

大寨隘长：潘□仁、潘弟八、潘弟三、潘老三、潘仁助、潘弟模、潘弟元。

田头寨甲长：潘双桥、潘弟伯、潘子保。

壮界瑶佃：潘仁会、余己保、潘弟傅、潘贵仁。

中楼隘长：潘婆生、潘□保、潘细仔、潘贵和、梁弟午、梁仁午。

翁江村瑶佃：潘弟多、潘弟保、潘弟害。

源头保甲康请授隘长：潘约成、李龙贵。

柘寨甲长：赵正荣、赵明安、鸿正道、鸿成元。

楚民侵占金竹隘十二里。

曾国正盗砍土名中流山一块，系农民潘学文、抽谭能旺、黄光宗，混批土名龙角山系廖仁耀批陈相宝混砍，土名金竹隘系潘天红批的刘君扬盗砍，批土名黄落隘二十里山内，住有数十余户，候勘查明呈缴。孟山瑶民余弟岩、余弟通越猪婆隘二十里内，有小地腊泥山，瑶民居住，未开姓名。

嘉庆十一年（1806）丙寅八月二十八日据兴安县呈文稿。

骆存新案诉讼碑

广西罗城县司法处民事判决二十七年民字第六五号。

原广西西龙乡上地栋村代表人骆存新，男，年六十七岁，住西龙乡上地栋村，农。骆善政，不到。

右当事人问请求赔偿损失事件，本庭判决如左：

主文：被告应共同赔偿鱼价桂钞四百八十六元与原告代表人收取。

其余之诉驳回，诉讼费用由原告负担十分之三，被告负担十分之七。

事实：原告声明请求判决令被告等共同赔偿鱼价桂钞九百元于其收款。据其代表人骆存新陈述意旨，略称民村有北京塘一口为防旱及养鱼之用。于光绪末年被告村上之人邱昌葵等出而霸占发生涉讼，至宣统二年蒙柳州骆知府将此塘之所有权判归民等村上之人所有，确定在案。于本年旧历五月间，民等村上三人遂放鲤鱼四千二百余条于塘中。经过数月后，每条足有一斤重左右。不料被告等恃权欺弱，竟于今年八月初七日公然捕去民等北京塘之鱼一千七百斤；至同月十三日又捕去鱼一千三百斤，总共三千斤。鱼以每斤小洋三角计算，共得小洋九百元。民等村人受此种损失应行请求判决，令被告等如数赔偿，以维弱小等语。

被告经两三次合法传唤，届言词辩论日期均不到场，系原告一造代表人到案陈述，听请由其一造辩论而为判决理由：查北京塘于宣统二年经柳州知府第二审判决归上地栋村人所有已确定多年，则该鱼塘所产之鱼应为上地栋村人所有，显属毫无疑问。而被告为下地栋村人竟恃强捕捉，自应予以赔偿。兹据证人吴振升、简孝葵等结称，本年八月初九日，邱太焯、卢良玉、韦颂如、邱隆飞等率领其下地栋村人捉北京塘的焦，民等看见约捉有鱼一千六百斤。每斤鱼价值小洋三角等语。依此计算，被告等自庶共同赔偿鱼价桂钞四百八十元与原告收领。至于原告谓被告于八月十三日又捉其塘鱼一千三百斤一节，据证人吴振升、简孝葵等均称未经看见，而原告亦不能提出充分证据，证明其主张之事实为真确，关于此节，应予驳回。回依民事诉讼法第三百八十五条第一项，第三百八十一条第一项、第八十七条第一项、第七十九条判决如主文。

中华民国二十七年十一月十六日。广西罗城县司法处审判官冯日章。右件证明与原本无异。

当事人对本判决如不服,将于送达判词后二十日内提出理由书状,向本处声明上诉。书记官:李干芝。

邱太卓案诉讼碑[①]

广西高等法院第三分院民事判决。(民国)二十八年第三二号。

上诉人:邱太卓,年二十五岁,罗城西龙乡下地栋村,业农;

卢良玉,年三十一岁,住同右,当村长;

韦颂如,年六十岁,住同右,业农;

邱隆飞,年七十一岁,住同右,不到。

被上诉人:骆存新,年六十七岁,罗城西龙乡上地栋村,不到;

骆善政,住同右,不到。

右当事人请求赔偿损失事件上诉,对于罗城司法处民国二十七年十一月十六日第一审判决提起上诉,本院判决如左:

主文:上诉驳回,第二审诉讼费用由上诉人负担。

事实:上诉人声明,求将原判变更,驳回上诉人在第一审之诉。被上诉人具状声明,求将上诉驳回,维持原判,其余应记载之事实与第一审判决书判决相同。依民事诉讼法第四百五十一条引用之,惟被上诉人经合法传唤,不于言词辩论期日到

[①] 该碑存龙岸乡上地栋村骆家祠堂内,李于芬、胡希琼、何礼明三人前往调查抄录,证明石碑与原本无异。

场。兹据上诉人申请，由其一造辩论，予以判决。

理由：上诉旨意，略谓此北京塘原为蓄水灌溉该塘附近粮田之用，民国十七年由上诉人韦颂如等发起召集附近该塘之田主，开会捐资，修筑塘基，呈请前县长陈宗刚布告有案。自十七年起至二十三年止，连年继续修筑，已六年。用费达三千余元，岂有对此塘完全不能管业占有之理。且此塘既有天然之水源，又有天然之鱼利，向归上下两村之人共同取鱼，并无专归上地栋村人单独放焦取鱼之事实。今第一审仅据证人吴振升、简孝葵等虚伪之陈述，判令上诉人等赔偿鱼价桂钞四百八十元，殊难甘服云云。然被上诉人主张该北京塘为其上地栋村人所管业该塘，该塘之鱼归其村人捕取。提出宣统二年六月初八日，柳州骆知府所给之告示一张为证。查该告示系因上地栋村骆玉书等呈控下地栋村邱昌葵等霸占鱼塘一案，经柳州知府第二审判决所给之告示，内载骆玉书等始祖自前明迁居上地栋村（即上帝栋村，下同），垦田耕种，开筑北京塘，蓄水防旱，兼以养鱼，与上地栋村骆尚同等争讼，经庄前府核明将塘鱼判归上地栋村骆、郦二姓永远管业。因念北略及附近各村需水灌溉，仍准放水灌田，给批勒石为据。康熙年间，邱昌葵等始祖迁居下地栋村（即下帝栋村，下同），所有垦署之田多在该塘之下，遇有干旱，由上地栋时人通融许其放水灌润。二百年来，相安无异。至光绪三十四年下地栋村人邱隆飞因旱放水，顺取塘鱼，经上地栋村人看见阻止，并不准其放水灌苗，以致争控到县。经该县陈令集讯判，以上地栋村占六，下村占四。骆玉书等不服，具控到本府饬提到案，讯悉前情。调验两造字据。骆玉书等有碑文可考，邱昌葵等并无契据可凭。其为上村之业，历来并未割卖。该县断以四六分占，殊未允协，惟下地栋村所耕田亩，率在该塘之下，一旦不许占水，苗必致旱伤。断令该塘仍归上地栋村管业，鱼归上地栋村打取，外村不得争占；其塘内所蓄之水，仍准下地栋村及向来占水之村照旧开放灌溉，上地悚村人不得抗阻，并不得将塘变卖。遇有修筑塘基等事，必先于三日内鸣锣集众会议，方许兴工；所需经费，分作十成摊派。上地栋及下地栋两村各占四成，其余二成由向来占有水分各村均匀摊之，以昭公允。两造遵依，具结完案。除剳行该县知照外，合行给示勒碑，仰该两造及附近村民人等一体永远遵守等语。足见被上诉人之所主张属实。上诉人何得借口修筑塘基而谓该北京塘非被上诉人村所独有？况该塘业经判为被上诉人村管业，所有该塘之鱼捕取。则其塘鱼无论为被上诉人所放养或为天然之渔利，上诉人等均不得擅行捕取，分割他人权利。乃该上诉人等与其村人于去年旧历八月间，因放塘水灌田竟取该塘之鱼，事经吴振升等证明属实，并为该上诉人等所自承认，原审判令赔偿并无不合，上诉论皆非有理由。

据上结论，合依民诉法第四百四十六条第一项，第七十八条、第四百六十条、第三百八十五条第一项判决如主文。中华民国二十八年三月七日。

广西高等法院第三分院民庭。审判长，推事陈宣祥；推事于道存；推事韦旗书；书记官吴凤才。

中华民国二十八年三月八日。

违禁肇事口供录①

平段潘日昌，口说供出此单。

祸因五月内，有廖玉明上来说语。我进你门，重得几分明言，你到我屋住夜。昌不去。有玉贵上来说我们，我们会成，只要我们同心。玉明说夫马事：闻言官衙人具控伊廖美富，不取他具控。八月初五日，玉贵说你日昌，去遂毛呈（城）上下有信书去了。你日昌要去，我即到新宅。你们躲开，莫见脸团内。你说我讲，玉贵、玉明你日昌，要到昌龙屋。昌未去。昌龙在坡娄田棚说话，我何昌德争竞佃田一事。我昌龙要具控昌德。请来中人，昌言我是一个去。

在新寨鸭一事，名单口供。

八月初一日，有元定儿、元代二人上来，务要你日昌今夜要下来。陈玉贵拿鸭一只，回到昌龙家杀。日昌、玉明、玉贵、昌龙、陈玉贵、美昌、金龙、金清、元秀、美益吃了酒。日昌言地方同心才做得成。

新寨廖金龙，今当地方说明，我议之事。后来穷人不与穷人做事，我要或富人生端，可有利息。廖玉明说官衙人为夫马之事，要告四个人。若告潘美富，我几个人包他不要紧；若告他三人，我们莫管他。潘昌龙说，我何昌德争佃桥头田，至十月有本事，可悔之田，唎他之田，要收他之苗，我要告他中人及田主。金龙一路讲出是话。陈玉贵说话，若我会成均之事，

---

① 原存广西龙胜各族自治县和平乡龙脊村平段寨。1956 年 11 月 27 日，广西少数民族社会历史调查组搜集。

后来必要宰杀猪只。

同议齐心，每人自出钱□文。

光绪四年（1878）八月十六日，地方人合共一百七十人，至新寨问口供单。

潘天洪上呈书

为山区生计之息有限，积弊之亏累无穷，急恳示禁，以苏民困事。窃龙胜弹丸小邑，山多田少，土瘠民贫，更兼数年世事征来，已属十室九尽，山场有限，出产田谷，粮无三月，惟赖此产茶斤养活性命，从前虽陋例蚁地，采买不过千斤，尚照市价买取，并非官价勒派，苦累贫民。自于乾隆五十四年肖削起见，主令每年取茶千斤，茶要上细茶，价无半文。不独官为采买，总差姚英亦要取茶数千斤。至于各项事，见差得票下乡，倚官为势，大作威福，不论事之大小，苛索不少，不问人之贫乏，逼取非轻，不拘差之公私，乡夫滥派，此两年，屡月逐日剥削，使有业者点田卖地，贫乏者鬻男卖女，似此无穷派取苛索，供亿杯繁盘，脊苦日甚，不能安生盛世，情不容已，只得钞粘各条，哭诉钦命大人台前，垂怜作主，一切陋例赏赐，逐款禁革，庶民无穷累之苦，后免需索之繁，则沾鸿慈于生生世世矣。一切上呈。具禀呈人潘天洪，系龙脊小蚁壮民。

潘天洪再呈要求禁革书[①]

为鳄鱼独咽事，缘因自乾隆五十三、五十四、五十五、五

[①] 该文存在年代已佚，推断文稿拟于嘉庆初年。潘天洪是乾嘉年代龙脊潘家寨人，稿存潘氏后代，1957年，广西少数民族社会历史调查组搜集抄存。

十六、五十七共五年，各项陋例，各人例派，当甲差人下乡，索诈贫民不浅，鳄鱼串同作弊，不问人之持凭执发，系止禁茶价并缴，使有业者，典田卖地，贫乏者鬻男卖女，恩蒙孟县主批示，现在霞详，所有一切陋规，蒙县示禁，止以独扰累各项，未缴钱文，以后追缴人等，如果不合众情况，因往分府衙门呈明，分明具禀。可又蒙郑府主，永远禁革在案。不料去岁四月，又有副总司之猪银，已发独头人潘香东、廖海京安分自收，浸失肥己，不法串同廖海蛟、廖才造包揽，伊声言与蚁兑收。明禀图赖，种种刁恶，又无对证可凭，明明设计陷害。不料本年二月内，有府主出示买茶，差人得票下乡，被禁复生，又列（拉）拢当甲，索诈贫民不浅。自嘉庆三年，朱府主出示买茶，差人得票下乡，被禁复生，给牌与廖海蛟充当头人，现有朱票印信为凭，隐藏不法，私称头人，索诈贫民不浅，当官推不是头人，声言甲长一身二名。明系欺官藐法。又蒙道主依旧示禁。又蒙府主批示，总司到案。讯审定夺，是否是情，缘蚁龙脊地方，土瘠贫民，人值苦不陌，知法犯法，实是其祸也。一十三寨，十人所视，十手所指。壮民愚昧，只得叩恳天恩命蚁作主，拘廖才造、廖海京、廖海蛟、廖香束四人追讯，若不严惩，壮民难以度活，后来反被鳄鱼之毒害矣。沥情匍叩钦命大人台前赏准电察审讯究施行。

袁苍麟判决地界书[①]

州正堂李为给付批示，照得旧街袁苍麟与同街苏贵奇相争

---

① 原存广西大新县雷平（镇）。1956年11月，广西少数民族社会历史调查组搜集。

地界，禀明在案，当堂分断。委团总街老量明立界，合行批示，并画地图给付苏贵奇两家遵照存据。至于旧门楼路，俱皆出入，日后两家不得混霸，而苴麟亦不得冒控，须至批示者。

计开：

苴麟地永卖。

苴麟屋面。

小后园长一丈、苏贵奇屋地、檐口面前长三丈。

旧门楼路。

苴麟出入路宽四尺。湾过。

苏贵勤屋。

同治十二年（1873）十一月二十一日批。

遵照。

缉拿逃犯传在狱票

为饬缉事，照得本州岛本年□月□日夜，据总牢□禀称：李亚坠趁小的睡熟，撬开班房，即夜逃脱。等情据此，合行票饬缉。为此，票仰本役持票前去协同亲族李三等，不分疆界，务须提出李□一名，均毋违误，致干未便，速速须票。

追捉盗贼传票

为夜遭盗窃，乞恩追究事。本年正月二十七日，据□村□□具报前事，当经勘验，贼自后门而入，窃去衣物银钱等件。合行差缉，为此票差本役，即便跟踪晒缉，不分疆界，务将本案真赃正贼，严密侦缉，一经有获，立即协同该处保甲，将贼锁拿获，禀明地方官，添差协解回州，以凭究办。该役毋得滋事徇纵，致干杖毙，慎速火速须票。

传票救护月食文

州正堂□为传知事，照得本年□月□日，月食应行救护，为此牌传，仰传号飞传通地方村陇民各道士人等，逐一传齐，各备道冠、道服、锣鼓一切，准限本月□日□时，齐赴衙门伺候，救护月食，毋得有误。倘有何人至期不到，仰尔指名饬差拘提究治。致干未便，速速须票。

州知事出巡传牌

州正堂□为传知事，照得本州岛择于□年□月□日佳吉出行，除悬示外，合行牌传。为此牌仰传号□立即飞传各坡村陇头目各行人役乡老郎头人等，逐一传齐，至期赴衙门伺候。本州出行，并面谕地方一切事务，毋得迟误，须至传牌者。

委用差役须照

正堂□为给委事，照得□村□人，为人年力青壮，堪可给委用，合行票给，为此票委□□名役。自委之后，务宜小心赴衙伺候，如遇本州出入，以及红白事宜，毋得临期有误。致干责辈（备），亦不得怠惰偷安，有负本州委用之至意也。慎之须照。

提讯传票

为某事本年□月□日，据□村民□告状，前事到州，据此合行票提。为票差本役即便前查照,票内后开原被两造有名人等,逐一提齐带赴衙门听候,本州以凭审讯。去役毋得徇情延误,亦不得借票滋扰,致干重咎,速速须票。计提。

添差提拘传票

为再行添差协拿事,本年□月□日,据村民□□呈禀,前事到州,据此当即票差本役拘提在案,尚未提到,藐玩已极,合再添差协同该管□,速即照票逐一提齐,带赴衙门,听候本州以凭审讯。去役毋得徇情迟误,亦不得借票滋扰。致干重究,速速须票。

添差提解传票

为添差提解事,本年□月□日,奉□□宪劄开,有案不录外,致州据此,合行票提。为此票差该役协同□差,即便前去,后开有名人等,逐一提齐解赴□□承审衙门投审。外去役毋得徇情迟误,速速须票。

提讯传票

为□事本年□月□日,据□村民□□呈告,前事到州,据此合行票提。为此票差本役即便前去查照,票内后开原标两造有名人等,逐一提齐,带赴衙门听候,本州以凭审讯。去役毋得徇情迟误,亦不得借票滋事。致干重究,速速须票。

通行护照三例

一、为护照事,照得本州今有本槽船一只,乘送本衙□□

前往南宁府公干。合行票给，为此票差该水手□□，即便前去。如遇沿途卡塘盘诘，验票放行，毋得留难阻滞，往回一体遵照。慎之须票计开，随身行李俱全。

二、为护照事照得本州今差头目□□乘坐□船一只，赍持公文一包，前赴特授广西□。

三、为护照事照得本州今差□□船一只，乘送本衙官亲，前刚往□□府县公干，合行票给水手□□，即便前去。如遇沿途卡塘盘诘，验票放行，毋得留难阻赍，往回一体遵照，慎之须票。

计开：行李一切俱全。

解发回犯人批票

为押解人犯事，案奉臬宪审讯人犯发回管解安置，等因准此，合将发回人犯，专差押解□□府州县正堂宪台衙门投文，候奉日期印信批回备案。须至批者，计开：管解人犯。

递解批票

（□）等因到州准批，除照例拨役递解，理合具文申请宪台察核，将解到人□□名查收转解，仍恳将役护解日期给赐批回备案。为此备由具申，伏乞照验施行，须至申者。

护送铜船差票

（□）等因准此，除照例拨役协同营兵护送外，相应申请宪台察照，将差役护送到前项铜船只，照例拨役护送，前途交替。

如遇该委员就近移取，该委员事，迟误印结，仍恳将差役护送到日期，赐给批回。再查卑上州至宪治，计水程一百二十里。铜船定限日行五十里，合并声明。为此备由具申，伏乞照验施行，须至申者。

递解人犯批照①

（□）等因到州，奉此相应合就转移，为此合移贵州县烦照事理，希将解到□府人犯□□一名查收，转解前途交替，仍祈印照给役，赍回备案，须至移者。

护送俸饷批照

贵州（县）请烦查照事，理希将差役护送后项俸饷到境，立即派干目，护解前进，共保无虞。仍祈护送到日期盖给印照，给役赍回备案，须至移者。

递送公文及解人犯差照

广西□□府□□土知州，今族与收管，为发达公文事。本年□月□日□时，特奉宪差千里马□□违公文共□角，卑土州县随即拨役违□□土州交替外，理合具收管是实。

赍违公文□角，到卑土州，业已收明，理合出具收管是实。

---

① 以上呈报缓征饷等七十二例的土司衙门公文，包括行文告示、传差票等内容，具有重要参考价值。原存广西天等县镇结乡福寿村福屯冯天佑家。其资料为冯天佑幼时的教师冯天香手笔。冯天香曾在上官冯秋甫府内任过房科，土官来往公函都经其手亲办，资料较为真实。1956年10月17日，广西少数民族社会历史调查组在该地区调查时，在座谈会中，八十四岁老人冯天佑先生当众将资料献出。

与收管违解事，本年□月□日□时，奉宪差□□等解到人犯□□一名，到卑土州随即拨妥役转解，前赴□□州县交替外，理合出具收管是实。

佃耕官田批照

为批照事得本州原有□□处官田一百地，每年出租银若干。兹据□□禀请，领几年自□□起耕，至冬底止，当先过租银□两正、其田限几年内花苗，令其自耕满之年，仍将此批缴销，再行议租。毋得勒指，给此照存。

差役催缴砂糖传票

为催缴事票差，本役立刻前去各处蔗园，查照票内合开应缴砂糖斤数，逐一收齐，缴赴衙门应用。毋得短少迟误，速速须票。

差役催收粮款传票

州正堂票仰本役，持粟前去□承头督催各目，赶紧速催各粮户，立刻齐备十足纹银，上衙缴纳，立等扫数批解赴府，毋得稍延，致干提比，速速须票。

州正堂票仰本役，持票前去□□段各村查照，票内后开有名抗误钱粮人等，逐名赶紧催缴。准限本月□日缴齐，立等批解赴府，毋得违限。如有何人抗违，许即锁拿赴衙，比追决不宽贷，速速须票。

水目山普贤寺水利诉讼判决碑[①]

姚安军民府督补堂兼摄云南县事加四级沈,为恃强越界,霸夺水利,含冤久困,呼天临勘急救事。于康熙六十年闰六月二十日,奉本府正堂加一级纪录四次程批,据本署县申详,县辖水目山普贤寺住持僧正国、正举,具告杨渠、杨维唐、杨维极等缘由一案:审看得民以食为天,田以水为利,田水之(□)之有疆界,无庸混淆。此水利攸关,民命于是乎生,国课于是乎出。若不溯流而源,安能分其泾渭。如正国、杨渠等于康熙五十五年,争此水利,控于前任五令,而五令虽经踏看,却被杨渠等朦胧掩却松毛、小冲二股。但指蜂窝之水(□),且不眼同两造瓜李之嫌,五令亦自无辞。杨渠之朦胧控县,五令之朦胧详府,府案之朦胧批下,一误再误,竟以僧人百年衣钵相传之源流,而忽归杨渠。一朝波浪翻天之(□),正国等晓晓署县,有此恃强越界,霸夺水利,含冤久困,呼天临勘急救之诉也。署县即批,于二十日,着原被齐候,亲往踏看。及到此地,前后细观,杨渠之田,皆松毛、小冲二(□)水,惟有蜂窝一源,井井之界,了如指掌。杨渠等何得迷天黑雾,复施前番伎俩乎?有杨渠执正德年间之合同,正国有嘉靖年间之告示,署县细阅示同,与署县之踏看,前后(□),始信前人之权衡冰鉴,迥非后人所及。及五令何云李仲文不过一出名之状头,认为李仲文放水十二昼夜误矣。查李仲文当日之控,亦由今日正国之控也,非关切己(□)诉,而当日蜂窝之水,即批仲文永

---

① 此原文共十七行。

管。仲文之田转售举人张文焕，而文焕后舍僧寺。僧人之田，即系仲文之田。仲文之田，即系蜂窝之水。而五令又云：蜂窝山涧水系河尾（□）有年所，而仲文之田正属河尾站村，杨渠之田系隔山之赶香村，更为风马牛之不相及。其云历有年所，历者何历？年者何年？前人明明断与仲文，而又为此无稽之词，真（□）分矣。在杨渠不霸占于未入广官之前，而霸占于既入广官之后，明以青衿为护身符，明以青衿为虎生翼，而视此蒙黎辈，其犹腐鼠狐雏乎？贪狼司灶，饿虎监厨，有不任，嗟嗟！水目山寺，以僧伽度世之道场，忽变为罗刹害人之陷地，此五六（□）难支，更迟时日，则将来寺废僧逃，粮空课绝，能不为催科之累乎？据（□）（上缺）经控五令之后，但（□）永无替，其御灾捍患，以□□父老子弟者，有不与苍山同高，洱水同深乎。而照法则以创之之难，窃虑夫守之之不易也。来乞余言以志之。余既忝守土之责，目击其成，义弗可辞。爰述梗概，以劝后之能继其志者。至捐置银田数目，例载碑阴。

雍正乙巳岁中秋吉旦。

原住持僧寂受，徒重修住持照法，护国居照烂，徒孙普学重孙通住。（段绶录文）

广西维新乡万全村争执地产控告及判决文[①]

广西高等法院第四分院民事判决三十六年度上字第一二二号。

[①] 原为广西养利县政府旧档案材料。1956年12月，广西少数民族社会历史调查组搜集。

上诉人农振基住养利县（今大新县桃城乡）维新乡万全村，不到。

诉讼代理人农世杰住同上。

上诉人陆德基又名德纪住同上，不到。

陆德祖住同上，不到。

陆玺勤又名玺群住同上，不到。

农振香住同上，不到。

陆殿新住同上，不到。

上诉人兼诉讼代理人赵英仁住同上。

上诉人陆西年住同上。

农振达住同上。

农振禄住同上。

农振宣住同上。

黄云彩住养利县物华乡宝骑村。

麦启仁住养利县维新乡万全村。

麦春红住同上。

麦祯仁即贞仁住同上。

被上诉人养利县清理公产委员会即养利县（今大新县桃城乡）公产管理会。

法定代理人罗贯清不到。

右当事人间，请求确认土地所有权存在事件，上诉人等对于中华民国三十六年三月十八日，广西养利县司法处第一审更审判决，提起上诉，本院判决如下：

主文

原判决废弃。

确认坐落维新乡万全村亨坡第七段第五十八号，土名那啼猫田一丘，为陆西年所有；第十段四十号土名那关田一丘，第三十一号土名那果雪田一丘，第五十号土名那萧孝田一丘，第三十九号土名那扫田一丘为农振宣所有；第十段第二十三号土名那关田一丘，第四十一号土名那扫田一丘，第三十七号土名那扫田一丘，第四十七号土名破满田一丘，第三十一号土名果雪田一丘为农振达所有；第十段第二十四号、第四十三号及第四十四号田各一丘为农振达所有；第十段第二十四号、第四十三号及四十四号田各一丘为农振禄所有；第十段第十四号田一丘为陆德基（即德纪）所有；第十段第十一号土名那头桥田一丘及第十段第十五号土名那果岸田一丘为陆玺勤（即玺群）所有；第十段第二十九号土名那凹田一丘，第五十一号那咘任田一丘为农振基所有；第十段第七号土名那关田及第十段第三十三号土名果雪田一丘为陆德祖所有；第十段第十号上名地果岸田一丘为陆殿新所有；第六段第五十四号土名那谷涂田一丘为麦春红所有；第六段第四十九号土名那廷弄田一丘为祯仁（即贞仁）所有；坐落第十段田一丘为农振香所有；第七段第五十三号土名那咟田一丘为赵英仁所有；第七段第五十五号上名那逐田一丘为麦启仁所有；第十段土名那关田一丘为黄云彩所有。

第一，第二审诉讼费用，由被上诉人负担。

事实：上诉人农振基之诉讼代理人农世杰，上诉人兼诉讼代理人赵英仁及上诉人陆西年等，分别声明求为如主文所示之判决，其陈述略称：上诉人等，并未与被上诉人或养利县（今大新县桃城乡）政府，系争田订立租赁契约，民国二十六年至三十年，亦非上诉人等愿意按年纳租，乃养利县（今大新县桃城乡）政府于民国三十一年间传或拘押上诉人等到县府拘留，勒缴二十六年租谷缴讫始放。上诉人等，即于是年向广西省政府呈诉，三十一年以后，便不再缴租谷。其余陈述与原第一审判决书记载相同。

被上诉人经合法传唤而未到场，仅由养利县政府以代电声明求为判决，驳回上诉人等之上诉。其陈述略称：陆西年等承耕之公田，实系前清土司双（霜）降田，于民国初年，尚由公家收租，至民国五、六年间，改州为县，因新设县署接管不妥，以至民国六年以后，至二十四年间，因管理不周，曾一度为该陆西年等所侵占。至二十五年间，本县奉令组织清理公产委员会调查清理，始将该项田产收归公有。于二十七年间顾前任县长德启编纂县志，曾一一编入县志，以资铨记。且自二十五年以后，该陆西年等均愿按年缴纳租课，并无异议。讵该陆西年等近信奸言，该项田地以为县管理不到，于二十四年间办理土地陈报时，乘空插签，用伊等名字冒报，领得土地陈报证书，可为取得合法业权之证据，迨延放数年，使公家不忆。并于民国三十一年间，农振禄署名代表具诉该田地为该民等私有产业，并一再呈报广西省政府暨第七区行政督察专员公署，请求判理。又查该陆西年等对本案所提契约，系民国二十年间书立，且为一年所书制或父卖子买或另名自相买卖，足证该项契约全系伪造，可知该项田产原为公产无疑。至其所领得之土地陈报证书，系该民等冒报冒领，应不能作为有效证据云云。

理由：

本件上诉人陆西年等，对于讼争各田，固据一致陈明，系伊等祖上遗产，并历代管耕，至今无异。而养利县政府转据被上诉人养利县公产管理委员会呈请答辩之原代电，亦有"民国六年后，至二十四年间，因管理不周，曾一度为该陆西年所侵占，至二十五年间，本县奉令组织清理公产委员会调查清理，始将该项田产收归公有。于二十七年间，顾前任县长德启编纂县志，曾一一编入志书，以资铨记。且至二十五年以后，该陆西年等均愿按年缴纳租课，并无异议。讵该陆西年等近信奸言，该项田地以为县管不到，于二十四年间办理土地陈报时，乘空插签，用伊等名字冒报，领得土地陈报证书，可为取得合法业权之证据。迨故延数年，使公家不忆。遂于民国三十一年间，以农振禄署名代表具诉该田地为该民等私有产权，并一再呈报广西省政府暨第七区行政督察专员公署请求判理"等语。并据上诉人等述称："养利县政府于民国二十六年元月间，派员到村绘画田图，作为县有，并无布告，亦未通知上诉人等，上诉人等更无与县府订有租约。县府实于民国三十一年间传或拘我们到县府，说我们欠租，要我们缴交二十六年至三十年之租谷，如不缴交，即将我们押起，押至均将租金交清始放。县府收租时，曾写有收据给我们的，除农振宣（即振先）将县府发给收据带来呈案外，其余各人收据均放在家。自三十一年被县府勒缴二十六年至三十年之租金后，我们即于是年份向省府等上级机关呈诉。故此是年以后，我们不再缴租给县府了"云云。本院按"请求权因十五年间不行使而消灭"，民法第一百二十五条上段定有明文，而不动产所有权之回复请求权，应适用民法第一百二十五条关于消灭时效之规定，故所有人未登记之不动产自被他人占有而得请求回复之时起，已满十五年，尚未请求者则不问，古有人之取得时效已否完成，而因消灭时效之完成即不得为回复之请求，并经司法院着有院字第一八三二号解释在案：上诉人等占有讼争田产，依据养利县政府代电之陈述，上诉人等之继续估有已达十五年以上，就令讼争田系属被上诉人所有。而上诉人等之占有且属无权占有，被上诉人远在民国二十一年问，已属不得为回复之请求。况查民法第七百六十九条规定"以所有之意思，二十年间和平继续占有他人未登记之不动产者，得请求登记为所有人"。民法第七百七十条规定"以所有之意思，十年间和平继续占有他人未登记之不动产，而其占有之始为善意，并无过失者，得请求登记为所有人"，而"占有人推定其为以所有之意思，善意和平及公然占有者"，并为民法第九百四十四条第一项所明定，上诉人等主张讼争田，系伊等祖上遗产，历代耕管至今，被上诉人并承认自民国六年以后，至民国二十四年间，曾一度为上诉人所侵占，是上诉人等对于讼争田，按之民法第七百七十条、第九百四十四条第一项，民法物权编施行法第八条之所定，固应认其早已取得所有权。且上诉人对于讼争之土地，于二十四年养利县开始办理土地陈报时，曾经为土地所有权之陈报，并于二十五年领得土地陈报证书，业为两造不争之事实，上诉人等之登记，依照当时有效之土地法第三十六条，自有绝对效力，按之司法院字第一七二四号解释载称："声请登记之土地，经公告期满已子登记，并发给权利书状后，始发生蒙冒虚伪之争执。在土地裁判所成立前，应由权利关系人向该土地登记地之法院提起确认产权之诉，一俟批决确定，始照判决旨趣办理"云云。被上诉人既系于上诉人等在民国二十五年陈报领得讼争田之土地陈报证书后，始发觉讼争土地，系属养利县公有，并认上诉人之申请登记有蒙冒虚伪情形。按照该号解释，其欲争执讼争土地为养利县公有，自应向养利县司法处，如当时尚由县政府兼理司法，亦应向该管高等法院声请指定管辖法院，提起确认产权之诉，俟判决确定后，然后依判决旨趣办理。必须如此，方能认其行使权利为正当，乃被上诉人既未向法院提起确认产权之诉，复未向上诉人等解除占有，则其本于行政权力自行收回，无论其曾否自为所有人之登记及是否呈奉上级机关屡准，均难认其收回足以发生法律上之效力。征之上诉人等，提出养利县政府三十一年十月二十四日收取农振宣（即振先）二十六年至三十年租金，发给之收据，以及上诉人等于三十一年十二月九日向广西省政府呈诉，同年十二月二十八日奉省政府批示之事实，被上诉人辩称，自民国二十五年以后，该陆西年等均愿按年缴纳租课云云，显非可信；上诉人等所称，至民国三十一年间，始被养利县政府押追二十六年至三十年之租金等语，自属信而有证。自民国六年起至民国三十一年（1942）养利县政府，命上诉人等照纳二十六年至三十年租金时止，在此二十余年期间，被上诉人未就讼争土地正当行使权利及为私权之争执，亦即上诉人等和平继续占有讼争土地已达二十年以上，亦极明确。上诉人等和平继续占有讼向土地之取得时效，自属早已完成。上诉人等既经于民国二十五年依法登记，依照民法第七百六十九条之所定，该上诉人等即属早已取得讼向土地之所有权，纵令讼向上地，原来确属养利县所有之公产。上诉人等占有讼向土地，诚如被上诉人所辩系出于侵占，并其报领陈报证书时缴验之契据，亦非真实。要于上诉人等取得时效之完成及其所有权之取得不生影响，被上诉人空言抗辩，讼争土地系属养利县公有，殊无可采。复按确认土地所有权存在之诉，原告就所有权存在之事实，固有举正之责任。惟原告如为占有该土地而行使所有权之人，应依民法第九百四十三条推定，其适法有所有权者，依民事诉讼法第二百八十一条之规定，除被告有反证外，即无庸举证（参照最高法院二十九年上字第三七八号判例）。上诉人等在原审提起确认讼争土地所有权存在之诉，原审既忽于民法第九百四十三条之适用，以及举证责任之分担，复忽略土地登记之效力，及民法上取得时效规定之适用，递将上诉人等在原审确认土地所有权存在之诉驳回，殊难谓当，上诉人等之上诉，非无理由。再被上诉人经合法传唤，无正当理由而不到场，又无民事诉讼法第三百八十六条各款情形之一，自应准许上诉人等之申请，由其一造辩论而为判决，并予说明。

据上论结，本件上诉为有理由，依民事诉讼法第四百六十条、第三百八十条、第四百四十七条、第八十七条第二项上段、第七十八条，为判决如主文。

中华民国三十六年五月十四日。

广西高等法院第四分院民庭，审判长推事梁殿宝、推事韦旗书、推事梁训礼。

上判决正本证明与原本无异。

当事人间，如有不服判决，应于送达后二十日内，向本院提出上诉书状及其副状十五份（注意上诉状应表以上诉理由，否则应于提起上诉后十五日内，向本院提出理由书）。

南丹土州免除下甲河村差役牌照碑

南丹州正堂莫，为准给宪照事。照得剑休哨下甲河村民岑□峰、总哨、总应，系该当差良民。今本州念其殷勤勇敢，姑行准免。为此，碑给该村民遵照，安居乐业，所有该村每年额纳钱粮地粮纳□该哨总、杂□□□□，嗣后哨总人役，不得滥派。

罗阳土县蠲免徭役碑奉立碑记

罗阳县正堂黄为因公项急紧，无钱办理，着官叔官弟着目商议，愿将下段那豪村官丁乍田夫役杂项、长麻季钱、正月出行、三九拜扫递送、四季山羊血、春结秋结、龙虎贡马、杂物小工、柴茅火灰以及上宪往来夫役、四邻府州县上下官员往返迎送、巡边查夫、本衙门城池口墙、新旧起房、搭盖棚丁一切陋例，尽行豁免出卖，委着目吴超礼、卢文静问到那豪村民方国炳、邓念尧、邓朝舜、李官荫、黄国强、钟声显、廖贤高、邓臣授、邓臣善、黄晋型暨村人等商议，情愿结实出价夫役陋例本钱七百三十千元足，官目即日当堂交钱入衙公用，钱照交讫清白，文毫不少，将该村尽除无当，日后官苗承袭、婚姻、丧葬三项，每项应助六千文足。明卖明买钱实照，日后官苗叔侄，不得面议找赎，恃势需索，滥派等情，如有需索者，任从

---

① 年月已漫，查核系乾隆十五年镌刻。碑存南丹月里乡岜峨村下甲河村，1957年，广西少数民族社会历史调查组抄录存档。

② 碑存扶绥县中东乡政府内，1981年，广西民族研究学会暨广西民族事务委员会民族识别调查组扶绥小组张有隽搜集。

村民执出此照，上宪理论。此系官民两愿，并非逼勒相压。恐后无凭，理合当堂交给令邙割卖田夫役照一张，交与村民收执存据，以杜后乱。至若日久，恐有被蛀虫打烂打坏，任你等照依邙勒照石碑记，永远均安。

道光十五年（1835）六月十五日立碑。

罗阳土县减税印照碑①

罗阳县正堂知县四级纪录三次黄为准减税给发印照，以凭供纳有据事，照得肇庆有荒地一段、鱼塘二口，坐落在落梨，于嘉庆五年，着巴莫屯忠目凌永藩等，招到宣化县李霞、邓亮康等，纳税耕种，议定价银一百四十两整，即日兑银入衙办公，每年纳税银二两整，其他交税。李霞、邓亮康携妻带子，建立村场，开挖田塘，种植树木，为子孙世业，嗣后无得霸行找赎。至嘉庆十五年，先官因公项紧急，着目凌永藩向肇庆村李霞等，酌议以义补银五十两，并经找补征派。于嘉庆二十四年，经议增派村民李霞过半税银一一两，未免牵累过多，况今该民自见公项紧急，又补钱□千□百□十文，即日凭目卢云靖等，兑钱入衙办公。窃思良民乐助□□，宜偿减免税银一两整。嗣后每年止纳税钱一千文，凡遇大派军需，准由耕丁供赏，此乃官清民乐，两相欢然。至若冠婚丧葬，依照原助银五钱整，属县衙长短大小夫役新旧陋例仍依原照一切尽行触免，纵日后承袭印官仍循此照，万古不移。恐后无凭，理合给发减税照一张，交

---

① 碑存扶绥县中东乡上余村白土新屯池塘边，1985年12月，上余村小学教师李富新抄录提供。

与李霞等，世代存据。

道光二十二年十一月十六日给。

张仰具呈姑免息究文①

具呈民张仰，系北化西北甲仑村住。为恳恩作主，俯准怜恤准免究事。情因民妹于上年内，匹配嫁与同化陇波村农金清为室。自嫁以来，因民妹夫及民妹素不安分守居，突于道光九年（一八二九）内，现犯在案。民因绝交民妹夫，不与来往。况民妹与民共父各母，□民只逐回伊家，永不归宁。不料于去年十一月内，风闻民妹夫往外寻生，至久未回。而伊妹姬留、姬贵，听人刁唆，冒控投堂，诬民妹谋杀亲夫。蒙令怜差提民查明公断，实系民妹夫往外，恐有不测，该系伊命，不与民干。兹蒙恩准姑免息究，释民回家，安分农业。日后民不敢生扰事端，理合乞叩台前，垂怜批准，姑免息究，俾民永感洪恩于无既矣。为此具呈，投赴州主太爷台前，伏乞作主施行。

道光十六年（1836）二月二十九日具呈。

通告给照

世袭佶伦州正堂加五级纪录五次□为给护照事，照得州属前圩铺民□□店，籍隶广东□府□县人氏，历来在州前圩生意。今亲身回籍，随带使女□□，合行给照。为此照给该铺民即便遵照开行旋东。如遇经沿途关津塘卡盘诘，验票放行，毋得留

---

① 原存广西大新县雷平（镇）甲仑屯。1956 年 11 月，广西少数民族社会历史调查组搜集。

难阻滞。该铺民亦不得挟带诸弊，所有随带使女，开列照后，慎之须照。

□年□月□日给照计开：使女二人，年十三岁，年十四岁。

凤凰堡地照碑文[①]

钦加同知衔特授恭城县正堂加五级记大功三次吴，为赏给印照管业以免混争越占事，案据堡役黄世和等具控李秀华等，谋夺官山等情一案，业经讯明，土名寨面九冲，实系荒山场。委因该民李秀华等认界不清，妄将官荒山地，插牌开种，彼此争论，致相呈控。令讯明断给饬令两造，以上名龟林旁中间为限，倒水为界。该长冲边山地，归李秀华等管业，牛边山地，概归现充堡役黄世和等耕管。嗣后照此定界，永远不许混争。除该民李秀华等出具手摹遵结附卷外，合行赏给印照。为此，照给该堡役黄世和等遵照耕管，尽心奉公，不得越占他人地界，致于责□等革（？）毋违，切切须照。此处各山场，俱是官荒，惟准现充堡役耕管。其□退者，即不许混争寸土，付归接充之人耕管照。

黄升、莫品。

右照给该堡役黄昌田、莫连、黄世和、黄升。

光绪十八年（1892）四月十二日给县遵照。

---

① 现存广西恭城县莲花地区莲花瑶族乡寨面。此地原为瑶民李宗保起事斗争地点，起义失败后，该地瑶田瑶地被充公归堡役管业。瑶民不服，多次上控。1984年9月27日，李绍任、张建粤供稿。

定例夫役文契①

立永远定例，分派大夫，办理差使，系官衙潘文正、潘文结等，与龙脊共为上半团。因龙脊隔离写远，小夫无当，龙胜文武官员出入往来，朝夕（长）〔常〕用小夫，官衙自不派龙脊之夫。如有提宪大人往来，巡阅官兵，尔龙脊备办猪只、松茅、篙把、柴（亲）〔薪〕、修理塘房以及出兵，凡遇大人需用大夫数百名，尔龙脊帮送；自官衙送上至丁岭止，送下至平库止。今同地方团人写立定例一纸，日后有用大夫，龙脊帮送，不敢翻悔违例，长（常）日小夫官衙自送，不得乱派龙脊，如有乱派，执字到官，自干其罪。恐后无凭，情愿写立定例大夫、差使一纸，付与龙脊永远收存，是实为据。

地方凭中团人：侯文焕、侯文暖、廖海蛟。立字人官衙：潘文正、潘文结等。

执字人龙脊：廖文科、潘天云、潘天隔。

代笔人：邓能让。

乾隆四十八年（1783）癸卯二月初二日，官衙同立。

分派夫马差使文契②

立分派夫马、差使人，系官衙、龙脊共团，兹分各有差使，但遇文武（官员）来往，需用小夫、毋挂龙脊，当护送。实系提宪大人巡阅，应当帮夫，预备猪只、柴火、松毛、挑运石灰

---

① 原存广西龙胜各族自治县和平乡龙脊村侯家寨。1956年11月27日，广西少数民族社会历史调查组搜集。

② 同上。

等项，并历年办理文武贡茶诸项，并修理塘房各处，其余官衙诸项，照旧例承办，勿干上半团之事。日后需用小夫一百之余，数（照）理宜官衙呈送轿担，不得推诿。龙脊从今至后，不得应意乱催。今凭中证派定，后日团内人等，不得异言翻悔。如有翻悔者，执字赴官，自干其罪。今恐无凭，立派定一纸，是实存照。

立字人潘文正、潘文结。执字人廖文科、潘天隔。凭中人廖海蛟、侯文暖、廖才和。代笔人邓龙让。

乾隆四十八年（1783）二月初二日立字。

重立定例分派差使契[①]

立永远定例分派大夫，办理差使，系官衙潘文结等，与龙脊共为上半团。因龙脊隔离遥远，小夫无当，龙胜文武官员出入往来，朝夕长日小夫官衙自送，不派龙脊之夫。如有提宪大人往来巡阅官兵，龙脊备办猪只、松毛、篙把、柴薪、修理塘房以及出兵，凡遇大人需用大夫数百名，尔龙脊帮送，自官衙送上至丁岭止，送下至平车止。今同地方团（头）人，写立定例一纸，日后有用大夫龙脊帮送，不敢翻悔违例，长日小夫官衙自送，不得乱派龙脊。如有乱派龙脊者，执字到官，自干其罪。恐后无凭，情愿写立定大夫、差使一纸，付与龙脊永远收存，是实为据。

立字人官衙潘文正、潘文结。

[①] 原存广西龙胜各族自治县和平乡龙脊村侯家寨。1956年11月27日，广西少数民族社会历史调查组搜集。

执字人龙脊廖文科、潘天隔、潘天云。

地方凭中人侯文暖、侯文焕、廖海蛟、廖才和、秦龙生。

代笔人邓能让。

嘉庆九年（1804）甲子二月初二日官衙同立。

此实是乾隆四十八年（1783）癸卯二月初二日所立的实据，在嘉庆九年（1804）按章例重订立。

按潘日照手抄本誊抄。

刘继宗帮夫费文契①

立领帮夫费人刘继宗，原来种山，早年未帮夫马，以至两年买到龙后（喉）大腕之田，居在廖家之地，轮我当夫。今我当凭中人，愿每年帮夫费钱一百文。即日当凭中人，年年不敢短少分文。如有短少，今欲有凭，立领帮夫字付与招主永远存照，收执为据。

帮夫人刘继宗亲笔（汉族）。

凭中人潘仁元（壮族）。

山主人廖光炳、廖光福、光谨、学玉（壮族）。

嘉庆二十四年（1819）十一月十五日。

侯玉龙等四人立断夫役契②

立甘心遵照旧章，永远割断夫字人侯玉龙、潘昌义、廖学

---

① 原存广西龙胜各族自治县和平乡龙脊村平寨和葫芦山两地。1956年11月27日，广西少数民族社会历史调查组搜集。

② 原存广西龙胜各族自治县和平乡龙脊村平寨屯。1956年11月27日，广西少数民族社会历史调查组搜集。

玉、潘金黄，系官衙、白水、约五（岳武）、柳河等寨，于本年十一月内陈主卸任，连遇委选内堂，赞教厅曾试考道学，连次用夫。为此，故我亲上龙脊言帮断夫，资钱四千文（尽）〔正〕，今收清，永古百夫弃断。如有小夫，官衙照上早晚承当，不与龙脊相干。如遇提宪大夫差巡阅官兵，遵照上章承办前例，于乾隆四十八年（1783）祖父潘文结、潘文正等立有合同夫字；大差票内用夫一百余名内，任自官衙承当，如预（遇）夫二百名夫外者，龙脊相帮四十名，此系尽古原例。后于道光十年（1830）三月内，有潘贵安、侯士通、廖文成，横例不法，滥派滋端，蒙恩主当堂照尽讯究案下。又于道光十七年（1837）十一月内，有侯士全诡计百出，藐上违例，蒙司顾主奉府王批准桂林府宪许批奉臬宪宋主大人批回，缘由原呈批发到案，照向讯究详报在案，存结付卷（卷），日后我官衙孙等不遵违办，即日凭中亲立小夫已绝，永古割断，如有不明，呈电照验，自干罪累。空口无凭，立字永远遵照为据。

凭中头人潘美球（壮）、侯永富、廖仁贵（壮）、潘永莫（壮）。

执字人廖光元、廖金全、潘元秀、廖学秀、侯玉龙、廖学玉、潘昌义、潘金黄亲笔同立。

同治十二年（1873）十一月二十五日。

魁星楼等征收灯油粮银合同书[①]

立合同兴安县魁星楼，值年征收员杨省斋、张培墉，今与

---

① 原存广西龙胜各族自治县和平乡龙脊村。1956年11月27日，广西少数民族社会历史调查组搜集。

龙脊茅城甲长廖家、侯家乡贤等商妥，从前每甲每年应纳魁星楼灯油粮银四钱二分整，作钱四百文整。每年收粮者，执出合同，印色图记对同，即发此据。

（龙脊二甲公立合同存照）

魁星楼、张培墉公局（系长条章）、杨省斋。

民国丁巳六年（1917）十月初五日。

侯昌耀收夫钱字契①

立收夫钱字人，官衙塘侯昌耀，今当中证收到龙脊团上中下甲侯益元、潘玉昌、廖昌贵、廖益保、潘保麟、陈锦璋等，亲手交到免夫钱十二千文整。从今以后，永远并无帮夫。凡遇朝廷官员来往，需用夫役者，任由官衙办理，不与龙脊团相涉。空口无凭，立收夫钱字为据。

立字人侯昌耀。凭证人潘荣龄受钱五百文。代笔人廖世隆受钱五百文。

民国五年（1916）丙辰十二月十一日面立。

赵鸿飞兄弟推呈谢案文②

具推呈民赵鸿飞、弟赵鹏飞，系五处托村住。为推粮过乞恩俯准买主复名谢案，赖存后有据事。情因民于咸丰四、五年（1854—1855）饥馑之急，不已，母子兄弟商议，典卖与族内立

---

① 原存广西龙胜各族自治县和平乡龙脊村廖家寨。1956年11月27日，广西少数民族社会历史调查组搜集。

② 原存广西大新县雷平（镇）托村。1956年11月，广西少数民族社会历史调查组搜集。

赵众身，上下免番城田一子大小共六片，价铜钱四十千文。今民共永卖，取补价允出推呈铜钱十千文。兹民允出推呈，其田归与买主，任从经堂复名谢案，永为世代子孙管耕恒业。以后不敢扰是实，理合具出推呈，投赴州主大老爷台前，伏乞作主施行。

同治十三年（1874）七月初四日，推呈赵鸿飞、赵鹏飞。

依口代笔。

黄文隆催呈复名顶替文[①]

具催呈民黄文隆，系治下西化那逐村居住。为乞恩怜穷民，挑催免究，庶后情众害事。情民给田买主复名顶后，事窃民原当城田土名唤那老一片，因贫上今年，永远与同化本村黄文金处，实价买永远，应出本铜钱八千文整。其田任买主呈恳复名顶后，永民不敢反复争论。为此具呈，投赴州主大老爷台前，伏乞作主。

光绪二十七年（1901）七月十五日催呈。

农秀荣推呈禀告文[②]

具推呈人农秀荣，系五处邑贺村居住。为恳恩俯批给买主复名谢案，以后稽查有据事。情因于上年将以祖上遗下城田一丢，大小共有五片，土名唤□一片，伏大三片，□□一片，坐

---

① 原存广西大新县宝圩乡堪圩村那逐屯。1956年11月，广西少数民族社会历史调查组搜集。

② 原存广西大新县雷平（镇）陇橘屯。1956年11月，广西少数民族社会历史调查组搜集。

落在陇榷处。先问族内无人承受，不已，专卖与陇榷村人农大业受买，取出本钱推呈五百文足，即日具推呈，其田永为买主尔世代子孙恒业，是兹遵照例备办，复名谢案交与买主，□□是以叩乞台前俯赐准呈民永远管耕。于后考查有据，则□感□仁恩无既矣。为此具推呈投赴州主大老爷台前，伏乞作主施行。

光绪三十一年（1905）三月初十日立出具推呈。

呈复遵令调查梭热村客朱格西等控东生一案文

窃知事于三月二十五日案奉大府令开，梭热村客朱格西等，控道孚通事泰宁娃东生、中谷乌金工布，又呵家日色村村长巴青首人、罗布阿色等。控道孚通事泰宁娃东生、中谷乌金工布两案，除原文有案，邀免全录外，后开现据梭热村客朱格西等具呈，业经明白批示，所呈系属一事，候饬道孚县，并案查覆，分别核办，此批。除批印回外，合行令知。为此令仰该县，迅即并案查明呈覆，以凭核办，等因奉此。知事于奉令之次日，即委派妥员，并骆通事，密往酿事之牛厂等处，细心调查。其时马知事昌骥，尚住署中，据被控之通事泰宁娃东生，即马拟带赴德化，德化系清末民初德格县名。之萧通事。临行前一日，知事传讯，至三更始毕。旋据委员、通事回复案之始末，谨为大府一一陈之。原此案之起点，由于康定马国桢，与道孚马昌骥，始分畛域，继争权限所致。泰宁归并道孚，则凡富庶之区，应为道有。而前护经略令雅、道、康三县会商，康定则单衔呈请，竟奉批将牛马约二万余头之柏桑、拔桑，划归康定矣。马昌骥未敢据理以争，情犹可谅。所可怪者，于损失权利之后，复将渣坝上、中、下三村，薄陇麻朗、陇麻朗各村共计七村之乌拉，咨明由康定催调。而康定得步进步，乃仿照已经取消之明正土司管辖章程，遽派泰宁保正，与伊委员，将明明归道孚支应乌拉之呵家日色暨梭热各村，均招去供差。

马昌骥始则容隐，继忽奋发，遂委派萧通事，到八美三村约同村长乌金工布等，以恢复权限为目的，彼昏不知，而此案遂成矣。原案控抢去马二十余匹，其实只有八匹，现交在八美、中谷、少坞石三村长家，畜养供差。至于家犬已死，夷妇已愈，火枪、腰刀亦存在中谷乌金工布家。所有耳环、告巫〔嘎乌〕等件，据被告泣称，实不知其底里。事出有因，谓为抢，则被告等似含冤莫白，祸生不测；酌以情，则原告等又无妄获灾。此知事奉令查覆之实在情形也。

抑知事更有请者，道孚地当冲要，最难办者莫如乌拉，而改南趋北，近日之困苦达于极点者，又在中谷、八美、少坞石三村。原康定乌拉，至伊所管之长坝村更换，由长坝村至中谷下之八美应换，此出关之一路也。由炉霍至道孚，由道孚至少坞石上之八美应换，此入关之一路也。八美为上、下中心点，摄居两大，支应浩繁。故前任知事饬令中谷、少坞石两村，各帮牛马二十头，齐聚八美，以免独立支撑。知事莅任之初，沿途调查，见各村蛮民，对于上则意极诚敬，问及差，则语多嗫嚅。告以此地应换乌拉，则环跪之中，有泣下沾襟者。知事窃思蛮民虽陋，而爱国亲上之心恒有，苟非艰难至极，何至于本地父母官，全不支应。知事十分怜念，乃于应换之九骑中，饬令换牛六头。其余三人，令步行以随。接印后，检查卷宗，细询舆论，始知八美三村，先时尚可，近因附近牛厂十余处暨泰宁喇嘛寺百姓二百余家，自两知事起交涉后，无一处来帮助者。而统计三村应差之户，八美十六家，中谷十家，少坞石十五家，仅此寥寥。偶遇过往军政人员驮从太多，支应不及，半归逃亡。知事当传三村村长，来署会商，并往复开导，谓无论如何，总宜竭力支持，勿使八美台站遽行废坠。而该村长等，亦颇感动，愿三村各出马十匹、牛二十头，齐聚八美，暂支短差。至供各牛厂暨泰宁喇嘛寺百姓，居住三村者，所在皆是。同是赤子，民等则人疲畜困，朝夕未遑；彼等则家给牲多，消闲太甚。总祈仁恩上恳大府，于附近牛厂暨喇嘛寺百姓，仍照旧章帮差，则民等有所资助，虽劳瘁至死，不敢误公。知事闻语度情，当即担任，谓镇守使保民若赤，平日对于汝等蛮家，体恤周至，各回办公，敬俟批令。知事窃以呵家日色暨梭热村等，前遭蹂躏，固属可怜。但既属道孚之民，自应当道孚之差，舍己田而芸（耘）人田，忘近功而图远利，揆诸理势，都觉未宜。至于泰宁惠远寺供差一节，前任马昌骥令每月帮一百二十头于道孚城内。兹既奉大府豁免之令，自应遵照办理，未敢渎陈。第分住三村之惠远寺百姓，与该民等所畜牛马，同牧养、同滋生，而独不同劳逸。在身受其福者，固幸乐土安居，而同处之困瘁靡己者，窃恐有猜忌、艳羡之两途。猜忌久则无故寻仇，艳羡多必相率媚佛，是以知事于该民等恳求仁恩之处，独此节有大费踌躇者焉。

查惠远寺百姓，共有二百余家，而附居三村者约半，知事拟请大府批示，于附近三村者，酌量帮补三四十头，以合同并相友、相助之义。在该主人翁，抚此众庶，既蒙大府优待，准予豁免，并饬知事按期给发衣单银两，谅惠远寺堪布等，亦将乐从焉。以上各节，均系知事由遍查卷宗，曲体舆情而得。如再缄默，不将此中艰难希望之真际，缕呈钧鉴，则三村支应不起，势必逃亡。逃亡愈多，则台站遂废。一木既倾，大厦必危。知事忝膺斯土，匪特无以对大府，亦且无以告下民。用是缕析呈明，恳请大府，曲予仁恩，批准附近牛厂暨喇嘛寺百姓帮差，庶支应无缺，不致有误要公也。所有知事遵查梭热村客朱格西等，控泰宁娃东生、乌金工布一案暨恳请照旧助乌拉情形，是否有当，理合具文，呈请察核批示只遵，

　　此呈。

奉令拟呈无从遵办请示文

　　窃知事于四月十二号奉大府，令开呈此案虽属衅起有因，该通事等夺人马匹枪械，殴人成伤，毙人家犬，究属不合。该知事既经查明，应即如何惩戒以儆将来，来呈乃无一语叙及。岂以事出有因者，即可置之不问耶？仰即迅速拟呈，以凭核示。余候令饬康定县查明呈覆，再行核夺，此令。等因奉此。知事当检阅大府令文，除原邀免全录外，后开现据梭热村客朱格西等具呈，业经明白批示，所呈系属一事，候饬道孚县并案查覆，分别核办。除批印回外，合行令知，为此令仰该县，迅即并案查明呈覆，以凭核办等因。后四月二十八号，又接奉命令，内开前据呵家日色村村长等，具控该县通事东生等一案，当经分别令饬查覆在案，迄令日久，未据呈报，现据巴青等续控前来，合行令催。为此令仰该县，即便迅速查明，并案呈覆，以凭核

夺，毋再宕延，致干未便，此令。等因奉此。知事于二十八号早奉令，当日即申报，业已呈覆在案。兹奉前：因，知事处此，如不缕析辩明，另行请示，则既经查明，应即惩戒一节，知事疏忽之罪犹小，而仰即迅速具呈，以凭核示等令，知事搁置不理，故违令命之罪更大。遵查大府两次令文，均系迅速查明呈覆，以凭核办等训。据"以凭核办"四字解，则此案讯究之权在大府，而非知事所有之能力也。且查明之下，即系呈覆二字以外动作，概系侵权。前呈中叙及，泰宁娃东生即萧通事，业已为马昌骥带赴德化，知事即欲提问惩戒，亦无人承受刑讯。况原告屡控不休，均在炉城候案，知事纵将被告惩戒，未奉惩戒之令，原告无人对质，被告岂能罢休。且控所失之马匹暨蛮刀、蛮枪等件，原告未来，无从饬领。仅据被告一面，率尔了案，恐原告逊听之余，又将控知事颠顶也。至于迅速拟呈，以凭核示一节，知事前次遵令呈覆中，据愚见所及者，概缕晰呈明、兹令拟呈，实不知其底里？知事自到任以来，于大府令文，凡有查明遵办，应行呈覆者，罔不细心实力，未敢延误一件。故此次迅速拟呈之令下，欲不办，则有违训命；欲速办，则无所适从。是以不揣冒昧，呈请钧示，以便遵办，而免错误。所有奉令拟呈，无从遵办，恳请示遵各缘由，理合具文呈请，察核批示遵行。此呈。

禀呈公允派差役文[①]

具恳禀存案人，系南团龙脊塘，团绅头目廖承翰、廖日保、

---

① 原存广西龙胜各族自治县龙脊村。1956年11月27日，广西少数民族社会历史调查组搜集。

廖正中等联名恳恩,窃团先车原分上、中、下三甲,遇有府司两衙公件下谕,必须三甲同下。近年以来,遇有公事下谕,均累上甲,差使实难分派。似此,绅等不揣冒昧,沥情仰恳天恩辜(姑)准存案。嗣后上、下雨衙,公件下谕,仍照旧章上、中、下三甲同下,以昭平允,分派均匀,各专责成。为此,合词联名恳叩,伏乞宪天大老爷台前作主,赏准存案。窃团绅民人等、感戴鸿兹于无既矣。

计开:现在三甲办公团绅头目姓名列明。

上甲:廖承翰、廖日保、廖正中、侯永保。

中甲:潘顺德、潘安石、廖美富。

下甲:潘永昌、陈玉和、廖昌富、廖昌贵、廖昌合。

抚彝府方山静德寺庄田租佃公判碑(断碑)[①]

□□侭先补用抚彝府李芳宗

□□曰讼端。是以不避方碍,极力劝解,以昭庸睦。

特□□

---

① 该碑原置永仁县方山静德寺,不知毁于何年。1980年考察时发现,现存新建静德寺内,残存部分为中截,砂岩,高60厘米、宽70厘米。直行楷书,16行,残存259字。从碑文列僧人法名考证,属禅宗少林寺曹洞宗福裕禅师70字法派的第二十五世"海"字派和二十七世"寂"字派。按传承推算,立碑时间是清朝末年。

静德寺领南和尚。山东济南府人,元朝大德十年(1306)至元至大四年(1311)云游至滇,先在大理讲学,后驻足方山,开创静德寺。

方山原为姚州土官高氏领地。蒙古入滇,大理国相国高祥抗元被俘于姚安,不屈,被杀在大理五华楼。相传,其子之一高琪隐藏于方山。

碑载:静德寺有常住庄田六庄。年收租196石。足见当时丛林之规模。

"抚彝府",不见史志。可能是咸同战乱后苴却(今永仁)一带设立的地方临时机构。

□□悟、寂相，系静德寺僧，为先年领南和尚、置建庄□□

□□的蚱、阿暑鲁，以上六庄，共完租一百九十六石。□□

□□起，寺僧逃散，所有租石，概行官收，所出军需银□□

□□年，寺僧和尚海云、海晶、寂悟、寂相游逃外境，□□

□□雄宝殿，六庄佃人捐助功德银共合三百□□□

□□彼此含糊不言，各相隐晦，竟不补足。刻下幸□□□

□□银两。日后不得向静德寺根究丝毫，而寺内僧□□

□□此情，凭官赔罚，其有租石仍照昔年数目古规，□□

□□据为凭。有老平斗一张高矮不一，又恐二比后，□□

□□蒙公制新斗二张，一存佃上，一存寺中，较准斗一□□

□□的蚱，先年老斗尚在，内用。从此勤息，田主、佃人一□□

□□官理究罚束劝息之后，主客互相协力，保护丛林，□□

□□派照粮银钱，不得再累佃人，佃人不得短少租□□

□□得相强，空口无凭，立出备后各庄文约，石碑永志。□□

云南环洲乡五十一村民事判决碑①

云南高等审判厅民事判决（四年控字第壹百九十六）

判决控诉人马仕洪、李春发、雍兴顺、白如云、普兆宽李太光、雍正才、马兴发、白如生暨武定县环洲乡五十一村夷民众等

被控诉人土司李白孔，右代理人郭宗扬，系该土司之头目，李洪勳系该土司之堂侄。右控诉人因土官虐民霸产案，不服武定县民国四年六月十五日第一审之判决，声明控诉本厅审

理判决如左：主文原判变更：环洲乡土民，仍暂由土舍管束，各土民应缴租谷钱粮，仍暂由土舍经理，除应纳条银正供外，不准巧立名目，格外加征，所有之前一切赢余、陋规，以及撰佃杂派等项，一概豁免。控诉讼费归两造平均负担。

事实：缘环洲乡五十一村土民，向归该乡土舍李白孔管束，各土民应缴租粮，均归该土舍经管。迨后，该土舍以该处地广

---

① 该牌文所载为武定县环洲乡马仕洪、李春发、雍兴顺等五十一村夷民控诉环洲土司李白孔及代理人郭宗扬"虐民霸产案"，不服武定县民国四年一审之判决，申诉到云南省高等法院，审判厅审理后的民事判决书。

碑立姜驿乡贡茶村头，左行直书，38行，行93字，全文楷书约3500字。

碑文记载：环洲土司之祖李安纳由川入滇，随征凤朝文，始授为环洲土巡捕，不过仅有管辖夷众之权，经催钱粮之责，并无苛派收租等情，志不可稽。清康乾年间，该土司李兆元、李寿彭倚势压迫，借经催钱粮为名，任意苛派，大肆践踏，小民不堪其苦。经上诉，已将"所有夫后杂派，一律禁免"。且夫马费乃前清专制之陋习，苛虐小民之弊政，在清末叶已经禁止，民国成立一律革除。该土舍之夫马而犹征诸土民，实为违反政令。原判变更，判决："环洲乡土民仍暂由土舍管束，各土民应缴租谷钱粮仍暂由土舍经理。除应纳条银正供外，不准巧立名目，格外加征。所有从前一切赢余陋规，以及撰佃杂派等项一概豁免。"

这是研究明清土司制度及民国初期环洲地区社会、政治、经济的重要实证。

租薄，陆续附加杂员而土署头目之薪工，土司未给，复又多立名目，取之于民，历年苛求无厌。马仕洪、李春发、普玉亭等系该乡土民，自退伍归来，以专制既经铲除，苛征自应豁免，邀集各村土民列为代理，遂以土族残民生遭涂炭，开具烦苛细目，诉经该县刘。前任判将不正当之苛索，悉行豁免，不能免者，仍照旧上纳。普玉亭等不服，复诉经前县张判断，仍除杂派酌减撰佃谷消纳于租□之内，以免上役催收苛索，仍以田地之肥瘠定租石之多少。李春发等仍不服，叠诉于县，并诉于巡按使署。经该县黄知事正式判决，环洲乡土民管束权仍属土舍，对于各佃收租纳粮，仍照旧办理，前收粮银壹两，加收三钱，再酌减为每两加收银壹钱五分，一切赢余陋规，由土舍自行添足报解，不准再立库房名目，于一钱五分之外，格外加收。撰佃前系两年一收，以后照原有额，按年份，上一半随租，杂款照民国二年刘前任判决清单，再行酌减。折征佃谷，立名不正，类于摊派，应定为让三收七，其余夫役佃席暨不正当之苛派，违体制之礼节，悉行取消，并将分别存留租物，各立簿记，陈请盖印，共相遵守。

马仕洪等不服，控诉到所，传讯两造，得悉前情。

理由：控诉理由略称，控诉人等，五十一村人民所种田地，均系先辈于前明万历初，自行开垦而来，上纳钱粮已历三百余载，可谓证据确凿，若谓系该土司祖业，何以毫无证据，既无证据，即是霸占。原审判为该土司所有，殊属大谬，此不服一。该土司之祖李安纳，由川入滇，随征凤朝文，始授为环洲土巡捕。不过仅有管辖夷众之权，经催钱粮之责，并无苛派收租等情。志不可稽。迨康乾年间，该土司李兆元、李寿彭倚势压迫，借经催钱粮为名，任意苛派，大肆践踏，小民不堪其苦。经控诉人等先辈据情上诉，蒙将所有夫役杂派，一律禁免，现有底卷可查。原审不依据判决，仅判收七让三，小民何堪剥削，此不服二。撰佃一层，本系杂派之列，土族等谓为地租，山地则有，水田则无。若此项地土，系该土司□买，亦只能上租，何以正赋之外又有此种名目，非土司苛虐而何？此不服三。政府叠次行文，饬将所有杂派，一律免除，以苏民困。乃原审不遵饬办理，任意偏断，此不服四。请求撤销原判，并各苛派条款，另为秉公判决。□此案尹点，一在土地所有权，二在浮收苛派。究竟土地所有权属谁？及是否浮收苛派，非分别断定，不足以昭折服。查本案系争田地，控诉人等谓系该先辈自行开垦，然无开挖执照可凭，又无其他证据证明，确系自己所有权，依现行法例，原诉人□能举出确切证据，证明系争目的物属于自己所有者，自应维持现状。此控诉人第一论点无理由。至浮收苛派一节，原审除判决主文外，另附条款，计十二条。今就控诉人在本厅当庭供称，不服各条而断定之。该条款第四条载，汉民田主□□佃户只收租谷杂粮，并无随征别物，然按亩计租则较重，土属因市场不便，凡食物皆仰给佃民，每年随征杂物，名目繁多，并有专制陋习，按户帮给，管夫、管马、管羊各费，固属苛派性质。然按亩计租则较轻，概予革除，田土未□过受损失，应将核定随收各物每年照市价折为现银，或现钱上纳，以免烦劳而归简易等语。按此条系于收正租之外并随征别物，此项随征之物即是苛派。原审即认有系苛派性质，有专制陋习，自应一律免除，以苏民困，□□今折银折钱，人民何堪其扰？控诉人第四论点不得谓无理由，应将此条删除。第五条载各村民每年上纳租粮及折征银钱，远近多寡不一，若由土署派人逐村征收粮谷，则有浮收挑剔之弊，银钱则有色水加折之弊，上下其手，断难免除□□。□为与土官直接，自仍以由佃户自行上纳之为直截了当，既有定期，又有定数，随到随纳，事毕即返，于佃户亦无大伤，应即照行等语。按此条，据控诉人供称，期限太长，请求更改。期限长短，于控诉人无甚损失，应仍其旧。第六条载佃□□□土舍谓系在正租之内提出，土民谓系在正租以外加征，因以前多立名称，□今日各相争执。惟核阅各佃上控所列清折，除正粮外，概列为杂派，是居然以粮户自居，土舍别无应得租物，与失业无异，今既无取消主佃理由，□□□一项不能全免；应酌定一折中办法，收七让三，按年随粮租上纳等语。按业主与佃户之关系，佃户既已纳租，又复纳粮，则佃户之义务已尽，业主既得租谷，又得粮银，何得谓之失业？今既得正租正粮，又复加征佃谷一项，殊□□□，原审既知其多立名称，格外加征，不判令即时取消，而反令收七让三，剥削佃民，亦欠公允。控诉人第二论点不得谓无理由，此条应即删除。第六条载，五十一村上纳钱粮随征夫马团费，有无不定，原无夫团者，自不能另行起征。□□□团前，每粮一两，随征钱五百文者，今议定每两减为随征钱二百五十文，不得加收等语。查夫马费乃前清专制之陋习，苛虐小民之弊政，在清末叶已经禁止。民国成立，一律革除，该土乞之夫马而犹征诸土民，实为违反政令。至团费乃系就地方筹款办理，不能于钱粮加征。今该土舍于钱粮正供而外，加征团费钱五百文，亦属苛派，均应革除。况五十一村之中，历来有征有不征者，同系土民，何得歧视？若如该条所云，原无者不另加征，原有者减为征钱一百五十文，则是一乡之土民有幸有不幸，何待原无者厚，而待原有者薄，情法俱失，其平何能以昭折服。此项随征团费实系浮收苛派，不能听其仍旧征收，应将此条删除。第八条末句载，只收粮租撰佃，不收杂款一语，控诉人所不服者，只撰佃二字，其不服理由，已见第三论点。夫撰佃之名目，实所罕见，考之各项赋税，亦无此名。控诉人谓，□土族等称为地租，山地则有，水田则无，亦未可以逐信。何也？若系山地，则有地租，若系水田，则有田租，地租田租，皆包括于租字之内，今各佃民既纳地租田租等正供，何以又有撰佃？该土舍巧立名目，任意苛征，固属非是。原审不了即取消亦属不合，控诉人第三论点亦不得谓无理由，应将此条末句撰佃二字删去。第二条规定撰佃折银办法，第三条规定加收及征收夫团薪贴办法，查系苛派浮收，均应□删。其余各条，控诉人既未声明不服，核尚允协，应仍其旧。据上论结，本案系争土地所有权，两造不能提出确切证据，证明属于何人，自应维持现状。原审对于浮收苛派之部分判决未免失当，本件控诉不得谓毫无理由，应予变更原判，并更正各条于后，特为判决。

  如主文更正条例：一、土舍属地四至内所有村庄均系辟荒开垦而来，土舍招垦土民，认垦升科后，收租纳粮，本与内地主佃无异，因土官慕汉官体制，判租粮为两起，照限□示开征，于是佃户自视为粮户，而寄粮拨粮之说，与主佃纷争不止。今既未脱离，应复旧规，每年征收正当租粮，酌定旧历冬月初五日起至初十日止，为上纳期，期间不得无故参差，庶土署可如期转解。一、土舍土民自争诉之后，所有应上租粮及旧例随征杂款杂物，或两年全未上纳，或按年有所积欠，既经息讼，应筹清结之方，并定通融之法。自四年为始，各村除业已完清者不计外，余或全欠半欠，仿带征钱粮灾缓办法，酌定为三年摊还，并加体恤，只收粮租，不收杂款杂物。一、土署库房，永远裁革。自民国四年始，各村民上纳粮租，均与土舍直接交割，不准土目头目从中干预，收清给票之后，听土舍自行派人经管。一、前土舍在所属地内，稽之志乘，文牍均有约束夷民之权。约束较管辖意稍轻，然统系上自当以土舍为纲领，一切行政方能统一，今兴讼后既未取消其管束权，则各村夷民及付住寄住汉夷人民，自当仍暂受其管束。如有不法及不服调查，自为风气，则曲在佃户，一经审明查实，当受惩戒。惟以后无论公私事，均不得捐派。曾经被控之头目，前往各村，一、土署陋规既经革除，头目自不适用，其土署雇用人后，所需薪水工食，由土舍自行筹给，不得向佃户分摊。一、保卫团应设保董，由该五十一村按佃户自行公举办理，保董职以内应办各事，凡关于统一团务事项，仍归土舍兼团总，统一办理，不得自为风气，紊乱统系。

中华民国四年十月二十一日云南高等审判厅民事庭审判长推事周安和、推事熊赞虞、推事胡寅旭、书记官王述典，右判决副本证明与原本无异。

中华民国五年岁次丙辰秋九月上浣江外十村、个岔、杂卧新村、白果、马拉落、则黑遮、石头村、阿谷租、以都拉等公同刊立于个岔村次。石匠刘。

田产房屋税契差役执照

蒙古海亮照条一①

原件长二十六公分，宽九公分

照条

清理归、武、和地亩分局为发给照条事，今据归绥县属锁号村地户蒙古海亮领土默特左翼五甲四佐自种地肆拾叁亩，〔钤印一，其文漫漶〕东至音德本，南至李智兴，西至王德章，北至闫秀林，定为□　则应缴地价库平银□　　特此发给照条以凭换领照票□

中华民国四年八月十日归字第伍千零四拾伍号

〔骑缝处钤印一，其文漫漶〕

蒙古海亮照条二

原件长二十六公分，宽九公分

照条

清理归、武、和地亩分局为发给照条事，今据归绥县属锁号村地户蒙古海亮领土默特左翼五甲四佐自种户口地壹拾壹亩九分，〔钤印一，其文漫漶〕东至玻璃圪沁界，南至李智兴，西

---

① 蒙古海亮照条一、二、三、四、五和赵林有土地执照摘自内蒙古大学图书馆/晓克编《清代至民国时期归化城默特土地契约》，内蒙古大学出版社2011年版。

至哈丰阿，北至玻璃圪沁界，定为　　则应缴地价库平银
特此发给照条以凭换领照票

中华民国四年八月十日归字第四千九百六拾八号

〔骑缝处钤印一，其文漫漶〕

蒙古海亮照条三

原件长二十六公分，宽九公分

文　　　海亮

照条

清理归、武、和地亩分局为发给照条事，今据归绥县属锁号村地户蒙古海亮领土默特左翼五甲四佐自种地叁拾弍亩弍分，〔钤印一，其文漫漶〕东至哈丰阿，南至何兴圣，西至二十家界，北至马芳，定为　则应缴地价库平银　特此发给照条以凭换领照票

中华民国四年八月廿日归字第五千柒百〇四号

〔骑缝处钤印一，其文漫漶〕

蒙古海亮照条四

原件长二十六公分，宽九公分

照条

清理归、武、和地亩分局为发给照条事，今据归绥县属锁号村地户蒙古海亮领土默特左翼五甲四佐自种地八拾五亩弍分，〔钤印一，其文漫漶〕东至本主，南至道，西至张存仁，北至张三河，定为　则应缴地价库平银　特此发给照条以凭换领照票

中华民国四年八月廿日归字第伍千六百六拾九号

〔骑缝处钤印一，其文漫漶〕

蒙古海亮照条五

原件长二十六公分，宽九公分

照条

清理归、武、和地亩分局为发给照条事，今据归绥县属锁号村地户蒙古海亮领土默特左翼五甲四佐自种地陆拾亩零捌分，〔钤印一，其文漫漶〕东至张存仁，南至王会、本主，西至池永泉，北至道，定为□　则应缴地价库乎银□　特此发给照条以凭换领照票

中华民国四年九月十日归字第五千九百八拾式号

〔骑缝处钤印一，其文漫漶〕

赵林有土地执照

原件长四十六公分，宽三十公分

〔契首贴印花税票二枚，面值壹分一，贰分一〕

约字第拾万贰仟贰佰叁陆号〔骑缝，钤"财政部照印"〕

财政部执照

财政部为发给执照事，今据绥远区垦务总局呈报归绥县人赵林有〔押红〕，住承垦坐落锁号村〔押红〕地方　蒙旗报垦地，除由该县〔有章一，其文不详〕登记承垦官产簿第　册第　页，并将该官产四至丈尺亩数、应缴荒价与升科额数分款开列外，合行给发执照须至执照者。

计开〔押红〕

四至，东至哈丰阿，西至章盖台界，南至郭忠、王会，北至三合和。面积东西　　弓　尺，南北　　弓　　尺。共地肆拾柒亩〔押红〕肆分〔押红〕〇厘。每亩缴荒价银陆钱〔押有指纹〕。共计荒价银式拾捌两肆钱肆分〔押红〕，带收照册经费　　，应纳科额洋玖角肆分捌厘。耗银照升限于民国　年入册启征，合并遵照常年应交蒙租　　右给承垦人赵林有〔押红〕，准此〔押红〕

民国十四年一月六日〔钤"财政部照印"〕

黄显鸿圩地铺屋执照①

安平州知事李为给执照，以凭管业事。案查堪圩地基，系属官有财产，本应照章核办，姑念该圩向属盍逢贸易大贾，裹足不前。复据各界团体禀称，在圩建筑铺屋，以求商务发达，并请分别丈量，给发执照，以免争端，而垂永久等情。业经本知事变通批准，宣示亲自勘丈在案。兹据黄显鸿禀称，遵饬建铺，业已落成，恳发执照，以凭管业。等情到署，据此应予所请，以资郑重，合行给照。为此，照给黄显鸿，即便遵照，后开铺基管业，毋得侵占。干咎切切须至，执照者遵。

计开：堪圩地铺一间，宽一丈四尺，直长八丈。

右照给黄显鸿准此。

民国八年（1919）四月二十五日州给。

---

① 原存广西大新县宝圩乡堪圩村。1956年11月，广西少数民族社会历史调查组搜集。

赵二田产执照①

安平州正堂李为给发执照，以垂永久事。

本年五月十六日，据农村赵界、赵二呈称：乾隆四十七年（1782）内，永买得州城南街李恒贞下城计开：北城那密田一子，递年纳普丝银三钱五分整。

右照给北城农村赵界、侄赵二收执。

乾隆四十七年（1782）六月初四日州给。

赵有成田产执照②

安平州正堂李为给发执照，以垂永久事。

本年六月□日，据五处农村赵有成呈称：窃民永买得李俹太老膳田那密一召，民曾备办谢纳减作下城田一子，给照供役无异。兹蒙令民加纳上城免番，共纹银六两整，缴堂请给印照，父殁子承，兄终弟接。等情据此，除批准外合给执照，为此照给赵有成遵照事理。嗣后上番一切，概行准免。所有田业，永为尔世代子孙管耕。倘日后无人，田即归公。田名列后，须至执照者。

计开：

北城那密一子，递年纳普丝银三钱五整。其钱粮盐饷婚丧礼，仍类众办纳毋违。

右照给北城农村赵有成，男赵兴收执。

乾隆五十二年（1787）六月初九日州给。

---

① 原存广西大新县雷平（镇）安平村。1956年11月，广西少数民族社会历史调查组搜集。

② 同上。

赵恩光田产执照①

安平州正堂堂李为给发执照，以垂永远事。本年六月二十一日，据五处农村赵亭西呈称：窃民买得州城马头街李恒贞上城免番田一丢，价纹银三十两整。其田并印照交民永为世代管耕，出具推呈，许民复名顶役。兹民遵例复名谢案，印色纹银一两七钱五分整，纳堂请给印照，仍作上城免番田一丢，俾民父殁子承，伏叩台前批给印照，以备稽查。等情据此，除批准外合给执照，为此，照给赵串西等遵照事理。嗣后，上番及本州赴府往各邻封准免跟随。如遇有兵戈，仍类众前往。所有田业，永为尔世代恒业。倘日后无人承顶，田仍归公。今将田名开列如后，须至执照者。

计开：

北城田那昔一丢，递年纳普照银一钱七分五厘整。其银粮盐饷、婚礼丧礼，照例类众办纳毋违。

右照给北城农村赵亭西男恩光收执。

乾隆五十六年（1791）六月二十一日州给。

民黄鸾等三人谢纳照文②

具呈：民黄鸾、男黄笃、黄周，系中化叫□村住。为恳恩俯准谢纳，以垂永久事。窃民于乾隆三十四年（1769）内，永

---

① 原存广西大新县雷平（镇）安平村。1956年11月，广西少数民族社会历史调查组搜集。

② 原存广西大新县宝圩乡民智村。1956年11月19日，广西少数民族社会历史调查组搜集。

买得李俯大爷膳田一子，价纹银一十二两五钱，照管耕无异。迨乾隆四十九年（1784）内，奉清理田土，插收其田归公。年中禾稻补给，该化知洞管收。今该知洞宴以田亩，旱涝不愿管收，凭民呈恳谢纳。兹民照例备办，谢名谢田纳，上下城免番并印色共纹银八两整，缴堂请给印照，减作城田一丢，永为民世代恒业。伏叩台前，垂怜批给，赖永远遵守有据。万感洪恩于不既矣。为此具呈，并开田名于后，投赴州主太爷台前，伏乞作主施行。

计开：东城那田一丢，大小七片，递年纳普丝银一钱七分五厘整。

准谢纳。

嘉庆三年（1798）九月初五日呈。

安平州土官颁发土地执照[①]

安平州正堂李为给执照以垂永久事，本月初一日据西化埠美村黎唐、黎裹呈称：情因，水置唐美稔村黎裔等城田那咟喯一子，黎马等城田那造一丢，黎刘城田那造一卒，其子价钱四十千文，其一丢价钱五十三千五百文，其一卒价钱二十七千文。兹黎裔等取补价银一两整，黎马等取补价银五钱整，黎刘取补价银二钱五分整，出具推呈与民复谢，民等照例备办纹银十两整，请给印照，仍作上城免番田一子、丢、卒等情，据此，除批准外，合给执照。黎唐等遵照事理，嗣后凡有上番及本州出

---

① 本执照正文是用沙纸手写盖上州印，1956年，广西少数民族社会历史调查组搜集，今藏广西民族研究所，对研究土官统治时期土地制度有参考价值。

府往左邻封夫役一切准免，如遇兵戈扰攘，照例类众，所有田业，永尔世代子孙管耕，倘故绝无人，田仍归公，今将田名开列于后，须至执照者。

计开：北城那咭嗉子那造一卒丢，美内畲地一片共作上城免番田一子丢卒，递年普纳照银六钱五分八厘整，其银粮盐饷婚丧礼照例类众毋违。

右照给北城埠美村黎唐、黎裹收执。

嘉庆四年（1799）七月初一日。

赵恒望田产执照①

安平州正堂李为给发执照，以垂永久事。照得本年四月二十五日，据托村赵恒望呈称：情民系前永买得郎朕村李彬、李加粮田那耽二召□□膳田，兹查李彬太爷故绝，但民买本有亏苦，叩恩怜复，准民备办，照例谢名谢田，免番印色共纹银一十三两整，纳堂请给印照。俾民世代子孙，父殁子承，兄亡弟接，永远管耕，城役又找补田主史李彬银一两整，出具推呈，两相允愿。等情据此，除批准外合给执照，为此照给赵恒望遵照事理。嗣后，凡有上番夫役，一切概行全免。所有田业，永尔世代子孙管耕。倘后故绝无人，田仍归公，田名开列一后，须给执照者。

计开：

北城那耽二召，大小共□，递年纳普丝银九钱五分整。其钱粮盐饷婚丧礼仍照类众办纳毋违。

---

① 原存广西大新县雷平（镇）托村。1956年11月，广西少数民族社会历史调查组搜集。

右照给托村赵恒望收执。

嘉庆七年（1802）四月二十五日州给。

赵廷西田产执照①

安平州正堂李为给发执照，以垂永久事。本年六月二十日，据五处农村赵廷西、男赵恩光、弟赵世贤等呈称：民自祖原有旧下城田二召，给有印呈，未有执照，年中上番。兹蒙令查，民田尚在，下城未有印照饬民备办，加纳上城免番。民遵照备办纹银一十三两整，缴堂请给印照，俾民世代子孙管耕。等情据此，除批准外，合给执照赵廷西。嗣后凡有上番夫役，及跟随邻封一切，概行准免。如遇戈攘，仍类众供役，以后稽查有凭，仍作上城免番二召，永远为民基业。今将田名开列于后，须至执照者。

计开：

晋裕峎榧一召、科桥一片。西城那科潭一子，咟塞二片，巷那㳥一节卷一片。合作上下免番田二召，递年纳普丝银一两四整，其银粮盐饷，婚礼丧礼，类众办纳毋违。

右照给西城农村赵廷西、男恩光、弟世贤收执。

嘉庆七年（1802）七月二十一日州给。

农班谢纳执照②

具呈民农班，系陇榧村住。为乞恩怜准批给赖获谢纳事。

---

① 原存广西大新县雷平（镇），1956年11月，广西少数民族社会历史调查组搜集。

② 原存广西大新县雷平（镇）陇榧屯。1956年11月，广西少数民族社会历史调查组搜集。

窃民自祖原耕六置田一子，历代管耕供公以来，毫无有误。奈因年中递送守衙办项艰辛，兹民呈恳谢纳，减作上下免番田一丢，是以叩乞台前垂怜，俯免运送守衙一切，民当遵照例备办纹银六两五钱整，解堂请给印照，永为恒业。父殁子承，兄终弟接，赖获管耕。于后稽查有据，咸感洪恩于无既矣。为此具呈，投赴州主太爷台前，伏乞作主施行。

计开：

北城田一丢，递年纳普丝银一钱七分五厘整。准谢纳作城役，所有供送柴火一切，仍照供役，即将年例给尔扣除可也。

嘉庆十二年（1807）七月二十五日呈。

农班田产执照[①]

安平州正堂李为给发执照，以垂永久事。本年七月二十六日，据陇榄村农班呈称：窃民自祖原耕六置田一子，历代管耕，供工以来，毫无有误。奈因年中递送守衙，办项艰辛，兹民呈恳谢纳减作上下免番田一丢，是以乞叩台前，垂怜俯免运送守衙一切，民当遵照例备办纹银六两五钱整，解堂请给印照，永为民业，父殁子承，兄终弟接，赖获管耕。于后稽查有据，咸感洪恩于无既矣。等情据此，除批准外，合给执照，为此，照给农班遵照事理。嗣后上府往左，以及运送守衙一切，暨行准免。如遇兵戈扰攘，仍类众护驾。所有田亩，永为尔世代子孙管守。倘日后故绝，田仍归公。所有田名开列于后，须至执照者。

---

① 原存广西大新县雷平（镇）陇棍屯。1956年11月，广西少数民族社会历史调查组搜集。

计开：城田一丢，递年纳普丝银一钱七分五厘整。其钱粮婚礼丧礼，仍类众办理毋违。

右照给北城陇槏村农班收执。

嘉庆十二年（1807）七月二十六日州给。

农风田产执照[①]

协理安平州正堂李为给发执照，以垂永久事。本年七月二十三日，据五处农村农风称：因民毙命，男女无育，取族中堂叔有珍之女宜魕，抚养长大，经有数载以来无异，讵料赵廷玺、赵廷锦、赵良通族等，呈控冒认亲枝等情。蒙令拘齐两造到案，当堂讯断，仍准民承饬，各出具遵依。今民随呈据恳将民婿复名承谢，所有产业家资什物一切，归伊管守，但未呈鸣，不敢擅便。伏叩台前，垂怜批准给民，当遵备办复名谢案印色共纹银九两整，纳堂请给印照，俾民婿赖获永远管业。于后稽查有据，咸感洪恩于无既矣。等情据此，除批准外合给执照，为此照给农风，俾其婿遵照事理。嗣后所有城田瓦屋、家资什物，以及竹木、畬地一切，永为尔等世代子孙管业。今将田名开列于后，须至执照者。

计开：

北城那密一子，递年纳普丝银三钱五分整。瓦屋一座，竹木、畬地一切。

右照给五处农村农风其婿同收执。

---

① 原存广西大新县雷平（镇）安平村。1956年11月，广西少数民族社会历史调查组搜集。

嘉庆十五年（1810）七月二十四日州给。

遵照。

土官出售公山契①

茗盈州正堂李，头目农时达等，今因急需无钱办公，不已，官目商议，原州属之荒地土名崀宎陇一处，凭中立约永卖与本街□亲台农泽耀处，□取本纹银三十五两整。即日接银回署应急办公。当众三面言定，其地交过买主，任从牧牛种杂粮。倘有日后何人生端冒认，系印契有名之人承当，不敢异言。恐后无凭，为此立印契一纸，交与买主收执，存据是实。

正中保堂侄挺朝。

通引李耀宗。

嘉庆十七年（1821）正月二十一日，立约。执笔人马德显。

农二谢纳印照文②

具呈民农二，系五处陇榄村住。为乞恩怜恤俯准，谢纳赏给印照，赖后有据事。情因民胞叔农章，原有上城田□丢，缘土名唤那扣弄一片，那土地一片，那荷一片，龎康一片，大小共五片。其田系民管业。兹民叔业已故绝，蒙令饬民照例谢纳，民不敢违令，民只得遵例备办谢案印色共铜钱四千八百七十文，纳堂请给印照，其田准民永为世代子孙管业。理合叩乞台前，

---

① 原存广西大新县全茗乡全茗街。1956年11月，广西少数民族社会历史调查组搜集。

② 原存广西大新县雷平（镇）陇榄屯。1956年11月，广西少数民族社会历史调查组搜集。

垂怜俯准，谢纳赏给印照。俾民日后管业，稽查有据，永感洪恩于无既矣。为此，具呈投赴州主太爷台前，伏乞作主施行。

并瓦屋、畲地、竹木一切。

准照给。

道光十九年（1839）七月三十日呈。

农二田产执照①

世守安平州正堂加三级李为给发执照，以垂永久事。本月三十日，据五处榧椎村农二呈称：情民叔农章，原有上城田子丢，名唤那扣弄一片、那土地二片、那荷一片、那廲一片，大小共五片。兹民叔业已故绝无嗣，其田系民管业。蒙令饬民照例谢纳，民不敢违令，得遵例备办谢纳印色共铜钱四千纳堂，请给印照。其田准民永为世代子孙管业。等情据此，除批准外合给执照，为此照给农二遵照事理。嗣后上番夫役一切概行准免，其田准为尔世代子孙管业，上城免番田业可也。今将田名开列于后，须至执照者。

计开：瓦屋、竹木、畲地一切。

上城田那扣弄、那上地、那荷子丢，递年纳普丝银二钱六分二厘。其钱粮照众办，婚丧礼承袭，仍纳毋远。

右照给陇榧村农二收执。

道光十九年（1839）七月三十日州给。

遵照。

---

① 原存广西大新县雷平（镇）陇榧屯。1956年11月，广西少数民族社会历史调查组搜集。

梁金玉谢纳执照①

具呈民梁金玉，系北化林巋甲上利村住，为乞恩作主，俯准复名赏给印呈，赖后有据事。情因民于本年四月二十八日，永买得本甲叩村梁正氓田三钱整，土名唤那隆七片，那咘当一片，那格唝一片，大小共九片，坐落旧板处。取价出本铜钱八十五千文。其田永归民世代自耕自割，管收为业。民恐日后稽查无据，兹民只得投堂复名谢案，遵例备办铜钱八千五百文，纳堂请给印呈，其田垂后永为民世代子孙管耕为业。年中所有钱粮卯项墩谷供役一切，系民类众解纳，不敢有违。理合叩乞台前，垂怜批准，赏给印呈，赖后有据，俾民永感鸿恩于无既矣。为此具呈，投赴州主太爷台前，伏乞作主施行。

准照。

道光二十年（1840）五月初一日具呈。

农余旺等谢纳执照②

具呈民甲长农余旺、农乐耕、农乐成、农元金系五处邑贺通村人。民等为乞恩怜恤俯准管耕，赏给印呈，赖后有据事。情因陇樬一带，原系官地，于本年十月内，奉令行牌插收，饬其谢纳令。托村赵玉、农万盛、郁兴才，仕理通村，不能承谢，情愿当堂具出推呈与民通村谢纳。兹蒙令查明，姑念愚民苦无

---

① 原存广西大新县雷平（镇）那岸村上利屯。1956 年 11 月，广西少数民族社会历史调查组搜集。

② 原存广西大新县雷平（镇）安民村邑贺屯。1956 年 11 月，广西少数民族社会历史调查组搜集。

畬地耕犁，准民等当堂谢纳，民不敢违令，只得遵令备办谢纳印色铜钱三千五百文，纳堂请给印呈，所有陇樾畬地一带，准民等通村永为世代子孙管耕，年中栽种杂粮度活。倘日后亦有邻近陇隆、托村男妇或有何人无知潜入，砍伐柴火，偷窃复争耕犁，民等只得扭拿赴堂，恳恩究治。理合叩乞台前，怜垂俯准，谢纳赏给印呈，俾民通村永为世业，赖后有据，永感鸿恩于无既矣。为此，具呈投赴州主太爷台前，伏乞作主施行。

准昭。

道光二十年（1822）十月十四日呈。

农二田产执照[1]

世袭安平州正堂加三级李为给发执照，以垂永久事。照得本月初八日，据陇樾村农二称：嫡堂叔农苏乏嗣，系民收留同居，生养死葬。因民忖未经堂复名谢案，恐后稽查无凭。兹民只得遵例，备印色铜钱五千文，纳堂请给执照，俾民赖后稽查有据。等情据此，除批准外合给执照，为此照给农二遵照。堂叔农苏但存家产田土、畬地、菜品、树木一切，准为尔世代子孙管耕恒业。年中所有公项类众毋违，父殁子承，兄终弟接可也。须至执照者。

计开：

瓦屋一座、田一召子，大小共有二十片，钱粮年中共解钱五百五十五文。

---

[1] 原存广西大新县雷平（镇）陇樾屯。1956年11月，广西少数民族社会历史调查组搜集。

右给执照农二收执准此。

道光二十三年（1843）十一月初十日州给。

遵照。

冯三产业执照①

世袭安平州正堂加三级李为给发执照，以垂永久事。照得本月初十日，据五处陇榄村农清秀呈称：情因民年迈无嗣，生女姐大，宗亲无靠，是以凭媒招取陇榄村冯田之子冯三入为婿。所有遗下家产田业畬地、树木等件，一切归与赘男冯三，年中耕种。但民在日生养死葬，以及奉祀香烟。兹已饬令投堂谢案，民焉敢何词，只得遵例，备办印色铜钱七千文足，纳堂请给印照，合就批给。为此批给赘婿冯三遵照事理，以后凡有上番夫役，一切概行准免。所有田畬、树木家产，为尔世代子孙恒业。其遇兵戈扰攘，婚丧二事，类众承办。遵将田名开列于后，须至执照者。

计开：

上城田博陇那㵲、那盎、那柯、那路念共田一召，那面、那土地、那地乍、那棵李、那亭共田一子丢。递年补纳丝银一两三钱整。

右执照批给五处陇榄村冯三。

道光二十六年（1846）二月十六日州给。

遵照。

---

① 原有广西大新县雷平（镇）陇榄屯。1956年11月，广西少数民族社会历史调查组搜集。

农三谢纳印照①

世袭安乎州正堂加三级李为给发执照，以垂永久事。本月初二日，据五处陇榶村农二称：情因民年迈，无嗣生女，姬大宗亲无靠。故此，凭媒议招取陇气村农田之子农三入为赘男。民所有遗下家产、田业、畲地、树木等件，一切系归与赘男农三年中耕种。民等年迈生养死葬，以及奉祀香烟，兹蒙令饬民投堂复名谢案，民等不胜雀跃。当即遵例备办，谢纳印色铜钱四千文整，纳堂请给印照。其田业、畲地、树木一切，准民赘男农三永为世代子孙管耕恒业。理合叩乞台前，垂怜俯准谢纳赏给印照，俾民赘男农三，日后管耕稽查有据。等情据此，除批准外合给执照，为此照给农三遵照事理。嗣后，凡有年中上番夫役概行全免。其遇兵戈扰攘，类众随往，其婚丧礼承袭，田例地粮照众办纳。其田业畲地、树木一切，准尔永为世代管业可也。田名列后，须至执照者。

计开：

上城田一召子丢并畲地、树木、房屋一切，准尔年中田例地粮，遵照依旧办解毋违。右照给五处陇榶村农二，赘男农三收执。

道光二十六年（1846）七月初三日州给。

遵照。

---

① 原存广西大新县雷乎（镇）陇榶屯农三家。1956年11月，广西少数民族社会历史调查组搜集。

农仕理等田产执照①

具恳呈民郎首农仕理、郁正美、郁正彬、郁正元、赵携彪、农甫旧并通村花户人等，系五处托村住。为乞恩怜恤俯准补价赏给印照，赖后稽查有据事。情因民等年中栽种杂粮，全赖数处畬地，自孔助至排荷一处，叫歪至湖边一处，陇莳、陇钟一处，陇㭫、陇砀一处，孔荡、格街一处。民等通村，自民故祖栽种杂粮至今，经有数十年之久，尚未曾投纳堂补谢。兹蒙恩饬令民补谢，民等曷敢远令，只得遵令，共备办补偿铜钱三十千文，纳堂请给印照，其畬地准为民等世代基业。但恐后年深月久，稽查无凭，理合叩乞台前，垂怜俯赐朱批，赏给印照，赖后稽查有据，则感鸿恩于无既矣。为此，恳呈投赴州主太爷台前，伏乞作主施行。

准照给。

道光二十八年（1848）二月二十四日呈。

梁慎民屋执照②

具呈民梁慎系北化林崀甲上利村住。为恳乞恩作主，俯赐朱批，准给复名谢案，赖存后稽查有据事。情因民于本年二月内，有本村故梁金禄子玉龙，永卖与民屋地一所，价铜钱一千文，今伊故绝。因民忖未经堂复名谢纳，恐后稽查无凭。兹民只得

---

① 原存广西大新县雷平（镇）托村。1956 年 11 月，广西少数民族社会历史调查组搜集。

② 原存广西大新县雷平（镇）上利村。1956 年 11 月，广西少数民族社会历史调查组搜集。

遵例备办印色铜钱一千文，纳堂请给朱批屋地一所，俾民永为世代子孙管业，赖后稽查有据，以免滋扰。万不得已，伏乞台前，垂怜俯赐朱批准给，俾民赖后有据，则万分感激鸿仁于无涯矣。为此具呈，投赴州主太爷台前，伏乞作主施行。

准为尔业可也。

道光二十九年（1849）八月二十九日呈。

黎卡等执照①

世守安平州正堂加三级李为给发执照以垂永久，于本月初十日，据西化埠美村民黎卡、黎贵、梁胜、梁朝等呈称：于本年四月内永买得中化那陇村黄灯、黄付妹按上城田一丢卒，大小共七片，坐落前村处，二共价钱四十六千文足。民各分黎卡、黎贵永得田乙卒，大小三片，价钱二十千文足。民梁胜、梁朝永得田乙丢，大小四片，价钱一十六千文，名唤那呀、格槐，其田随文约交与民永为世代子孙管耕基业，兹民只得遵例备办印色铜钱二千四百三十七文足纳堂，请给印照，复名在案，其田各耕，永为世业等情。据此，除批准外，合给执照。为此，照给黎卡、黎贵、梁胜、梁朝等遵照事理，嗣后年普照丝银解纳，其田上城免番，如遇兵戈扰攘以及前往邻封，仍然类众田业，永为尔世代管耕可也。今将田列于后须至执照者上城田一丢名与那叫、格槐大小共七片，递年普照丝粮纹钱五分七厘整，其钱粮婚丧兵戈照旧解纳毋违。

---

① 本执照原存于大新县雷平镇阜美屯。1956年11月，广西少数民族社会历史调查组搜集。

右照给西化埠美村黎卡、黎贵、梁胜、梁朝等收执。准此。

道光二十九年（1849）九月十二日给。

农檐执照①

世袭安平州正堂加三级李为给发执照以垂永久事。本月二十日据西化埠美村农檐呈称：情因本村农氏无嗣，单生一女，招民为婿，所有田产基地，一切归民掌管，恐后争扰，稽查无凭，不已遵例备办印色铜钱六千文纳堂，请给印照。所有田产畬地，准为民世代子孙恒业等情。据此，除批准外，合给执照。为此，照给农等遵照，所有农氏遗下田产畬地，一切准为尔世代子孙基业可也。倘后故绝，其田仍归公。今将田名列后，须至照者计东上城田那土地二片、园地三片、渠七片、美卒二片、汰湾一片；北上城田那土地二片、并畬地共田一子丢，递年共纳田例普照纹银四钱六分三厘整。其盐饷、婚丧礼类众办纳毋远。

右照给北城埠美村农檐收执准此。

道光二十九年（1849）十二月十八日给。

梁廷惠赎田执照②

世袭安平州正堂李为发给执照，以垂永远事。照得下利村民梁廷惠恳请，愿备本银价一十九元，当堂赎取农乐丰之田，伏乞俯准。等情据此，即准如所请。合给执照。为此，照给

---

① 该件搜集时间同上，内文记述招婿入赘批给田地，有财产继承权等，对研究壮族近代社会土地所有的演变有参考价值。

② 执照存大新县安平乡下利村农旺侄家，1956 年，广西少数民族社会历史调查组抄录存藏。

梁廷惠遵照。嗣后年中田例粮钱，照例缴纳，上番夫役，概行准免，如遇兵戈扰攘，仍类众前往，婚丧二礼，类众办纳毋远。

今将田名列后，须至执照者。计开城田一子，名唤那旁，共二片，每年纳田例钱一百七十五文。

右照给下利村梁廷惠。

准此。

光绪二年（1876）五月十三日。

黄正昌田产执照①

世袭下雷州正堂加三级许为发给新照事，照得弄碎村黄常炳，于雍正七年（1729），承买官田晋江洞半圩大小三丘，今分作四丘，价解十二两，每年地利米二十斤。此田原有半圩子于光绪二年（1876）十二月十八日，弄碎村黄正昌之母农氏，深禀恳承一易大小二丘，价银六两，每年地利米十斤，即将旧照呈缴无异，归衙焚化。为此准给新照一张，仰遵照旧管业，毋违。特准给照。

公田晋江洞一易大小二丘，价解六两，每年地利米十斤。

二十四世官验给

光绪二十七年六月内呈缴。

查验发还照旧管业。

右给照弄碎村黄正昌准此。

---

① 原存广西大新县下雷乡弄碎屯。1956年11月，广西少数民族社会历史调查组搜集。

光绪十四年（1888）八月初五日呈缴。

查验发还照旧管业。

准给请批查。

光绪二年（1876）十二月十八日给还照旧管业。

黄信田产执照①

具恳呈西化那逐村民黄信，为恳恩俯准赏给执照，以垂永久事。情因民于上年买得版甲村何化师东城田一丢零，土名唤嚣多一片二十把，地价钱八千五百文。但未曾投堂请照，恐后稽查无凭。兹民遵例备办印色铜钱三千六百文，投堂请给印照，伏乞俯准，将民买得何化师东城田一丢零，给为民世代子孙，永沐鸿恩无既矣。为此具恳呈，投赴仁天州主大老爷台前，作主施行。

准照。

光绪五年（1879）四月十四日具呈。

农士昌田产执照②

世袭安平州正堂李为给发执照，以垂永久事。

照得本月二十五日，据五处陇榱村农士昌呈称：民于上年当得农村赵龙趾城田一子，土名唤嚣格榴大小三片，坐落农村面前处，价钱十一千文。兹赵龙祥之子赵何求，无力退赎，情

---

① 原存广西大新县宝圩乡堪圩村那逐屯。1956 年 11 月，广西少数民族社会历史调查组搜集。

② 原存广西大新县雷平（镇）陇榱屯。1956 年 11 月，广西少数民族社会历史调查组搜集。

愿出具推呈，任从民赴堂请税，复名承粮。兹民遵例备办印色铜钱六千五百文，投堂请给印照，伏乞俯准，将民买得赵何求城田一子，给为世代子孙恒业。等情据此，除批准外合行给照，为此照给农士昌遵照事理。嗣后年中钱粮公项以及婚丧二礼，照例备办。如遇干戈扰攘，仍类众前往，所有买得农（赵）何求城田一子，准为尔世代子孙恒业可也。今将田名列后，须至给照者。

城田一子土名唤罾格榴大小三片。

递年纳解田例钱一百八十七文。

右照给陇槐村农士昌准此。

光绪七年（1881）三月二十五日州给。

遵照。

农生贵抚屋厅执照[①]

具恳呈治下五处仑侧村民农生贵，为恳恩赏给朱批，以后稽查有据事。窃民年老无嗣，夫妻商议，亲到西化直村，接取林何逢前来以作养子。自到家多年，所有耕田种地，及晨昏定省，不啻亲生。只因家寒并无遗积，惟前起得瓦厅一座，现已饬伊夫妻自住，恐民百年之后，民侄何侬难免争论。兹民遵例备办印色铜钱三千文，投堂请税，伏乞俯赐朱批，将其瓦厅准给何逢永为世代居住，以表慈爱之心，则民永沐公侯万代矣。为此具呈，赴投州主大老爷台前，作主施行。

---

① 原存广西大新县雷平（镇）仑侧屯。1956年11月，广西少数民族社会历史调查组搜集。

准照。

计开：

瓦厅一座、排磨畲三片、䈬馆畲一片。

仰何逢执此准照可也。

光绪二十一年（1894）七月二十九日具呈。

农生美田产执照①

安平州正堂李为给发执照，以垂永久事。照得本月初□日，据五处陇榄村民农生美呈称：情因上年永买得农村赵威仪之城田一丢，名唤那定凌，大小共一片。但民未曾投堂请税，恐后稽查无凭。兹民只得遵例，备办印色铜钱三千二百文整，□堂请给印照朱批，伏乞俯准，将民所永买得农村赵威仪之田，赏给归民，永为世代子孙管耕恒业。等情据此，除批准外合行给照，为此照给农生美遵照事理。嗣后年中所有钱粮田例，以及大小公件并夫役一切，仍照例备办毋违。所有永买得农村赵威仪田一丢，名唤那定凌，大小一片，即准尔永为世代子孙管业可也。今将田名开列于后，须至给执照者。

计开：

那定凌一丢，递年纳粮钱九十四文。

右照给五处陇榄村农生美准此。

光绪二十一年（1895）九月初三日州给。

---

① 原存广西大新县雷平（镇）陇榄屯。1956年11月，广西少数民族社会历史调查组搜集。

农生美赏给田产执照①

具恳呈治下五处陇榧村民农生美，为乞恩俯准赏给执照朱批，以垂永久事。情因民上年永买得农村赵威仪之城田一丢，名唤那定凌，大小共一片。但民未曾投堂请税，恐后稽查无凭。兹民只得遵例备办印色铜钱三千二百五十文，投堂请给印照朱批。伏乞俯准将民永买得赵威仪之田，赏给归与民永为世代子孙管耕恒业，实感鸿恩无既矣。为此具呈投赴州主大老爷台前作主施行。

光绪二十一年（1895）九月初三日具呈。

安平土州颁发的执照②

世袭安平州正堂李为给发执照，以垂永久事。

照得本月十一日，据五处农村赵振辉呈称：窃民祖父买得州城马头街李恒贞上城免番田一丢，曾经赴堂复名在案，现奉饬令民将李恒贞之田赴堂谢纳，兹民遵办印色铜钱三千二百五十文，赴堂复名，请给印照。伏乞俯准将民祖父买得李恒贞上城免番田一丢给归民仍作上城免番田，永为世代管业等情。据此除批准外，合行给照。为此照给赵振辉遵照事，嗣后所有大小公件，一切照田备办前往，所有田业，永为尔世代管业可也。今将田名开列于后。须至给照者。

---

① 原存广西大新县雷平（镇）陇榧屯。1956年11月，广西少数民族社会历史调查组搜集。

② 本执照存大新县安平乡下利屯农旺侄家，1956年11月，广西少数民族社会历史调查组搜集。

计开：

北城那田昔一丢，递年纳解田例粮钱一百八十七文，其田粮钱婚丧礼照例类众办纳毋违。

右照给五处农村赵振辉准此。

光绪二十五年（1899）十一月十五日。

农成田恳呈税契文①

具恳呈治下五处下利村民农成田，为乞恩赏给执照，以赖永久，稽查有据。窃民年老丧子，亦无子孙男，举目无后，幸有孙女名姐鼓，已招得北化打村农崇益为赘婿。民遗有本分房屋一座，水牛一只，那排冒、料派昔两片。另永买得州城东街老咘李辉城田一子，大小共八片，土名唤晋板排，坐落排冒处，以及林木一切，应归婿承接。但未请税，恐查无凭，兹民遵办印色铜钱十千文，投堂请税，伏乞赏给执照，将民遗下房屋、田地、牛、竹及买得老咘李辉之田，批准民孙婿为世代子孙恒业，则永休鸿慈无涯矣。为此具呈赴投州主大老爷台前，作主施行。

准照。

光绪二十九年（1903）七月二十四日具呈。

农崇益税契执照②

世袭安平州正堂李为给发执照，以垂永久事。照得现据五

---

① 该文系大新县安平乡下利村农旺伍提供，1956年广西少数民族社会历史调查组抄录存藏。呈文所述，对研究土司制度崩溃前夕的土地所有情况有参考价值。

② 契文存大新县安平乡下利村农旺伍家，1956年广西少数民族社会历史调查组抄录存藏。可供研究上官统治后期土地制度参考。

处下利村农田呈称：民子已殁，并无孙男，举目乞息。幸有孙女姐鼓，已招得北化打村农崇益为赘婿。民遗有屋一座，水牛一只，田两片。另买得老哺李辉城田一子，及竹木一切，应归民孙婿承接，但未请税，恐查无凭。兹民遵办印色钱十千文，投堂请税。伏乞赏给执照，以赖稽查有据，等情据此，除批准外，合行给照。为此，照给农崇益遵照事理，嗣后年中粮钱卯项，婚丧二礼，及大小公件，照例备办。如遇兵戈，仍类众前往。有成田遗下屋牛只，并买得李辉城田及竹木一切，准尔为世代子孙恒业可也。今将田名列后，须至执照者。

计开：房屋一座、那排冒、料派昔二片、那哂排一子共八片、水牛一只、竹木一切。递年合共纳粮钱二百五十文。

光绪二十九年（1903）七月二十四日。

右给五处下利村农崇益准此。

遵照。

农万珍田产执照[①]

世袭安平州正堂李为给执照，以垂永久事。照得据下利村民农万珍，恳请愿具本价银三十八元到署，赎取显义之原田，伏乞俯准。等情据此，即准如所请，合给执照，为此照给农万珍遵照。嗣后年中所有田例粮钱，照例缴纳，上番夫役，概行准免。如遇兵戈扰攘，类众前往，以及婚丧二礼仍类众办毋违。其田准尔世代子孙耕管恒业可也。兹将田名开列于后，须至执

---

① 原存广西大新县雷平（镇）安平村下利屯。1956年11月，广西少数民族社会历史调查组搜集。

照者。

城田一召，土名那底潭大小共六片。递年纳田例钱三百五十文。

右照给下利村农万珍准此。

宣统二年（1910）五月初五日州给。

遵照。

农崇儒税契执照①

帮带荣字正后营兼署上龙司、世袭安平州正堂李为发给执照，以垂永久事。照得据五处下利村农崇儒呈称：昔兴茂有城田一子，名唤那谭，坐落边潭瞭，又那渡一丢，坐落底秃处，大小共五片，因兴茂故绝，已收归堂。兹蒙恩准民备价承买，兹民遵办铜钱二十二千文，投堂承买，并请执照，以赖永远有据，等情据此，除批准外，合行给照。为此照给农崇儒遵照事理。嗣后年中粮钱卯项，婚丧二礼，照例备办，所有兴茂故绝归堂之田，准可为世代子孙恒业可也。今将田名列后，须至执照者。

计开：城田一子丢、那厝一子、大小共五片、那渡一丢。

右照给五处下利农崇儒准此。

光绪三十二年（1906）二月二十七日。

赵国政田产执照②

世袭安平州正堂李为给执照，以垂永远事。照得五处托村

---

① 执照存大新县安平乡下利屯农旺侄家，1956年广西少数民族社会历史调查组搜集抄存。文中所述对研究土官统治后期土地关系变化有参考价值。

② 原存广西大新县雷平（镇）托村屯。1956年11月，广西少数民族社会历史调查组搜集。

附民赵国政禀称：民故祖遗下粮田一召，名唤䎽淙至，大小共九片。上年曾经民祖投堂，请给谢作上下免番夫役城田，准给印照谢纳在案。因道光年间，地方据乱，年中遗累粮钱，至咸丰年间，先祖太爷清理田产，致收归堂。兹蒙州主大发慈悲，饬民备办铜钱二十五千文，给回原田。民只得遵依备办，伏乞俯准给照，俾民永为世代子孙管业，则感鸿恩无既矣。等情据此，除批准外，合给执照，为此照给赵国政遵照。嗣后年中所有田例钱粮，即遵缴纳，上下番役，概行准免，其田即归尔世代子孙耕管恒业可也。今将田名开列如后，须至执照者。

计开：

䎽淙至一召，递年纳田例钱三百五十文。

右照给托村赵国政准此。

宣统三年（1911）二月十四日州给。

遵照。

杜品林佾生执照[①]

世袭太平州正堂加五级纪录五次李为给执照事，照得钦遵谕旨，所有奉祀文庙各属地方，亟应遴选佾生，以备签舞，而昭国家崇文盛典。抽有伏均村杜品林，遇事敬谨，堪以赏给佾生衣顶，以示激劝，并免本身一生夫役。除详除外，合给执照收执，须至执照者。

三代：曾祖生耀，祖父叶昌，父纶美、母何氏。

---

① 原存广西大新县雷平（镇）伏均屯。1956年11月，广西少数民族社会历史调查组搜集。

右执照给俏生杜品林准此。

宣统三年（1911）五月二十一日州给。

赵国政赎田执照①

具恳呈民赵国政，系治下五处托村住。为乞恩俯准复名谢纳赏给印照，赖后稽查有据事。窃民祖父遗下粮田一召，土名唤㽦淙㽒，大小共九片。上年曾经民祖投堂，请给谢作上下免番夫役城田，准给印照谢纳在案。不料道光年间，地方扰乱，年中遗累粮钱，至咸丰年内，先祖太爷清理田产，收归上堂，至民全无寸土，只得胆敢叩求州主大发慈悲，姑念贫民，蒙令民备办铜钱二十五千文，折赎退回原田，并请复纳，赏给原田归民，永为世代子孙管耕恒业。理合叩乞台前，垂怜俯准，赏给印照，俾民以后稽查有据，则感鸿恩于无既矣。为此具呈，叩投州主大老爷台前作主施行。

准照可也。

宣统三年（1911）十二月十四日呈。

杜伦美抚婿产业执照②

太平土县县知事李为给执照事，兹据后哨伏均村里甲长带杜伦进、杜伦美以及杜姓族中人等，赴县署禀称：杜伦美年逾半百，子嗣尚虚，仅生一女，而胞兄伦进只有一子，族中人丁

---

① 原存广西大新县雷平（镇）托村屯。1956年11月，广西少数民族社会历史调查组搜集。

② 原存广西大新县雷平（镇）陡均屯。1956年11月，广西少数民族社会历史调查组搜集。

亦稀，均难分承。诚恐伦美百年之后，粮钱夫役、祖宗香烟，无人承当。公同商议，招人入赘。其女经杜伦进招获前哨途迓村农乐畛第二子，改姓名为杜品林，于去年九月间前来入赘伦美之女。恳请给照，以顾后虑，俾粮夫香烟有人承当。等情据此，本知事复查无异，合行给照，为此，照给杜品林遵照，准尔入赘伦美之女为婿，凡伦美名分所有之田塘、坟墓、树木产业一切，均归尔管理，永为世代子孙恒业，纳粮应役，奉祀香烟，孝养伦美天年，毋得违误。日后尤不得带妻逃回原村，致置粮役烟祀于不理。给照之后，如有何人妄行争佔情弊，准尔指名禀究，切切须照。

右照给伏均村杜品林准此。

中华民国二年（1913）二月二十二日县给。

附照。

农克敏免役批照[①]

批给安平州知事李为给印批字，照得现据本役农克敏禀称：民自充当备马以来，所有早夕差遣，不敢抗误。兹因人单力弱，难以服役，乞恩施格外永免备马一役，另委别人充当，并请给印批，俾日后据，则感鸿恩于无既矣。等情据此，查该役农克敏供役有年，兹因人单力弱，难以供役，应准予所请，合行给批。为此，批给农克敏遵照，永不供役可也。须至批者。

---

① 原存广西大新县雷平（镇）安平村下利屯。1956年11月，广西少数民族社会历史调查组搜集。

右批给下利村农克敏准此。

中华民国四年（1915）十二月二十六日。

潘光耀立退房屋业产书①

立退房屋业产字人潘光耀，情因外祖潘学美，乏儿承宗接祖，使我承顶香烟。谁知祚薄命微，所生不肖之子名树安，自幼以来，尚不安分，不遵教训，不听约束，日日在外游手好闲，偷盗村邻货物，未知其数。地方执有无数犯约。不肖之子，分业产住屋，一概变卖，地无立锥，及我为父之生理，本钱一概被不肖偷窃如洗，不独我终身无靠，而外祖之祭祀无依。余下我分之房屋四间，屋边佃田一处，寨底田一处，其一山场一处，玉梅竹山一处，九冲路面地一处，玉立山一处，当凭地方团绅人等，将来退回与外祖侄孙日珍、鹤龄二家管业，永远顶当外祖之香烟，祭祀社庙坟茔。该不肖等，不得侵占毫芒。如有不肖之子，将此业产私行抵当者，一经查出，处罚不贷。我身西归之后，逆子反面横行，言长道短，地方一面承当，或呈官究治。空口无凭，托人书立退房屋业产字一纸，付与鹤、珍二家执照为据。

凭中地方三甲头人廖益实、廖吉乐、侯永保、潘顺德、廖正忠、潘光煌、廖益生、潘安锡、廖玉贤、廖美章、廖玉贝、廖俊三并笔，共收银二十五毫克。

光绪三十四年（1908）四月三十日立。

---

① 原存广西龙胜各族自治县和平乡龙脊村廖家寨。1956年11月25日，广西少数民族社会历史调查组搜集。

宗教事务与宗教裁判文书[①]

阿里胡孜伯克给礼拜寺捐赠瓦合甫地契约

清　乾隆三十八年　1773年11月8日

感赞真主！为先知祈祷！

伊斯兰教历1187年（猴年）8月22日

我阿里胡孜伯克遵照真主"谁做善事，赐他十倍恩惠"之言，向真主恩海乞求，现在百什村奇里克修建礼拜寺一所，并将我在奇里克的一处院房连同家具等和15帕特曼土地、一座磨房捐献给寺院作为瓦合甫，对这些财产任何人无权干涉。

8帕特曼土地的界限是：东边是水磨渠；南边是买买提依明的土地，界为土坎；西边是再依里力渠；北边是马路，马路对面是达吾来提买买提明的土地，有地垅。

另7帕特曼土地：东边接巴吐尔伯克的院子，界为坑；南边是河流；西边是毛拉和加的土地，界为渠；北边是河滩渠。

（印章1枚）

斯拉木巴依为礼拜寺捐瓦合甫地及其官司事立约

清　嘉庆五年　1800年

[①] 此部分摘自王守礼、李进新编《新疆维吾尔族契约文书资料选编》，新疆社会科学院宗教所1994年编印。

具结人斯拉木巴依，热巴其人。我把自己在合洁渠的 20 恰勒克土地上一年的庄稼作为瓦合甫献给了当地的礼拜寺。我还上诉依玛目毛拉牙库甫不把这块地给我。毛拉牙库甫申辩说："这块地是我父亲在世时作为瓦合甫的，父亲去世后我当了依玛目，靠种这块地的一部分维持生活，其他都是旱田，是我开发的，但是斯拉木巴依不承认。"其实，村里人都说这 20 恰勒克的地是斯拉木巴依作了瓦合甫的地，并劝说毛拉牙库甫向我道不是。于是毛拉牙库甫给了我 10 恰勒克小麦，我满意了，现在我为了真主，把这块地作为瓦合甫。今后，倘我或我的后代闹出官司，一概无效。

伊斯兰教历 1215 年□月 3 日

（印章 1 枚）

毛拉尼亚孜等人给罕尼卡礼拜寺捐赠瓦合甫地契约

清　嘉庆二十年　1815 年 3 月 6 日

伊斯兰教历 1230 年（兔年）3 月 24 日

立约人毛拉尼亚孜和托合提苏菲

我们愿将父亲遗留下来的热巴其合洁渠的 1 帕特曼地在真主的道路上奉送给罕尼卡礼拜寺做瓦合甫地。此地已与我们无干。今后不论何人，若提出异议，则是无效的。

该地东连瓦合甫地，以杏树为界；南面也是如此；西面与尼亚孜苏菲的地相连，以丛生灌木为界；北面与谢开尔买提的地相连，以杏树为界，有的地方也以丛生灌木为界。

证明人：毛拉亚库甫

　　　　毛拉萨木萨克尧尔地曼等人

（印章 1 枚）

叶城宗教法庭裁决米孜拉甫谢赫之子伙西瓦合等接任谢赫和店主事立约

清　嘉庆二十二年　1817 年

伊斯兰教历 1232 年□月□日

叶城五渠所属祖农地方的名叫米孜拉甫谢赫艾夫立的人，在苏里唐苏布尔麻札下边人迹未至的无主荒地上，靠自己的劳动开垦了土地，修了库房、住房，种了树木。这些财产均为永久的麻札瓦合甫，他自己就在该麻札当谢赫，已经定居好多年了。

该米孜拉甫去世以后，家乡的众人都同意让其子谢赫伙西瓦合、谢赫代吾来提接替其父任谢赫并为店主。经宗教法庭同意，今后在这方面别人无权过问。

东面是地埂花园，南面是崖，西面是五渠宾隆其克，北面是比乃木崖与沙漠相连。

（宗教法庭印章）

（印章 4 枚）

依斯冯得亚尔巴依给罕尼卡经文学校捐赠瓦合甫地契约

清　嘉庆二十四年　1820 年 1 月 2 日

请不要蒙蔽聪明和研究者的清晰的思维！

伊斯兰教历 1235 年，以莎车县的计算法为猴年 3 月 16 日

立约者我，依斯冯得亚尔巴依

我为了真主的道路，为了寻求真主的喜欢，将我在阿拉肖

尔的半帕特曼土地，毫无强逼与压迫地从我自己的珍爱的财产中分出来，高高兴兴地捐赠给王伯克修建的罕尼卡经文学校作为瓦合甫地。此地已与我无干，也与他人无涉，既非坟地，也非其他瓦合甫。今后，不论是我，还是我的后代，若对该地提出异议或进行改变，定会遭到安拉的恼怒，在两个世界里将是无耻的坏人。

特此，立约为证。

该地东有依布拉音的地，以埂为界；西接学校不动产地，有些地方也与要尔都西买买提的地相连，以渠为界也以埂为界；北面与毛拉达尔维西的地相接，以埂为界。

证明人：依斯马义海里排

阿布都克里木穆阿津

毛拉吐尔逊巴依

依斯冯提亚尔巴依等人。

（印章 1 枚）

教师吐尔地给礼拜寺捐赠瓦合甫地契约

清　道光八年　1828 年 8 月 16 日

具结人教师吐尔地。我把自己在热巴其合洁渠的能播 100 斤籽种的田地连同树木、房屋一起，作为瓦合甫捐献给当地的大礼拜寺。从此，我无权干预，他人也无权过问。这些财产并非典当成抵押品，今后我永不反悔。空口无凭，具结为证。

那块地的东头是赠献者的土地，庄渠为界；南头和西头是尼亚孜苏皮和吾热斯他们的土地，有埂为界；北头是依斯玛依尔的土地，有湖为界。

证明人：巴克尼亚孜

依布拉依木等。

伊斯兰教历1244年（鱼年）2月4日，星期四。

（印章1枚）

莱丽妣妣给经文学校捐赠瓦合甫地契约

清　道光十七年　1837年1月10日

感谢助人为乐、好行善事的真主！

"与人方便，自己方便。"这是真主的旨意，我按照真主的旨意行事。

祝愿真主的使者穆罕默德及其家属平安！

伊斯兰教历1252年（鼠年）10月2日

我名莱丽妣妣。我承认，我已遵照伟大真主的旨意将我在五村的10恰勒克土地捐赠给经文学校，我今后无权过问，其他人也无权过问。我捐赠的土地在任何时候，任何人都无权改变它的性质，谁改变谁就是犯罪，正如"恶有恶报"，让他两世双目失明，两世不得善终。

地界：东边是瓦合甫地；南边是阿派夏巴之地；西边是毛拉苏皮尔·毛拉苏皮的地；北边是米古提苏皮的大路。

毛拉阿布杜拉等人为经文学校原清洁夫的3个儿子继承父职事立约

清　道光十七年　1837年

感谢大慈大恩的真主！

伊斯兰教历1253年（牛年）□月10日

我们是五村再依克人，名叫：毛拉阿布杜拉、热依木卡合克巴依、吾斯曼和加、司迪克巴依、依布拉音巴依、毛位买合买提、司拉木和加、热合买提毛拉、海比布拉毛拉和加。

兹有塔里库孜米拉甫伯克所办经文学校清洁夫去世，撇下三个儿子无人照管。我们遵照"为人要行善事，否则就是罪恶"的圣训，让该死者的三个儿子继承父职，当了清洁夫，对此任何人不得干涉，否则就是没有良心的人。

证明人：依布拉音海里排

吾斯曼海里排

阿布拉达吾来提海里排

库提吾克毛拉谢赫

（印章1枚）

毛拉坎吉艾乌尔西木为礼拜寺捐地契约

清　道光十七年　1837年12月11日

具有至高无上的权威、无穷无尽的智慧、真洁的心灵和真理的真主！

伊斯兰教历1253年，按莎车算法为牛年9月即斋月的14日，星期五。叶城镇海米旦夫人的继承人——女儿西兰尔小姐、姐姐孜比旦小姐、苏甫尔盖阿訇、克派克小姐等人承认：亡人海米旦夫人在世时把3个依西克土地卖给了毛拉坎吉，价格为23个银元，当着我们的面，海米旦夫人收到了现银。在发给其印有宗教法庭印章的地契之前，海米旦夫人不幸去世。我们代替海米旦夫人在盖有宗教法庭印章的地契上签了字。在此，我们不再拥有那些土地的所有权，其他人也没有所有权，也不能继承。那些土地不是瓦合甫地，也不是当押之地。我们或我们的后代如若告状索要所有权将无效用。此地东部是海米旦夫人继承的土地，以地埂为界；南部与毛拉托合提·海里排的继承人的土地相连，有的部分与毛拉坎吉的院墙相连，以墙为界；北部与西日甫小姐的土地相连，以地埂为界。

  我是毛拉坎吉艾乌尔西木。遵照施舍中最好的施舍是长流不息的施舍之说，为了真主的喜悦，为了正道，我将用金子买来的面积约为6个依西克的房屋，连同院落、木料、砖石，以及房舍旁3个依西克的土地奉献给木尔艾来木伯克所建礼拜寺，作为寺属瓦合甫。这些财产不能买卖，不能继承，不能典当，不能分给继承人，也不能为自己所有。总之，不能有任何变动。今后，各界人士如为这些不动产而效力，他们将在今世上不断兴旺发达；如有人别有用心地把这些财产据为己有或者合伙告状侵占其所有权，那么这些人在今世将成为永不走运的人，当世界末日时，将在圣人穆罕默德面前变为黑面人而堕入火狱。特此立约。三块土地的范围如上所述，此处不再重写。不动产院子和土地的东部以毛拉吐尔地海里排的墙为界；南部伸进院子的马路以墙为界；西部以谢日甫的房舍为界；北部以不动产院子的墙为界。

  证明人：托合提阿訇

     阿不杜热衣木阿訇

     米尔玉素甫

     巴克阿訇等

 （宗教法庭印章）

塔里妣妣遗子遵遗嘱为礼拜寺捐地契约

清　道光十八年　1838年8月25日

万能的真主说：做好事会得到善报！

感谢伟大的真主！

伊斯兰教历1254年（虎年）6月4日

我们是塔里伯克村人，是塔里妣妣的儿子阿布都苏皮、毛拉库尔班，女儿布亚克莱丽、伯合提阿依拉。

我们承认：我们遵照我们的母亲塔里妣妣的遗嘱将一亩半地捐赠给礼拜寺使用，别人无权干涉。

地界：东边是瓦合甫地，中间有水渠；西边是毛拉阿訇的杏园；北边是毛拉尼亚孜的果园。

证明人：乌斯曼依玛目

　　　　毛拉依玛目

　　　　毛拉艾则孜

　　　　阿布杜克力木等

（印章3枚）

库尔班买买提向礼拜寺捐献房屋、家具做瓦合甫契约

清　道光二十四年　1844年3月27日

伊斯兰教历1260年（鼠年）3月7日

我叫库尔班买买提。我向真主起誓，我承认已将我在城里的两间房屋连同家具捐献给礼拜大寺，让善良的人在那里居住，每天作礼拜。我再无权干预，任何人也无权干预。或保留、或

转主，完全听从真主的安排。

东边是墙，北边是湖，西边是路，南边是经文学校，界为墙。

证明人：司迪克吾买尔
　　　　苏菲毛拉

（印章2枚）

阿卜拉海里排的继承人向礼拜寺捐瓦合甫地契约

清道光三十年　1850年8月31日

感谢真主，他给自己的顺民以种种的好处！

感谢真主，以充满天地的激情感赞真主，他使我们得到做好事的道路！

感谢真主最好的子民——圣人！

感赞与祈祷之后，须知：

1260年（虎年）吾守尔月二十日。

立约人毛拉阿卜拉海里排的继承人——妻子茹给叶巴巴、子艾布都力杰立力。

我父亲在世时曾将热巴其合洁渠的9称子地作为瓦合甫地赠给了礼拜寺。

立约人，我们的父亲已经去世，我们——继承人也同样承认该地作为瓦合甫地。故重新立此契约。此地与我们无干。今后，无论我们还是我们的后代，对该地提出异议，或进行修改，或造成破坏，或将收入挪为他用，则定遭严厉的惩罚。

特此立约。

该地东面与毛拉艾则孜、毛拉库特鲁克之地，或接瓦合甫之地，以杏树为界；南面是苏菲巴依的地以埂为界；北面是不动产地，以埂为界；西面是毛拉坎吉海里排之地，以埂为界。

证明人：买买提赛里木

吐尔地

买买提依明

尤素夫等

（印章1枚）

布维西客从胡赛因巴依的继承人索回土地仍做经文学校瓦合甫地事立约

清　咸丰元年　1851年8月8日

我向给教民们赐予幸福生活和指明行善道路的真主致敬祈祷！向伟大真主的使者致敬、祈祷！

我叫布维西客。经文学堂在库尔玛村的土地中，有2恰勒克地作为瓦合甫已达30年之久，但因找不出立约，一直被瓦合甫的敬献者胡赛音巴依的继承人阿依舍妣妣、托合塔西妣妣、托哈西妣妣作为父亲的遗产田掌握着。经了解情况的老年人证明，这2恰勒克地确系经文学堂的瓦合甫地，阿依舍妣妣等也已经承认，故重立此约，以明真相。今后，凡维护此瓦合甫者则永远幸福，凡欲否认它，改变它，并就此制造纠纷者，则今世和后世都要遭难。

地界：东头是瓦合甫敬献者继承人的土地，水渠为界；南头是托乎提的土地，水渠、白蜡树为界；西头是浩罕清真寺的瓦合甫地，白蜡树为界；北头是斯拉木尼亚孜的土地，有路为界。

证明人：买买提尤素夫

　　　　毛拉尼亚孜

　　　　毛拉坎吉

　　　　杜来提苏皮等

伊斯兰教历 1267 年（马年）肉孜节日第 10 日

（印章 1 枚）

米尔托合提和加的子孙向莎车阿肯木伯克呈请接续和加家谱事

清　咸丰二年　1852 年 2 月 25 日

现向尊贵的买买提依明哈肯木伯克阁下作如下汇报：

阁下清楚：宇宙和世界的秩序取决于圣人们的仁慈的护佑。尊崇他们就是维护伊斯兰教，也就是进天堂的条件之一。尊崇其后代子孙就能得到纯洁灵魂的救助。

既然如此，在这充满仁慈的时代，米尔托合提和加的子孙米尔沙木沙克、米尔依明、米尔艾力、米尔艾尤甫、米尔哈肯木等人曾要求："我们是该祖师的后裔，我们的家谱已经丢失，我们请求接续我们祖先的家谱。"经过调查，清楚地表明其家谱是正确的，为使群众了解，特写此谱系证书。

现向信仰他们的众人表明如下几点：请你们尊敬这些和加的公子，使他们纪念自己的祖先，请不要欺凌他们，使他们能继续走自己祖先的道路，安心地干功，为家乡的平安而向真主祈祷。

伊斯兰教历 1269 年 5 月 16 日主麻

于莎车都城

（印章 7 枚）

千户长热万巴依等立约承认乞为斯玛依勒之子为清洁夫

清　咸丰七年　1857 年 12 月 25 日

以真主的名义

感赞禁恶扬善，引导人民走上行善道路的真主！

祝福伟大的先知穆罕默德及其家属平安！

伊斯兰教历 1274 年 5 月 8 日

我们是五村扎依克的千户长热万巴依、毛拉海比布拉海里排、夏尼牙孜巴依、吾斯曼和加、毛拉艾孜买提。我们公认：由于毛拉斯玛依勒是乞丐，他的儿子 7 岁时就送去经文学校念书，并在阿布利孜阿訇那里边学习边做工，后来又在经文学校当清洁夫。

我们遵照"做一次好事，会得到十倍报答"的圣言，现在我们又叫他做毛拉依布拉音的清洁夫。今后任何人不得干预，我们有生之年也不干预。

祝他在生活中得到幸福。

"作恶的人必然得到惩罚。"愿他不做坏事。

证明人：和加谢赫海里排

　　　　穆罕默德海里排

　　　　依斯玛依勒海里排

　　　　乌斯曼海里排

　　　　毛拉沙木沙克海里排

　　　　依玛目海米依明

　　　　依玛目毛拉沙木沙克和加

库尔班巴依

本契约立即生效。

（印章3枚）

黑依提和加重新立约为经文学校捐瓦合甫地

清　咸丰七年　1858年2月9日

以真主的名义

感赞以仁慈的手坚定了种种善行的真主！

感赞为幸福和善行之路提供方便的真主！

向被造化者之中的最佼佼者，一切实验者之中的最优越者——先知，及其家属和伙伴致以最崇高的敬意！

（印章1枚）

伊斯兰教历1274年按莎车历推算，鸡年6月24日，星期日。

立约人黑依提和加

我将五村潮地中用黄金购买的18称子地送给塔勒克阔孜伯克所修建的经文学校作瓦合甫，已经22年了，现在又重新写了此契约。今后，不许任何人对此地提出异议。只要世界还存在，就能找到正确的决定。不论任何人，如果破坏该瓦合甫地和吞没收获物，则他在今后两世将是有罪的。

该地四界：东面是礼拜寺的不动产地，以高坡为界；南面也是高坡；西面是尤素夫的地，以高坡为界；北面是海比布拉毛拉之地，以代尔克渠为界。

证明人：海里排依玛目买买提依明

　　　　海里排毛拉沙地克

吾斯曼穆阿津

谢力夫巴依等

（印章2枚）

赛派尔巴依为捐献的礼拜寺瓦合甫地重新立约

清　光绪十一年　1885年11月15日

伊斯兰教历1303年2月7日。

赛派尔巴依在自己的有生之年，在将热巴其合洁渠处自己的2艾尔维尔地作为礼拜寺瓦合甫地，立约时未能帮助，因而亲口对该村卡斯木巴依、穆敏汗等人说了此事。人们给予了证明。而这些证明在教法面前是有效的，所以有关这一问题，重新立了契约。

该瓦合甫田东面是荒地；南面是买买提尤素夫的地，以灌木为界；西面接村大渠；北面接卡斯木巴依的地，以杏树为界。

（界限的一切标志都是明显的）

证明人：克里木依玛目

　　　　买买提巴给等

（印章1枚）

肉孜哈里克把自己租种的礼拜寺瓦合甫地和埋着其父的地产、树木、房舍交其给叔吾守尔巴依经营事立约

清　光绪二十二年　1896年3月15日

具结人肉孜哈里克。我把五村土板汉渠库尔班巴依开办的礼拜寺的6恰勒克瓦合甫地（上有我自己植的树），交给了我的叔叔吾守尔巴依，由他经营并缴纳地租。

此外，我还把埋着父亲的赫地尔的6恰勒克地连同树木、房舍一起，也交给了叔叔吾守尔巴依。作为种植在6恰勒克瓦合甫地上的树木和赫地尔的6恰勒克地上的小麦，今后这些田地与我无干。

地界：东头是买买提热依木的地，有埂为界；南头是吾守尔的地，有渠为界。

伊斯兰教历1314年10月11日。

（印章1枚）

依米提汗继承人为曼苏尔伯克修建的经文学校捐瓦合甫地契约

清　光绪二十四年　1898年1月16日

以真主的名义

感赞以自己仁慈的手明扬种种善行的真主！

感赞创造幸福与善行的道路使之通畅的真主！

向被造化者之中的佼佼者、穆罕默德先知，先知的家属及先知的伙伴们致以充满天地的敬意并为他们祈祷！

伊斯兰教历1315年8月22日。

立约人依米提汗之继承人女儿萨热汗、兄弟尼亚孜阿訇、阿布拉和加、素夫亚姊姊、加米来姊姊、艾吾拉德克派克和加村长。

我父在五村县的遗产2称子半地与尼亚孜和加在本地的2称子半地相对换。

我们根据"谁做一件善行，谁将得到十倍的回赐"的圣训教导，以及"善行能阻挡灾难"的圣训教导，为了修造后世之路，在真主的道路中，将我们的 2 称子半地，赠送给曼苏尔伯克修建的经文学校作为瓦合甫地。

该地已与我们无干。将永不改变，不能出卖，不做坟地，所有使瓦合甫地获得繁荣幸福的手，就像劝人向善一样，将会获得巨大的报酬。如果心怀恶意，造成瓦合甫地荒废或不得收获，或对财产提出异议的人，在今世将遭难，在后世将不会受到真主的、宽恕和先知的救助而受到惩罚。

该 2 称子半地的东面接瓦合甫地，以埂为界；南面是罕尼卡瓦合甫地，以杏树为界；西面北面是尼亚孜和加的地，以墙为界。

  证明人：买买提谢力夫阿訇

     依玛目斯坎代尔

     纳斯隆拉和加等人

（印章 1 枚）

叶城人贝拉里苏皮为镇上依禅新建的罕尼卡捐瓦合甫地契约

  清 光绪二十四年 1898 年 5 月 9 日

此件即是该主 35 亩田地的证件。

具结人贝拉里苏皮，叶城人，米尔阿卜拉苏皮之子。遵照"善施布施"的教导，我将自己在这里的 1 亩地连果树和其他树木一起，作为瓦合甫，敬献给镇上的伊禅迪尼最近建成的罕尼卡礼拜寺。对这块地，我不再拥有任何权利。空口无凭，具结为证。

地界：东头是贝拉里苏皮自己的地，有白蜡树为界；南头是卡木尔和加的地，有白蜡树为界；西头也是贝拉里的地，有杏树、水渠为界；北头也是贝拉里苏皮的地。

证明人：赛依提托乎提教长

　　　　毛拉阿訇谢赫

　　　　和加雀如克等

伊斯兰教历 1315 年古尔邦节第 8 日

（印章 1 枚）

优奴斯王开办的经文学校教师买合木提尼亚孜阿訇出租瓦合甫地契约

清　光绪二十四年　1898 年 10 月 6 日

具结人买合木提尼亚孜阿訇，买合木提之子，皮尔代的优奴斯王开办的经文学堂的教师。归该经文学堂所有的五村阿拉雪尔塔赛开木庄的 190 亩瓦合甫地，因成旱田而无收益。佃户要求自己出钱盖房子、种树，以便利用起来。为此，经协商，以每年出 8 恰勒克小麦、8 恰勒克玉米的租子为协定，租给了肉孜哈里克。我要在每年收租期收租，一切费用由佃户自己解决。在瓦合甫地上修建的房屋为佃户私人所有，但地皮不为私人所有。

地界：东头是可汗的地，有渠为界；南头是黑湖，有渠为界；西头是木斯维尔的地，有渠为界；北头是巴拉提的地，有杏树为界。

伊斯兰教历 1316 年 5 月 20 日

（印章 6 枚）

优奴斯王开办的经文学校学生上诉该校教师不付给学生粮食事

清 光绪二十七年 1901年9月13日

伊斯兰教历1319年5月29日。

立约人，尊贵的鼻祖优奴斯王修建的宗教学校之学生依斯拉木阿訇、艾沙和加。

我们曾向稽查大人上诉该学校教授艾不代依德海尔汗阿吉不给学校瓦合甫地中应给我们学生的1份。后让我们当面对质，让人清算，结果学校瓦合甫地收成中应给学生的粮食多出来了。后经调解，教授们给学生们200称子小麦、200称子玉米，我们满意了。这400称子粮食已从两位教授处全部领回。其余粮食，则由教授掌握，用以修理学校破旧之处。其他则按条件自行处理。每年只要给我们学生400称子粮食，我们就不会上诉，也不对过去的2700称子粮食上诉。

尚有肉孜海里排的明年的工资。

（印章2枚）

札萨克右亲王给予族人肉孜海里排经文学院教授职称的通知

清 光绪二十八年 1902年1月31日

尊贵的札萨克右亲王伯克之

最高判决

哈肯木伯克须知：

光绪二十七年十二月中，由于肉孜海里排是我们的后裔，所以经文学校之大权，历年均由其掌握。近来，他来到鲁克沁王宫，为其亲友做乃孜尔。因此，给予他学院教授之职称，并给予文凭。

给冯大老爷已送去公函。望认真办理肉孜海里排为教授的公函，并向王官禀报。

（"伟大的王宫"印章1枚）

伊斯兰教历1319年10月21日

宗教法庭补发买合木提尤奴斯伯克遗失的瓦合甫地契证明

清　光绪二十八年　1902年9月30日

执笔人包瓦菲艾。兹有买买提依明伯克之子买合木提优奴斯伯克将晓客莱村的35亩田地作为瓦合甫献出1年左右，契约不慎遗失。本人前来协里叶提反映了这一情况，并要求补发证件，故发此件。谁人手中出现被遗失的契约，概不生效。

证明人：肉孜哈斯木

伊斯兰教历1320年6月26日

（印章4枚）

优奴斯王开办的经文学校教师为分配收入事立约

清　光绪三十年　1904年1月12日

具结人买买提尼亚孜阿訇，和加穆罕默德谢里夫的优奴斯王开办的经文学堂的教师。我跟我的同伴阿吉肉孜海力排因在分配收入中意见不一致，所以上告县官。学堂里的高材生们也上告肉孜海里排。艾莱木阿訇们看过这两份上诉书，认为言之有理，准备审讯时，有些好人也来调解，结果是：对于今后的收入，除去维修费用和用于学生的费用外，剩余的由我和肉孜海里排两人平分。从今后，我们要照此方法办理。

特立此据为证。

伊斯兰教历1321年10月23日

（印章1枚）

伊斯兰阿吉给依禅努尔买买提买合杜木大寺捐瓦合甫地契约

清　光绪三十一年　1905年5月

伊斯兰教历1323年3月初。

立约人伊斯兰阿吉，凭着安拉给予的良知，遵循"最好施舍是永不枯竭的施舍"的格言，现将巴扎村内由沙枣渠灌溉的5亩一等地连同树木在内捐赠给依禅努尔买买提买合杜木大寺为永久的瓦合甫地，其条件是：不准卖，不转让，不典当，不作私产。我在世之日，该地的主人是我，我死之后，谁在该寺讲学，一应收入，由该人支配，本人子侄或别人不得干预。

证明人：穆明阿訇

乌买尔阿訇

买买提尼牙孜阿訇给乌布里海山奉献房产等契约

清　光绪三十一年　1905年7月29日

伊斯兰教历1323年5月26日。

我是居住在老城经文学校教授买买提尼亚孜阿訇，身体健康。为了正道，我自愿将院内属于我的1条过道、2间席棚、1间厨房、1间住房、1间客厅、1间畜棚，总共6间房屋及其木料、砖石和门窗一概奉献给了乌布里海山阿訇。他已接收了这些房产。在此财产上，我不再拥有所有权。对这些财产，乌布里海山无论如何处置，卖也好，拆除拿木料也好，尽随他的心愿。我或我的后代如果告状，将无任何效用。另外，从我在草场放牧的羊群中，我将挑选25只母羊、25只公羊，共50只羊，在我在世时送给他，在送交他之前，我一旦归真，则由我的继承人交付。空口无凭，特立此据为证。

　　证明人：赛义提汗
　　　　　　买买提托合提阿訇
　　　　　　苏皮阿訇

托合提布维给肉孜阿訇卖地契约

清　光绪三十二年　1906年4月24日
伊斯兰教历1324年2月29日。

　　我们是卡斯克村的黑力里阿訇、托合提尼亚孜阿訇。我们村的托合提布维将70户的5亩二等地卖给了69户的托合提阿訇的儿子肉孜阿訇，价格为12两银子。此事我们知道。该地的东部与肉孜阿訇的土地相连，以墙为界；南部与托合提布维的土地相连，以中心地埂为界；西部是毛拉尼亚孜巴依的土地，以墙为界。此地其他人没有所有权，归肉孜阿訇所有。特立此据为证。

　　证明人：毛拉·尼牙孜
　　　　　　斯拉木尼亚孜等

（宗教法庭印章1枚）

艾力阿訇等三人与优奴斯王修建的经文学校为水磨事立约

清　宣统二年　1910年6月11日

伊斯兰教历1328年6月2日。

立约人巴西奥力费叶力阿村艾力阿訇、吾甫尔阿訇之子沙地克阿訇、巴给阿訇。

我们曾向比开西村艾合买提亚尔阿訇买得3盘磨房。

根据字面看来是他的财产。尊贵的鼻祖尤奴斯王修建的经文学校的助理阿訇肉孜海里排却说该磨房之地是经文学校的瓦合甫地，而进行了申诉。我们同意给这3盘石磨，每年交纳5称子的租金。

从明年开始，每年将不间断地交租。特此立约。

证明人：巴拉提阿吉

　　　　百户长（村长）买买提

（印章2枚）

色提尼布维给黑力木阿吉卖地契约

1914年4月27日

伊斯兰教历1332年6月1日。

我是加依村故人买买提木匠的女儿色提尼布维。我把父亲留给5个女儿的遗产——从6亩3分地中分给我色提尼布维的那1亩2分地及其地上的树木都卖给了该村的黑力木阿吉，价格为250两，现金如数收到。这1亩2分地在加依村范围内，由伯西克里克渠水浇灌。我不再拥有这块土地的所有权。此地东部是阿木水渠，西部是水渠，北部是艾买提阿訇所卖出的土地。

证明人：百户长艾买提阿訇

（宗教法庭印章2枚）

叶城托合提阿訇向阿吉奴尔穆罕默德汗依禅和加奉献土地契约

1914年5月10日

伊斯兰教历1332年6月14日。

我叫托合提阿訇，是叶城镇喀里阿其依俄孜村托合提玉素甫和加的儿子。为了正道，我向阿吉努尔穆罕默德汗依禅和加奉献了用金子赎买的能播种半称子粮食的1块地，他接受了此地，我不再有这块地的所有权。今后，如果我或者我的后代，若在这块地的所有权方面合伙起诉，在宗教法庭面前将无效。

此地东部与坟墓相连，以墙为界；南部也与坟墓和我的土地相接，以墙为界；西部与托合提阿訇的继承人的土地相邻，以墙为界；北部与托合提阿訇的继承人的土地相邻，有的地方与坟院相连，以墙为界。

特写此字为据。

证明人：依玛目赛来阿訇

肉孜阿訇

克热木阿吉

（宗教法庭印章3枚）

海里排提阿吉向乌布里海山赠送经文学校立约

1915年7月8日

伊斯兰教历 1333 年 8 月 25 日。

立约人海依提拉村海里排提阿吉。

我将自己修盖的海依提拉经文学校送给了阿吉乌布里海山阿訇。不论他住在玉田县或住在学校授课都行。

我言出为真，立约为凭。

证明人：买买提阿訇

　　　　尼亚孜阿吉等

玉田人托合提阿訇修复经文学校后重新约事

1915 年 11 月 24 日

以真主的名义向先知及其家属、伙伴致敬！

伊斯兰教历 1334 年 1 月 16 日。

立约人玉田县人包给海里排之子托合提阿訇。

我爷爷海力木海里排修建于塞斯克口别西处的经文学校年久失修，已经毁坏。我已将该校重新修建。旧约已不知去向，因此重订了新约。该新约中再来重申我爷爷的条件。

通过证明的手续而订立了该字约。

根据我爷爷的条件：我们所做善行的目的是为了学习并讲授古兰经。根据这一光辉的圣训的内容，我们要尽力学习古兰经。

向真主祈祷先知的灵魂幸福，为我们爷爷海力木海里排和我自己托合提阿訇以及帮助过我们的乌布里海山阿訇向真主祈祷！

啊！真主！祈求您赐给全体穆斯林男女以幸福，凭着向先知的请求，免使他们走上迷途！

（印章1枚）

依禅阿吉木奴尔买买提为宗教事业捐地立约

1918年4月28日

契约

伊斯兰教历1336年7月17日。

我名依禅阿吉木奴尔买买提阿訇。

我自愿将我在卡鄂勒克的10亩土地献给宗教事业，或开办学校，或经商，或开辟果园，或用于其他公共善事，我均无权过问。

地界：东边与奴尔米吉提阿吉的土地接壤，中间有渠；南边有瓦合甫地，中间有墙；西边是大路；北边是依布拉依木的土地。

证明人：木斯卡斯木

沙比尔

海米提卡力

（印章5枚）

阿不都拉阿訇因侮辱经文学校学生忏悔书

1919年7月16日

伊斯兰教历1337年10月17日。

我是叶城县城关镇穆特外里艾力海提甫阿訇的儿子阿不都拉阿訇。经文学校的宿舍是用砖修的。在分配宿舍问题上，我同塔里布勒依力木苏曲克阿訇、玉素甫阿訇吵了架。我违犯了教法，不尊重并侮辱了那些经文学校学生。经文学校学生向宗教法庭告了我的状。我被叫到宗教法庭审问并要撤掉我的穆特外力之职。此时，肉孜卡力、塔依尔卡力替我说情，同时原告人也撤回了状子，我深深忏悔。今后在分配经文学校宿舍方面，再不对学生们讲不尊重和侮辱性的话。不管给阿訇老人、依玛目、宣礼人和学生分配什么宿舍，我绝不阻拦和干涉。我承认罪过，写此忏悔书。

  证明人：经文学校玉素甫汗

      肉孜卡力阿訇

      塔依尔阿吉等

（宗教法庭印章1枚）

依玛目司马义被控告出卖瓦合甫地事认错书

1920年6月29日

伊斯兰教历1338年10月12日。

  我是拔希村人，名叫依玛目司马义。本村托乎提阿訇和司马义阿訇控告我出卖4亩半瓦合甫地。

  经调查属实，我不该出卖此种土地，钱已如数退回，今后我决不报复他们。

（印章1枚）

优奴斯王修建的经文学校的阿訇们保证管理好校园子立约

1921年11月17日

伊斯兰教历1340年3月18日。

立约人尊贵的祖先优奴斯王修建的经文学校的阿訇们尼扎米丁阿訇尼亚孜阿訇之子肉孜哈西木，80岁；依布拉音海力排之子木汗买德阿吉，38岁；巴拉提喀孜之于穆特外力吐尔地卡力，30岁；吾守尔阿訇之子。

该经文学校的4亩园子地，由我们——穆特外力为首的以阿訇们自己家小的名义看管、保证完好。如果以后看管不善，则在教法和政府面前成为说谎者，并将遭到地狱的惩罚。

证明人：买合苏提阿訇

赛依丁阿訇

（印章1枚）

艾孜米夏合哈拉提给乌布里海山赠地契约

1921年12月23日

伊斯兰教历1340年4月22日。

立约人艾孜米夏合哈拉提。

我为了取得真主和先知的喜悦，将我的第一渠195户三等地33亩3分地中之15亩赠送给乌布里海山阿訇。

关于该地，若我自己或我的子孙提出异议则在教法面前是无效的。

该地四界：东有托合提夏甫吐尔地的地，以杏树为界；北有卡斯木阿訇的地，以埂为界；西面是我自己的地，以杏树为界；南面有托合提买买提的地，以埂为界。

空口无凭，立约为证。

证明人：尼亚孜阿訇

斯地克阿訇

（印章 3 枚）

白合特妣妣等保证不拖欠租种的寺院瓦合甫地租金书

1922 年 11 月 18 日

伊斯兰教历 1341 年 3 月 28 日。

立约人骆驼村玉素甫阿訇之妻白合特妣妣、女儿尼莎妣妣。

我等租种寺院土地 1 亩 8 分，每年应向依玛目吐合迪阿訇交 4 个银元的租金。后因玉素甫阿訇去世，欠交 6 年租金。现由宗教裁判所裁定，向原主交清了所欠租金。以后每年按时交纳，绝不拖欠。此据。

证明人：买买提阿訇
　　　　依沙克阿訇
　　　　沙立克阿訇

（印章 1 枚）

乌布里海山买房产归入自己修建的经文学校事立约

1924 年 5 月 8 日

以仁慈的真主的名义

真主是善行的佑助者，感赞使我们做好事的真主。

求真主赐命因这些善行而经常向我们传递回赐的消息的先知及其家属和伙伴。

正如安拉所告谕的那样：我们将永远记住他们以前所做的一切和所有的事迹。

先知曾说过，三件事情不会破坏功课：第一样，经常性的施舍。第二样,对别人有益的知识。第三样,向真主祈祷的好孩子。

伊斯兰教历 1342 年 10 月 3 日

立约人乌布里海山阿吉。

我已将从木沙卡力巴给阿訇之子尤素夫阿訇等人手中以 200 两银子买得的一个大门进出的 7 间房产和库房并已归入我自己修建的经文学校的大房产。在总契约中已经写明是作为该经文学校两个伟大节日的瓦合甫财产。

今后,我的后辈子孙不论任何人,将不能改变这一决定。

倘若有人敢于提出异议,企图改变这一契约,则将在教法面前是无效的。他将受到今后两世永久的惩罚和痛苦。

(印章 3 枚)

代吾来提尼亚孜立约按时缴纳租种的瓦合甫地租金

1925 年 9 月 3 日

伊斯兰教历 1344 年 2 月 15 日。

立约人阿巴特买斯吉德村尼亚孜巴依之子代吾莱提尼亚孜。

我和村里艾克尔阿訇租种经文学校的瓦合甫地 36 亩并照付租金。米夏海兹热提皮尔依禅道堂之肉孜阿吉却上诉说,我们将地卖了,上了印花税。正当向宗教法庭上诉时,有人从中说和,已将此事了结。

我,代吾来提尼亚孜承认如下契约:每年 36 亩地共上交 8 称子半小麦,8 称子半租金。按时用我自己的牲口送交。等地搞好后,将增加租金。若不按时交租,一切诉讼之费全由我自己承担。此约。

证明人：吾买尔阿訇
　　　　买买提阿訇

（印章 1 枚）

莎车县政府裁决优奴斯王开办的经文学院诸教师因瓦合甫地纠纷事

1926 年 9 月 13 日

伊斯兰教历 1345 年 3 月 5 日。

立约人香夏尔村尊贵的鼻祖麻札优奴斯王伯克修建之经文学校教授尼亚孜阿訇之子尼扎木丁阿訇，喀孜巴拉提阿吉之子买合木德阿吉。

该校阿訇巴斯特，曾去老吐鲁番向王伯克控告我们糟蹋了学校。莎车县太爷将两方面都招来询问，并判决学校瓦合甫财产交给肉孜掌管。我们坚持，这不是瓦合甫财产，毛拉只有上课的任务，我们也是毛拉，也上过课，而肉孜只有四分之一阿訇的血统。可是县官仍然不同意，将学校分为 4 份，2 份给了肉孜海里排提，1 份给了我，1 份给了马木提阿吉，我们对此满意了，申诉完毕了，今后再进行申诉是无效的。特此立约。

（印章 2 枚）

优奴斯王开办的经文学校教师艾布都力巴斯提伯克肉孜阿吉海力排经吐鲁番王伯克的干预恢复教师职务等事

1926 年 9 月 18 日

伊斯兰教历 1345 年 3 月 10 日。

立约人香夏尔尊贵的鼻祖优奴斯王修建的经文学校的教授艾布都力巴斯提伯克肉孜阿吉海里排提。

我到吐鲁番经王伯克的干预，向将军上诉了经文学校改变瓦合甫地的情况，由尼扎木艾尔丁买合木德等人夺了我父亲的阿訇职务的问题，将军已将我的申诉批转莎车县政府。我还从吐鲁番带来了吐鲁番王伯克给予阿訇位置的意见。我父与肉孜哈吉海里排提经法院干预后，同意我仍任经文学校教授。我同意了这一意见。已经改变了的瓦合甫三亚那湖白塔斯克马之间的土地，不管出多少钱，都由我自己出钱赎回，年需费由我自己负担。毫不影响给阿訇的租金。

证明人：巴拉提阿吉

赛义德阿訇

（印章1枚）

札萨克亲王给巴斯提伯克教授职务的委任状

1926年7月29日

札萨克亲王伯克的命令

莎车沙比克艾兰木阿訇，阿吾提穆夫提阿布拉喀孜，艾布都力海里喀孜以及在尊贵的鼻祖大学里求学的学者们。

须知：光绪二十四年，肉孜海里排委派为本校的教授，并给了委任状。现查，该肉孜海里排已年迈，特将其子巴斯提伯克委派为本校之教授，并给予委任状。望大家周知。巴斯提伯克也应很好地负起责任，很好地维修校院破坏之处。

（"伟大的王宫"买买提王之印章1枚）

民国十五年六月二十日

优奴斯王开办的经文学校教师买买提阿吉因瓦合甫地纠纷立约

1926 年 12 月 8 日

具结人买买提阿吉，喀孜巴拉提阿吉之子，皮尔汉卡的优奴斯王开办的经文学堂的阿訇、教师。因该校的教师肉孜哈里克除自己占有 2 亩果园地以外，又将属于我的 1 亩果园地，借口是分给他父亲艾卜杜巴斯提阿訇的瓦合甫地，并上诉说我不愿意把这 1 亩地给他们。我们在被传讯时，我坚持要求按契约办事。当时其他一些教师出面劝解，说我们 4 个阿訇平分 4 亩地，叫艾卜杜巴斯提阿訇把 1 亩地交给我，于是艾卜杜巴斯提就把 1 亩地给了我。至此官司已了结，特立此据。

证明人：尼扎木阿里地

赛依丁

吾买尔阿訇等

伊斯兰教历 1345 年 6 月 2 日

叶城人巴拉提阿吉的两个女儿分配遗产契约

1927 年 4 月 4 日

伊斯兰教历 1345 年 10 月 1 日。

立约人叶城县城关人巴拉提阿吉之女阿依谢妣妣。

我与妹妹遗留给我们两个女儿的克尔阿勒克巴扎五渠街，我们父亲巴拉提阿訇居住的 1 套旅店的一半。为了分给哈杰尔应得的一份遗产，特请人将旅店中之马厩周围的 3 间小房、1 间马棚及所属凉台分给了哈杰尔妣妣，她满意地接受了。这 4 间房子已与我毫无关系。

靠街1间房子的东面是旅店的大门，其中1扇门属哈杰尔妣妣所有。南面是哈杰尔的房子，以墙为界；西面是哈杰尔的房子，以墙为界；北面是大路。大门边划归哈杰尔所有的3间房子的东面是条小路，以墙为界；南面是卡斯木阿訇的街，以墙为界；西面是我阿依谢的房子，以埂墙为界；北面是3间房子以及门前的凉台。

从吉格代渠进水处的6亩2分地哈杰尔妣妣掌管1亩5分5厘，我掌管4亩5分15厘。

今后，关于房子的1份、3份的分配方法有任何异议，则在教法面前是无效的。

我阿依谢妣妣在人间无任何手续。

特此立约。

吉格代渠进水处的地将留给伙伴。

证明人：买吉德阿吉

　　　　买买提热黑木伯克

　　　　艾合买德阿訇

　　　　艾则孜阿訇

　　　　木沙汗

　　　　阿力甫阿訇

　　　　沙比提卡兹

　　　　吾买尔阿訇

（印章2枚）

艾尤甫拜赫提经宗教法庭裁决缴纳麻札瓦合甫地租金契约

1927 年 9 月 27 日

具结人艾尤甫拜赫提，米吉提东人，米夏皮尔麻札的肉孜阿吉上诉说，米吉提东的瓦合甫地每年收 11 恰勒克地租，艾尤甫不缴地租，已拖欠达 130 恰勒克之多。差役前来询问后转协里叶提判决。协里叶提下文书，让我每年缴 4 恰勒克小麦、8 恰勒克包谷。故立此据为证。

证明人：买买提阿吉

巴拉提

达吾提等作证

伊斯兰教历 1346 年 3 月 27 日

（印章 1 枚）

买买提库旺给塔牙洪卖地契约

1929 年 11 月 20 日

伊斯兰教历 1348 年 6 月 17 日。

我是老城叶尔地阿吉喀克吉的儿子买买提库旺。我将由苏盖提渠浇灌的位于喀提克昆的母亲遗产 1 亩地及其上面的树木一并卖给了塔牙洪，价格为 60 两白银，现银如数收到，那块土地树木不再归我所有，今后我如为此起诉，将一概无效。该地东部是穆明汗的土地，以地埂为界；北部是色提瓦里的土地，以地埂为界；西部是艾沙阿訇的土地，以地埂为界；南部是大马路。特写此为据。

（印章1枚）

（宗教法庭印章3枚）

海克木阿吉经宗教法庭裁决偿还乌布里海山之子羊只事立约

1929年12月18日

伊斯兰教历1348年7月16日。

立约人加依村海克木阿吉。

艾布都来海依阿吉及其亲属萨扎等人曾控告说，他们的父亲乌布里海山阿吉曾上告说海克木阿吉的手中有他们200多只羊，海克木阿吉一直未给。这个诉讼转到宗教法庭审问时，我说这些羊已从我手中拿走了。法庭就让我发誓。此时，有许多好心人从中说合，我同意给30只羊以作了结。30只羊我已经给了。艾布都来海依阿吉、艾布都力艾力木等人也接收了羊只，诉讼到此结束。

另外，海力木阿吉、尼扎木苏菲关于分配问题，如何对待艾布都来海依阿吉、艾布都力艾力木阿訇等人，具结诉讼的话，则由海力木阿吉给予回答。

艾布都来海依阿吉、艾布都艾力木阿訇等人，在今世已无任何权利。

特此立约为证。

（印章2枚）

乌布里海山的家属为海克木阿吉偿还羊只立约

1929年12月18日

伊斯兰教历 1348 年 7 月 16 日。

我们是克非亚城已故乌布里海山阿吉的继承家属：妣妣汗、已故木海热木的继承者之母沙尔汗和安拜尔汗之婿乌布力艾里木。我们诉讼海克木阿吉将老父乌布里海山阿吉在沙边的庄园和 200 多只羊没有归还。

乌斯曼在宗教法庭上出庭作证，经宗教法庭调查并断为：乌布里海山阿吉去世时，将羊在自己的婚事中用完了。法庭决定：今由海克木阿吉发誓在羊的问题上并无负债。

由于几个人的调解，要海克木阿吉发誓，叫阿布杜拉阿吉给诉讼者 2 岁、4 岁、6 岁的 30 只羊，所以双方均同意。自我们索取了 30 只羊，诉讼就此了事。

有关羊的事今后我们不再向法庭诉状，若再提此事，宗教法庭绝不允许。

（印章 2 枚）

奴尔阿訇等买得司马义阿訇土地分期付款契约

1930 年 7 月 29 日

伊斯兰教历 1349 年 2 月 29 日。

我们是旦米尔村奴尔阿訇、布苏尔阿訇、依明阿訇。我们买了卡斯克村司马义阿訇、买买提尼亚孜阿訇的 3 亩瓦合甫地，每亩价格为 60 元。每年 2 月交付 3 个银元，即 30 银元，绝不拖欠，如期交付。特写此据。

证明人：依玛目曲奴克阿訇

阿乌提阿訇

买买提阿訇

（宗教法庭印章1枚）

达吾提阿訇给喀吾孜阿訇卖地契约

1930年8月25日

伊斯兰教历1349年3月30日。

我是乌孜买村的达吾提阿訇。我把6亩二等地、2亩三等地共8亩地连同地上的树木、地旁的水渠、道路等卖给了我同村的喀吾孜阿訇，价格为30两银。现银款如数收到。6亩二等地是我爷爷阿訇和加阁下的土地，地契上有红手印；2亩二等地是我母亲米尔阿比提和加阁下的土地，地契上按有手印。我不再领有该地的任何权益，以按了手印的此据为证。

该地的东部是艾沙巴依的土地，以地埂为界；南部是苏菲布维的土地，以水渠为界；西部是扎依提阿訇、哈西汗布维的土地，以水渠为界；北部是艾沙巴依的土地，以地埂为界。

证明人：库纳洪

　　　　胡大拜尔地阿吉

（宗教法庭印章1枚）

县政府任命沙里大毛拉为麻札谢赫并经营管理瓦合甫地的决定

1930年

沙里大毛拉向县政府呈送的申述称："瓦合甫村的老百姓要求我任该村地产、财物的谢赫，并向县政府写了报告。当时，官员们决定让我代替哈第尔海里排提、哈山海里排提、阿第里海里排提任谢赫。我任谢赫确有一段时日，瓦合甫地由我管理并收取了租谷。而今，原来的谢赫想重任谢赫，因而制造纠纷，不让我管理瓦合甫地，租户不交租谷。这实在是冤枉了我。"我们就沙里大毛拉的申述做了调查，他所反映的情况属实，县政府认为，哈第尔海里排提、哈山海里排提、阿第里海里排提没有学识，粗暴固执，不能享用瓦合甫地的好处，决定撤销他们3人的海里排提职务，任命沙里大毛拉为谢赫，由他继续管理瓦合甫地，当地的老百姓应把租粮交给沙里大毛拉。

伊斯兰教历1349年乌守尔月□日

穆罕默德艾拉洪艾黑来木的后代把土地租给托合提阿訇事立约

1930年11月13日

伊斯兰教历1349年6月20日。

我们是卡尔苏买斯吉提村穆罕默德艾拉洪艾黑来木的后代布维。我们把卡尔苏买斯吉提村里由苏巴克渠水浇灌的能种2称子玉米种子的土地租给了镇子街头的托合提阿訇64个月，租金为27两银子，现银如数收到。租约到期前，公粮由我们交付，届时土地用水由我们供给，出租期间，我们将不危及土地的经营。出租土地的东部与依明阿訇的土地连接，以杏树为界；南部与托合提阿訇的土地相连，以老地埂为界；北部与高水渠连接；西部与水沟相连。

证明人：百户长木沙阿訇

依布拉音木阿訇

（宗教法庭印章1枚）

经文学校穆特外力吐尔地卡力因诬陷阿訇事立约赔礼道歉

1931 年 3 月 2 日

伊斯兰教历 1349 年 10 月 12 日。

立约人海兹热提皮尔道堂经文学校的穆特外力吐尔地卡力。

该寺以阿訇尼扎木力丁、买合木提阿吉、艾布都巴斯提、尤素夫为首的教授、阿訇们上诉。在上诉书中艾布都巴斯提阿訇说,为在分给我阿訇专用的 2 亩瓦合甫地上打围墙加以保护瓦合甫地,吐尔地卡力却把墙推倒了。吐尔地卡力说,买尔斯买合木德阿吉欠他 40 称子的账,艾布都巴斯提阿訇欠他 20 称子的账,肉孜海里排欠他 12 两银钱。还说我们从学校的墙上朝麻札开了一个门等等,对我们阿訇进行无礼的诬蔑。

由于双方都上诉,所以就要去上宗教法庭。有些好心人,从中说合,经我细算,没有一个阿訇欠我吐尔地卡力的账。因为我推倒了艾布都巴斯提阿訇的墙,我在公众面前请求原谅我的错误。关于阿訇们借粮之说,纯属无中生有。

今后,我只领自己穆特外力的工钱,不干涉阿訇们的工资。巴斯提阿訇的墙我将给他补修 13 寸。我不干涉学校的园子,再不干涉阿訇们的事务。对阿訇不干无礼之事,若再干无礼之事,我情愿解除我穆特外力的职务。对于阿訇们的借贷,再无任何话可说。

特立此约。

证明人:卡德尔阿訇

达吾德卡力

(印章1枚)

经文学校教师赛义德阿訇租用瓦合甫园子立约

1931年2月22日

伊斯兰教历1349年10月4日。

立约人木沙海兹热提皮尔道堂经文学校已故教授尼亚孜阿訇之子赛义德阿訇。

该校瓦合甫地中由艾布都巴斯提阿訇给肉孜阿吉海里排之子的教授专用的瓦合甫园子地，我以80个银币的代价，租用22个月。

已将租金付讫，租期结束以前，税款将由租赁人自付。

时间一到，当立即归还。

租期结束，地仍归出租人之手。

(印章1枚)

牙合甫阿訇典押土地事

1932年2月7日

伊斯兰教历1350年9月29日。

我是卡斯克村牙合甫阿訇。我向镇上买合苏木苏皮喀孜阿訇之子库吐比阿訇典押了土地，押金为40两银子。这40两银子，租户何时需要，我将无条件地偿还。特立此据为证。

证明人：尤奴斯阿訇哈吉木

哈西木阿訇

依斯拉木

（宗教法庭印章1枚）

优奴斯王修建的经文学校教师马合木德阿吉因朝觐将教学任务及自己的园子委托阿布杜巴斯提事立约

1932年8月5日

契约

伊斯兰教历1351年4月2日。

由木沙海孜热提礼拜寺的优奴斯王修建的经学堂的教师马合木德阿吉，因准备去朝拜，将自己四分之一的任务交给阿布杜巴斯提。

如果我去不成中途返回，需向阿布杜巴斯提赔礼道歉，方可收回自己的教师任务，并将自己的1亩园子转让给阿布杜巴斯提，院内我另开门户，不准在院内搞败坏社会风尚的事，不准弹唱做东，不准任意开办学堂，不准为钱再转让他人，不准典当、出租。如果我随意开设学堂，甘愿交出我作阿訇的一切权益。

该人不欠我任何东西，亦无任何纠葛，如有人干预，当由我负责。

证明人：热合买提

吐尔地尼亚孜

买买提吐尔地

（印童1枚）

伊斯兰协会通知买合木尔等缴纳吾守尔的通知

1933年11月14日

伊斯兰协会通知

兹通知伯希依利克里吉村如下居民交纳今年收成的十分之一，他们是：买合术提、吾买尔、依明。不收现金，只收谷物，不得有误，如抗拒不交，定从严处理。

交纳吾守尔是伊斯兰教徒的天职，与做礼拜一样重要，如有违背，他就是异教徒。不交纳吾守尔就是犯罪，会得到真主的惩处，必须诚心诚意地对待。

征收办法是：净谷物十分之一；千首蓿10捆交1捆；果园、西瓜、卡木古尔等以此类推，不准少交。

征收登记，交纳后盖章，方为有效。

伊斯兰教历1352年7月26日。

（协会印章1枚）

阿比提阿訇立约按时缴纳礼拜寺瓦合甫地租

1934年2月9日

伊斯兰教历1352年10月24日。

立约人拉巴特礼拜寺高地村巴拉提阿訇之子阿比提阿訇。

阿布杜巴斯特阿訇教授曾上诉说，我们少交5称子小麦地租，因而，将我们传到了宗教法庭，并让我们发誓。我们不敢发誓，就承认是礼拜寺的瓦合甫地租。

今后每年毫不拖欠地上交2称子地租。年成好时，将适当增加地租。

特立此约。

证明人：克里木
　　　　肉孜

(印章1枚)

塔力克巴拉提阿訇立约缴纳礼拜寺瓦合甫地租金事

1934年7月19日

伊斯兰教历1353年4月6日。

立约人阿瓦提礼拜寺人塔力克巴拉提阿訇。

我应按时上交租种的礼拜寺瓦合甫地的租金5称子小麦、10称子玉米。因无力上交5称子小麦，现讲定，用10称子玉米代替5称子小麦，每年按时用自己的牲口给教授巴斯提阿訇送去20称子玉米。年成好时，将适当增加数称子租金。如我违犯此约，则愿接受任何处罚。

特此立约。

证明人：达吾提

吐尔逊

(印章2枚)

赛甫纳等退还收买的经文学校瓦合甫地契约

1935年10月14日

伊斯兰教历1354年6月15日。

我是镇上艾伯杜拉大毛拉的儿子赛甫纳。我同库纳阿訇、托合提阿訇合伙买了经文学院的10亩瓦合甫地，其中5亩是我买的。现城防司令阁下说，经文学院的瓦合甫地不许买卖，如果卖出，经文学院将会破产。所以我退回了所买的5亩地，地金如数还给了我。那些土地上的树木，我毫无所有权。空口无凭，立此为据。土地的位置是：东部以经文学院瓦合甫地地埂为界；南部以加马尼克地上的墙为界；西部以瓦合甫地上的进水渠为界；北部以阿木的马路为界。

  证明人：木拉日木买买提阿訇

     木旦热斯阿不里米提汗

（宗教法庭印章1枚）

叶城托合提阿訇退还经文学校瓦合甫地契约

1935年12月10日

伊斯兰教历1354年9月14日。

  我是叶城镇穆特外力艾买提阿訇的继承人托合提阿訇。我种了司马义汗所创建经文学校所拥有的土格其村的5亩一等地，并且收获了粮食。这5亩地是经文学校的瓦合甫地，它的主人是城防司令阿吉·艾伯杜拉阿訇老人家，他要求退回该地，我退给了主人。地上的树木我没有所有权。今后我不侵占该地，也不占据土地上的树木。

  土地的位置是：东部以司马义阿訇地上的墙为界；南部一部分与尤奴斯阿訇的果园连接，以墙为界，一部分与肉孜阿訇的土地相连，以马路和墙为界，还有一部分与礼拜寺的地接壤，以墙为界；西部以赛甫纳阿訇拥有的瓦合甫地地埂为界；北部以马路为界。在此界内的土地，我已无任何权益，特立此据为证。

  证明人：土格其村百户长帕萨尔阿訇

     艾孜木伯克

     伯西尔街托合提阿吉木

马木提阿訇

（宗教法庭印章1枚）

吾守尔买买提阿訇立约按时缴纳经文学校瓦合甫地租

1936年12月26日

伊斯兰教历1355年10月2日。

立约人买斯吉提冬村人巴拉提阿訇之子吾守尔买买提阿訇。

海兹热提皮尔经文学校之教授艾布都巴斯提阿訇上诉说，我每年应交之10称子玉米，与其继承人卡隆合伙不交，同时也未交增加的租金。

在宗教法庭上，在证据面前证明我未交，我将交13称子玉米。

今后，每年按时用自己牲口送交这些粮食，并送去两驮子柴火。

这些地租我将向达吾提、巴拉提、买买提热依木、吐尔地等人处收取。

特立此约。

证明人：托合提
　　　　艾合买提

（印章1枚）

阿布拉布牙克给苏皮阿訇卖地契约

1937年3月12日

伊斯兰教历1355年12月30日。

我叫阿布拉布牙克，是斯开尔村故人海里排布牙克的儿子。我把父亲留下来的遗产3亩地及其地上的树木一并卖给了老城乌布里海山阿吉的儿子苏皮阿訇，价钱为2700纸币，现款如数收到。此地位于斯开尔村359户之处，由斯开尔干渠加依支渠浇灌。我不再拥有这块土地的所有权。此地东部是沙第克的土地，以渠为界；北部是吐日尔的土地，以渠为界；西部是西尔甫的土地，以埂为界；南部是卖主的土地，以地埂为界。

（宗教法庭印章4枚）

（图章1枚）

乃再尔阿訇等退还寺院瓦合甫地事

1937年10月12日

伊斯兰教历1356年8月6日。

立约人阿巴特买吉提坡村乃再尔阿訇、艾合买提阿訇、克里木阿訇。

该村有19亩寺院瓦合甫地，作为无树苗之产业卖给了乃再尔阿訇，并已上了印花税，正当我们要地的时候，海兹热提皮尔经文学校教授依达依巴斯提阿訇出面向宗教法庭上诉，卡斯木村长也同意他的意见，卖地的人也不敢给地了。因此，寺院瓦合甫地仍留给其主人，同时将钱也退给了我们。

我们每年将给艾布都巴斯提阿訇上交3称子小麦的租金，以后还将增加租金，若无力交租，则退还该地。今后将不再诉讼。

证明人：卡斯木
　　　　巴拉提

（印章1枚）

（手印2具）

铁木耳阿訇加倍偿还礼拜寺瓦合甫地租事

1938年5月28日

伊斯兰教历1357年3月28日。

立约人铁木耳阿訇，因为我收了阿不都热合曼建立的礼拜大寺瓦合甫地租小麦3恰勒克，现向该地主人加倍偿还，即小麦3恰勒克、玉米3恰勒克。

证明人：帕孜力阿訇

阿不都热合曼阿訇

（印章1枚）

伯祖拉哈吉木立约归还借得经文学校粮食事

1938年7月20日

契约

伊斯兰教历1357年5月22日。

我是依玛目热巴洪米吉提之子，名叫伯祖拉哈吉木。

我承认从优奴斯王修建的经文学校借得麦子3恰勒克、包谷3恰勒克，秋后归还。

证明人：艾合买提阿訇

吾守尔等

（印章1枚）

尼莎妣妣立约按期缴纳寺院瓦合甫地租金

1938 年 10 月 15 日

伊斯兰教历 1357 年 8 月 20 日。

立约人尤素福阿訇之女尼莎妣妣。经营宽孜寺的瓦合甫地，本应每年交纳 4 个银元，但因故 3 年未交。现决定由我交 2 个银元，由艾里阿訇交 3 个银元（因他伙种）。今后按期交纳，决不拖欠。

证明人：艾里阿訇

衣不拉音阿訇

买合木德阿訇立约缴纳经文学校瓦合甫地租金

1938 年 12 月 9 日

伊斯兰教历 1357 年 10 月 16 日。

立约人米沙尔巴额村买合木德阿訇，艾力阿訇之子。

我租种优奴斯王修建的经文学校的瓦合甫地 9 亩，每年上交租金 9 称子小麦、9 称子玉米。

今年该学校主持人艾布都巴斯提阿訇要求增加租金，从第二年起，增加 2 称子又四分之一小麦，2 称子又四分之一玉米，共增加 4 称子半小麦、玉米。共计每年上交 22 称子半小麦和玉米。麦收时节用自己的牲口送去。

特此立约。

（印章 1 枚）

哈西木立约按期缴纳经文学校瓦合甫地租金

1938年12月19日

伊斯兰教历1357年10月26日。

立约人阿巴哈克木礼拜寺依玛目买买提托合提巴依之子哈西木。

我曾租种优奴斯王伯克修建的经文学校的7亩瓦合甫地。交纳1称子小麦、1称子玉米。

后与该校阿布都喀孜、哈米德买合都木等人言定每年交纳2称子小麦、4称子玉米、2称子麸皮。因此,将于每年收割后,用自己的牲口送交收租人处不误。

不砍树木、如若违约,甘愿退租。

特此立约。

证明人:来提甫阿吉

艾合买德海里排

艾合买德阿訇等

(印章1枚)

买买提依明巴依立约按期缴纳经文学校瓦合甫地租金

1938年12月19日

伊斯兰教历1357年10月26日。

立约人阿巴德礼拜寺高地村米尔艾布都拉和加之子买买提依明巴依。

我租种优奴斯王伯克修建的经文学校的瓦合甫地12亩,每年上交 2 称子小麦、2 称子玉米。

由于阿吾提喀孜、哈米丁买合都木等人要求增加租金。因此，我自愿增加 2 称子小麦、3 称子玉米。

该租金我将于每年收割后按时用自己的牲口送去。不砍树木，也不延迟交租时间。

特此立约。

（印章 1 枚）

库尔班阿訇立约按时缴纳经文学校瓦合甫地租金

1938 年 12 月 19 日

伊斯兰教历 1357 年 10 月 26 日。

立约人阿萨尔礼拜寺高地村买提亚和加之子库尔班阿訇。

我租种了优奴斯王伯克经文学校瓦合甫地 3 亩地，交地租 1 称子小麦、1 称子玉米。

根据镇公所阿吾提喀孜、哈木提买合都木买汗买德阿吉等人的命令，每年给喀孜阿訇交 2 称子小麦、2 称子玉米。

小麦、玉米每年按时送交给收瓦合甫地租金之人手中，不砍树，不欠租。如果砍树、欠租，则情愿将地交回。

（卡兹塔依甫印章 1 枚）

证明人：派祖拉阿吉

艾合买提海里排提

吾守尔买买提阿訇立约按时缴纳经文学校瓦合甫地租金

1938 年 12 月 20 日

伊斯兰教历1357年10月27日。

立约人阿瓦提礼拜寺高地村买汗买德依明阿訇之子吾守尔买买提阿訇。

我岳父巴拉提阿訇租种了优奴斯王伯克经文学校瓦合甫地40亩。每年交10称子玉米的租金。

巴拉提阿訇去世以后,镇公所派阿吾提喀孜、奥木姆穆特外力、哈米德木祖木等人来说,瓦合甫的地租要增加。根据这一命令,我们每年多增加2称子玉米,共计12称子玉米。并用我们自己的牲口驮上,送交给应收租金的人处。

证明人：喀孜阿依提
　　　　派祖拉阿吉
　　　　艾合买德阿訇

（印章1枚）

依玛目赛伊丁保证管理好瓦合甫立约

1939年1月3日

具结人赛伊丁米夏皮尔依玛目教长。我要履行自己作为依玛目的职责,按规定管理好瓦合甫,让塔里甫们住在经文学堂赏罚分明,发生问题时向大毛拉阿訇汇报一切照信仰办事,不在背后议论人的长短。倘违犯上述诺言,愿受任何处分。

证明人：肉孜
　　　　艾沙等

伊斯兰教历1357年11月12日

（印章1枚）

赛依提艾西热夫租种的优努斯王开办的经文学校瓦合甫地缴租契约

1939 年 1 月 17 日

具结人赛依提艾西热夫，热巴特礼拜寺坡村人。我租种着优奴斯王开办的经文学校的 15 亩瓦合甫地，租子为 4 恰勒克包谷。镇公所的阿卜杜喀孜哈米提管理长等决定让我每年出 9 恰勒克包谷、2 恰勒克小麦的租子，我也同意了。粮食由我每年用牲口驮送。地上的树木我也不能砍伐。此据为证。

证明人：尼克阿吉
　　　　库尔班等

伊斯兰教历 1357 年 11 月 26 日

海提甫买合苏提等立约按时缴纳经文学校瓦合甫地租金

1939 年 1 月 17 日

具结人海提甫买合苏提阿訇、和加阿訇、纳斯尔阿訇、买买提尼亚孜苏皮，热巴特礼拜寺坡村人，艾尤甫阿訇的继承人。我们租种了优奴斯王开办的经文学堂的 36 亩瓦合甫地，过去每年交 8 恰勒克地租。现经城里的阿比提喀孜等规定，要增加 4 恰勒克地租，每年要共交 12 恰勒克地租，其中 2 恰勒克半交小麦，9 恰勒克半交包谷。我们要在扬场时节准时上交，绝不迟误，此据为证。

伊斯兰教历 1357 年 11 月 26 日

库尔班阿訇等 11 人立约按时缴纳寺院瓦合甫地租金

1939 年 2 月 16 日

伊斯兰教历 1357 年 12 月 26 日。

立约人加罕花园村人百户长库尔班阿訇、15 户长达吾提阿訇、马合茂德阿訇、图尼亚孜阿訇、胡赛因阿訇、乌斯曼阿訇、艾合买德阿訇、阿比持阿訇、沙衣木阿訇、夏赫妣妣、阿衣夏木妣妣等人。我们曾租种寺院土地,每亩每年应交租差 4 斤 1 恰勒克麦子,差 2 斤 1 恰勒克玉米。后来寺产总管说租子加 2 斤交纳。我们接受了这一要求,除原租外,额外每亩各加麦子、玉米 2 斤。今后每年在打场时如不缴纳,愿受政府处分。特立此据。

(印章 1 枚)

优奴斯王开办的经文学校增加瓦合甫地地租通知

1939 年 4 月 9 日

伊斯兰教历 1358 年 2 月 18 日。

立约人吐合迪尼亚孜阿訇、吐尔迪阿訇。兹有本村优奴斯王创办的经文学堂瓦合甫地 35 亩,总管向县政府写禀帖,要求增加地租。原来交麦子 10 恰勒克、玉米 6 恰勒克,现增至麦子 13 恰勒克、玉米 13 恰勒克,而且要用自己的牲口送到经文学堂。如有延误,每亩处罚租子 1 恰勒克。

证明人:依玛目哈迪尔阿訇

依玛目穆罕默德尼亚孜阿訇

(印章1枚)

艾则孜阿訇等给维文协会卖地契约

1939年5月14日

伊斯兰教历1358年3月24日。

我们是依克苏库孜马里村艾则孜阿訇、沙第克阿訇。我，艾则孜阿訇把库孜马里村的89亩土地、院舍以及土地上的树木卖给了维文协会，价格为6万两铜钱。我，沙第克阿訇也已把包括一等、二等、三等的74亩土地以及土地上的树木卖给了维文协会，价格为3万5千铜钱，上述现款如数收到。对这些财产我们不再拥有任何权力。特立此据为证。

证明人：玉素甫阿吉木

依外孜汗

纳斯尔阿訇

哈西木阿訇

(宗教法庭印章1枚)

色依提阿訇等给维文协会卖房、地契约

1939年5月14日

伊斯兰教历1358年3月24日。

我们是依克苏台里外村西任伯格的儿子色依提阿訇、尼牙孜阿訇。依克苏台里外村的色依提阿訇的82亩土地，1个院子及其木料，1个果园及其树木，买买提尼牙孜阿訇的54亩土地，1个院子及其房屋、木料，4个果园及果树、1个羊圈、1个草

房一并卖给了叶城县维文协会，价格为15万4千铜钱，现钱如数收到，我们不再拥有那些财产的所有权，空口无凭，立此为据。土地上所种小麦全属物主。色依提阿訇所卖土地的东部以水渠为界；南部是村里的水渠；西部是尼牙孜阿訇售出的土地，以街道为界；北边是色里木阿訇的土地，以水渠为界。另一片土地的东边是艾山巴依艾力阿皮孜的土地，以地埂为界；南边是苏皮阿訇的土地，以地埂为界；北边是苏皮阿訇的土地，以杏树为界。尼牙孜售出去的土地的东边是克日木的果园，以墙为界；南边是色衣提卖出去的院子，以墙为界；西边是托合提的土地，以水渠为界。地上堆集的肥料、木料、草、垃圾没有一同卖出。

证明人：村长纳斯尔

依玛目买买提阿訇

（宗教法庭印章1枚）

宗教法庭任命经文学校财务管理长告示

1939年7月8日

哈地木协里叶提告示

据五村塔拜依盖尔其庄满苏尔伯克开办的经文学堂的教师哈皮孜阿訇、沙地克阿訇等要求让买买提热依木阿訇担任该经文学堂财务管理长的请求，经本庭审议，认为此人廉洁、公道，是个合适的人选，故已被确定为财务管理长。希买买提热依木阿訇忠于职守。经文学校的佃户、互助户也要听从、尊敬管理长的领导。并希各界周知。

伊斯兰教历1358年5月20日

（印章 4 枚）

玉素甫阿訇租寺院瓦合甫地、房按时缴租证明

1939 年 9 月 3 日

伊斯兰教历 1358 年 7 月 18 日。

立约人且帕尔村玉素甫阿訇。兹有艾卜都拉合曼创建的大寺有 4 亩瓦合甫地，还有 3 院房屋。从前时交租银 1 两 1，后来交 2 两。每年同一个时期缴纳 2 两租银，从未拖欠，也未要过收据。

证明人：艾合买提卡力

尼孜木丁阿訇

（印章 1 枚）

曼立克巴依租种瓦合甫地契约

1939 年 11 月 28 日

伊斯兰教历 1358 年 10 月 15 日。

立约人克尔阿尔村人买托合提加郎之子曼立克巴依。

从老城苏皮阿訇处租得由其没有渠水的 6 亩第二代寺院瓦合甫地。说定一年地租是 75 称子玉米，三年地租共计 195 称子玉米。该玉米将按时交纳。

空口无凭，立约为证。

证明人：艾沙哥

买买提艾力哥等人

（印章 1 枚）

阿布杜力提甫和加等让原清洁夫之子继任父职的决定

1939 年 12 月 28 日

谨以真主的名义!

伊斯兰教历 1358 年 11 月 16 日。

兹有五镇再里克人:阿布杜力提甫和加、阿布杜克里木、乌斯曼百户长、克皮克巴依、毛拉艾则孜木拉提、沙木沙克巴依、毛拉海比布拉、毛拉牙奇、艾尔艾布杜拉、艾里木哈吉、毛拉吾斯曼、毛拉哈力、托乎提、毛拉艾则孜、吾买尔苏皮等一致认为:

夏加麻力原是再衣里克礼拜寺的清洁夫,他去世后,其子流浪街头,沦为乞丐。我们得知此事后,根据先知"行善者得十倍的善报"、"劝人为善者自得善"的圣训,找回了夏加麻力的儿子夏斯迪克夏阿布拉,并派他继任父职。今后任何人不得干涉他们,如有不执行此项规定者百世不得好果,即现世遭难,后世受罪。

证明人:和加夏海里排
　　　　托乎提海里排
　　　　依玛目毛拉吾斯曼等

(印章 2 枚)

吐尔地租种瓦合甫地契约

1940 年

伊斯兰教历 1359 年杜阿月 15 日。

我是沙依巴克村买买提和加之子吐尔地。我租了阿不都西库尔伯克所建经文学校瓦合甫地中的 3 亩地和房屋，每年付租金 11 元。如拖延交租金，可拆房屋木料以抵租金。

证明人：村长托合提玉素甫

经文学校代表加热甫阿訇

（宗教法庭印章 1 枚）

玉素甫阿訇等因侵占他人房、地事立悔过书

1942 年 10 月 7 日

伊斯兰教历 1361 年 9 月 26 日。

我们是提提尔村玉素甫阿訇、牙科甫阿訇、巴拉提阿訇、达马提阿訇，是依明阿訇的儿子艾伯杜拉买合苏木的代表，吐拉訇阿伯克告状说，买合苏木的土地旁边有他们的地，以墙为地界。墙下面有一排桃树，是他们的。说我们夜间拆了墙壁，挖掉了桃树，并向他们的土地延伸了 1 个吾拉其，另外，修筑了墙壁。同时，拆掉了两间房子的房顶，偷走了木料。哈肯木奉伯克之命前来现场调查，拆掉房子、拿走木料、挖掉桃树、延伸土地均属事实。我们深深地忏悔自己的罪恶。海比不拉艾里玛阿訇对我们的罪过宽容饶恕，既往不咎，不让我们赔偿拆除房屋、挖掉桃树、侵占土地等损失。我们保证：今后决不再侵犯海比不拉艾里玛阿訇的土地、树木，决不扩大地界。如有违犯，仍然侵害其土地财产，按政府法律，愿受严厉惩处。艾里玛阿訇在墙旁栽种何种树木，我们绝不妨碍。立此为据。

证明人：村长沙依提阿訇

依明阿訇

黑克木阿訇

（宗教法庭印章2枚）

（印章2枚）

则乃甫布维离婚不要依代提事立约

1943年6月30日

伊斯兰教历1362年6月26日。

我是喀斯克村依斯拉汗阿訇的女儿则乃甫布维。我嫁给了海比不拉艾力木阿訇。1361年6月的一天，我丈夫海比不拉艾力木说"塔拉克"。作为离婚的衣服，他给了我一件绸袷袢。我不要"依代提"费，我不要求海比不拉阿訇什么报酬或再婚时的嫁妆。

空口无凭，立此为据。

证明人：买买提阿訇

加热甫阿訇

乌斯曼阿訇

（宗教法庭印章3枚）

苏皮阿吉木的继承人分配遗产事

1944年4月

伊斯兰教历1363年4月。

我们是镇上土格其街苏皮阿吉木的继承人阿皮孜阿吉、库提比丁阿吉。街上的艾伯杜拉阿訇、海木杜拉阿訇、买买提阿不杜拉阿訇、依达依提阿訇、穆特外力阿訇、康巴尔布维、胡尔尼沙、布维、海依日尼沙布维等人告我们的状，说没有给他们分配应得的遗产。现把 11 间房子、3 个马厩、客厅、厨房、院子分配给她们，她们满意地接收了这些遗产。从今以后，我们对这些财产不再拥有所有权，立此为据。东部以阿木马路为界；南部以阿皮孜阿吉、库提比丁阿吉的房子、羊圈的墙为界；北部以艾米阿吉的房子的墙为界。一个羊圈的东部以艾沙老人的房子的墙为界；南部以达乌提阿訇的墙为界；西部以阿乌提阿訇、再依乃甫信女的房子的墙为界；北部以库提比丁阿吉的房子、羊圈的墙为界。决定该羊圈的旧门封闭起来，艾伯杜拉阿訇羊圈的门也予封闭，从外边另开一门，以便进出。

证明人：帕孜里阿訇
　　　　木日艾合买提
　　　　尤奴斯卡力
（宗教法庭印章 2 枚）

米吉提汗因侵占他人土地立悔过书

1944 年 9 月 20 日

伊斯兰教历 1363 年 10 月 2 日。

我是坎吉镇买买提尼牙孜阿訇的儿子米吉提汗。按规定，应在离麻扎渠正中 4 个吾拉其以外的地方种地，而我侵占了 4 个吾拉其以内的地方，使水渠旁边的土地缩小了。水管会派人丈量、调查，情况属实。我承认自己的罪过并报告了县政府。县长以下的次级官员替我说情，县官饶恕了我的罪过，让我在原来水渠 4 个吾拉其以外的地方种地。写此忏悔书以资证明。

证明人：水管员买买提·托合提

肉孜吾东等

（宗教法庭印章1枚）

叶城镇政府任命沙里喀孜阿訇任经文学校教师仍兼谢赫书

1946年1月13日

尊敬的沙里喀孜阿訇：兹委任阁下任库衣奇经文学校教员，仍兼叶城谢赫旧职。阁下荣任此职，将会对伊斯兰教的发展作出贡献。

伊斯兰教历1365年2月9日

（叶城镇政府印章1枚）

阿依夏姆妣妣给经文学校捐赠瓦合甫地契约

1946年8月4日

契约

伊斯兰教历1365年9月6日。

兹有乃孜尔镇人，叫阿依夏姆妣妣，遵照"善良的施舍，时刻发光"的教导，甘心情愿将自己的6亩地捐献给阿布杜热西提修建的经文学堂和大寺主办的经文学堂，作为瓦合甫地，不准变卖、租赁、典当。

土地的界限是：东边是阿布都哈德尔阿吉的土地；南边是赛依提的土地；西边是吐尔地阿吉的土地，均以新插的荆棘为界。

我阿布都哈德尔阿吉对此无权干涉，产权归经文学堂所有，今后如有纠葛由我负责。

（印章2枚）

买买提色依提伯克请人代往朝觐交送拜毡契约

1946 年 9 月 11 日

伊斯兰教历 1365 年 10 月 14 日。

立约人哈巴村买买提色衣提伯克，系图木尔夏伯克之子。本人有朝觐的义务，但因旅途不安全，有病在身，不能前往。为此请乌布里海山阿吉之子艾卜都里艾里木阿吉代行，完此天命。现交该阿吉拜毯（礼拜时铺在地上的毯子）349 条，作为朝觐之费用。阿吉亲自去朝觐也好，请有德之人士前去也好，如请人代行，可将上述物品交给此人。特立约。

（印章1枚）

哈提甫喀孜给艾伯都拉卖地契约

1946 年 10 月 11 日

伊斯兰教历 1365 年 11 月 15 日。

我是镇上人哈提甫喀孜阿訇。我将位于 955 户之处的土地中的 50 亩二等地、350 亩三等地连同地上的树木一起卖给了艾伯都拉阿訇、海木杜拉阿訇、买买提阿不都拉阿訇，价格为 500 万元，现款如数收到。我不再拥有那些土地的所有权。此地的东部是库第热提阿訇的土地，以地埂为界；南部是瓦合甫地，以水渠为界；西部是大马路；北部是杏树，有的地方是卡乌里所买的土地，以地埂和墙为界。

（宗教法庭印章3枚）

（印章2枚）

证明人：买买提托合提

　　　　阿皮孜艾山

吐拉阿吉木等给艾贝杜拉·买合苏木等卖地契约

1946年11月23日

伊斯兰教历1366年3月1日。

我们是卡斯克村阿吾提阿吉的儿子吐拉阿吉木，女儿吐拉布维。我们把位于550户之处的2片三等地（20亩）及其土地上的树木、马路卖给了艾贝杜拉·买合苏木、穆罕默德·艾贝杜拉·买合苏木、木提依拉·买合苏木、依达依提拉·买合苏木，价格为2万9千元，现款如数收到。从今后，我们不再拥有那些财产的所有权，特立此据为凭。一片土地的东部与吐尔地巴依的土地相连，以地埂为界；南部与信女古力苏木的土地相连，有的地方与沙吾提的土地相连，有的地方与吾买尔·帕合提的土地相连，以地埂为界；有的地方与阿吾拉·塔吉木的土地连接，以水渠为界；北部以达吾提阿訇的继承人的水渠为界。另一片土地的东部与吐拉吉木的土地边接，有的地方与尼牙孜·库瓦依的土地边接，以老地埂为界；南部与水渠相连；西部与达吾提阿訇的继承人的土地连接，以旧地埂为界；北部是阿吾提阿訇的土地，以杏树为界。这些土地四周的杏树、桑树、杨树、沙枣树等都归买主所有。

证明人：百户长托合提阿訇

　　　　买苏尔阿訇

（宗教法庭印章3枚）

（印章1枚）

色依提阿訇代其女儿立约离婚

1947年3月8日

伊斯兰教历1366年4月15日。

我是依提木乃尔村艾合买提阿訇的儿子色买提阿訇。我代为诉讼的是：我把女儿热比汗嫁给了艾贝杜拉买合苏木。由于他们感情不和，我女儿离婚之时，其夫说了一声"塔拉克"，被迫离婚，结婚时其丈夫所买衣服、被褥给了我女儿，均已退还。对男方再不要求给予任何资助，对此我均无意见。

证明人：依玛目买合苏提

　　　　达吾提阿吉

（宗教法庭印章1枚）

（印章1枚）

吾守尔阿訇等为破坏树木赔礼道歉立约

1947年3月28日

伊斯兰教历1366年5月6日。

我们是提提尔村的吾守尔阿訇、巴克阿訇、玉素甫阿訇、马木提阿訇、艾山阿訇、达吾提阿訇、沙吾提阿訇、买买提·尼牙孜阿訇、吾买尔阿訇。镇上的艾贝都拉·买合苏木阿吉我们的状，说我们的山羊、绵羊、牛啃了他家的桑树、榆树等树苗树皮，砍掉了树苗，摇松了树根，因而树木全部干枯而死，当作柴火烧了。在艾贝都拉向政府告状的同时，托合提阿訇也趁机告了状。我们承认事实,赔偿了损失,栽了桑树等各种树苗 26 棵,并且保证栽活。我们不再砍树苗当柴火烧,不再放牛啃树,不再摇动树根而使树致死。无论什么时候,如发生类似事情,按当时见证人的意见赔偿损失。

证明人:木拉孜木·托合提阿訇

(宗教法庭印章 1 枚)

买买提尼牙孜巴依等为牲口吃麦子赔礼道歉立约

1947 年 4 月 9 日

伊斯兰教历 1366 年 5 月 20 日。

我们是乃孜尔村的买买提·热依木阿吉的儿子买买提尼牙孜巴依和艾买提阿訇。城镇上的艾贝都拉告状说,我们放牧的牛羊吃了他的地里的麦子。沙第尔阿訇在宗教法庭上质问时说,艾贝杜拉受损失属实,但他不让我们赔偿这次损失。如果下次有类似事情发生,一定要赔偿损失。空口无凭,立此为据。

公证人:沙第尔阿訇

证明人:水管员艾买提阿訇

(宗教法庭印章 1 枚)

(印章 1 枚)

沙代提汗、卡斯木阿訇因离婚纠纷向宗教法庭立誓言

1947 年

伊斯兰教历 1366 年□月 20 日

发誓人沙代提汗、卡斯木阿訇。

我沙代提汗向吐尔逊卡力控诉卡斯木阿訇。自我们结婚以后，他没有给我给地毯而和我离了婚。以后又说给我地毯，买了毡和家具，重新成家。离婚后，我拿不上东西，我要东西，卡斯木阿訇说是不洁之物。昨天又将我打伤。我想要回东西，脱离他的压迫。

吐尔逊卡力同意以教法审讯，但卡斯木阿訇不承认以上言行。

宗教法庭做出了如下判决：沙代提汗找证人，证明所诉的真实性，找不到证人的话，卡斯木阿訇发誓。卡斯木阿訇也应找证人，证明他对沙代提汗做了不正确事情。找不到证人的话，沙代提汗应对自己的所作所为发誓。

诉讼结束。

我们对此也满意。

谁干了亏心事，死后自己负责。

（印章2枚）

托合塔阿訇等将苇池赠送经文学校做瓦合甫事立约

1948年1月30日

伊斯兰教历1367年3月18日。

我们是库木村的托合塔阿訇、阿乌提阿訇、沙第克阿訇。村里的瓦依提阿訇、依斯拉木阿訇、阿不里克木阿訇、托合提阿訇、阿不杜买买提阿訇、热合曼阿訇等人向县长告状，说我们别有用心地不给他们天然苇池中长的苇子、莞草。衙役肉孜把我们传到政府去问明了情况，并且好心地劝说了我们。为了真主的喜悦，决定把库克湖和牙尔泉里面的苇子、莞草送给加米经文学校作为瓦合甫。状事到此结束，立此为据。

证明人：玉素甫阿訇

　　　　海里派木百户长

　　　　卡第尔阿訇

　　　　衙役肉孜阿訇

（宗教法庭印章2枚）

（印章2枚）

（县长印章1枚）

玉素甫阿訇给经文学校捐赠瓦合甫地契约

1948年4月8日

伊斯兰教历1367年5月28日。

　　我叫玉素甫阿訇，是哈斯木穆阿津的儿子。谁行善事，谁就会得到加倍的回报。我已将用金子买来的位于吐孜依尔克的12亩三等地连同树木捐赠给了叶城镇阿不杜热西提汗所创建的经文学校，以作瓦合甫地。我不再拥有该地的所有权，今后我或我的后代及其他人如有诉讼，皆无效力。该地从皇渠平地上引水浇灌。写此盖有宗教法庭印章的字据，以资证明。作证人：曲里帕汗、库宛尼牙孜阿吉、买买提·拜克日木海提甫、乌木提村长。此外，为了祝福爷爷艾日甫谢赫和加，特把塔西浪村的4亩三等地、8亩二等地捐赠给叶城镇阿不杜西库尔伯克所创建经文学校，作瓦合甫地。该地东部与买买提阿訇的土地连接，以杏树为界；南部与沙滩连接；西部与买买提·沙依甫和加的土地连接，以地埂为界；北部与肉孜苏力坦毛拉的土地连接，以杏树为界。

证明人：买买提伯克

　　　　曲里帕汗

　　　　库瓦尼孜阿吉

　　　　阿依克派汗

　　　　买买提·克日木阿訇

　　　　秘书长马木提汗

（宗教法庭印章 4 枚）

（印章 4 枚）

依沙木丁依玛目将寺院瓦合甫地出租契约

1948 年 6 月 23 日

伊斯兰教历 1367 年 8 月 15 日。

我是托维村奴尔东阿訇的儿子依沙木丁依玛目。因我任该村的伊玛目而给了我礼拜寺的 10 亩瓦合甫地，我将地租给了海木都拉汗·买合苏木 36 个月，租额为 60 称子玉米，已如数收到。此地东部以沙吾提阿訇的土地为界；南部以马木提阿訇的土地为界；西部以阿不拉伯克的土地为界；北部以马路为界。

证明人：阿西木阿訇

（宗教法庭印章 1 枚）

买买提因土地纠纷经宗教法庭裁决后立约

1948 年 6 月 1 日

伊斯兰教历 1367 年（羊年）7 月 23 日。

立约人阿期廷约依吉法尔村人买买提。

艾布都来海依阿吉曾向中厅镇控告说，我从依明手中以2两8钱黄金买了1亩地。可是该地中之半亩地在买买提手中，他不给地。苏来曼同意他的控告，并由政府审问了我们，然后又上了宗教法庭。宗教法庭审验了我们的契约，并判决如下：依明应给半亩地，根据买买提手中之契约，依明应给半亩地。如果不给地，则应由依明给买买提1两4钱黄金。我同意以上判决。我将地给了艾布都来海依阿吉。今后，我只与依明一人算账，而不与阿吉发生关系，如制造任何言词，将遭大罪。特此立约。

（印章2枚）

马木提阿訇等将本村荒地卖给阿不拉买合苏木事立约

1948年7月6日

伊斯兰教历1367年8月28日。

我们是苏里唐依日克村的马木提阿訇、卡木阿訇、阿沙热阿訇、阿不都热合曼阿吉、沙吾提阿訇、买买提沙里阿訇、哈斯木阿訇、托合提阿訇、吾买尔阿訇、色衣提阿訇。以我们为首的人承认：我们村的30亩三等荒地因我们无力垦种，因此情愿以300万元卖给阿不拉买合苏木，今现款收讫。我们和我们的后代没有该地的所有权。今后我们及后代如有人提出所有权或起诉，在宗教法庭面前是无效的、虚假的。空口无凭，立此约为据。

30亩地位置是：东以老夏里第浪渠为界；南以加依提热克马路为界；西以新水渠为界；北以夏里第浪渠的旧分水口为界。

证明人：本村买买提开阿吉

　　　　图达洪阿吉

　　　　帕沙尔阿訇

　　　　哈斯木阿訇

　　　　毛拉尼亚孜阿訇

（宗教法庭印章 1 枚）

依斯拉木阿訇因侵占经文学校瓦合甫财产立悔过书

1948 年 8 月 1 日

伊斯兰教历 1367 年 9 月 25 日。

　　我叫依斯拉木阿訇，是切其孔村司马义阿訇的儿子。穆特外力老人家告状，说我占据了叶城镇阿不杜西库尔创建的经文学校拥有的库里牙尔荒滩瓦合甫地上的苇子等物。艾依甫阿訇也告了状。根据政府和阿訇们批准的条例，我再也不侵占苇子、红柳、柴火等物。按条例第 4 条规定，寺产应穆特外力管理。我保证我和我的后代永不侵占寺产。我们中间如有人侵占，必受严厉惩罚，尤其是永不占有荒滩上的苇子等。写此字据，以作凭证。

　　证明人：切其孔村沙迪克阿訇

　　　　　艾依甫阿訇

哈提甫阿不杜瓦里等将寺院瓦合甫地出租给依明阿訇事立约

1948 年 12 月 10 日

伊斯兰教历 1368 年 2 月 8 日。

　　我们是东卡恰尔村的哈提甫阿不杜瓦力阿訇、依麻目阿不杜克日木阿訇、穆阿津阿巴斯阿訇。我们自愿联合声明：位于牙瓦的东卡恰尔街礼拜寺瓦合甫地中的7亩二等地，因产量不敷支出，为了增加收入，特出租给东依沙尔街依明阿訇，租谷为每年4称子麦子。在此地上，依明阿訇无论收成怎样，我们都无意见。特写此据。

土地的东边以水渠为界；南边是塔力甫阿訇继承人的土地，以地埂为界；有的地方是卡第尔阿訇的土地，以地埂为界，有的地方是另一卡第尔的土地，以地埂为界；北边是水渠。此不动产土地的租谷为4称子小麦，它将交付原主。

证明人：里提甫托合提·尼牙孜阿訇

依麻目海比布拉阿吉

（宗教法庭印章2枚）

阿布杜哈里木的继承人给艾布都来海依出卖遗产事立约

1949年1月12日

伊斯兰教历1368年（猴年）3月12日。

我们是亡人阿布杜哈里木阿吉的继承人——女儿孜乃提汗、阿娃汗，儿子阿布杜拉汗。我们将父亲留下的位于哈斯木阿吉街的房屋卖给了艾布都来海依阿吉，价格为15两银子，现银如数收到。我们不再拥有那些房屋的产权。我们或我们的后代谁若告状，一律无效。

特写此据为证。

证明人：尼牙孜阿訇

托合提阿訇

哈吉阿訇

（宗教法庭印章1枚）

阿不杜瓦里依玛目等将经文学校瓦合甫地出租给依明阿訇事立约

1949年1月20日

伊斯兰教历1368年3月20日。

我们是东恰卡尔村阿不杜瓦里依玛目、阿不杜克力木依玛目、阿巴斯穆阿津。位于牙尔瓦俄的恰卡尔街经文学校的瓦合甫地中的7亩地，由于产量不敷支出，租给该村的依明阿訇，每年交租4称子小麦。在此地上，依明阿訇不论收成怎样，除交够租谷外，其余均归本人所有。

此地的东部是塔里甫阿訇的土地，以地埂为界；西边是哈第尔汗的土地，以地埂为界；北边是水渠。

证明人：哈提甫托合提尼牙孜

依玛目海比布拉阿吉

（宗教法庭印章2枚）

依明阿訇给艾比不拉艾来木的儿子卖地契约

1949年4月9日

伊斯兰教历1368年4月10日。

我叫依明阿訇，是镇上东恰卡尔村吐尔地拜的儿子。我将牙尔瓦俄一处的7亩二等瓦合甫地及地上的庄稼以及自己地上的庄稼卖给了艾比不拉艾来木阿訇的儿子们，价格为5（？）元，现款如数收到。我不再拥有那些土地的所有权，特写此证。

（宗教法庭印章2枚）

(印章2枚)

此地东边是水渠；南边是塔力甫阿訇的土地，以地埂为界；西边是哈第尔阿訇的土地，以地埂为界；北边是水渠。按照协定，每年给瓦合甫地的原主交4称子小麦。

证明人：毛拉吐尔地拜

艾里买孜

阿訇米拉甫

乌斯曼阿吉给艾比不拉艾来木卖地契约

1949年2月9日

伊斯兰教历1368年4月10日。

我是镇上吐格其街乌斯曼阿吉。我把吐格村里的10亩一等地和房屋卖给了艾比不拉艾来木阿訇，价值为5百万元（相当于5百元——校注），现金如数收到。我不再拥有那10亩地的任何权利。该土地东边与沙吾提阿訇的土地相连，以地埂为界；南边与马木提阿訇的土地连接，以地埂为界；西边与帕沙尔伯克瓦尔斯的土地相接，以墙为界；北边与街道马路相接。我将每年给清真寺捐赠10称子玉米。

（宗教法庭印章2枚）

（印章2枚）

沙依木阿訇立约按时缴纳租种经文学校瓦合甫地租事

1949年2月10日

具结人沙伊木阿訇，托卡尔伊赫尔人，赛依提阿訇之子。

我租种了菲西克经文学堂的 7 亩瓦合甫地，年租为 50 块银元。我将在每年 11 月向亚生大毛拉交清地租，绝不迟误。倘有迟误，瓦合甫地的主人愿把地给谁，我都无二话可说。空口无凭，具结为证。

　　证明人：克里木

　　　　　奴尔等

伊斯兰教历 1368 年 4 月 11 日

（印章 1 枚）

阿依夏木妣妣租种寺院瓦合甫地契约

1949 年 7 月 7 日

伊斯兰教历 1368 年 9 月 11 日。

我是新城的阿依夏木妣妣、达吾来提毛拉、尼莎木妣妣、依布拉音木等。

阿依夏木妣妣曾将自己的用渠水灌溉的 3 亩地作为瓦合甫地交礼拜寺经堂，现已有 13 年之久。现在阿依夏木妣妣生活十分困难，因此通过亚森毛拉，租给我耕种，为期 3 年。每年交租 10 恰勒克至 36 恰勒克包谷，3 年期满仍交还给亚森毛拉。如不交还，则加倍付租。以前 3 亩地的契约当即作废。

　　特立此据。

（印章 1 枚）

海木杜拉买合苏木因前妻遗产纠纷前往宗教法庭裁决立约

1949 年 8 月 23 日

伊斯兰教历 1368 年 10 月 28 日。

我是叶城镇上著名的海木杜拉汗买合苏木。我曾娶镇上苏皮阿吉的女儿康巴尔尼沙小姐为妻。她归真时，留下了 6 个月的儿子阿不拉买合苏木。以妻兄克由木阿吉为首的亲戚们占用了孤儿阿不拉买合苏木应继承的财产。在继续占用剩余部分的时候，我们之间产生了矛盾。这时，经宗教法庭的阿訇调查，取消了我继承财产的资格，而让阿第里哈提甫、喀孜阿訇阿吉、玉素甫阿訇大毛拉等有名望的人替我继承，并叫他们从妻兄克由木阿吉那里把孤儿阿不拉买合苏木之母康巴尔尼沙留下的动产和不动产，如水磨、金银、首饰和其他财产从其舅克由木阿吉处如数追回，并妥为保管。其他人手里如有康巴尔尼沙的遗产也应追回。我把孤儿阿不拉买合苏木之母康巴尔尼沙留下的 1 对金耳环变卖花掉了。继承人要求退还耳环，我把我应得的四分之一交给了继承人，两位继承人满意地收下了。我绝不占用儿子阿不拉买合苏木的任何财物，也没有任何所有权。亲戚们也不能侵占他的财产。今后为此如有诉讼，绝无效用。立此为据。

（宗教法庭印章 4 枚）

叶城镇证明人：沙依木伊玛目

　　　　　　　阿乌提卡力

　　　　　　　艾力阿訇

　　　　　　　乌斯曼阿吉

　　　　　　　阿不杜哈的尔阿訇

　　　　　　　曼素尔阿訇

神判书悔过书

白门潘氏神控鸣冤文①

具阴呈献状人白门潘氏，系广西省桂林府仪宁县龙胜分府官衙塘桐木冲撞（壮）民人氏为白平屈冤，累次迭害事。情小民于本年七月初一日被盗。恶棍潘光美，年生于辛卯年二月十五日辰时，人面兽心，起意盗偷田地谷米等件。又至十四日，请中向说盗案，及来诈索钱文一千二百文，凭中过交。窃念前因，多端需诈过甚，暗敲索，为此难以安身，只得上天无路，入地无门，故以诚心纸香，乞叩本宅土地、灶君神主位前，伸叩本乡庙王、广福侯王、摩王大帝祠下，呈叩奏上玉皇大帝、众圣天神，准奏牒文，传下十殿阎君、天神大圣，准纸赏差提究，善恶冤枉，嫁害无辜，被伤良民难安。到速亲奏，情蒙天神下降，思念小民善者，必降添寿，恶者必受灾刑，重入地狱，小民情安。为此民间暗里受害，现身多端，免受冤屈。是以全家伸叩天恩，日日伸奏，时时念问，令旨报下，神圣显应吉祥，为此阴呈，伏乞伸叩。

---

① 原存龙胜各族自治县和平乡桐木村桐木冲。1956年11月7日，广西少数民族社会历史调查组搜集。

廖□□神控书牒①

上告天地神明，日月三光，二十四位诸天洪油教主，三界圣帝。

本庙圣王案前呈进具告凡民阴人廖金全等，为朋比为奸，设谋捏害，乞愿情电鉴，以分泾渭事，无处申冤。事窃有堂兄廖□□今据大清国广西省桂林府义宁县分防龙胜理苗分防府龙脊乡廖家寨，莫一、广福庙王祠下社王土地居住，奉圣修因，即至告状人廖金全，年八十五寿，设谋控害，恃势欺弟，于强夺地名爱界翁田、平段牛厂等。具控龙胜安府主案下衙规钱三十二千二百文。阳间孤独守分忠良，囊内无钱不敢告。于阳宪冤深如海，气怒如山，无处申冤，因此无奈。是以谨发狠心，取虔具雄鸡一只、红油一碗、状纸一张，于孰虚空具告：

天地神明，日月三光，二十四位诸天，三界洪油教主，三界圣帝，本境广福大王部下，即迅速差下检察灵官，统领雄兵猛将，即查追拘，包龙处提拿廖□□真命到案，务要自愿自倒，自私颠枉，上山蛇伤虎咬，下河浪打水推，天雷霹雳，即遭瘟疫，火焚栋宇，宅舍化灰，即行即报。剿斥奉打报应有功之后，不忘大道鸿恩，谢恩谢圣，须至状者。右状上告天地神明，日月三光，二十四位诸天，三界洪油教主；三界圣帝，本庙圣王，检察灵官案前，投进证盟，莫一大王，星火奉行，急行急报。

光绪十一年（1885）岁次丙戌□月□日具状上禀告。

---

① 原存广西龙胜各族自治县和平乡龙脊村廖家寨。1956年11月27日，广西少数民族社会历史调查组搜集。

韦茂旺洗心革面悔过书①

　　立犯约人系马海寨韦□□之子名茂旺，今因赌钱囊空，于本月初六日半夜，盗进入韦昌秀屋，偷盗铜桥网子一件。不料运不值时，被人视见，实时失主经鸣地方捆拿，理宜送□官究治。而我等恳求地方房族人等，劝解宥情，情愿退赃，是此之后，改过自新，道不拾遗。如我不知痛改前非，仍蹈前辙者，日后任由房族、地方，将我或责罚或送官，故我不得启齿异言。欲后有凭，立犯字一纸，以付地方执之为据。

潘日昌悔过戒约②

　　立悔过戒约字人潘日昌，情因探（贪）心无厌，口是心非，屡屡借端油索，活（祸）害良家，受索者不计其数。是此恃势横行，得一思二，重重（种种）不一，勾引主使兴讼公庭，害富者倾家败业，贫者散子离妻。故此为恶，地方见视凶横，若芜草不除，嘉禾不生，奸顽不革，良孺难安。即日经鸣地方，将日前所行之事，件件虚情，地方将情计议，理宜送官究治，蒙胞弟与姐妹三人，向地方求宽。幸众等广岁仁德，放生免送公庭，愿逃迁移异境，永远不古，在外勾唆，引诱滥棍匪类，需索本境，或私回故里者，任凭地方头甲捆获，以及胞弟姐妹丈房族，一底送官究治。房族一千人等，共干法条，决莫宽容。

---

　　① 原存广西龙胜各族自治县和平乡海江村平寨。1956年11月19日，广西少数民族社会历史调查组搜集。

　　② 原存广西龙胜各族自治县和平乡龙脊村平段寨。1956年11月27日，广西少数民族社会历史调查组搜集。

空口无凭，立悔过戒约字一纸，付与地方执照为据。

立字人潘日昌、胞弟潘日运。担承保人姐丈茅平三、妹丈蒙光朋。

地方执字头人廖昌吉、潘秀承。依口代笔人潘日映。

光绪四年（1878）岁次戊寅八月十八日面立。

廖玉贵等悔恶从善保证书[①]

立悔过休恶字人亲（新）寨廖玉贵、廖玉明二兄，情因惯行不法，屡在地方借端油火，毁业夺产，纠齐（集）滥棍，聚蚊成雷，萋菲酿祸，扰乱团规。遂其谋方，休事端不从斯愿，而凭空兴讼，受欺者难以枚举。若不会议团规，将来难免巨祸。此是将情原论，众斥其非，情甘自亏。自托房长，向地方恳情宽宥，自原（愿）立书悔字。今宽容之后，再不敢仍行不法。如有再行恶习，仍在地方需索等情，任凭地方捆绑，并及房长保人送□官是问治究，决莫宽情。空口无凭，立悔为据。

房长承担保人廖元流、廖永华、廖永亮。

地方头人廖潘秀、廖潘成、廖潘细、廖潘羊、廖昌吉、廖家寨、廖金秀、元定、侯金昌、廖元华、元昌、潘金社、陈仕美、元安、陈福美、廖玉贤、潘日映、德仁、潘永凤、陈仕荣、潘金旺、潘方秀、潘世羊、廖光顺、蒙光宗、廖益宝、廖永珍、廖美昌、廖金才、廖马吉、廖茅贵、潘廷范、潘美仁、潘忠福、

[①] 原存广西龙胜各族自治县和平乡龙脊村廖家寨。1956年11月27日，广西少数民族社会历史调查组搜集。

廖福金、廖仁贤。

光绪四年（1878）八月十八日立。

廖杨刚父子悔过书①

立甘愿悔过字人，毛呈（城）上寨廖杨刚，子永太，历来无异。因本年八月初五日，祸因平段、潘日昌等，聚集入伙作成为群，朝夕惹事端需索等件，各串为党。而今地方，议见我有异，欲恐聚成多端，殃成大肆。

兹我众心，实系有异，狂欺王章之具，不顾团规之禁。今蒙公论，谨戒滥棍滋索，扰害村庄前来。我父子切思前与日昌果有之意，今当地方头甲，自愿改悔，永不从昌贪行学滥，需索乡人，翻悔祖业。甘愿复团合规，积善行仁，不敢歪意。日后我等父子，永不与村邻，私横混索祖遗，互控殃良。为此，当凭地方禁戒，如有父子仍前有弊借索，任凭乡老拿获我等捆送官宪从重处治，激底沉究我等永不再生。空口无凭，立改过存照。

房族人廖永禄、永寿。

地方村庄廖家、侯家、平段、枫木寨、新寨、八滩、龙堡、桥橙等寨

甘立悔过廖杨刚、廖永太亲笔立。

光绪四年（1878）八月初八日。

---

① 原存广西龙胜各族自治县和平乡龙脊村平安寨（原名毛城）。1956年11月27日，广西少数民族社会历史调查组搜集。

潘昌龙悔过休恶书①

立悔过休恶字人新寨潘昌龙，情因惯行不法，累（屡）在地方借端油火，悔（毁）业夺产，纠齐（集）滥棍，聚蚊成雷，萋菲酿祸，扰乱团规。遂其谋方，未休事端，不从斯愿，而凭空兴讼，受斯者难以枚举。若不会议伏规，将来难免巨祸。是此，将情论众，斥其非情，甘自亏自悔。房长向地方恳情宽宥，自愿立纸悔字，今宽容之等情，因凭地方捆绑，并及房长保人，一并送官是问究治，决莫宽情。空口无凭，甘立悔字戒恶，永远为据。

房长人潘元理、潘元安、潘元辉、潘昌福等。地方三甲十三村乡老。凭三甲头人潘美福、廖昌吉、潘秀成。

光绪四年（1878）戊寅八月十八日，潘昌龙亲笔甘立。

廖金龙休心悔改书②

立休心凭据字人，新寨廖金龙，今因由从恶棍扰乱地方，行事不公，人人时恨在心，乡村传齐议论。吾行此理不合地方，让情服理，不敢亦异。由从恶棍在其地方行事，如有照其贪事之行，亦有家门弟兄，纵然捆送投河，永不再生之意。今凭地方，甘立休心戒字，付与地方，永远手执存照。

房族家兄承当人廖金元、廖德仁、廖德芳。

地方头人潘世荣、廖昌吉、潘秀成。

---

① 原存广西龙胜各族自治县和平乡金江村新寨屯。1956 年 11 月 19 日，广西少数民族社会历史调查组搜集。

② 同上。

三甲乡老一十三村。亲笔廖金龙押。

光绪四年（1878）戊寅八月十七日。

潘学禄休息杜后书[①]

　　立重分迭悔，永远休息，以杜后祸。情愿立据人胞叔潘学禄，情于道光三十年与胞兄学荣，凭中将婶母家业均分，各管各业。于咸丰元年，兄弟斗墙上之争，凭中又分；咸丰八年又争房价不清，复又央中理论劝息，立有罗（合）同二张，各执为凭。今因去年我兄亡故，我将元年、八年合同收藏，不执为凭。我又请中向胞侄潘日照索悔，将胞侄养老之山土名打落一处，又路朝山一处，将此二处意欲夺取。而中见冒不合，中人劝说：前尔兄弟分居之日，所有元、八二年合同二张，尔侄现存确据。今我中人难以曲断，故今幸蒙中人依直劝断，将路朝山一处，归我学禄管业，以免后我反复。其打落山原供养老之山，此处仍断归胞侄日照永远管业。已（以）后我父子不敢三翻四悔，借故生端异言。今恐无凭，立休息杜后为据。

　　凭中人侯金成、潘金社、廖金秀、潘学继、侯永富、潘日映，每受中钱一百文。

　　依口笔人潘学美，受谢钱一百文。叔父潘学禄亲立。

　　同治十一年（1872）壬申三月初□日。

---

　　① 原存广西龙胜各族自治县和平乡龙脊村侯家寨。1956年11月27日，广西少数民族社会历史调查组搜集。

潘学六悔休书①

立重悔屡索，永远休息，以杜后祸，立据字人潘学六，子曰太、曰贵、曰结、曰义，四兄父子，情于□道光三十年（1850）与胞兄学荣，凭中将婶母家业分估，各管各业，于□咸丰元年，因斗墙之争，凭中解释。□咸丰八年（1858），又争房价不清，复又映中理论劝息，立有合同一张，各执为凭，于□同治十年（1871），胞兄亡故，向侄曰照路朝山竹一山处，六叔强取，先在道光年间，兄手分下，分出那蛇田一处，价钱十两，作为养膳之田。兹后心生异议，忤逆空耕空俸。今我父子见伊良善，即起邪心，久念诡计百出，今岁父子强挖日照那梭之田三丘，又砍于矮山一处。此事横行霸占，目无王章。不已请中人理明，情虚理亏。即日当凭地方，仍退田山，归与日照管业。日后永远不敢多端，因此屡悔。今凭地方将族侄兄弟割肉分断，情同异邑他乡。尔侄日照倘遇天开红运，添丁或纳宠或招继嗣，不敢阻滞，以及红白二喜，各做各为。而今割断之后，再不得另生枝节，家业等项，毫毛不占一概。永远子孙，不敢三翻四悔。倘有此等，执出此字到官，自干其罪。今恐无凭，立重悔休息，杜后割断字为据。

依口代笔人潘昌龙、潘学茂、潘日升、廖仁盘、潘日秀、潘日映、廖美富。

---

① 原存广西龙胜各族自治县和平乡龙脊村平寨屯。1956年11月27日，广西少数民族社会历史调查组搜集。

地方在场人廖美章、潘美仁、廖金才、廖永兰、廖金秀、廖玉贤、廖昌富、廖玉明、侯金成、潘金辉、侯金舌。

大清光绪十一年（1885）岁次乙酉三月初六日面立。

廖杨冈等神判书[①]

立甘愿入庙社后字人，毛呈上寨众等廖贵、廖珍、寥照、廖杨冈、廖良铁、廖仁红等。尝思世人不平则鸣，圣人以无讼为贵。况吾等因与毛呈田寨为地争兢（竞），土名枫木漕一共五漕、五靖，原系吾等公山，伊称伊地，请中理论，头甲人等亥豕难分。窃思官山府海，各有分别，土产山业，岂无其主。一比心甘祷神，何人若做亏心事，举头三尺，有神明瞒心昧己，一动一静，神明鉴察，毫发不爽。而我等各缘庚帖，甘愿入庙祈神。

各大神圣座前鉴察报应，谁是谁非，神明本是无私，分明究治。倘若我等何人风云不测，命入黄泉，实是诈骗欺夺，其班牌钱项尽属田寨。而我等并族邻不得说长道短，倚命而让祸端。如有悔言，自甘其罪。空口无凭，立甘愿字，付与地方执照为据。

甘愿立字人上寨众等廖杨冈、寥战福、胜仁贤。

头甲执字人廖金书、潘金旺、陈景章。

地方证人廖秀荣、元华、金成、光清、仁盘、玉连、日映、贵发、福金、仁礼、学继、美昌、仕美、潘美仁、玉贤、陈福

---

① 原存广西龙胜各族自治县和平乡龙脊村平安寨。1956 年 11 月 23 日，广西少数民族社会历史调查组搜集。

贞、学茂、永义。

依口代笔人潘廷范，请笔五百文。

光绪六年（1880）二月初二日立。

婚姻赡养抚养收养逐革书

侯玉龙等具结保证书①

蔡主公断旧照上结具遵依甘结人侯玉龙、廖昌荣、廖光亮、侯永保、廖美昌、廖美□、□富、潘元回、廖金祥、廖福胜、廖金秀等，今当□大老爷台前实结得缘民玉龙等，以一件串党藐法减例抗夫等情，呈控侯永保等。而永保等以违例不遵，毁碑翻控呈诉侯玉龙等到案，已蒙票传，原被两造人等堂讯明析。业经邵前任判断出示在案，如遇传大夫每一百名之外。龙脊应派夫二十名，所断甚公。今蒙堂讯仍照邵前任判断至极公允，二比心悦诚服，饬令具结完案回家，各安本分，毋得再行翻控。如若仍蹈前辙翻控，民等到官自干（甘）领罪。所具遵依某结是实。

光绪八年（1882）壬午六月十三日二比具结。

廖弟领等息事合同书②

立合同息事人廖弟领、廖弟寅、廖弟则，情因吾堂祖四房各居，有长房廖弟碍养女育一男，名号光文，父亡母寡；有四

---

① 原存广西龙胜各族自治县和平乡龙脊村。1956年11月27日，广西少数民族社会历史调查组搜集。

② 原存广西龙胜各族自治县和平乡龙脊村平段寨。1956年11月29日，广西少数民族社会历史调查组搜集。

房廖弟林，于嘉庆五年（1800）招附廖良春兄弟良老，入宅代养潘氏并男。有三房祖廖弟勤养生一女，因弟勤路中身亡，托附良老出棺，酒席下葬。现有小房一座付与良老、光文为业。于道光二年（1822），不料光文身故妻嫁。兹我二房良桂，育我三兄，意欲分开。先请堂祖廖光柄，向良老管理三房弟勤之居分开，吾弟则居住。因光炳、良春娶讨孟引（眼）贲家黄氏并男一丁接回完娶。弟则为室顶允差使等件，前有光文少亡，有业归付庶父管理，是以心思不忍，为姑娘送节酒席不均，诈钱二千四百文。后因取笋相争，诈钱三千文，及又田土茜（园）内请中不断，具名呈讼。有谭士荣留回改息，地方十老合息了事，出钱十千文付我，其产业仍归良老父子管理。因业我等不敢异言翻悔生端，如弟则接艰娘之子，承允祖宅，当差千古。良老父子不敢詈骂折除往外。今凭地方二比，甘立合同二张，永远子孙存照。

凭中地方村老廖光玉、谭士荣、侯光明、潘光绳、潘才学、潘香禄、廖光福、潘学美、廖光吾、廖金全。中证钱二千五百文。执合同廖良春。代笔潘学文。通道羊一皮（只），廖弟领、廖弟广亲立。

道光十一年（1831）三月十八日。

黄河平离婚书①

立离婚书人黄河平，系安平州北化村梗甲下后村居住。因

---

① 此婚约原存大新县雷平（镇）。1956 年 11 月，广西少数民族社会历史调查组搜集。

为父娶上后村梁廷□□□乳名叫宜利，年方二十五岁，与为妻。不科（料）数年反目，家道不和，愿将发卖与向到□□□傍村梁兄荣品，看人合意，年纪相配，愿将出身价三百五十毛整，即日立书，银约当面点清□□□银主带缘人回家为夫为妇。上（倘）日后年深月久，上山落水死者不关河平之事，生者是梁荣品之人，死者是梁荣品之鬼，各安天命，并无干卖主之事。倘若来历不明，或后日有不良之人出头争端者，系在约内有名人敢当，任从银主执约赴堂理论，甘罪无辞。此乃两头情愿，实银实约，明卖明买，并非私相授受等弊。空口无凭，人心不古，故此立约一张，交与银主收执存照。

中保黄庆财。黄河平手自立约。依口代笔。

中华民国九年（1920）九月初五日。

潘内瑶族退婚书[①]

立退婚请白字人粟有新，情因娶得粟进田之女数年，夫妻反目不合，退回外家，另外改嫁，即日二比当凭家族人等，凭媒改嫁与外家，择日迎亲，当凭媒正。自立退婚以后，原夫不敢异言，并无勒迫等情。即日当凭家族人等，媒人言道，改嫁财礼钱二十九（千）文整，原夫自愿领足，自家任用，不得短少分文，二家不得异言翻悔。若有悔者，并由家族在场人承担。今欲有凭□□□字，永远存照。

立退婚请白人粟有新。执请白字人粟进田、粟宿林。凭房族人粟宿发。在场人粟万财。代笔人粟宿林。请□钱八角。另

[①] 该书存龙胜潘内粟家，1958年，广西少数民族社会历史调查组搜集。

有外钱五千。

辛酉二年（1921）二月初八日立字。

农徽纯续弦书契①

具立凭书夫农徽纯，因时运不济，命途多舛，中年失偶，家道衰落，半世丧妇，事业荒废，终岁辛劳，难免饥寒之忧，每日疲倦，那□荣华之福，一见孤鸿而生，叹每睹单雁，而感悲加。以双孤待哺，谁助一力，三口衣食，在吾一身，殊难自其谋，更无计以营生，他人处此，试问将如之何。我逢此境，每祈雌方辅助，至今三岁，未得同志之人，适逢村邻农□业之女，姐亲不谓我愚，不辞我贫，愿同心同德，□作家室，同情同意，合为夫妻，千秋恩爱，百年和好。至于工作，各任其事，出外居家，衣食同美。家产一切，由妻掌管，所得钱财归妻收用。前妻生存二子，若有过恶，任从痛责。若添生儿子，家产一切均分。至年老力弱，子媳犹当孝敬，不得薄待继母。此乃亲父的笔写，以继母为凭。若遇恶逆子媳，请祈公众责罚。立此凭书为据，自当千秋不改，此证。农徽纯亲手立凭书。

中华民国二十年（1931）七月初一日。

王启义卖妻契约②

立约卖妻人王启义，幼年娶陇美村农大业之女，乳名宜亲

---

① 原存广西大新县雷平（镇）。1956 年 11 月，广西少数民族社会历史调查组搜集。

② 此契约原存大新县雷平（镇）安平村岜贺屯。1956 年 11 月，广西少数民族社会历史调查组搜集。

为妻，因夫妻不睦，□既生夫妻反目之忧，难得家室和平之福，故禀明父母，不留发妻，卖与岜贺村农徽纯处，实出洋银四十大元买取。自卖之后，善恶俱是农家人，生死不关卖主，荣辱自安，本分休戚，各不相关。立此文契交与买主收执为据。

中保王启仁。媒人农允明。通引农品秀。立约王启羲。请人代笔。

中华民国二十年（1931）六月三十日。

廖正旺膳老书①

立善老书字人廖正旺，为早失恃，父后而亦聚慈庶母以来，数载频无倨傲，及今因父年迈力衰，而我庶母有怯，一心之疑，恐终无赖之怀，故此请当二叔写立膳老之田，龙廷田一处，禾苗十屯，又外有屋山场一并在内作算，本钱七十千文整，以付庶母执之有赖，况免日所心疑。是立书以后，当尽菽水承欢，不分庶嫡之亲，生饲死葬，必尽其礼，庶几不至凋零。倘立书以后，如我有逆违书，任从庶母将此膳老之田，或租与人佃耕，而收获或服（贩）卖与他人，而收价需租，子等再不阻当议论。如我顺书行之后，一毫不敢索需入子业。今恐人心不古，实立膳老之书一纸，以付庶母执之为据。

在场人廖仁美。凭中人廖仁贵、廖弟蛮、廖永福。

光绪八年（1882）壬午岁十一月十九日亲立。

---

① 原存广西龙胜各族自治县和平乡龙脊村廖家寨。1956年11月27日，广西少数民族社会历史调查组搜集。

廖良老继承奉养文契①

立接宗字人廖良林、侄弟广。堂兄良碍因身故，无人抚养妻子潘氏，儿小年幼，难管家事，夫役社庙之理。古云：女（寡）招外人，媳（寡）接族门，方可接宗。之后，叔侄房族商议，甘愿请中廖才造、廖才和，向堂兄廖良老继接奉养妻子为室，早晚承当夫役，祭祀社庙，焚香祖宗接后等等。所有房屋一座，禾仓一个，菌场二场，田地五段，山一处，杉木、竹木一并全业，凭中房族归良老永远耕种管业。有侄长大准作亲子，良老有子合为兄弟，不得争论。良老自有田地、山场、禾仓等事，禾四十七屯，合归养老妻子，不得轻奉祖宗。日后，我等不敢异言翻悔生端，恐后无凭，立应接宗字为据。

翁尾田与千田、照界田、拿欲田、寨背田与公山。

凭中人廖才造、廖才和。

在场人廖良孟、廖良包。

代笔人廖学诗、廖弟林。

通（道）肉三十斤。

嘉庆六年（1801）正月二十日立。

廖弟林招赘抚业产契②

立招上门人廖弟林，今因堂兄寥弟碍身病亡故，有子年幼、

---

① 原存广西龙胜各族自治县和平乡龙脊村廖家寨。1956 年 11 月 25 日，广西少数民族社会历史调查组搜集。

② 原存广西龙胜各族自治县和平乡龙脊村廖家寨。1956 年 11 月 29 日，广西少数民族社会历史调查组搜集。

妻寡。今我托媒人廖才造、廖才和，招廖弟老上门，养育妻子。今弟碍有田五处，山场一处，房一座，屋场二处，禾仓一个，全业一并归与廖弟老永远耕种管业，祭祀祖宗坟墓、社庙、夫役等项。弟老自有禾把四十屯，田地山场亦养妻子，今凭媒人断明，以后弟老子孙与侄毋许争论。今当中人全业交与弟老，子子孙孙祭祀。今我房族堂弟家门，世古不敢争夺他田、杉木、竹木。如有乱侵多言，凭中媒人，立写招字上门为据。

凭媒头人廖才造、廖才和。在场人廖良猛、廖良袍。代笔人廖学诗。通道肉二十斤。廖弟林立。

嘉庆六年（1801）正月二十五日。

廖良老受业抚养文契①

立愿凭据人廖良领，子弟劝、弟满，情因有堂伯廖良碍身故，有婶潘氏养育子女年幼，无人继养管业，于嘉庆六年（1801），有叔父良林，请中才和、才造，邻佑（右）廖良包、廖良孟，继接堂叔廖良老，奉养良碍妻子。所有田地五段，房屋一座，菜（园）屋场二段，柴山、树木、竹木、禾仓等项，全业一并交与良老管业，承当夫役，祭祖坟墓、社庙。良老自有禾把四十屯，禾仓一个，仍归廖良老妻子送终。于道光十一年（1831），请中理论家业，当凭地方头人甲长十人，收钱十千文整，立字存照，其业仍归良老（妻）金秀管业十九年。道光十九年（1839）又请中理论，将田茶界田一段，禾描（苗）六屯

---

① 原存广西龙胜各族自治县和平乡龙脊村廖家寨。1956年11月27日，广西少数民族社会历史调查组搜集。

整,交与廖良领、子弟劝耕种管业外,有翁田、更江、纳右三处菜园、屋场、禾仓、树木、柴山、竹等项,一并交与金秀子系(孙)管业,承当夫役。凭中二比,日后不敢异言翻悔,若有异言翻悔,立(执)字到官,自干领罪。今恐无凭,立字为据。

潘学荣等分居合同书[①]

立凭据合同人,同胞潘学荣、学禄兄弟二人,于道光三十年分居各爨,家业田山等项,实依婶娘口断,拈阄均分,各管各业,立有遗书为据。又咸丰元年(1851),兄弟斗墙之争,复请中人理论,其老屋归学禄住,其山土名打落山一处,作为养老之山,其杉树、竹木又石登山杉树一处,于矮山杉树一处,归与学荣作为另造新宅之资,凭中又立合同一据。至咸丰八年,又因房价不清,复又请中人理论,其房三间,上瓦下地以及屏风、灶柜、楼板等项,又碜墩二十个,受价禾四秤,此数项归与学禄。其余房头右边之地场,及房头小屋之瓦片,又龛堂一架,此数等项归与学荣管业。今凭中人断清之后,二比勿得翻悔,争竞斗墙,争长道短不清等语。如有此者,执字公照,自干其罪。恐后无凭,共立合同一样两张,各执收存,永远为据。

金玉。凭中人学旺。老四。学美笔。

咸丰戊午八年(1858)三月十二日立。

---

① 原存广西龙胜各族自治县和平乡龙脊村平段寨。1956年11月27日,广西少数民族社会历史调查组搜集。

侯金汉财产清单合同书①

同治九年（1870）庚午正月初七为兄侯金汉身于正寝。

庚午年二月十二日为大嫂故世内寝，育侄女六岁为孤哀，年幼未知其情，是以当族亲戚面算，开列于后，计开各占祖父之田，恐后不知土名，开于内单：

下饭横田上节禾苗六屯，下墨田乙处禾苗七屯，禾仓一个，瓦房三间，屋场地三间，慌（荒）田占下分谷四百斤，桥头田上升禾苗四屯，唎鱼田一处，禾稽（苗）二屯。

钉锅大小六个，趴锅大小五个。趴钉两个，送龙堡二妹在内。酒缸菜坛七个，小坛钵头七个，大碗两个，锅斩（铲）一个，饭碗二十九个，酒杯五个。锄头三把，田基刀一把，小刀三把，斧头一把，大剪刀一把，小剪刀一把，锹一把，书柜一个，半边桌一个，四方桌一个，火钳一把。镩架一个，碓宽（坎）一个，碓嘴一个，银梳一把，旁桶三个，水桶一对，石磨一副，桥桶一对，饭桶三个，花被窝一床。

我兄去世，共享钱十四千三百八十文结清，酒饭不在于内，下欠钱三千五十文，归与胞弟金活结还。

我嫂终世，费用钱二十千五百文，外送家婆（婆）裙一件，胸巾一块，又送家叔青麻布九尺一寸。

此张付与外岳，永远收存，二张一样。

当外岳廖金全未收。

---

① 原存广西龙胜各族自治县和平乡龙脊村侯家寨。1956年11月27日，广西少数民族社会历史调查组搜集。

当侯金活面立。

凭证房亲人侯永福收钱五十文，侯险保收钱五十文，侯永贵收钱五十文，廖金秀收钱五十文，廖玉明收钱五十文，潘日映笔收钱五十文。

同治九年（1870）庚午岁三月二十二日。

逐革潘日昌字契①

立逐革凭据字人，平段寨潘廖氏子潘日运，姐丈潘平三，妹丈蒙光明，房族潘学继、日交、日明、日秀、日道等，情于潘日昌素行不法，每在地方捕风躅（捉）影，借端滋索油火，受欺者难以枚举。是此惯行得志（势），恃恶欺愚，横行霸道，纠串合党成群，诡计百出，遂其谋方休，事端不从其索，定行控告。是此，不存天理。我等若不除其人，难免来日之祸。故此，我等甘愿书立凭据一纸，付与地方收执。如有日后潘日昌仍在地方滋索纠串，或捏词控告者，任凭地方捆获送来。我等定行处死，不敢向昌方求情宽宥，或在外乡横行滋索，任由外乡据（处）死沉水等，生死魂尸不认。空口无凭，愿立逐革字一纸，付与地方存照为据。

立字人潘廖氏子日运。

房族人潘学继、日交、日明、日秀、日道。姐丈潘平三，妹丈蒙光明。执字人头人廖昌吉。依口代笔人侯永富。

光绪四年（1878）八月初九日亲立。

---

① 原存广西龙胜各族自治县和平乡龙脊村平段寨。1956年11月27日，广西少数民族社会历史调查组搜集。

潘福喜不受业产字契①

立不受业产妻女字人，新寨廖永学、子胜富等，为背景（井）离乡，忘恩负德，以致老母妻儿，苦受饥馁事。缘我内兄系平段寨古潘日德妻梁氏夫妇等，膝下萧条无儿承祀。古云："不孝有三，无后为大。"于前清戊戌年（1898），我等自愿将次儿年已一岁半命，与内兄抚回承继为扰，逐日含饴，情同己子。奈因家道寒微，衣食莫给，常时与人佣工度日，供养妻儿。该次子年行八岁，业已成人，更蒙就传易姓，更名潘福喜，迨其后年行三五，蒙为之娶媳廖氏。窃内兄一生，备历操劳，暇无半刻。讵料劳心过度，力倦神疲，于民国庚申年（1920）十一月内身故，遗下妻氏并子媳三人，依照守旧，于去岁四月，幸得诞见女孙，心不胜喜，讵料今年五月初一日，该次子顿起不良，人面兽心，不顾父母之养，无故逃出往外，四至访查，不知去向，无影无踪。上不顾父母，下不理妻儿。书云："父母在不远游，游必有方，是为人子之孝。"我次子虽不能侍其老母，养其妻儿，亦不可无遗嘱之句，无故奔逃，何能称其为子，则男子焉能称其大丈夫也。竟不知逆子之心如何，志向罪孽千重，不惟老母幼妻雏女失其所养，而反受其进退两难。为此，经鸣潘廖二比房族评论，任其内兄嫂与房族斟酌。以后或另招继儿承配廖氏，或廖氏愿意改嫁与人，我等亦不敢阻挡。该财礼任由多寡，我次子不敢收受分文，及内兄所遗之佃田、屋宇、

---

① 原存广西龙胜各族自治县和平乡龙脊村廖家寨。1956年11月25日，广西少数民族社会历史调查组搜集。

山场、菜园等，业任由潘姓房族或留或卖，凡我廖姓亲房外族人等，不敢侵占毫芒。倘后我次子回家之日，防有外人滋事，言长道短，借故生端，争其业产，索其工价，称以亲夫为权，父兄岂能逼子嫁妻。有此情形者，任由我父兄将逆子呈官究治，自干其罪。空口无凭，立此不受业产妻女一纸，付与内兄嫂执照为据。

立字人廖永学、子胜富。

执字人潘梁氏、潘福山、福庆、永道。

凭中人渊文保，共谢中人钱七百文。

训下依口代笔人廖保元，钱五百文。

中华民国十一年（1922）壬戌岁七月十四日面立。

买卖契约

李节卖房约[1]

原件长三十公分宽三十四公分

立卖约人李节，今卖与八拜南房三间、平门二间，出（言）〔檐〕四间。卖价银十六两。

空口无凭，立约存照

乾隆十九年十一月廿二日立

中见人程念盛十

唐大历十六年杰谢合川百姓勃门罗济卖野驼契[2]

（一行）野驼壹头父拾岁

（二行）大历十六年六月廿一日，杰谢合川百姓勃〔门〕

---

[1] 摘自内蒙古大学图书馆/晓克编《清代至民国时期归化城默特土地契约》，内蒙古大学出版社2011年版。

[2] 摘自乜小红著《俄藏敦煌契约文书研究》，上海古籍出版社2009年版。此件为俄藏 Дх. 18926＋8928 号，图版见《俄藏敦煌文献》第十七册第二八七、二八八页。本件为新疆和田所出文书，用汉文与于阗文双语所写，《俄藏敦煌文献》未作订名。张广达、荣新江《圣彼得堡藏和田出土汉文文书考释》（《敦煌吐鲁番研究》第六卷三三二—二三四页）有录文与考释（以下简称张、荣文）。本件下部文缺，幸有 Kumamoto Hiroshi 二〇〇一年发表《Sino-Hvatanica Petersburgensia（Part I）》，对此件双语文书作了专题考释，并将 SIP. 93·22 残片与本件相拼接，张、荣文加以引用，并增补其中，使汉文文书更为完整。此处张、荣文所增补对照图版录文。唐大历止于十四年，十六年已是唐德宗建中二年，即781年。西域因音讯阻隔不知，故仍沿用大历年号。

（三行）〔罗济〕，为役次负税钱，遂将前件驼□□

（四行）□□□钱壹拾陆仟文。其钱及□

（五行）交相分付了，后有识认，一仰〔卖主知当〕，

（六行）不阕买人之事。官有政法，〔人从私契〕，

（七行）两共平章，画指为记。

（八行）钱主

（九行）驼主百姓勃门罗济〔年六十五〕

（十行）保人勃延仰年〔卅五〕

（十一行）保人勿萨踵年〔六十一〕

（十二行）保人末查年〔卅一〕

（十三行）保人讫罗捺年〔廿（？）五〕

（十四行）保人偏奴年卅一

（十五行）保人勿苟悉年卅四

（接上页）注：

一、第三行□：张、荣氏录作"等"按：据图版第二行"勃"字下，只空缺一字即到纸底边，只能补一"门"字，故第三行开头所缺应补为"罗济"一字为妥。

二、第四行□□□钱：张、荣氏录"作驼价钱"。驼下，张、荣氏补作"驼〔当日〕"。按："驼"字下已到纸边，没有可能再补进"当日"二字。

三、第五行"一仰□"：张、荣氏录作"一仰〔卖主知当〕"，此处从之。

四、第六行"□"：张、荣氏录作"〔人从私契〕"，此处从之。

五、张、荣氏录文对第九行文末补〔年六十五〕；一〇行末补〔卅五〕；一一行末补〔六十一〕；一二行末补〔卅一〕；一三行末补〔廿（？）五〕均从其补。

兀女浪杰典麦契①

（一行）"天庆（七五）十一年五月"初三日，立文人兀女浪杰今（将）。

（二行）"自己"□□袄子裘一领，于裴（七六）处（典到大麦）。

（三行）（五）斗，加三利

（四行）（三）斗五升。其典不充，限至来八月（一日。不赎来时，一）。

（五行）任出卖不词。

（六行）立文人兀女（浪杰）（押）。

（七行）知见人讹静□□（押）。

刘折兀埋典麦契②

（一行）（天庆十一年）五月初四日，立文人（刘折兀埋，今将）。

（二行）（自己）□马毯一条，于裴（处典到小麦五斗，加

---

① 本契存十件，是史金波同志提供的。他的来信说："西夏天庆年间典当残契存十件，其中有四件所剩字数极少，无法复原，今不录。所录十件残契，（）内为后人补者，□为所字无法补充者。"此十五件契约是英人斯坦因第三次到中国来盗劫文物时，在内蒙古额济纳黑水古蛾遗址取走的。由法人马件乐收入所撰《斯坦因在中亚细亚第三次探险的中国古文书考释》一书中，并随有残契原件图片（1953年，敦煌出版）。中国科学院历史研究所编《敦煌资料》第一辑收入附录中。本书选收了其中的十二件，参考了陈国灿西夏天庆间典当残契的复原（收入《西夏史论文集》，宁夏人民出版社一九八四年版）一文。本契见《西夏史论文集》第三二五页第一件；又《敦煌资料》第一辑第四七四页（一）。

② 《西夏史论文集》第三二五页第二件；又《敦煌资料》第一辑第四七四至四七五页（二），马四七四号。

四利)。

（三行）（共本利）小（大）麦七斗（七八）。

（四行）（时，一任）出不词。

（五行）立文人断折兀埋（押）。

（六行）同典人来兀哩嵬（押）。

（七行）知见人马能嵬（押）。

康吃□典麦契①

（一行）天庆十一年五月五日，立文人康（吃□，今将自）。

（二行）已旧皮毯一领，于裴处典到（大麦七斗，加三利）。

（三行）共本利大麦九斗一升。其典不充，限（至来八月一日）。

（四行）（不）赎来时，一任出卖不词。

（五行）立文人康吃□（押）。

（六行）同典人笃屈遏（押）。

吃□□□典麦契②

（一行）天庆十一年五月初六日，立文人吃□□□（今）。

（二行）将自己旧皮毯一领，于裴处（典到小麦三）。

---

① 《西夏史论文集》第三二八页第三件；又《敦煌资料》第一辑第四七五页（三）。

② 《西夏史论文集》第三二六页第四件；又《敦煌资料》第一辑第四七六页（四）。

（三行）（斗），加四利，共本利大麦四斗二升。其典不（充，限至来八）。

（四行）月初一日。不赎来时，一任出卖（不词）。

（五行）立文人吃□□□（押）。

（六行）知见人武褚□□（押）。

夜贺尼典麦契①

（一行）天庆十一年五月初七日，立文人夜贺尼，（今将自己）。

（二行）旧皮毯一领，苦皮四张，于裴处典（到小麦一石三斗）。

（三行）三利，共本利大麦一石六斗九升②。其典不充，（限至来八月）。

（四行）四日。不赎来时，一任出卖不词。

（五行）立文人夜贺尼（押）。

（六行）知见人武屈粟（押）。

夜利那征布典麦契③

（一行）（天庆十）一年五月初九日，立文人（夜利那征布，今将）。

---

① 《西夏史论文集》第三二六页第五件；又《敦煌资料》第一辑第四七六—四七七页（五）。
② 原写作"大麦一石七斗二升"，后在侧边改为"大麦一石六斗九升"。
③ 《西夏史论文集》第三二六页第六件；又《敦煌资料》第一辑第四七七页（六）。

（二行）（自己）白帐毡一领，皮裘一领，于裴处（典到大麦一石五斗）。

（三行）（加三利），共本利大麦一石九斗五升。其典（不充，限至来八月）

（四行）（四日）。不赎来时，一任出卖不词。

（五行）立文人夜利那征布（押）。

（六行）同典人兀女□□（押）。

夜某典（麦）契①

（一行）（不赎来）时，乐一任出卖（不词）。

（二行）立文字人夜□。

（三行）同典人夜□。

（四行）同典人夜□。

（五行）书契智□。

某人典麦契（甲）②

（一行）（天庆十一年五月初一日，立文人□，今将自己袄）。

（二行）（子裘一领，马毯）一条，旧皮裘一领，于（裴松处典到大麦一石）。

（三行）（加三利；小麦一石，加四利，共）本利二石七斗。其典（不充，限至来）。

（四行）（八月初一）日。不见（来赎，一任出卖不词）。

---

① 《敦煌资料》第一辑，第四七八页（八）；前缺。
② 《西夏史论文集》第三七页第七件；又《敦煌资料》第一大辑第四七七至四七八页（七）。

（五行）□□屈卜立文人□□□□。

（六行）书契（智）□□。①

某人典麦契（乙）②

（一行）天庆十一年五月（初一日，立文人□，今将）。

（二行）（自己）马毯一条，皮裘一领，于裴松处典。

（三行）（到小）麦五斗。（加四利；大麦一石，加三利，共本利。）

（四行）（大麦二）石。其（典不充，限至来八月一日。不赎来。）

（五行）（时，一任出卖不词。）

立文人□。

（书契）□□□。

某人典麦契（丙）③

（一行）天庆十一年五月（初二日，立文人，今将自己）。

（二行）皮裘一领，于裴松处（典到大麦三斗，加三利；小麦七斗，加四利）。

（三行）（共本利）大麦一石三斗七升（其典不充，限至来年八月初一日。不赎）。

---

① 可能是"知见人"的姓名或押字。

② 《西夏史论文集》第三二七页第九件；又《敦煌资料》第一辑第四七八页（九）。

③ 《西夏史论文集》第三二七—三二八页第十一件；又《敦煌资料》第一辑第七九页（十一）。

（四行）（来时，一任）出卖不词。

（五行）立文人□。

（六行）书契智□□。

某人折典麦契①

（一行）（天庆十一年五月）□（立文字）人□折。

（二行）于裴松处（典到）□。

（三行）（其典不）充，限当年（八月初一日）。

（四行）（不）赎之时。（一任出卖不词）。

（五行）立文人折②。

高丽国僧世贤买地券③

（一行）维皇统④三年癸亥岁五月朔丁巳七日癸亥，高丽国。

（二行）兴王寺接松川寺主持妙能三重大师世贤。

（三行）殁故。亡人艺人前一万万九千九百九十文，就。

（四行）皇天父、后土母、社稷十二边买得前件墓。

（五行）田，周流一顷。东至青龙，南至朱雀，西至。

（六行）白虎，北至玄武，上至苍天，下至黄泉，四至分。

（七行）明。即日钱财分付。天地神明了。保人张陆。

---

① 《敦煌资料》第一辑第四八〇页。

② 折（náo 挠），集韵奴刀切。

③ 高丽国僧世贤买，高一尺三寸，宽一尺一寸四分。十行，行字不等，正书。藏高丽王家博物馆。

④ 皇统，金熙宗完颜亶年号。金于太宗天会四年（宋钦宗靖康元年，1126 年）正月围汴京，灭北宋。六月"高丽国王王楷奉表称藩"（《金史卷·三太宗本纪》），用金年号。

（八行）李定度，知见人东王公、西王母，书契人石。

（九行）切（功）曹，读契人金主簿。书契人飞上。

（十行）天，读契人人黄泉。急急如律令。

寡妇耶和氏宝引母子卖地房契①

（一行）天盛庚寅二十二年②，立文契人寡妇耶。

（二行）和氏宝引等，今有自属玄养牲口之闲置地一片。

（三行）连同草屋三间，树两株，情愿。

（四行）卖与耶和女人。议定地价为全齿。

（五行）骆驼二，双峰骆驼一，代步骆驼一，共四匹。此后，

（六行）他人不得过问此地。若有过问者，宝引等管③。

（七行）若有人翻得悔，依律令承罪。有不服者。

（八行）罚麦三十斛入官。立契以后，随即依行。

（九行）地界在司堂下，共有二十二亩。

（十行）北接耶和回鹘盛界，东、南邻耶和写，

（十一行）西与梁嵬名山为界。

---

① 本契原件为俄国柯兹洛夫于1908—1909年来我国黑水古城（今内蒙古自治区额济纳旗）盗劫文物时取走，今藏俄国科学院东方学研究所圣彼得堡分所，归西夏特藏，编号五〇一〇。纸质，尺寸48×22公分。草书西夏文十九行。本释文为中国社会科学院民族研究所史皮同志提供。收入本书时，参考黄振华西夏天盛二十二年卖地文契考释之汉字对译、汉文总译及苏联西夏学者克恰诺夫之俄译本校订。黄文收入《西夏史论文集》（宁夏人民出版社1984年版）；克文发表于苏联《东方文献·历史语文学研究——一九七一年年鉴》（莫斯科1974年版），第五五三页第三二图为本契照片，第一九六页为契文俄译，第一九三至二〇三页为考释。

② 天盛为西夏仁宗赵仁孝年号，共二十一年（1149—1169）。其二十二年（1170）改元"乾祐"。参看《宋史》卷四百八十六外国列传夏国下及校勘记（二七），中华书局标点第四〇册第一四〇二六页、一四〇三页。

③ 管，此"管"字在唐、宋汉文契约中多用"支当"等词。

(十二行）立文契人耶和氏宝引。

(十三行）共同契者子没罗哥张。

(十四行）共商契者（子）没罗口鞭。

(十五行）知见人：耶和盛□（押）。

(十六行）梁狗人（押）□和乙盛（押）。

(十七行）没罗西铁（押）。

(十八行）□□□（押）。

(十九行）八□（押）。

哈剌火州阿体卖奴草契①

一、回鹘文契约汉译。

龙年八月二十六日②，我阿体把斌通（善斌）③卖了，把九

---

① 《考古学报》1958 年第 2 期，捷尼舍夫、冯家升回鹘文斌通（善斌）卖身契三种附控制诉主人书（以下简称"冯文"）。第一〇九页："斌通（善斌）卖身契三种（见本书第五九六至六〇一页）是一九五三年冬天西北文物考察队在吐鲁番获得的。据说这些东西是好久以前附近农民在高昌古城亦都护舍利（Idiqut-sari）的一间破屋的土墙穴孔中偶尔发现的。发现后保存了好久，不肯拿出示人，直到解放后三年多才献出来。""三种契约都是为卖买斌通一人而写的，是一回事。本件为契约之草稿，或谓"草契"，原题斌通（善斌）卖向契之一，为回鹘文与汉文对书。长宽为 20×14 厘米。两种文字的内容详细不一。

② 龙年 汉文契约作"辰年"，卖身契之三作"庚辰"，同。冯文第一一五页说："蒙、元有三个庚辰年：一在太祖十五年（1220），一在世祖至元十七年（1280）；一在顺帝至元年（1340）。太祖十五年不大可能，因为契中有'钞'、'锭'等字，而且高昌畏兀降附蒙古不久，亲王的势力未衰。人民断不敢引贿赂切实，而使见于文契中。至于顺帝六年，高昌已在察合台国统治之下，文契不应有官府的汉文批语和汉文开防。惟世祖至元十七年最为合理，而且契文中有按察使一名更是有力的佐证。《元史》卷十一世祖本纪至元十八年五月'戊申，罢霍州畏兀按察司'，霍州即和州或火州，亦即高州，而这三张契约均写于至元十七年，则在罢按察使的前年。"

③ 斌通（善斌），冯文第一一二页小记："这个奴仆汉名'善斌'，而在回鹘文中则作'斌通'（bintung），这或者是因为保留原名善斌之'斌'而又加上主人都通之'通'。"

锭钞全数从薛赛大师拿了①，我把此文书②交了。证人巴抄提理。证人亦剌句。这个印鉴是我阿体的。我自己写的（这件文书）。

二、汉文契约原文。

（一行）辰年八月二十六日，为赎③善斌支钞数目下项

（二行）□九月十一日支钞时分，小于诸一家见，引年见，条六见

（三行）大圣都去糜床里支钞时分，定惠见，宋团里与母伴撒南娘子无笔不与；领子后余

（四行）一锭，又是大都通交付零钞不用二两的，当日

（五行）两家会面取九锭领子讫了。其文字亲手自题。④

---

① 九锭钞，九锭中统钞。钞，中统元宝钞，亦称中统元宝交钞、中统交钞，元世祖忽必烈中统元年（1260）印造。
《元史》卷九三食货志（一）：中统元年"十月，又造中统元宝钞。其文以十计者四：曰一十文、二十文、三十文、五十文；以百计者三：曰一百文二、二百百文、五百文；以贯计者二：曰一贯文、二贯文。每一贯同交钞（中统二年始造交钞，以丝为本）一两，两贯同白银一两。"中统钞五十两为一锭。此为中统钞分九等说。同书卷二〇六叛臣王文统传："是年（中统元）冬，初行中统交钞，自十文至二贯文，凡十等，不限年月，诸路通行，税赋并听收受。"十等中当多出"三百文"一等。薛赛大师，买主。

② 文书，出卖奴仆斌通（善斌）的契约。

③ 赎，此处作"卖"字讲。

④ 冯文第一一〇至一一一页小记："约中的人名很特殊，如汉文中的'善斌'，回鹘文中则作'斌通'。siwsaitaisi 与大圣都通音不合。'伴撒南娘子'或者是'胖三南娘子'的异体。其余小于诸、条六、引年等疑皆是汉人，定惠、宋吾更当是汉人。惟阿休（adaīâtatī）是他的父亲的意思，在其它二种契约中都指的是一个人名。以上这些人疑皆是久居高昌而回鹘化了的汉人，所以契约是用回鹘文、汉文两种文字写的。"

哈剌火州阿体卖奴正契①

龙年八月二十六日，余阿体都通因为需要通用的钞币，把我的名为斌通（善斌）的一个"契丹"②男仆立下向薛赛大师借钱的文书，合法地卖了九锭钞。余薛赛大师自立文书之日起，全数给了；余阿体一文不缺地全数拿下。这个奴仆（的身份）一直到千年万日（对他的主人）是有效的。薛赛大师有权所有他，如他情愿的话；如有不情愿时，他还可以转卖给别人。余阿体都通的兄弟、亲戚、朋友、堂侄、伯叔以一个人的卖身价偿出两个人的卖身价。这事如有损害，有方承担，与买方薛赛大师无干。证人：巴克□秃尔。证人：巴亚诸。证人：呼图克赤、阿三契丹③。此印是我阿体都通的④。余腾里、呼提、塞文、补终应命书。

---

① 《考古学报》1958年第2期，捷尼舍夫、冯家升回鹘文斌通（善斌）卖身契三种附控诉主人书（以下称"冯文"）。原题善斌卖身契之二。冯文第———页："这张契约长宽是四六乘四一厘米，曾在故宫博物院展览过。在一九五四年新疆文物展览特刊制成图版。回鹘文行书尚不难辨认。契约背面右下角有墨色汉文'善斌元契耳石□'七字。"

② 契丹，此处指汉人。冯文第———页注释契丹："这个名称原指从十世纪到十二世纪之辽；但到了后来，尤其是十二三世纪及其以后则指中国而言。至今阿拉伯、波斯以及苏联仍称中国曰'契丹'，新疆维族对汉族也曾如是称呼；但后来的含义有些不正确。"

③ 冯文第——二页小记："证人有三人，但没有一个和前约（之一）名字相同，这或者是当日的习俗。交钱领人时一些证人，立正式文契时又另有一些证人。"

④ 此印是我阿体都通的 本契约自左上迄右下，有四个圆印，可能是阿体盖的。

哈剌火州薛赛大师买奴红契①

（龙年）八月（二十六日）向大军②祝福以及向兄弟的孩子们祝福。向首长们、向按察使③，新恩的戒师、新恩的人们、众僧、众生的智慧以及吾师上座④祝福。我自己、我的妻、我的孩儿们以及阿三托瑞里吐尔迷失祝福。阿体都通（都统）是不愉快的，他以沮丧的心情引领向亲戚朋友祝福，他说："我不论把谁买卖了，我是心安理得的。"阿体都通的斌通（善斌）是一个结实的年青的契丹孩子，文书言明我拿九锭钞买到了。余薛赛大师把他作为我和我的妻的"大孩子"。他应当把我的房子和我的院子给照料好，如我们最后拿过来的话。建议以深井新恩为开始：我的乌拉⑤马可以把我的人（斌通）驮载上，如果他和我的乌拉马不能适应（大概指路上有病或其他意外的事）的话。斌通——我的人不得把他自己的身体因任何理由出卖给任何人。如果遇到高山深谷，那他完全有四面八方的自由。如果我们认为此文书是不同于一般闲话的，那末我们就不受那些蜚言调语

---

① 《考古学报》1958年第2期，捷尼舍夫、冯家升回鹘文斌通（善斌）卖身契三种附控诉主人书（以下称"冯文"）。原题善斌卖身契之三。冯文第一一三页："这张文书现藏乌鲁木齐博物馆，回鹘文行书。纸面略有损毁，所以照片上有好几个地方难以辨认。一九五四年曾在故宫博物院展览过，同年在文物参考资料第十一期为图版之一。"本契上有关防大印一，中型印一，长方小印三，均不可识。大、中二印或是官家所盖，小印或是薛赛大师所盖，契文中有"余薛赛大师之印"。从左上角斜下到右下角，有三个"可"字，一定是官家的批字。

② 大军，指蒙古驻屯军。

③ 按察使，官名，全称"提刑按察使"。蒙古建国初置，分察地方。后改为肃政廉访使。参看《元史》卷八十六百官志（二）。

④ 上座，对有德行的僧人或寺院之长的尊称。

⑤ 乌拉，马差。

说我们献给大军一锭金子啦，献给的斤①弟兄们多少银锭啦，□给了新的中间人一只羊啦，等等威胁的束缚。

证人：四大天王神②，七姊妹迭林③，胡失丁。

证人：亦剌句。证人：呼图赤·阿三。证人：特林赤·布格欣都。

余薛赛大师之章。余秃剌克承薛赛大师之命而书。④

苦叉（库车）土尔迷失的斤卖田园房屋契⑤

余土尔迷失的斤因需要大都⑥通用的钞币——和州带"高

---

① 的斤，高昌贵族亲王。

② 四大天王神，佛家传说，帝释的外将，住须弥山四边，各护一方，因称"护世四天王"，简称"四天王"或"四大天王"：一东方天王多罗咤（治国土），南方天王毗口璃（增长主），西方天王毗留博叉（杂语主），北方天王毗沙门（多闻主）。参阅法苑珠林五三界诸天会名、经律异相一四天王。

③ 七姊妹迭林　佛家传说的七母。相传阎罗王有姊妹七人，称为七母，皆女鬼。一曰遮文茶或左间□，二曰娇吠哩，三曰吠瑟□微，四曰娇么哩，五曰燕捺利或印捺哩，六曰劳捺哩，七曰末罗口弭。迭林，夫人之尊号。

④ 冯文第一一五页小记："这张契约的右边有'庚辰年捌月念六日给予新恩沙弥善斌收执'十八字。按'年'即'祀'，等于年；庚辰年即龙年。"书伊训："惟元祀十有二月乙丑，伊尹祠于先王。"注："祀：年也。夏曰岁，商曰祀，周曰年，唐虞曰载。"善斌幼年受过僧徒教育，读过经，因亦称"沙弥"。

⑤ 《历史研究》一九五四年第一期冯家升《元代畏兀儿文契约二种》。原题借钱卖地契约。后附图版。此契约是一九二九年前西北科学考察团在新疆库车获得的。长六一点三厘米，宽四一点七厘米。细棉纸，颜色微黄，畏兀儿行书，共二十七行，每行字数多寡不等。第一行缺年月日极重要的部分，第四行完全缺。除此以外，只有几个字漫漶不清；大致是完整的。今藏中国社会科学院考古研究所。

⑥ 大都，今北京城。《元史》地理志一："元世祖至元元年（一二六四），称中都。四年，始于中都之东北置今城而迁都焉。九年，改大都。"由此，可见此契约应写于至元九年（1272）以后。又契文言用"中统宝钞"，元自世祖中统元年（2280）始造交钞和中统元宝钞（即中统宝钞）。"然元宝、交钞行之既久，物重钞轻。（至元）二十四年（一二八七），遂改造至元钞。"（《元史》食货志一）此后，虽然"中统、至元二钞，终元之世盖常行焉）（同上）但实际是以至元钞为主。契文言："需要大都通用的钞币，买主付出的是中统宝钞"，证明此契约应写于至元二十四年以前。

昌"字样的也一样。我由我的女婿,他拨迷失分到的耕田和挤奶子的地方。我经合法的手续,卖给法苏都。文书内言明中统宝钞八十锭。自立文书之日起,余法苏都即将全数付给;余上尔迷失的斤即将全数收到。因此,从今日起,他拨迷失的兄、弟、堂侄、伯叔父不论谁不得有所争执。今如有人倚仗有力仁绅或妇人①之力借故争执,甚至造谣说我们献大军一锭金子,缴予地方官和胥吏一只羊,这些闲话皆无用。从今日起,此葡萄园、土地、水、房屋、院落,法苏都有权占有,如他情愿的话;如他不情愿,他可转让或卖给别人。纵然有捣乱之徒从中作害,与法苏都无干。

  这个手印是我土尔迷失的斤的。(盖章)

  这个手印是我塞温赤脱瑞里的。(签字)

  这个手印是我提蒲都的。

  这个手印是我维拨撒的。(签字)

  这个手印是我辛秀的。(盖章)

  这个手印是我驱勒克的。

  这个手印是我证人提里哥乞牙的。(盖章)

  这个手印是我证人铁木耳补化的。(盖章)

  这个手印是我证人大山的。(签字)

  这个手印是我证人岳拉失的。(盖章)

  这个手印是我证人玉古伦赤不花的。(签字)

  余土尔步应我的亲戚土尔迷失的斤清楚的嘱托书。

---

  ① 妇人,《元史》刑法志四诉讼:"诸妇人辄代男子告辩讼者,禁之。"

巴比卖房地产契[1]

□今如有人倚仗豪绅说奉献金子锭啦,父(付)了地方官和每个随员钞锭啦,除此以外又逐一贿赂了七锭钞啦。这些话都是没有用的。有欺骗或危害等事我已具书为证。

这个手印是我巴比的。(签字)

这个手印是我耨音茫古的。(盖章)

这个手印是我哈失的。(盖章)

这个手印是我玉素普的。(签字)

这个手印是我容林他拨迷失的。(签字)

这个手印是我浓里的 (签字)

证人沙宾,这个手印是我的。(签字)

证人阿力,这个手印是我的。(签字)

证人布阮奇,这个手印是我的。(盖章)

证人奇林布,这个手印是我的。(签字)

□这个手印是我的。(签字)

□(签字)

证人奇呼儿,这个手印是我的[2]

证人撒里,这个手印是我的。(签字)

证人阿尔喀齐,这个手印是我的。(签字)

---

[1] 《历史研究》1954年第1期冯家升《元代畏兀儿文契约二种》。原题残缺契约。后附图版。此契约是中国科学院考古研究所在1951年夏天买到的。长四七点三厘米,宽五六点一厘米。细棉纸,色黑黄。残存契文末尾的几句话和签书人,共十六行。字小,又多漫漶,不易辨认。契后具名的十三人,另有两人只签字,名已残缺。契后亦当还有证人。契上盖有四方红印十二个,已看不清,或为地方官印章。

[2] 包括奇呼儿以下三人,原写于缺失三人之上。

敦煌腊赞卖儿马契约[①]

羊年春，尚腊桑与尚囚等在将军衙署□比丘和尚张本嘉从蔡多部落甲杂腊赞处购马一匹，毛色、纹理为：儿马，白额，马身有叶状与骰点斑纹。若因此马发生任何大小纠纷，惟腊赞是问。为免发生其他官司，立此购马之约：马身如无残无缺，立即交与和尚本嘉。此马在夏季毛色如改变，纹理有增减[②]，立即找到证人填换契文。如此交易，若被认可，向售马人交付成色足（银）五两。如腊赞被派支顿、论腊桑多子、吴高戎、周达来、哈华华、蒙达错、蒙尚结诸人立契约盖印，马主和应诺人按指印，旧契凡和尚本嘉掌握。

和加纳斯尔和加的遗族给优奴斯王卖房、地、树木契约[③]

清　嘉庆十二年　1807年8月2日

谨以主宰万物的真主的名义！

伊斯兰教历1222年5月27日

我们站在和加纳斯尔和加的遗族库奇姚姚阿衣夏姆、其女古丽苏木姚姚·哈吉尔和加、沙拉和加、其妹达吾来提、女婿托乎提海里排等人一方，代表其库车的女儿帕蒂玛和加，其母阿衣夏姆和加、托乎提海里排等具结如下：

---

① 王尧、陈践译注《敦煌吐蕃文献选》第五九页，P.T.一二九七号。原题购马契约。

② 夏季，马的毛色多变，纹理也有增减，马驹尤为明显。

③ 和加纳斯尔和加的遗族给优奴斯王卖房、地、树木契约至尤素甫阿訇等给牙生阿訇卖地契约摘自王守礼、李进新编《新疆维吾尔族契约文书资料选编》，新疆社会科学院宗教所1994年编印。

愿将少尔县都克渠两岸的 8 帕特曼土地、28 间房屋连同园子树木卖给优奴斯王为业。价为 16 个元宝。这些地不是典当之地。今后我们任何人的后代均无权干涉。

地界：东边是苏皮尔干的土地，地边有坑和荆棘；南边是毛拉吐尔地和毛拉海里排的土地，另有玉素甫的一块地，另与提来克巴柯古孜尔礼拜寺的瓦合甫地接壤，中间有加罕巴克渠；西边与阿布艾里木·克白克苏皮·托克逊木匠的土地接壤，界为坑和荆棘。

证明人：艾则孜海里排

克伯克海里排

阿布杜纳斯尔

毛拉哈来什等人

（印章 11 枚）

杜来提江巴依代人转卖土地、房屋、院落事立约

清　道光十二年　1832 年 1 月 21 日

具结人杜来提江巴依，瓦罕人。我代表我的伙伴库尔班巴依立此据：我同库尔班巴依把从热巴其合洁渠买到的旱田两帕特曼，现连同房屋、院落、树木一起，用 450 块银币卖给毛拉木巴热克海里排和毛拉西亚尔海里排。钱已交付，田地由他们二位分收。从此，对这块土地我不再拥有任何权利。它不是瓦合甫，不是典当地，也不是恩赐田。今后，我或我的后代惹起纠纷，一概无效。

伊斯兰教历 1247 年（羊年）8 月 17 日

（印章 2 枚）

沙木沙克苏皮给阿卜拉海里排卖地契约

清　道光十三年　1833年1月18日

具结人沙木沙克苏皮。我把自己在热巴其合洁渠的12卡勒克祖传旱地用10块银币卖给了毛拉阿卜拉海里排。钱已如数收到，地已不归我所有。它不是瓦合甫地，不是典当地，也不是恩赐田，他人不得干涉。今后，倘我或后代闹事，在协里叶提面前一律无效。

地界：东头是协克尔买提继承人的地，有白蜡树为界；南头是瓦合甫地，有埂为界；西头是卖主的地，有埂和杏树为界；北头是大路。

证明人：沙木沙克海力排

　　　　千户长热依木巴依

　　　　尼亚孜苏皮等

伊斯兰教历1248年（猴年）8月26日，星期四

（印章1枚）

巧尔旁妣妣给吐尔地和加卖地契约

清　道光十四年　1834年2月16日

伊斯兰教历1249年（鸡年）10月6日，星期二。

立约人：巧尔旁妣妣。

我已将热巴其合法渠之地产20称子旱地卖给了吐尔地和加，售价12个银币。钱已收讫。此地已与我无干，也与其他人无干。此地既非坟地也非礼拜寺瓦合甫田。

今后，若我自己和我的后代提出异议，在教法面前是无效的。

该地东面与买买提和加的地相连，以灌木为界；西面是阿布拉海里排的地，以灌木为界；南面是西开尔买买提的地，以渠为界；北面是大路。

证明人：阿布拉海里排

　　　　　依玛目毛拉沙木沙克。

（印章1枚）

毛拉奴肉孜给哈洁尔阿依拉卖地契

清　道光十八年　1839年3月4日

具结人毛拉肉孜。我把热巴其合洁渠的能播200斤籽种的遗产田，用10块银元卖给了哈法尔阿依拉，钱已收到，地已不归我所有。它既非典当，也非恩赐，他人无权过问。今后，倘我或我身后之人闹事，一概无效。

地界：东头是买主的地，白蜡树为界；南头是司玛依尔的地，杏树为界；西头也是司玛依尔的地，杏树为界；北头是买主的地，杏树为界。

伊斯兰教历1254年（虎年）库尔班节第八日，星期四。

（印章1枚）

吐尔地尼牙孜托乎提之子给热合买提阿訇卖地契约

清　道光二十年　1840年

伊斯兰教历1256年□月10日

我是来吾克村吐尔地尼牙孜托乎提的儿子，我承认已将我母亲遗嘱给我一亩半地连同地里的树木以3500钱卖给了热合买提阿訇，钱我已如数收到。对出卖的土地和树木我已无权过问。

地界：东边是依布拉因塔里甫的地，界为埂；南边是吐尔地尼牙孜的地，界为棘；西边是瓦合甫地，界为棘；北边是依布杜外力的地，界为棘。

证明人：阿布杜哈力克

　　　　阿比提等

（印章2枚）

毛拉塔里代表麦斯托热和加的继承人和撒拉和加的继承人给依斯拉木和加卖地契约

清　道光二十三年　1843年3月24日

具结人毛拉塔里。我代表麦斯托热和加的继承人——儿子斯拉木和加、女儿伊尼亚妣妣，撒拉和加的继承人阿依舍妣妣和纳热色代立此字据：我们将热巴其合洁渠村的1帕特曼田地用20块银元自愿卖给了依斯拉木和加，钱已收到，地权已不属我们，它不是瓦合甫，不是典当地，也不是恩赐田，他人也无权干涉。今后，倘我们或我们身后之人闹出纠纷，在协里叶提面前一概无效。

地界：东头是买主的地，有埂为界；南头是海力其妣妣的地，有埂和杏树为界；西头是买买提尼亚孜的地，有杏树和埂为界；北头是杜来提巴依的地，有杏树为界。

证明人：艾山阿卜拉

　　　　买买提依明

热依木尼亚孜等

伊斯兰教历1259年（羊年）2月22日，星期日。

（印章1枚）

如斯坦木和加等出卖水磨及设施与毛拉尤素夫立约

清　咸丰八年　1858年12月30日

具结人如斯坦木和加、阿克拜克，吾斯曼米拉甫的继承人。趁我们健在，具结如下：我们将祖辈不久遗留给我们的水磨加上一切设施，用325块银元卖给了毛拉尤素夫，钱已全收。今后，倘我们或我们身后之人就此闹出事来，在协里叶提面前一概无效。空口无凭，具结为证。

方圆边界：东头是寺产，有堤岸为界；北头是买买提亚尔的水坝；西头是堤坝；南头是毛拉斯迪克的草坪，有道路为界。

证明人：吐尔地乡老

毛拉托乎提

夏特和加

依斯玛依尔

沙木沙克

毛拉克开克等。

伊斯兰教历1275年（狗年）5月24日。

（印章1枚）

毛拉沙比提之子给其长子木哈买提艾里阿訇卖地契约

清　同治十一年　1872年5月12日

伊斯兰教历1289年3月4日。

立约人家住五道渠村，系毛拉沙比提之子。我凭着教法明确承认，该村有35恰勒克土地一块，是水浇地，现情愿卖给我长子木哈买提艾里阿訇，卖价大洋90元。

该地东至卖主之地，地界为沙漠；西至寺院土地，中间有土埂；北至寺院土地和法蒂玛妣妣之地，中间有水渠。

（印章1枚）

阿布杜赛买提给牙库甫和加卖地契约

清　光绪九年　1883年3月12日

伊斯兰教历1300年5月3日。

我是塔比孜拉克村人，名叫喀孜阿布杜赛买提。我承认，我已将我在本村的3亩荒地卖给牙库甫和加为业，言明地价50恰勒克，绝不反悔，其他人也无权干预。

特立此据。

地界：东边与海德拉的土地接壤；南边与毛拉依里木的土地接壤；西边是水渠，渠对岸是瓦合甫地；北面有一道墙，那边是毛拉木沙的地。

（印章1枚）

托乎提吐尔地给买斯提莱妣妣卖房契约

清　光绪二十年　1894年

契约

伊斯兰教历1312年□月4日。

我是城内提兰巴克罕卡街依布拉音木和加的继承人托乎提吐尔地，我承认已将祖业坐落在罕卡街的5间房子，以50个银元的代价卖给了买斯提莱姊姊为业。钱已如数付清，我再无权干预。今后我的后代如出来干涉，一律无效。

东面是玉奴斯的墙，南面是礼拜寺，西面是赛合乃的墙，北面是伊里阿訇的院子。

特立此据。

（印章3枚）

苏皮阿訇等给其兄艾布都来海依汗卖遗产契约

清　光绪二十一年　1895年11月2日

伊斯兰教历1313年（蛇年）5月14日。

立约人：苏皮阿訇、买合都米地力夏代汗。

我们已将父亲的遗产——新渠的房产及木料一并卖给了我们的同伴哥艾布都来海依汗阿吉，售价60两银子，双方都满意。

该地四面均与其地相连，已在契约上写清。

空口无凭，立约为证。

证明人：吐尔地阿訇

　　　　买买提明阿訇

　　　　库尔班阿訇等。

（印章1枚）

毛拉哈克木阿訇的继承人给莎车人毛拉肉孜卖地产、房院契约

清　光绪二十二年　1896年

伊斯兰教历1314年（牛年）□月6日。

立约人毛拉哈克木阿訇的继承人之子毛拉阿不都热依木卡力、毛拉阿布杜尔米吉提、女儿莎拉姒姒、艾里曼姒姒、热赫曼姒姒、赛皮耶姒姒。现将祖业土地一块，连同院子、树木卖给莎车人氏衣布拉音海里排之子毛拉肉孜海里排，得铜元2520枚。

该地东北至衣不拉音阿訇之地，西至水渠，南至依敏汗之地，地界为土墙。

今后族中之人，如有异议，一律无效，特此立约为证。

土地税由买方交纳。

海拜姒姒给依禅买合苏木卖房产契约

清 光绪二十六年 1900年

伊斯兰教历1318年□月3日。

我叫海拜姒姒，我承认已将我在城里提兰巴克的4间房子连同房子的家什以4个银元的代价卖给依禅买合苏木为业。银元我已如数收到，今后我和我的后代再无权过问。

东面是依禅买合苏木的地，界为埂；南面是路；西面和北面都是依禅买合苏木的地。

特立此约。

证明人：克里木买撒力

库尔班

尼牙孜

（印章2枚）

哈瓦孜阿訇卖房产给米吉提买合苏木契约

清　光绪三十二年　1906年

契约

伊斯兰教历1324年□月15日。

我叫哈瓦孜阿訇。我承认已将我在城内提兰巴克的祖业3间房子以25两银子的价格连同房内的家具卖与毛拉米吉提买合苏木为业，钱已如数收到。此事已向衙门呈报。

东面是米吉提和加的房子，南面是大路，西面是哈克木阿訇的房子，北面是大路。

特立此据。

证明人：吾扎克热依木

　　　　海比布拉·谢里甫

　　　　尼牙孜

　　　　米吉提艾力等。

（印章2枚）

买买提尼亚孜给耶克亚和加卖地契约

清　光绪三十三年　1908年1月16日

伊斯兰教历1325年（牛年）12月12日。

立约人拉孜阿吉之子买买提尼亚孜阿訇。兹将由阿拉尔渠引水浇灌的3亩半一等地连同树木卖给耶克亚和加，地价白银50两，当时收清。

东至大路，北至阿巴克之地，西至赛比热妣妣之地，南至艾沙之地。

（印章1枚）

穆罕默德色衣提阿訇委托乌布里海山卖地书

清　宣统元年　1909年3月26日

伊斯兰教历1327年（兔年）3月4日。

我是已故谢赫阿訇之子穆罕默德色衣提阿訇。先父在世之时为了还清债务，想出卖卡拉克尔之地，但未能卖出。现自愿委托乌布里海山阿訇代为出售，特立此委托书。

（印章1枚）

依斯拉木依力给阿依夏木妣妣卖地契约

清　宣统三年　1911年5月10日

契约

伊斯兰教历1329年5月12日。

我是吐万加依村的依斯拉木依力。我承认已将自己用河水和渠水浇灌的7分半地卖给了阿依夏木妣妣，言明价格为12两5钱银子，银子我已如数收到。

地界：东边是托乎提的地，南边是卖者的地，西边是公地，北边是维撒来的地。

特此证明。

（印章1枚）

热合买提阿訇将土地卖给其兄契约

1913年1月10日

伊斯兰教历1331年（羊年）2月1日。

立约人：阿拉立村买买提尼亚孜阿訇之子热合买提阿訇。

我将从阿拉立古录起小渠进水处的第二块1亩1分8厘半地同地上之树木一起，以350元卖给了我哥哥买买提热黑木阿訇，价款已全部收清并交了草场税。该地不论种与卖均已与我无干，我也无权过问。

钱已收清，立约为证。

该地东起买主地界，北至水渠；南面是海地且妣妣的地和买主的地，以墙为界。

证明人：库尔班阿訇

买买提艾则孜等

库尔班色卡给乌布里海山卖地、房产契约

1913年1月12日

伊斯兰教历1331年（羊年）2月3日。

立约人：克尔阿孜村人毛拉和加之子库尔班色卡。

我已将从克尔阿孜大渠槽渠进水的11亩地及所属之树木、1把刀、2间房、草圈一齐卖给了乌布里海山阿吉，售价56两2钱半白银。钱已收讫。

东面是巴拉提之地，以埂为界；北面是大路，西面是路；有些地方是卡斯木斯地克之地；南面是水渠。

空口无凭，立约为证。

证明人：巧鲁克阿訇

尼亚孜阿吉

买买提托合提

胡达拜地谢赫

（印章5枚）

买买提司迪克给乌布里海山卖地契约

1913年

契约

伊斯兰教历1331年□月10日。

我是开提克昆村苏里坦阿訇的儿子，名叫买买提司迪克。我承认，我已将在斯牙提的14亩地连同地里的树木卖给阿吉乌布里海山（内有我的孙子艾伯尔汗卖给达吾莱提汗的8亩），共买银500两，银已如数付清，我和我的后代再无任何权力干预。

特立此据。

地界：东边是瓦合甫路，北边是大路，南边是再乃甫的地，西边是买主的地。

（印章4枚）

疏附县亚库甫阿訇转卖乌布里海山房产事立约

1916年1月26日

伊斯兰教历1334年3月20日。

立约人疏附县已故司马义和加之子亚库甫阿訇。兹将从乌布里海山阿吉处购买的3间房子、1个圈房卖给克里木阿訇，得房价110元1角5分（银元），日后乌布里海山阿吉要赎回，应付洋135元1角5分，如果对100元外的35元1角15分不予承认，应由亚库甫阿訇付给买主。

空口无凭，立此文约为证。

（印章1枚）

阿卡依力布维给乌布力海山卖地契约

1918年11月29日

伊斯兰教历1337年（牛年）2月24日。

我是西日尤勒村故人司马义和加的女儿阿卡伊力布维。我将4亩二等地及其上面的树木一并卖给了老城的乌布里海山阿吉，价格为40两银子，现银如数收到。4亩地位于217户之处，由西日尤勒村新渠浇水。从今后，我们不再领有那4亩地的所有权。今后我或者我的亲属为此地告状，是无效的。此地东部是公路；南部是卖主的土地，以地埂为界；西部也是卖主的土地，以杏树为界；北部是公路。有关此地的所有事宜，以百户长依明盖有图章的字据为证。

  证明人：阿卡伊力布维

      百户长依明阿訇

      司马义阿訇

（印章1枚）

肉孜买买提阿訇给乌布力海山卖地契约

1919年2月16日

伊斯兰教历1337年（牛年）5月15日。

我们是伯西吐拉克村故人苏里唐巴依的儿子肉孜买买提阿訇、故人托合提穆阿津的儿子帕萨热阿訇。我们把位于伯西吐拉克村由熬浪渠浇灌的 66 户第三镇的 6 亩地卖给了城里的乌布里海山阿吉，价格为 10 两，现银如数收到。我们不再拥有那些土地的所有权。我们或我们的后代谁如告状，在宗教法庭面前概不生效。此地东部是沙丘，南部是石沙滩，西部是熬浪水渠，北部是肉孜阿訇的土地，以地埂为界。特写此据为证。在此据上盖有宗教法庭印章，在旧凭证上盖有戳子。我百户长毛拉肉孜也盖了章，并负责一切事宜。

证明人：排孜拉阿訇

买买提托合提阿訇

（印章 1 枚）

巴克阿訇给乌布力海山卖地契约

1919 年 5 月 28 日

伊斯兰教历 1337 年 8 月 27 日。

立约人已故卡斯木阿吉之子巴克阿訇。现将在哈尔布两块 6 亩地卖给乌布里海山，款已交清。今后任何人不得持有异议。

空口无凭，立此文约为证。

证明人：阿不杜拉阿訇

阿沙尔阿訇

吐尔地库杰克给叶城努尔买买提汗阿吉卖地契约

1920 年 1 月 27 日

伊斯兰教历 1338 年 5 月 6 日。

乃则尔村吐尔地库杰克，系素甫尔盖和加之子。立约如下：

现将祖业 32 斛地连同树木、水沟卖给叶城县努尔买买提汗阿吉，得银 20 两。

该地东面与水沟相连，南边与水渠相连，西边与买买提阿訇的地相连，北边与卖主的地相连。

证明人：巴拉提阿訇

　　　　艾买提阿訇

　　　　色衣提

　　　　卡斯木阿訇

　　　　亚库尔阿訇

　　　　尼牙孜阿訇

　　　　买买提阿訇

吐尔逊妣妣等给买买提尼亚孜阿吉出卖房产契约

1920 年 6 月 10 日

契约

伊斯兰教历 1338 年 9 月 23 日。

兹有房产出售者：哈力塔什满村吐尔逊妣妣、再比德妣妣之子穆罕默德·艾力·吉麻勒艾尤甫等，当众承认将其在该村的一处院落，内有房屋 11 间，外带 3 间，共计 14 间，连同木料，卖给买买提尼亚孜阿吉，言明价格为 304 两红钱。款项已全部交清。今后，我们任何人无权挪动或干涉。

特立此约为凭。

证明人：托乎提·穆罕默德依明

　　　　艾沙等

（印章 2 枚）

叶城人玉素甫给沙依提伯克卖地契约

1920 年

伊斯兰教历 1338 年□月 17 日。

我是克尔叶内巴克的儿子玉素甫。我承认已将我在柳村渠的 3 亩 8 分地，连同地里的树木，以 200 银子的价格卖给沙依提伯克为业。银子已如数收到。我与我的后人均无权过问。

地界：东面是水渠；北面是乌布里海山阿吉的地，界为埂；南面是米吉提热依木的地和吾斯曼的地。

对此，我的弟弟吾买尔阿吉和牙库甫无权干涉，如干涉，由我负责。

空口无据，特立此约。

（印章 3 枚）

亚库甫托合提卡尔台给乌布力海山卖地契约

1922 年 4 月 6 日

伊斯兰教历 1340 年（鱼年）7 月 8 日。

立约人：塔额达西芒村艾合买提卡尔台之子亚库甫托合提卡尔台。

本地克尔阿克大渠，沿托江渠进水的 198 户处之 3 亩地已卖给了乌布里海山阿吉，售价 48 两白银，银钱已收讫。该地已与我无干，今后，无论是我，还是我的子孙，对该地提出异议，则在教法面前是无效的。

该地东面是克派克阿依拉之地，以埂为界；南面是苏皮阿訇之地，以埂为界；北面是哈西木的地，以埂为界；西面是斯拉木的地，以埂为界。

立约为证。

该地本来是母亲及娃勒失踪后我们继承的遗产。以后，如果及娃勒回来了，或者其他人拿出了契约，则由我们自己来回答。

（印章1枚）

（手印）

马木提托合提等给乌布里海山卖土地、草场契约

1922年11月4日

伊斯兰教历1341年3月14日。

立约人：且尔羌村已故吾买尔阿訇越台千户之子马木提托合提阿訇，女儿奥阿勒阿阿恰。

我们的母亲拉白阿依拉留在托合汗山的遗产中，应属于我一个女儿草地的份额及属于马木提托合提阿訇一个儿子应得的草地的份额以及耕地水渠卖给了乌布里海山阿吉，价60元金币。该地已与我们无干，钱已全部收讫。

由母亲遗产中给我妹子吉乃斯台汗一个女儿的草地份额，仍留在吉乃斯台汗手中。

空口无凭，立约为证。

（印章1枚）

塔西图木耳阿吉及妻给乌布里海山卖房契约

1923年4月26日

伊斯兰教历 1341 年 9 月 10 日。

立约人伊尔克村塔西图木耳阿吉及妻哈杰尔，现将伊尔克村大路下方属于我们的 3 间房及其院子、树木卖给乌布里海山阿吉，收钱 425 天罡（币名）。

日后如对上述房产、树木提出异议，一律无效。

该房屋东面与卖者的屋子相连，北面同卖者的园子相连，西边同我们园子的进水井交界，南边与大路相连。

证明人：尼牙孜阿訇

塔西托木耳阿吉

铁木耳阿訇给乌布里海山卖地契约

1924 年 5 月 24 日

伊斯兰教历 1342 年 10 月 19 日。

立约人：苏盖提艾力克人阿布都库里买合都木之子铁木耳阿訇。

我已将该村从苏盖提渠进水之 6 分地及其树木一并卖给了乌布里海山阿吉，售价 20 两白银，钱已收讫。

空口无凭，立约为证。

该地东面是水渠，北面是买主之地，南面是卖主之地，西面也是买主之地。

（印章 2 枚）

阿不都里艾里木阿訇给东干人艾卜都里汗卖地契约

1929 年 9 月 16 日

伊斯兰教历1348年4月11日。

立约人库克尔村阿不都克里木海里排之子阿不都里艾里木阿訇，兹将我妻艾拜尔汗遗留给我儿买苏木汗和我的一份地皮连同木料等物，卖给东干人艾卜都里汗，得银15两。日后再说三道四，一律无效。上述地产的四至界位，祖契上都有记载。

证明人：吐尔逊伯克

吐尔逊阿訇

衣不拉音阿訇

克里木阿訇

（印章1枚）

哈米提库尔班给依都里德阿吉卖地契约

1929年12月10日

契约

伊斯兰教历1348年7月8日。

我是疏附县已故吐尔地阿吉的儿子哈米提库尔班。愿将自己在哈柳村柳树渠灌溉的1亩3分地卖给依都里德阿吉名下为业，言明地价为62两银子，款已如数付清，今后我与我的后代无权过问，空口无凭，特立此据。

地界：东接木沙艾沙的地，北接乔里潘妣妣、海尼帕妣妣的地，界为地垅，西边有沟，南边有渠。

（印章3枚）

买合苏木汗给艾布都来海依卖地契约

1930年7月9日

伊斯兰教历1349年2月12日。

我是沙依巴克村故人赛亦德艾合买提依禅阿吉的儿子买合苏木汗。我将位于居吉兰的由地瓦纳水渠浇灌的1亩零5分地及地上的树木卖给了老城艾布都来海依阿吉，价为银子40两，现银如数收到。我不再拥有那块土地的所有权。今后我或我的后代如果告状，不生任何效力。特此立据为凭。

此地东部是依孜提的土地，南部是阿木渠和马路，西部是瓦合甫地，北部是我母亲再乃甫汗的土地，以地埂为界。此据上盖有我的印章，已报呈税务局。

证明人：百户长胡大拜尔地

居玛阿訇

（印章2枚）

依布杜艾来木给依布杜海阿吉卖地契约

1930年9月23日

伊斯兰教历1349年4月29日。

我是开尔叶库克牙尔村人，是依布杜克的儿子，叫依布杜艾里木。

我承认已将我在开尔叶卡奇村柳树渠岸的5亩地连同地里树木卖给依布杜海阿吉为业，言明199两银子，银子已付清。我再无权干预。今后如有我的后代出来干预，一律无效。

所卖之地的地契已由依布杜海阿吉送库尔叶批准，现已生效。

空口无凭，特立此据。

（印章3枚）

艾布都力艾力木为付债出卖土地房产契约

1930年12月9日

伊斯兰教历1349年7月18日。

立约人：阔克亚尔人艾布都尔额尼海里排在且末之儿子艾布都力艾力木。

我将我子买合苏木汗之母艾米尔汗遗留给其子的卡提克昆处之房子、园子、土地、库房以及玉田县塔穷苏盖提渠处土地中应属他的山地及所属羊只、土地等物，以300白银之价卖出去了。

为了付清对我儿买合苏木的债，我已将我妻安瓦尔汗在玉田县哈亚提处之大渠哈西提渠引水的6亩地中应属于我的1亩半又9分地、阔克亚大渠托修盖渠引水的一等5亩地中应属我的1亩2分半地，另外，中间大门里边的3间房子、1间马棚和大门、小门、房址的土地、园子一共6亩半分地及所属树木一并卖予艾布都力艾力木阿訇，以顶我儿尼萨拉买合苏木汗之300两白银。

该地已与我或我的子孙无任何关系。今后若对此交易有任何异议，则在教法面前是无效的。

特立此约，以资证明。

该地四界在契约中说明。

（印章1枚）

艾布都力艾力木给且末人艾布都来海依汗阿吉卖地契约

1930年12月20日

伊斯兰教历1349年7月29日。

立约人：玉田阔克亚尔人已故艾布都额尼海里排提且末的儿子艾布都力艾力木阿訇。

由我妻安尼瓦尔汗留给我儿尼亚孜曼苏木汗的玉田县塔秋克苏盖提渠之5亩半地，已卖给且末人艾布都来海依汗阿吉。买地者可上玉田县去看，如果该地不足5亩半，少多少地，需要退钱我将按成本退还多少地的钱。如果要地，则我另外补足缺少之亩数。

空口无凭，立约为证。

（印章2枚）

买买提阿訇给艾布都来海依阿吉卖地契约

1932年6月14日

伊斯兰教历1351年2月9日。

我是柯尔克孜村故人克里木阿訇的儿子买买提阿訇。我代表同父异母的弟弟肉孜阿訇将位于27户的由柯尔克孜干渠依日克支渠浇灌的2亩地卖给了艾布都来海依阿吉，价格为30两银子，现银如数收到。原土地主人肉孜阿訇如果为此地告状，则由我买买提阿訇负责。此地东部是小水渠，有的地方与干渠相接；北部是海力且布维的土地，以土埂为界；西部是买买提托合提的地，以地埂为界；南部是艾布都拉海依阿吉的土地，特立此卖据为证。

证明人：尼牙孜穆安津
　　　　库尔班依玛目
　　　　托合提阿訇

沙比提阿訇给赛里木哥卖草地契约

1933年3月30日

伊斯兰教历1351年12月3日。

立约人：要卡尔克村买买提克里木巴依之子沙比提阿訇。

我已将沙边大梧桐窝子的祖上遗留给我的一个儿子的草地产业卖给了赛里木哥，售银50两。钱已收讫。我已与草地无任何关系。

空口无凭，立约为证。

草地的四界已在契约上写明。

（印章1枚）

依明阿訇孔达克给买斯图热妣妣等卖地契约

1934年2月7日

伊斯兰教历1352年（鱼年）10月22日。

立约人：胡依力瓦缸村人依明阿訇孔达克。

我已将胡依力鲁西芒斯叶克渠分支扩恰小渠，艾孜买小渠灌溉的4亩5分地连同地上的树木一齐卖给了同村人买斯图热妣妣海尼姆和热黑木阿訇。售款22两银币。钱已全部收清。

空口无凭，立约为证。

该地东面是买地人的地，以埂为界；南面是大路，西面是大渠，北面是买地人的地。

1亩5分地的东面是吾斯曼的地，以埂为界；南面是库尔班阿訇的地，以埂为界。

（印章 2 枚）

乌布里海山之子苏皮阿訇与其兄换地契约

1935 年

伊斯兰教历 1354 年□月 20 日。

我是乌布里海山阿吉的小儿子苏皮阿訇，现将 15 亩 8 分地同哥哥艾布都来海依阿吉 11 亩地交换。日后我或是同族中有人提出异议，在教法面前一律无效。该地四界，祖约中有详细说明。

证明人：吐尔逊阿訇

热赫木阿訇与且末的艾布都来海依汗对换土地契约

1935 年

伊斯兰教历 1354 年□月 7 日

立约人现住且末县，名叫热赫木阿訇，系已故赫克木夏之子，现将玉田的 4 亩地连同树，同艾布都来海依汗阿吉在且末的 5 亩地连同树木对换。从今以后，本人及其后代对此持异议者一律无效。

该地东边与乌斯曼阿訇、铁木耳阿訇的地相连，北边与海杰尔妣妣的地相连，西边同大渠，南边同大路相接。

证明人：吐尔逊阿訇

（印章 1 枚）

乌布里海山之妻和女儿出卖房产契约

1935 年 6 月 22 日

伊斯兰教历1354年3月20日。

立约人乌布里海山之妻斯拉汗、女儿阿衣夏姆汗。兹向阿不杜来汗阿吉出卖属于我们的房产，得银40两。

院落四至，契约上已有详述。今后不论何人如说长道短，一律无效。

证明人：买买提衣敏

　　　　库纳阿訇

（印章1枚）

艾卜杜艾力给艾布都来海依汗卖地契约

1935年10月30日

具结人艾卜杜艾力，玉田斯巴特拉人，艾卜杜艾尼哈力克之子。我将斯巴特拉的艾赫里也木安拜尔汗遗留下来的1亩半田地，加上树木，用225两钱卖给了艾布都来海依汗阿吉，钱已全收，地已不归我所有。往后，倘我反悔，在协里叶提面前概不生效。

此据为证。

证明人：巴依阿訇

　　　　如斯坦木阿訇等

伊斯兰教历1354年8月2日

（印章4枚）

艾沙阿訇代理买木乃海尼木与艾布都来海依汗换地契约

1935年11月25日

伊斯兰教历1354年8月27日。

立约人：买木乃海尼木的代理人艾沙阿訇。

属于买木乃海尼木的扎訇鲁克湖畔的5亩半地与艾布都来海依阿吉的克亚克力其的5亩地及地上之树木一并对换。地地相换，别无牵涉。今后不论艾沙阿訇或买木乃海尼木之子女，无权对此提出异议。

该地四界已写清楚。

空口无凭，立约为证。

证明人：吐尔逊阿訇

　　　　卡斯木阿訇等人

（印章1枚）

艾布都来海依汗与其弟苏皮阿訇对换土地契约

1936年2月20日

具结人艾布都来海依汗阿吉。我继承父亲的遗产田在且干扎浑鲁克的5亩地，又从海三伯克阿合恰处姐姐安拜尔汗手中买来2亩地和自己原有的4亩地，总共11亩地，换了弟弟苏皮阿訇的16亩地（短2分）和地上所种的树木。这16亩地是在库力塔合台10亩，首蓿滩6亩（短2分）。对于这种交换，我们双方情愿，互不欠账。今后倘我艾布都海来依汗阿吉或我的后人为此反悔，则经卷天理不容。空口无凭，具结为证。

土地的四周边界见地约。

伊斯兰教历1354年11月27日

（印章1枚）

艾布都力卡里木给艾布都来海依卖地契约

1936年3月13日

伊斯兰教历1354年12月19日。

立约人：艾布都外力海里排之子艾布都力卡里木。

我已将从亚提拉处奥特拉渠进水的4亩8分地及所属树木卖给了老城人艾布都来海依阿吉，售价4600元钱。钱已收讫，该地已与我无干。

今后，如果我或我的子孙，对该地提出异议，则纯属谎言。

该地东面是艾布都艾里木的地，以埂为界；北面是大路；西面是大路，有些地方是买者之地；南面是买者之地；有些地方是艾合买提米夏巴依之地。

该地已上税。特此立约。

（印章3枚）

艾合买提给沙依提卖地契约

1936年10月18日

契约

伊斯兰教历1355年8月2日。

位于两河中间的尼牙孜村人艾合买提自愿将自己所有的4亩地连同树木卖给沙依提名下为业，言明800兰票子，款已付清。对此任何人无权过问，今后我和我的后代亦无权干涉，空口无凭，特立此据。

地界：东边是海尼帕妣妣的地，弯渠为界；西边是墨水渠；

北边是买买提艾力卡力的地,界为渠、棘条、沼泽;依玛乃妣妣的地界是托卡依大坡。

(印章 3 枚)

木沙洪买买提衣力瓦尔迪之子给叶城马木提汗卖地契约

1937 年 5 月 18 日

伊斯兰教历 1356 年 3 月 7 日。

我是耶克苏村木沙洪买买提衣力瓦尔迪之子。今将 15 亩三等地连同树木卖给叶城马木提汗阿吉,计兰票 2500 元,互不相欠。

该地东至买买提伯克地,南至买买提艾里地,西至尤素甫巴衣地,北至本人地。

证明人:买买提艾里

尼亚孜阿訇

艾白都拉阿訇给苏皮阿訇卖地契约

1937 年 6 月 17 日

伊斯兰教历 1356 年 4 月 7 日。

立约人:米斯开村人艾白都拉阿訇。

我已将从肯且阿曼渠进水的 3 亩地卖给了城里的苏皮阿訇。

超过这 3 亩的一些地,我也同意给他,不说任何闲话。若说闲话,在教法面前是无效的。

自愿立约,签章作证。

证明人:买买提依明

卡斯木

（印章 1 枚）

阿布力孜给其兄阿布拉卡力卖地契约

1938 年 7 月 27 日

伊斯兰教历 1357 年 5 月 28 日。

立约人：老城居民买买提热依木穆特外力之子阿布力孜。

我已将阿拉力处之从古录奇渠进水的父亲遗产 1 亩 4 厘地，母亲遗产 4 分地，共计 1 亩 4 分 4 厘地卖给了我哥哥阿布拉卡力，售价 6000 元，钱已收讫。地已与我无干。今后，若我与我的子孙对于该地有何言词，在教法面前是完全无效的。

1 亩 4 厘地的东面是阿布拉卡力的地；北面是吾斯曼阿訇的地，以埂为界；西面是尼莎汗巴西勒克的地；南面是渠。

母亲遗产 4 分地的东面是大渠；北面是散热汗巴西勒克之地，以埂为界；西面是依明阿訇之地，以埂为界；南面是买地者之地。

空口无凭，立约为证。

（印章 2 枚）

海杰尔妣妣将地契转交苏菲阿訇立约

1938 年 8 月 9 日

伊斯兰教历 1357 年 6 月 12 日。

立约人：奥尔塔加依村已故毛拉托合提买提阿卡木之女海杰尔妣妣。

我从谢力夫阿訇和巴合恰尔姒姒处买得恰拉木合引地旺巴依渠水灌溉的3亩8分地,付款97两半白银。地是以我海杰尔姒姒的名义买下的。

该地原来是用苏皮阿訇的钱买的,所以我将3亩8分地的地契一并交给了苏皮阿訇,此事从此与我无干。

空口无凭,立约为证。

该地地界已在地契上写清。

证明人:苏皮阿訇

　　　　毛拉艾依斯阿訇等人

(印章3枚)

伊明吾赫里吐尔地卖地契约

1939年2月16日

具结人伊明吾赫里吐尔地,冯地拉村人。我将祖传的4亩1分地卖给了伊明阿訇。现在这块地被阿卜拉卡尔抢占了,因此,我就把地契立给了阿卜拉卡尔。同时,我把地上的10棵白杨树用500块钱卖给了阿卜拉卡尔,钱已全收。今后,倘我或我身后之人就这块地和10棵白杨树说出什么话来,全不算数。

伊斯兰教历1357年12月26日

(印章5枚)

库尔班阿訇给艾布都来海依汗卖地契约

1939年10月8日

伊斯兰教历1358年8月23日。

立约人：奥依托额拉克人艾则孜阿訇之子库尔班阿訇。

我已将该地从起勒该渠进水的4亩地及所属树木一并卖给了玉田县老城人艾布都来海依汗阿吉，售价70块钱。钱已收讫。

该地已与我无干。

今后，倘若我和我的子孙，制造事端，进行诉讼，则在教法和政府面前是无效的。

特此立约。

该地东面是买者之地，以埂、杏树为界；南面是哈瓦汗的地，以埂为界；西面是艾布都艾力木的地，以埂为界；北面是大路。

该地今年的收成中15称子玉米，交由艾布都来海依阿吉来收。

证明人：黑沙木丁

吐尔逊

艾布都热黑木

（印章4枚）

海提甫依布拉音卖地契约

1940年6月6日

伊斯兰教历1359年4月29日。

我名海提甫依布拉音，家住老城南。

我承认，已将我在城南的12亩耕地卖给了阿布都热依木，另将40亩耕地买给了吐吉拉喀孜。以上耕地已归买主所有，以后我和我的后代再无权过问。

特立此据。

（印章 2 枚）

苏皮阿訇给艾布都来海依阿吉卖地契约

1941 年 4 月 7 日

伊斯兰教历 1360 年（鼠年）3 月 10 日。

我是老城的苏皮阿訇。我将由吐拉克水渠浇灌的 16 亩二等地卖给了艾布都来海依阿吉，价钱为 190 块。现金如数收到，已呈报税务局。我和后代不再拥有这块土地的所有权，如果有人告状，则无任何效用。此地东部是阿西木巴依的土地，以地埂为界；西部是赛依提吐木尔的土地，以地埂为界；南部是我自己的土地；北部是杜来提阿訇马立克的土地，以土埂为界。

证明人：百户长库尔班

阿不里孜阿訇

民国 30 年

（印章 4 枚）

吐尔逊巴依之子苏菲阿訇给艾布都来海依阿吉卖地契约

1941 年

伊斯兰教历 1360 年（鼠年）□月 23 日。

立约人卡拉图孜阿村住户吐尔逊巴依之子苏菲阿訇，现将一块 3 亩地中的一等 1 亩 5 分地，连同 11 棵树卖给疏附艾布都来阿吉，收现款 150 元。今后如果对此持有异议，一律无效。

该地东到司马义地；北到买方的地，地界有坑；西至肉孜阿訇的地；南至大路和水渠。

空口无凭，立此文约为证。

证明人：克由木伯克

主麻阿訇

依敏阿訇

（画押1个）

阿依夏姆汗给艾布杜来海依阿吉卖地契约

1941年7月15日

伊斯兰教历1360年（鼠年）6月20日。

我是老城乌布里海山阿吉的女儿阿依夏姆汗。我把由克尔阿孜干渠的吉派尔支渠所浇灌的2亩地及其地上的树木一并卖给了艾布杜拉海依阿吉，价格为75元，现款如数收到。那2亩土地和地上的树木的所有权不再归我所有，今后谁若起诉告状，一概无效。此地的东部是斯拉木布牙克的土地；南部是瓦合甫地；西部是大马路；北部还是斯拉木布牙克的土地，四周界限清楚。特写此按有手印的卖据为证。

证明人：色依提阿訇

（印章2枚）

吐尔逊库斯给艾布都来海依卖地契约

1943年3月17日

伊斯兰教历1362年3月10日。

我叫吐尔逊库斯，是乌依吐合拉克村玉素库斯的儿子。我将位于该村由兰干水渠浇灌的 5 亩地以及地上的树木全部卖给了玉田县的艾布都来海依阿訇阿吉，价钱为 430 元。现款收到，不欠分文。我再无任何权益。我或我的后代如起诉，一概无效。特写此卖据为证。

证明人：百户长库拉洪

阿布杜拉布维

（印章 4 枚）

买买提尼牙孜给其母卖牧场契约

1943 年 7 月 2 日

伊斯兰教历 1362 年 6 月 28 日。

立约人：卡路克人托合提阿訇之子买买提尼牙孜。

我已将阿西江山区西克吉克处我父亲遗产夏冬牧场及其所有水泉中应属我一个儿子的一份卖给了我母阿依谢汗，售价 1565 块钱。钱已收讫。该牧场已与我无干。

今后，倘若我提出异议，则在教法面前是无效的。

牧场东面是依明阿吉、艾则孜阿訇等人的牧场；南面是阿卡尔起克尔；西面是买买提托合提的地、牧场；北面是青圈，以及去青圈的路。

特此立约，并已盖章上税。

证明人：吾守尔卡力

木沙卡力

尤素夫托合提等人

（印章 3 枚）

吐尔地巴依给热依斯阿訇卖地契约

1943 年 12 月 23 日

具结人吐尔地巴依，阿尔多开提北村人，海伊提托乎提巴依之子。我把一块地卖给了热伊斯阿訇，地钱全收，具结为证。

伊斯兰教历 1362 年 12 月 25 日

（印章 2 枚）

赛买提阿訇与克默尔妣妣换地契约

1944 年 3 月 21 日

伊斯兰教历 1363 年 4 月 2 日。

立约人四区三乡五道渠卡拉巴合村肉孜阿訇之子赛买提阿訇，兹将我妻谢赫妣妣、我女克默尔妣妣、帕夏妣妣的 5 分地同克默尔妣妣、杰乃提妣妣的 5 分地对换，由克默尔妣妣等另将 45 恰勒克玉米作为补偿，此玉米被我所用。现在克默尔妣妣、帕夏妣妣所管的 5 分地及其树木没有我的份，特立此约。

证明人：依敏卡力

　　　　赫拉里丁阿訇

买买提托合提转卖土地契约

1944 年

伊斯兰教历 1363 年□月 30 日。

立约人：达西曼村买买提巴依之子买买提托合提。

我曾将艾尔胡力之库特瓦尔处的 3 亩地给了尼亚孜阿訇等 3

人。现在将该 3 亩地收回，卖给了阿布拉热依斯，售价 50 块钱。钱已收讫，手续已清。倘该地及树木提出异议则是无效的。

这 3 分地加上以前卖给阿布拉热依斯的地，均已上税。

特此立约为证。

证明人：尼亚孜老大

　　　　吐尔地

　　　　尼买特

　　　　毛拉肉孜

　　　　买买提托合提

（手印 4 具）

（印章 1 枚）

司马义阿訇等给苏皮阿訇和加卖地契约

1945 年 4 月 10 日

伊斯兰教历 1364 年 4 月 26 日。

我们是乌吐拉加依村尼牙孜苏皮的儿子司马义阿訇、巴拉提阿訇、女儿吐尔逊汗。我们把该村的 8 分上等地和地上的树木以及其上的小路卖给了苏皮阿訇和加。价格为 120 元，现金全部收到。那块地的所有权不再归我们所有。今后我们如有人告状则不生效。此地的东部是赛提瓦里的土地；北部也是赛提瓦里的土地；西部是杏树；南部是毛拉喀孜的土地。特写此据。

证明人：买买提托合提阿訇

　　　　买买提依明阿訇

（印章 1 枚）

米吉提尼牙孜给阿布杜拉阿吉卖水磨契约

1945年5月2日

伊斯兰教历1364年4月18日。

我名叫米吉提尼牙孜,我承认我已将我在本村的2盘祖业水磨以600恰勒克小麦的代价卖给了艾布杜拉阿吉和阿依夏木汗,其他物品以220元卖给了艾布杜拉阿吉,钱我已如数收到,今后我再无权过问,其他任何人也无权干涉。

水磨的票据也已一并交付。

(印章4枚)

苏来曼和加换地契约

1946年9月12日

伊斯兰教历1365年10月15日。

立约人:艾布都瓦哈甫阿訇之子苏来曼和加。

我已将坎特色拉克山我父亲遗产中留给我们2个儿子2个女儿的1斛荒地和草地中属于我的1份地与乌布里海山阿吉的玉田县克尔阿孜村的11亩地、4间房及所有树木对换。

该地与草地的四界已在地契中写明。

空口无凭,立约为证。

证明人:艾力阿訇

　　　　吐尔逊阿訇

　　　　买木提明阿訇

(印章1枚)

买买提吐尔逊给艾布都来海依汗卖地契约

1947年2月2日

伊斯兰教历1366年3月11日。

立约人买买提吐尔逊，家居乌衣图拉克，系巴拉提阿訇之子。现将二等地4亩连同所属树木卖给艾布都来海依汗，每亩售价8千元，合计3万24元，当面点清，分文不差。为防以后亲属中有人争讼，立此文约为证。该地亩东到买买提斯迪克的地；北连本人地段；西至木西特尔的地；南接大路。

证明人：吐达宏保长

    库南阿訇

（喀孜乃吉米丁印章1枚）

（喀孜艾尔西丁印章1枚）

（艾合买提伯克印章1枚）

（大伯克印章1枚）

买买提卡斯木等给吐尔逊阿訇卖地契约

1947年5月21日

伊斯兰教历1366年7月1日。

立约人：巧合其来村艾布都热合曼阿訇之继承人买合苏木和加之子买买提卡斯木、买买提托合提。

我们已将从卡轮大渠苏盖提渠，提坎渠进水之一等地2亩及其所属树木卖给了吐尔逊阿訇，售价20万块钱。钱已收讫。该地与钱在今世已与我们无干。

今后，我们或我们的子孙提出任何异议，则是无效的。

该地东面是田埂；北面是阿依拉木姚姚的地，以田埂为界；西面是大路，以灌木为界；南面是买者之地，以埂为界。五棵树也包括在买卖之中。

特立此约。

证明人：买买提尤素夫

艾布都艾则孜

吐尔地米拉甫

库尔班等人

买买提赛义德依布拉音等给艾布都来海依汗卖房契约

1947年6月4日

伊斯兰教历1366年7月15日。

立约人：加依村拉木托额拉克斯地克阿拉海之子买买提赛义德依布拉音、女儿萨热。

我们已将老城康帅街奥胡勤艾拉留给我们父亲的遗产中属于我父亲的房子，其中包括地皮、木料、石头库房等一并卖给了老城艾布都来海依汗阿吉，售价26500块钱。钱已全部收清。上述房、地、木料、石头库房等从今以后再与我们无干。

空口无凭，立约为证。

（印章2枚）

我吐尔地代替依布拉音盖了方章

（方章2枚）

艾布都艾力木阿吉给艾布都来海依汗转卖土地契约

1947 年 8 月 22 日

伊斯兰教历 1366 年 10 月 5 日。

立约人：老城人艾布都艾力木阿吉。

我将从苏盖提渠所属卡穷村哈力白汗托合提之女和子斯地克阿訇处拿到之 1 亩 1 分半地中之半亩卖给了艾布都来海依汗阿吉，售价 6 钱半 1 分黄金。钱已收讫，再无相干。

今后，若生异议，则在教法面前是无效的。

该地东面是吐尔地阿訇之地，以埂为界；西面是额亚克巴依之地；南面是买者之地；北面是卖者之地。

特此立约。

证明人：尤素夫

艾布都克里木

（印章 4 枚）

则乃白汗向阿吉阿訇出卖遗产契约

1947 年 9 月 12 日

伊斯兰教历 1366 年 10 月 26 日。

立约人：老城卡斯木阿吉之女则乃白汗。

我已将我父遗产：从 1 个大门进出的 6 间房子、凉亭、套间、小房、厨房、棚圈、门楼一起卖给了阿吉阿訇，售价 3 两半黄金。

钱已收讫，再与我无干。今后，关于该房发生成见，进行诉讼，是无效的。

该房东面是苏菲的房子；北面是托合提加力木的房子；西面是大路；南面是乌布力海山阿吉的继承人的专路，有些地方是赛力麦妣妣的房子。

特立此约，以资证明。

（印章2枚）

则乃白汗向艾布都来海依汗出卖遗产契约

1947年11月21日

伊斯兰教历1366年库尔班节之后27日。

立约人：老城已故卡斯木阿吉之女则乃白汗。

我已将老城我父遗产凉亭、套间、小房、食堂、马厩、门楼，共计6间房子卖给了艾布都来海依汗阿吉，售价3两1钱黄金。钱已收讫，再与我无干。为此而发生成见，提出异议，则是无效的。

该房东面是苏皮阿訇的地；北面是托合提阿吉台里弗克的房子；西面是大路；南面是乌布力海山的继承人的地，以小路为界；有些是赛力麦的地、房。

特立此约。已上税。

证明人：色哈克

　　　　艾布都拉合曼

　　　　托合提

（印章3枚）

买买提尼牙孜给阿依夏木汗卖水磨契约

1948 年 4 月 28 日

伊斯兰教历 1367 年 6 月 18 日。

我叫买买提尼牙孜。我有 2 台水磨，它以玉田河水为动力，位于苏尔阿克布拉克，是父亲留下来的遗产。这 2 台水磨，每年租出的租金为 200 称子小麦、400 称子玉米，合计为 600 称子粮食。我将租金为 35 称子玉米、15 称子小麦，合计为 50 称子粮食的水磨卖给了阿依夏木夫人，价格为 8 两金子，现金收到。我已写了收据并报了税务局。在税据交给买主之前，我已收到 8 两黄金，并写此盖有宗教法庭印章的收据送交买主，以资为证。今后，我若为此上告，将一概无效。

  证明人：依布拉音木阿訇

     买买提艾则孜阿訇

     托合提阿訇

     马木提阿訇

     尼牙孜阿訇

（印章 2 枚）

买买提尼牙孜给阿依夏木汗卖水磨契约

1949 年 1 月 10 日

伊斯兰教历 1368 年 3 月 10 日。

我是亡人托合提和加的儿子买买提尼牙孜，喀日俄里克村人。我有 2 台水磨，是父亲留下来的遗产。这 2 台水磨以该村下方的河水为动力,每年租子为 200 称子小麦、400 称子玉米,共为 600 称子粮食。我将其中租金为 34 称子小麦、66 称子玉米,共为 100 称子粮食的水磨及工具卖给了阿依夏木汗,价格为 12 两金子。现金如数收到,不欠分文。我不再拥有已出售水磨的所有权。今后我或我的后代如若告状,在宗教法庭面前是无效的。特立此字为据。

  证明人:阿布里孜拜格

     买买提西热甫阿訇

     马木提阿訇

     买买提尼牙孜阿訇

(印章 2 枚)

买买提尼牙孜给艾布都来海依出卖水磨契约

1949 年 1 月 10 日

伊斯兰教历 1368 年 3 月 10 日。

  我是喀日俄里克村人托合提和加的儿子买买提尼牙孜。我有 2 台以喀日俄里克村河河水为动力的水磨,每年租金为 200 称子麦子、400 称子玉米,总共 600 称子粮食。我把其中租金为 16 称子小麦、34 称子玉米,总共为 50 称子粮食的水磨及其工具卖给了艾布都来海依阿吉,价格为 6 两金子,现金如数收到。我不再拥有那台水磨的所有权。今后我或我的后代中的任何人起诉告状,概不生效。特立此字为据。

  证明人:阿布里孜拜格

     穆罕默德西热甫

     买买提阿訇

（印章 3 枚）

依米提尼牙孜给阿依夏木卖水磨事立约

1949 年 2 月 10 日

伊斯兰教历 1368 年 4 月 11 日。

我是哈鲁克村人，名叫依米提尼牙孜。我承认：我已将我在本村的价值为 600 恰勒克粮食的 2 盘石磨卖与阿依夏木，但她 3 次均未将款项付清。因此我又将其中一磨以 2 两 4 钱的代价卖与阿布杜拉哈吉，钱我已如数收到。

（印章 5 枚）

吐尔地买阿依夏木水磨事立约

1949 年 3 月 1 日

字据

伊斯兰教历 1368 年 5 月 1 日。

我是卡鲁克村人，名叫吐尔地。我承认我租了疏勒依布拉阿吉的女儿阿依夏木的 1 盘石磨，后来她欲卖给我，第一次我付麦子 75 恰勒克，第二次付 150 恰勒克，第三次付 150 恰勒克，第四次付 37 恰勒克（均为玉米），共计 412 恰勒克，外带水渠 1 条、毛驴 2 头、磨房 3 间。

双方各不反悔，特立此据。

（印章 2 枚）

证明人：吾守尔大毛拉

沙迪尔阿訇等

尤素甫阿訇等给牙生阿訇卖地契约

1949年4月10日

伊斯兰教历1368年6月11日。

立约人：白西艾力克镇人尤素夫阿訇、木沙阿訇、哈瓦妣妣、依明阿訇之孩子。

我们已将集市东扩尔处，从几个代渠进水的315户之新平的一等5亩平地及新属树木和其他东西卖给了牙生阿訇、买买提艾力阿訇，售价550两熟钱。钱已全部收讫。该地已与我们无干。

该地四界：东面与卖者和依明阿訇手中所留的地相连，以墙为界；南面与斯依提阿訇的地相连，以灌木为界；西面是大路，有的地方与阿依谢妣妣的地相连，以墙为界；北面与胡尔尼尕合妣妣的地相连，吐尼沙妣妣的地、阿提开妣妣的地、艾布都热依木阿訇的地相连，以埂为界。

通该地的路，可走卖地者通往拉扎乃园子的路。

证明人：库尔班尼牙孜伯克

瓦里斯和加

木沙汗

艾则孜阿吉

努尔买买提

（印章2枚）

曾趾麟卖田契①

具推呈曾趾麟，系州城都楼街移居库村住。为恩俯准买主复名谢案，赖沾补价事。情因客民祖父遗下城田一子二片，土名唤畓哊飘，坐落□土地处，永卖与陇槐村农生美，取价铜钱一十二千文，当堂具出推呈，另找补价钱二千文。其田归与买主，永为世代子孙管业，以后不敢反复滋事。理合具出推呈，投赴州主大老爷台前，伏乞作主施行。

光绪二十年（1894）七月日具推呈。

李辉卖田契约②

立契永远卖田人李辉，系街居住民，兹因正用急需无钱，不已，夫妻议妥，愿将在前承得北化上利村之城田，土名叱畓、排科、派昔三片、畓蒙漏三片、畓百哘二片、畓谭一子、畓渡一丢。先通族内近邻，无人承受，凭中问到卖与五处下利村农崇益为业。凭中三面议定，即值价钱五十千文，钱契两交，彼此心甘情愿，自卖之后，永为世代子孙基业，为赋黄册。如有混行争端，任从凭理论，即契中有各人担当，不法混行之事，两家心愿，并无逼勒等因。空口无凭，立此文契存照。是实。

光绪二十二年（1896）二月初八日立契。

---

① 原广西大新县雷平（镇）陇槐屯。1956 年 11 月，广西少数民族社会历史调查组搜集。

② 契约存大新县安乎乡下利屯农旺伫家，1956 年，广西少数民族社会历史调查组抄录存藏。李姓为土官房族，对研究土官制度的崩溃史有一定参考价值。

堂兄李远保证，请人代书。

黄陈卖地契约①

立永远卖地人黄陈，系西化新圩村，因为急中无银使用，自问到本村黎召处取七色银一两整，就日亲手领银回家使用。两面言定：其畲地一片，坐落争色㫐，交如（于）银主，世代子孙不得争心夺耕。如夺耕者，任从银主执出文契赴官陈告，甘罚无辞，仍追赔还。今恐无凭，人心难信，立约存照。

天里（理）人良心。

立约人：黄陈。

请人依口代笔。

乾隆九年（1744）三月十五日。

梁里卖畲地契约②

立永远卖畲地人梁里，系西化埠美村住，因为急中无钱使用，自将祖遗畲地秾簸一片，自身问到本村黎何处永卖，取出铜钱三百五十文，即日钱约两交。当面言断，钱主任从世代子孙耕管，不敢异言。今恐无凭，立约为据。

立永卖约人：梁里。

乾隆十五年（1750）六月日。

---

① 此契约原存广西大新县宝圩乡堪圩村新圩屯。1956年11月，广西少数民族社会历史调查组搜集。

② 此契约原存广西大新县宝圩乡堪圩村埠美屯。1956年11月，广西少数民族社会历史调查组搜集。

永卖畲地契约①

立永卖畲地人梁里，系西化埠美村住，因为急中无钱使用，自将祖遗畲地晒渠偷一片，自身问到同村黎何处永卖，取出铜钱六百文，即日钱约两交。当面言断，其畲地交与钱主，任从世代子孙耕管，不敢异言，反悔退赎。今恐无凭，立永远约为据。

立永约人：梁里。

乾隆二十年（1755）三月□日。

农文忠卖筋竹契约②

立永远卖筋竹约人农文忠，系北化上利村住，今因急中无钱还债，不已，夫妻商议，愿将祖父遗下之筋竹二座：坐落痕驮一座，科板一座。先通族内无人承受，自身问到本村梁生理处永买，取□□价本铜钱八百五十文整，即日亲手领钱回家应讫。二面言定：其筋竹随约两交明白，永为世代子孙基业，父死子继，兄死弟承。此系明卖明买，并非折账等弊。倘后年深月久，同堂伯叔兄弟子侄不得争占冒赎，或有何人悔心多端，违背约内之言，钱主任执立契赴上陈理论，甘罚无辞。其筋竹仍给归与买主，无异是实。今恐无凭，人心难信，为此，立永约交与存据。

---

① 此契约原存广西大新县宝圩乡堪圩村埠美屯。1956年11月，广西少数民族社会历史调查组搜集。

② 此契约原存广西大新县雷乎（镇）那岸肘上利屯。1956年11月，广西少数民族社会历史调查组搜集。

立永远卖筋竹约人农文忠。

请人依口代笔。

永远。

乾隆四十年（1775）二月十七日。

天长。

农文忠卖树木契约[①]

立永远卖树木约人农文忠，系北化上利村住，因为家贫饥馑，无门可借。不已，愿将祖父遗下龙眼树一根、木棉树一根，坐落科板处，先通族内无人承受，自身问到本村梁生理处永买，实取出价本铜钱五百七十文整，即日亲手领钱回家度活。当面言定：其树木随约两交明白，永为历代子孙恒业。此系明卖明买，并非折账情弊。日后年深月久，同堂伯叔不得争占冒赎，或有何人横行违背约内之言，钱主任执文契赴上陈理论重占人，其树木仍归给与买主无异是实。今恐无凭，人心不古，为此，立永约交与日后存证。

立永远卖龙眼、木棉树人农文忠。

请人依口代笔。

永远。

乾隆四十一年（1776）三月二十四日立。

天长。

[①] 此契约原存广西大新县雷平（镇）那岸村上利屯。1956年11月，广西少数民族社会历史调查组搜集。

王班典当田契约①

立约典当田人王班，系西化埠美村居住，因为急中无钱使用，父子商议。不已，愿将本分役田，土名那都四片，坐落□□处，凭中问到中化那隆村黄干处取出铜钱四千文整，即日亲手领钱回家应用。两面言定：其田随约两交明白，每年自耕自割，于作花利。不论近远，钱到田出，钱主不得阻晋（留），亦不得盗卖。如有别卖者，钱主任执出文约投赴官陈告，甘罚无辞，仍旧将其田交与钱主是实。今恐无凭，人心难信，立约存照。天里（理）仁心。

王班立约。

请人依口代笔。

乾隆六十年（1797）三月十八日。

黄南福卖畲地契约②

立约永远卖畲地人黄南福，系中化那龙村居住。因为家下贫穷，无钱渡（度）活，夫妻商议，自将祖父所遗畲地一片，是以先通同堂伯叔兄弟无人承买，即立约问到西化埠新村闪老布相荣处永买，取价三千文整，即日领钱回家使用。当面言断，钱约两交明白，其畲地交与钱主永为基业，世代子孙。自卖之后，纵畲地产出黄金，卖主不敢言赎，如畲地崩成河海，不干

---

① 此契约原存广西大新县宝圩乡民智村那隆屯。1956年11月，广西少数民族社会历史调查组搜集。

② 此契约原存广西大新县宝圩乡堪圩村埠新屯。1956年11月，广西少数民族社会历史调查组搜集。

卖主之事。此契两愿，明卖明买，并非折债等情。恐年深月久，子孙不得冒夺。如有冒夺言赎，钱主任从执此永约投赴上陈理论，甘罚无辞，仍追给畲地交还钱主。今恐无凭，立此永约存为据。

立约人：黄南福。

乾隆五十七年（1792）九月十八日。

陈何金卖河契约①

立凭永远卖河人陈何金，系东化内凹附居住，今因急中无钱使用。不已，父子商议，愿将本分祖父遗下之河，三凹那二半至共合二六片，近河辨城，百长到凹□，不论何方打鱼鳖，分派先问主无人凭中问到李行吉处，实出许本铜钱一百二十八两足，即日亲手领钱回家使用。当三面言定：其河随约交与银主世代子孙，不论打鱼鳖，分派粮钱□七十文足，永管打为恒业。其河年中冒争者，系在约内明卖明买。银实约交与银主或变是实黄卖（句），父殁子承，兄亡弟接，不敢异言。恐口无凭，人心难信，收执立约乙张存照。

立约凭永远陈何金。

中保陈何美。

乾隆□□□年四月十一日。

---

① 此契约原存广西大新县宝圩乡宝圩街内凹屯。1956年11月，广西少数民族社会历史调查组搜集。

黄鼷卖田契约①

立永远卖田契人黄鼷，系安平西化埠美村居住，因为家贫无钱，难于度活。不已，母子商议，愿将本祖遗下役城田一丢，土名那堪共有三片，禾六十把，地坐落罾板三片。先问族内同堂伯叔兄弟，无人承领。请引凭中问到同村黎唐处实永买，取本铜钱六十千文足，就日当中亲手领钱回家还债。讫言定，其田随约交与钱主永耕，世代子孙基业，父殁子承，兄亡弟接。钱主经鸣复名谢案，田主不敢反复。其田生成（出）黄金，卖主不敢退赎；崩成河海，不与田主干涉。此系明卖明买，并非折账。况深月年久，若有族内子孙不知妄言争占，钱主任从执此文契胜赴官陈理论，甘罚无辞，仍追给其田交与钱主管耕世代。今恐无凭，人心不古，为此立契，永远存照。

中保人农利。

立永远人黄鼷。

请人依口代笔。

嘉庆五年（1800）二月二十日。

汤光显卖木契约②

立约永卖木人汤光显，西化埠办（新）村刀召主（住），因为急中无钱使用，父子商议，将本分三木榕问到本村黎聪处

---

① 此契约原存广西大新县宝圩乡堪圩村埠美屯。1956年11月，广西少数民族社会历史调查组搜集。

② 此契约原存广西大新县宝圩乡堪圩村埠新屯。1956年11月，广西少数民族社会历史调查组搜集。

实永买取，出本钱三百文整，就日亲手领回家应用。两面言定，木永为世代子孙恒业以年，人心难信，□上陈理论，□。

立永卖木人汤光显。

请人依口代笔。

嘉庆十二年（1807）六月初四日。

梁富卖塘契约①

立约永远卖塘人梁富，系在西化新圩村居住。因为急需，无钱使用，父母商议，卖塘一个。先通族内，后通近邻，无人承领。凭中问到同村黎聪正，出本钱三千五百文整，即日亲手领钱回家使用。两人当面商定，并无异言。钱主任从自耕自割。其塘在口凹地名。交钱即日交约与钱主，不论近远，不可忤心反言所退。若有忤心反言者，钱主任从执是文契上陈理论，甘罪无辞。恐后无凭，人心难信，所以立此文约交与钱主收执为据。

嘉庆十五年（1810）七月初五日立。

黄成隆卖田契约②

立约永远卖田人黄成隆，系本村埠美遗腧□地、安南系□三村居住。今因家贫债逼，无钱偿还，不知如何。不已，合议愿将上年买得埠美黄想田地不愿当，永卖祖父遗下城田合共五

---

① 此契约原存广西大新县宝圩乡堪圩村新圩屯。1956年11月，广西少数民族社会历史调查组搜集。

② 此契约原存广西大新县宝圩乡堪圩村埠美屯。1956年11月，广西少数民族社会历史调查组搜集。

片：土名唤那哨、那都、那廷，共有三十五把。地坐落中处。先通族内，无人承受。凭中问到西化埠美村黎美处实卖，取出本铜钱二十二千五百文足。就日钱约两交领钱回家还债。当众言定：其田归与钱主，立其世代子孙恒业，年中管耕自割。任从将文契当堂号钤盖印信。日后此田变成黄金亦不敢反悔，若崩成海河亦不干卖主事。凡粮钱赋税，系在买主纳应，仍同批共户。此系明卖明买，并非折账等弊。恐年久月深或有同堂伯叔子弟人等，伏崩之言退赎者，任从买主执此永约赴上陈理，甘受重罪，仍追给准买主，立其世代基业是实。欲后有凭，人心难信，立约存照。

通引本村人黄庄同证。

立永约人黄成隆。

请人代笔。

嘉庆二十五年（1820）三月十八日。

黄将卖畲地契约[①]

立永卖畲地人黄将，系中化博零村住。今急需，无钱还债。不已，父子商议，愿将本分畲地一片，名唤岜哶。先通族内无人承当，凭中问到西化埠美村黎聪处实永买，取出本钱八百文足。就日两交，当面言定：其畲随永约交与钱主，年中管耕，立为世代恒业，不干卖主之事。两相久依，不敢反悔退赎。如有妄言者，任从买者执此永约赴堂陈理，甘受重罪，仍追准与

[①] 此契约原存广西大新县宝圩乡堪圩村埠美屯。1956年11月，广西少数民族社会历史调查组搜集。

买主是实。愿后有凭，立约存照。

立永约人黄将。

依口代笔。

嘉庆十八年（1813）□月十七日。

黎葱卖田契约①

立约卖田人黎葱，系西化埠美村居住，今因家贫，急需无钱还债，不已，父子商议，愿将本分城田一片六把，地坐落处上名唤那咘浖，祖父遗下田，先通族内无人承当，凭中问到中化那龙村□□□实买，取出本钱三千文足，就日钱约两交。当面言定：其田随约交与钱主永为世代子孙恒业，管耕自割，任从将文契呈当（档）挂钤盖印信。日后此田变出黄金，卖主不敢反悔；若崩成河海亦不关其事。凡钱粮账、赋税，不干卖约，应仍全批共户。此系明卖明买，并非折账等弊。如有年久月深，同堂伯叔子弟人等，妄言退赎者，系在名卖承当，任从买主执此永约赴堂陈理，甘受重罪无辞，仍追给约内之田恒为其世代子孙基业，永不挪移是实。今恐无凭，人心难信，立此约永远有据。

立约人黎葱。

请人代笔。

道光元年（1821）三月初六日。

---

① 此契约原存广西大新县宝圩乡民智村那龙屯。1956年11月，广西少数民族社会历史调查组搜集。

黄庄卖畲地契约①

　　立永约卖畲地人黄庄，系西化埠美村居住，今因家贫无钱使用，不已，兄弟商议，愿将本分祖父遗下永卖畲地一片，土名唤叫猿宽广庄六斗地，坐落科坂处。先通族内无人承受，凭中问到本村黎聪处实永买，取出本铜钱十二千五百文足，就日钱约两交领钱回家应用。当面言定：其畲地与买主永远世代子孙管耕牧种，小苗年中修整，围石树木，根归与买主，不干卖事。此系明卖明买，并非折账等情。如有违约，年久月深，同堂人等，妄言退赎，系在名卖承当，不敢反悔。如有反言者，任从钱主执此永约赴上陈理，甘受重罪，仍追准与买主立其基业是实。今恐无凭，人心难信，立约为证。

　　立约人黄庄。

　　道光元年（1821）十二月十四日。

李仕隆永卖畲地契约②

　　立约永卖畲地人李仕隆，男恩茂、长茂，系茗盈州咘息坡，今因急需，无钱应用，不已，愿将本分畲地一片，土名裕婆，坐落裕敏。东界李天授，南界廖癸昌，□猛为界。先问同族，后问近邻，无人承受，不已，凭中立约卖永，问到同州街袁恩赐处永买，出本铜钱三千文足，即日亲手接钱回家应用。当面

---

　　① 此契约原存广西大新县宝圩乡堪圩村埠美屯。1956年11月，广西少数民族社会历史调查组搜集。

　　② 此契约原存大新县全茗乡全茗街。1956年12月，广西少数民族社会历史调查组搜集。

言定：其畬交与钱主世代管耕，永为世业。此系明买明卖，并非折债等情。倘若年久月深，族内有何人冒认，系在契内有名承当，不敢异言。今欲有凭，人心难信，为此立永契一张交与钱主收执存据。

代笔中保人堂侄叶秀。

立永契人李仕隆。

道光三年（1823）三月十七日。

黄暖黄庄永卖房屋契约①

立约永卖房屋人黄暖、黄庄，系西化埠美村居住，今因债逼，无钱偿还，兄弟商议，愿将本分房屋一座、瓦一排出卖。凭中问到本村黎葱处实借取，出本铜钱二十七千文足，就日钱约两交，领钱回家还债。当面言定：其屋随约，限至三年破拆归与是实，不敢反悔之言。如有异言者，任从钱主执此文约赴上陈理，甘受重罪，仍追准与买主是实。欲有凭，立约为据。

立约人黄暖、黄庄。

依口代笔。

道光五年（1825）七月二十五日。

农严永远卖田契约②

立永远卖田人农严，系西化埠美村居住，今因急用需钱生理，不已，父子商议，愿将本分祖父遗下城田，土名唤那头上，

---

① 此契约原存大新县宝圩乡堪圩村埠美屯。1956 年 11 月，广西少数民族社会历史调查组搜集。

② 同上。

共有一片，禾十六把，地坐落前处，先通族内，后通近邻，无人承当，凭中问到本村黎葱处，取出价本铜钱十六千文足，即日当中领钱回家生理。当众言定：其田随约交与钱主永为世代子孙恒业，任从当堂挂号钤盖印信，折归本户。然年中纳粮之例，照依赴纳。日后年久月深，其田生成黄金，卖主不敢云赎；倘若其田崩成河海，买主不敢反悔问本。或□倘有同堂伯叔兄弟何人，妄行争夺者，系在内约，卖主有名人承当，不干买主之事。此是明卖明买，实钱实约，并非折账等弊，两无异言。如有异言者，钱主任从执此永约文赴上陈理论，甘罚无辞。人心不古，为此立约文交与钱主存据。

立约永人农严。

依口代笔。

天长地久。

道光六年（1826）三月十五日。

梁宴卖田契约[①]

立约永远卖田人梁宴，系西化弄门村住，今因时苦寒节，无钱足用，不已，自己愿将祖父遗下之田，土名那咟㴖乙片，得禾八把，地取为永卖。先通宗族，后通间里，无人承受，凭中问到同化埠美村黎卡处实出永买，价本铜钱七千文足，即日亲手领钱回家使用。三面言定：其田随约交与钱主管耕恒业，世代子孙。其田变生黄金，卖主不敢言退赎；崩成河海，买主

[①] 此契约原存大新县宝圩乡堪圩村埠美屯。1956年12月，广西少数民族社会历史调查组搜集。

亦不敢返退。明卖明买，并非私盗与折账之弊。两家言清，各无尤悔。倘年久月深，有何不良之徒，冒立退托言者，惟执此文契赴投官是实。空口无凭，人心难信，立约交与钱主存据。每年纳卯钱五十文。

中保人梁朝。

立约永远人梁宴。

请人代笔。

道光十年（1830）二月初六日。

李恅卖田契约①

立约永远卖田人李恅，系西化弄门村住，今因为家道单寒，急中无钱还债，不已，夫妻商议，愿将本分口置田，上名唤那梾扪一片，宽六巴（把），无人承受，凭中问到同化埠新村黎聪处，实出本铜钱七千文，即日亲手领钱回家使用。三面言定：其田随约交与钱主，年中临田管耕，永为世代子孙恒业，父殁子承，兄终弟接。其田日后崩成河海者，不干卖主之事；或田日后变出玉者，田主不敢一田两卖。两家情愿，各无反悔。或有年久月深，或有伯叔同堂反心不足而争占退赎者，钱主任执文约赴上陈理论，甘罚无辞，仍照约内追其田归钱主并无异言。今恐无凭，人心难信，故此立文约一张交与钱主收执存是实。年中纳粮卯钱五十文。

　　立约永卖田人李恅。

---

① 此契约原存大新县宝圩乡堪圩村埠新屯。1956年12月，广西少数民族社会历史调查组搜集。

道光十年（1830）三月十四日。

许显三卖田契约①

立约永远卖田人许显三，系茗盈州旧街住。今因急中无钱应用，不已，愿将本分买得粮田甲族半切，土名那路马，大小三片。凭中问到族内显能处看田合意，肯出本铜钱四十千文足，即日钱约两交。其田卖过买主之后，世代管耕永为世业。其田产出黄金或崩成河海两不追悔。此系明买明卖，并非折债等情。倘日后有何人生端异言者，系在约内有名承当。恐口无凭，人心不古，为此立约永远一张，交与买主收此为据。

立约中保人显肆。

代笔人显纬。

道光二十三年（1843）三月十四日。

黄将卖田契约②

立约永远卖田黄将，系西化埠新村居住。今因急中无钱生理，不已，父子商议，愿将本分祖父遗下城田，土名唤格岜尕大小，共禾有三十抱地，坐落上处。先通族内，后通近邻，无人承受，凭中问同化本村上宅黎贵实永取，出价本铜钱十一千足，即日亲手领钱回家生理。当面言定：其田随约交与钱主，年中自耕自割，永为世代子孙恒业，父殁子承，任从当堂挂号

---

① 此契约原存大新县全茗乡全茗街。1956年12月，广西少数民族社会历史调查组搜集。

② 此契约原存大新县宝圩乡堪圩村埠新屯。1956年11月，广西少数民族社会历史调查组搜集。

钤盖印信，折归本户。然年中纳粮之例，照依赴纳。日后年久月深，其田变成黄金，卖主不敢反悔；倘若其田崩成河海，买主不敢反悔问本。或日后倘有同堂伯叔兄弟何人妄行争夺者，系在内约卖主有名人承当，买主不干之主事。此是明卖明买，实钱实约，并非折账等弊，两无异言。如有异言者，钱主任从执此文约赴上陈理，甘罪无辞。人心难信，为此立约交与钱主存照。

立约永远与人黄将。

请人依口代笔。

道光二十六年（1846）三月二十八日。

许志进卖田契约[①]

立约永远卖田人许志进，系茗盈州旧街住。今因急中无钱救饥，不已，愿将本分祖父遗下之粮田，土名那马大小共七片，凭中问到同街堂伯显能处，看田合意肯取，出本铜钱一十五千文足，其日钱约两交。其田交过堂伯世代管耕，永为世业。但其粮田自卖过之后，每年由买主纳粮钱一百五十文，不关卖主之事。此系明买明卖，并非折债等情。倘后年深月久，族内有何人生端异言者，系在约内有名承当。恐口无凭，人心难信。为此，立约永远一张，交过堂伯收执存据是实。

立约保人堂伯显三。

代笔堂伯显璋。

[①] 此契约原存大新县全茗乡全茗街。1956年12月，广西少数民族社会历史调查组搜集。

道光二十八年（1848）七月初九日。

袁苾爵卖田契约[①]

立约永远卖田堂侄袁苾爵，系茗盈州旧街居住。今因急中无钱生理，兼年晚岁逼，不已，弟兄商议，愿将祖父遗下本分私田，土名苾定丘把绿水边，大小四片。凭中问到堂叔恩润，应取出本铜钱一十六千文足，即日亲手领钱回家生理，钱约两交。当中三面言定：其田交过堂叔世代管耕，永为基业，卖主不敢退赎。此系两相情愿，并非折债等情。现在约内有保人承当。恐口无凭，人心不古，为此，立永远契约一张，交与堂叔收执存照是实。

永卖田人袁苾爵。

中保人苾江。

代笔人堂兄苾南。

通引黄廷选。

道光二十九年（1849）十二月十八日。

梁二姑卖屋契约[②]

立永远卖屋约人赵氏，女梁二姑，系北化林更甲上利村居住。今因无钱殡葬儿子，不得已，母女商议，凭中问到同化同村际慎处，实买家木，取出本铜钱一千五百文，即日领钱回家

---

① 此契约原存大新县全茗乡全茗街。1956年12月，广西少数民族社会历史调查组搜集。

② 此契约原存大新县雷平（镇）那岸村上利屯。1956年11月，广西少数民族社会历史调查组搜集。

殡葬。当面言定：其家木随约两文与钱主收执。修整照约内界不相争。除内界，不论石、木交钱主，不敢收迁片瓦，交与屋主。此是明卖明买，并非折债等情。倘年后日深月久，先通同堂伯叔兄弟，无人承受，凭中问到不敢异言。今恐无凭，执约今年明年钱主坐屋得屋主收炉香下来，不敢反口异言。若违者，执约契赴官陈理论，甘罪无辞，仍照约追是实。今恐无凭，人心不古，为此立约交与钱主收执存据。

立永远约人妹媄赵氏女梁二姑。

中保人同化同村梁金珍。

请人代笔。

道光二十九年（1849）二月十九日。

黄花卖畲地契约[①]

立约永远卖畲地人黄花，系西化圩新村居住。今因无钱还债，夫妻商议，愿将祖父遗下之畲地，土名唤地渠喉一片整。年中下秧播谷。自己卖与同堂之兄同化同村黄生财，实出本旧铜钱青一千零二百文足。当面言定，即日亲手领钱回家还债。其田随约交与钱主，永为世代子孙，父殁子承，兄终弟接。后来其畲产出黄金亦不关畲主之事；崩成湖海，钱主不敢反言退赎。此是明卖明买，并非盗卖私买，并非折账等弊，两无异言。若有异言者，任从宗兄执文约赴上陈理论，甘罪无辞，仍依照约言之。今口无凭，人心难信，故立约一张，交与钱主手执

[①] 此契约原存大新县宝圩乡堪圩村圩新屯。1956年11月，广西少数民族社会历史调查组搜集。

为据。

立约永远卖畲地人黄花。

请人依口代笔。

咸丰三年（1853）三月十八日。

赵毓秀卖田契约①

立约卖田人赵毓秀，系恩城州东街居住。今因急中，无钱应用，夫妻商议，自愿将父亲买得托村赵裕氓田一处，名叫那计大小共五片。凭中问到安平五处托村农甫田处，实卖取出铜钱一十五千文，即日身手领钱回家应用。当面言定：其田大小两苗交与买主，年中自耕割，收作为利。钱无起利，田不计租。永无退赎。恐口无凭，人心不古，立约存照。

立约赵毓秀。

见证李修柏。

中保胞兄赵毓麟。

咸丰六年（1856）四月初一日。

刘恒扬卖田契约②

立永远卖田人刘相公恒扬，系中军哨路柳村居住。今因急中，无钱救活，不已，父子商议，情愿将以祖父遗下军户粮田，土名唤那美龙上田二片，四十把地，中田一片，二十五把地，

---

① 此契约原存大新县雷平（镇）安平村托村屯。1956 年 11 月，广西少数民族社会历史调查组搜集。

② 此契约原存大新县雷平（镇）中军村路柳屯。1956 年 11 月，广西少数民族社会历史调查组搜集。

合共大小田三片，六十五把地，坐桥来路边。先通族内无人承受，凭中问到同村黄良子金益处，实取出本铜钱十四千文整，即日当众言明，亲手领钱回家还债完讫。其田随约交与钱主，永为世代子孙恒业。既卖之后，此田变成黄金或崩成河海两相允肯，不敢异言。任从当堂号铃盖印信。纳粮应其同批共户，或有同堂伯叔子弟妄行争论者，系在约内有名人承当，仍照永契给田交与钱主世代管耕恒业，永不挪移是实。今欲有凭，立此约交与钱主收执存据。

立约永远卖田人刘恒扬相公记。

中保人黄金珠。

通引人黄金章。

亲手的笔。

咸丰七年（1857）十月初二日。

黎父完卖田契约①

立约永远卖田人黎父完，系西化圩新村居住。今因家贫急需钱还债，不已，父子商议，愿将祖父遗下上城田，土名唤那江洞地，坐落在□□共合三片整，共该禾二十把地。先通族内，后问邻村，无人承受，凭中问到中化博凌村黄卡，实出价铜钱青边八千文足，即日亲手领钱回家生理。当三面言定：其田随约交与钱主，永为世代子孙恒业，任从当堂挂号铃盖印，拆归本户。然年中纳粮钱一百文足，照依赴纳。后日年久月

---

① 此契约原存大新县宝圩乡民智村博凌屯。1956年11月，广西少数民族社会历史调查组搜集。

深，其田生成黄金卖主不得敢云退赎；倘若其田崩成河海，买主不得反悔本钱。或日后倘有同堂伯叔兄弟何人妄行争夺者，系在约内有名人承当，不干买主之事。此系明卖明买，实钱实约，并非折账等弊，两人并无异言。如有异言者，任从执此永约文赴上陈理论，甘罪无辞。人心不古，为此，立约文交与钱主存据。

立永约人黎父完、长子崇贤。

请人依口代笔。

中保人黎崇礼。

咸丰九年（1859）三月初十日。

姜里卖畲田契约①

立约永远卖畲地人姜里，系西化埠新村居住，急中无钱度用，不已，愿将本分祖父遗下畲地一片，唤名叫怀在民岩良处。先通族内无人承受，自身问到本村黎卡处，取出价钱二千文足，即日亲手领钱回家度用。当面言定：其畲地交与钱主永为世代子孙基业。久居畲地生成黄金或崩成河海，两家亦不敢异言。久居有同堂伯叔兄弟争夺，约内有名人承当。此是明卖明买。今恐无凭，人心难信，立永远约一张存据。

立永远约人姜里

咸丰九年（1859）七月初五日。

---

① 此契约原存大新县宝圩乡堪圩村埠新屯。1956年11月，广西少数民族社会历史调查组搜集。

黄狮卖地契约①

　　立约永远卖田人黄狮，系安平州西化板甲村居住。今因急中，无钱买米度活。不已，兄弟商议，愿将本分祖父遗下城田土名唤那多一片，该禾有二十把地，坐落载百面那逐处。先通族内无人承受，请中凭中问到同化那逐村黄信处，实买田永远，出本价铜钱八千四百文整，即日亲手领钱回家买米度活完讫。当面言定：其田随约交与钱主，年中临田自耕自割，永为世代子孙恒业，父殁子承，兄亡弟接，不限近远。此系明卖明买，实钱实约。年中额例之粮田，照田纳办，银粮一百十文，头人夫使（役）公项。自卖之后，或有成黄金宝玉，水冲成河海，两相无悔。倘后年久月深，若有妄人争占者，系载约内有名人承当。今恐无凭，人心难信，立约一张交与钱主收执存照。上呈理论，甘罪无凭（辞），仍照此田自耕自割，永为世代子孙，父子承殁，永绝不那稳。

　　立约永远卖田人黄狮。

　　请人代笔。

　　咸丰十一年（1861）正月十八日。

黄何帝卖地屋契约②

　　立永远卖地屋人黄何帝、黄何康，系西化那逐村居住。因

---

　　① 此约书原存大新县宝圩乡堪圩村那逐屯。1956年11月，广西少数民族社会历史调查组搜集。
　　② 此契约原存大新县宝圩乡堪圩村那逐屯。1956年11月，广西少数民族社会历史调查组搜集。

为家贫无钱买米度活，夫妻兄弟商议，愿将祖父遗下□□□因同老石桑代地，先招亲房伯叔兄弟无人承受，不已，自身问到同化同村黄何信处愿买，出价钱本铜钱二千文足，就日当中亲手领钱回家应用。其地随约交与钱主，年中为屋为园，世代子孙基业。其坐地变成黄金、白银，两家亦不反悔之意。此系明卖明买，实钱实约，并无折债等情。恐年深月久，有不名（明）之人亲房子侄，冒定赎退者，系约内有名人承当，不关买主之事。今恐无凭，人心难信，立约一张即交与钱主收执存据。

立约卖地屋人黄何帝、弟黄何康。

同治元年（1862）十二月十五日。

黄连卖田契约①

立约永卖田人黄连，系在西化埠新村住。因为家穷无钱买猪来畜养，不已，自将本分土名那谷婆四包地，先通族内无人承受，不已，问到本村黎父卡，应出本钱一千二百文足，即日亲手钱约两相交割明白。其田归与买主世代子孙管耕为业，父殁子承，父亡弟接。崩成河海，不干卖主之事，变成黄金，卖主亦不敢争夺。此乃明卖明买，非是私买偷卖。口说无凭，人心难信，故立约一张交与买主收执存照为据。每年纳钱粮二十文足。

立约永卖田人黄连。

同治二年（1863）二月二十七日。

---

① 此契约原存大新县宝圩乡堪圩村埠新屯。1956年11月，广西少数民族社会历史调查组搜集。

黎崇礼卖畲地契约①

立约永卖畲地人黎崇礼，系在西化埠新村居住。因为家穷无钱应用，不已，夫妻商议，自将本分畲地土名渠喉一片，凭中问卖与本族黎卡，应出本钱三千文足，即日亲手领钱回家消用，钱约两相交割明白。其畲归与买主永为己业，父殁子承，兄亡弟接。后日其畲变出黄金，卖主不敢争耕，空置荒芜，亦不干卖主之事。此乃明买明卖，非是私买偷卖。口说无凭，人心难信，故立约一张，交与买主收执为凭。

立永卖畲地人黎崇礼。

同治二年（1863）四月十一日。

黎崇权卖田契约②

立约永卖田人黎崇权，系在西化埠新村居住。因为家穷无钱应用，不已，夫妻商议，自将本分祖业遗下承田二片，实禾十二包地，承粮四十八文。凭中问卖永与本族黎卡，应出本钱五千文足，即日亲手领钱回家应用，钱约两交明白。其田交与买主永为己业，父殁子承，兄亡弟接。后日其田变出黄金，卖主不敢反言退赎；崩成河海亦不干卖主之事。此乃明买明卖，非是私买偷卖。口说无凭，人心难信，故立文约一张，交与买主收执存照。

永卖田人黎崇权。

---

① 此契约原存大新县宝圩乡堪圩村埠新屯。1956年11月，广西少数民族社会历史调查组搜集。

② 同上。

同治二年（1863）四月十一日。

农耕盛卖田契约①

立约永卖田人农耕盛，系在西化埠新村居住。因为家穷无钱买谷米播种，不已，夫妻商议，自将本分田一片，土名那峏上地处，先通族内无人承受，后访近邻，凭中问卖与黎卡，应出本钱一千六百文足，即日亲手领钱回家买谷，钱约两交明白。其田永归与买主永为己业，父殁子承，兄亡弟接。后日土出黄金，卖主不敢反言争夺；崩成河海亦不干卖主之事。此乃两面言定，实钱实约，明卖明买，非是折债等情。人心不古，口说无凭，故立约一张交与买主收执为凭。年中纳粮钱九文。

立约永卖田人农耕盛。

同治二年（1863）四月十二日。

姝兄娘卖田契约②

立约永远卖田人姝兄娘，系西化那逐村居住。今因急需无钱应用，不已，夫妻商议，愿将祖父遗下城田有八把地，大小一片，土名唤那老路水处，先通族内无人承受，只得免保问到本村黄成高处，实永卖，取铜钱三千文整，即日当众钱约两交完讫。当面言定：其田冷热两苗，任从钱主当堂钤印信注批入册。年中办纳粮钱二十五文，钱主自纳，永为世代子孙恒基。

---

① 此契约原存大新县宝圩乡堪圩村埠新屯。1956 年 11 月，广西少数民族社会历史调查组搜集。

② 此约书原存大新县宝圩乡堪圩村那逐屯。1956 年 11 月，广西少数民族社会历史调查组搜集。

倘年久月深，此田变生黄金，田主不敢反悔退赎；崩成沧海，钱主亦不得索回原本。此系明买明卖，实钱实约，并非折账以及一田两卖等情。无论日后有何人强夺耕种者，田主即拿起堂上陈理论，系卖主承当，不干买主之事。约言据实，恐后无凭，人心难信，为此立约交与钱主存证。

立约永卖田人姝兄娘。

同治四年（1865）三月二十三日。

赵必冠退田契约①

立约愿退田人赵必冠，系恩城分县后州居住。今因急需无钱生理，不已，叔侄商议，愿将祖父买得上年岜贺城田一召，土名唤那马，大小共一片，坐落格标处。凭中问到安平五处岜贺村田丁农振德处，实退赎本铜钱二十千文足，即日亲手钱约两交明白。三面言定：退赎那马城田一召，交与田主。因上手文契与余田相□不能赴交，或日后反出上手文契者名为古纸。或年深月久产出黄金，钱主亦不能退赎；或崩成河海，亦不与卖主之事，并非折债等情。倘日后有同堂弟兄冒论多端者，系在约内有名人承当，不敢异言。今恐无凭，人心不古，为此，立退田一纸交与田主收执存蒙。

中保人胞叔毓璋。

立约退赎田人赵必冠。

同治四年（1865）七月初四日。

---

① 此契约原存大新县雷平（镇）安民村岜贺屯。1956 年 11 月，广西少数民族社会历史调查组搜集。

姜仕清卖田契约①

立约永远卖田人姜仕清，系西化埠新村居住。今因无钱度活，饥寒两逼，难以周年。不已，愿将本分祖父遗下之粮田，土名唤那潦，大小共一片，禾苗八把地。先通亲戚，后通邻近，坐落在本处，无人承受，凭中问到本村黎卡处永买，取出本铜旧钱七千文整，即日亲手领钱回家度活完讫。当面言定：其田随约交与钱主，年中管耕修整，自耕自割，永为世业。此系明卖明买，实钱实约，并非折账等弊。自买之后，任从当堂挂号钤盖印信。年中额例之粮，照田办纳。其田或生成黄金宝贝，或水冲成河海两相无悔。日后年久月深，所不义之辈冒认为我业争婪者，系在约内有名人承当。如违约内之言，任从执此文约赴上陈理论，甘罪无辞，仍照此田永不挪移是实。今恐无凭，人心难信，为此，立约一张交与为据。照田例钱二十四文。

立约永远卖田人姜仕清。

请人代笔。

同治五年（1866）二月初五日。

黎崇理卖田契约②

立约卖田永远人黎崇理，系本村居住。因为无钱度饥，不得已，自身愿将祖父遗下城田二片，坐落畲超处，广阔得禾一十四抱之地。本身问到族内黎成高承受永买，实出本铜钱七千

---

① 此契约原存大新县宝圩乡堪圩村埠新屯。1956年11月，广西少数民族社会历史调查组搜集。

② 同上。

文整，即日钱约两交明白。其田随约交与钱主，年中任从大小两造自耕自割，以为子孙恒业。恐口无凭，人心难信，为此，立契一纸交与钱主手执文书为据。年中买主应出卯钱四十二文。

中保人黎崇贤、黎崇理吉日立约。

同治五年（1866）三月初五日。

黎崇贤卖田契约①

立约卖田永远人黎崇贤，系本村居住。情因无钱殡葬，不已，夫妻商议，愿将祖父遗下城田共有三片，名唤畓隆处，宽广得禾一片，得禾十六抱，又一片得禾六抱，再一片得禾四抱，共得二十六抱之地。问到本族黎成龙承受永买，实出铜钱七千文足，即日钱约两交。其田随约交与钱主，任从年中大小两造自耕自割。其田变出黄金亦不敢言赎；若崩成河海亦不干卖主之事。此乃明卖明买，并非暗昧不明。永为子孙恒业，父殁子承，兄终弟接。自从日后，恐口无凭，人心难信，故立文契为据。

年中买主应出卯钱七十八文。

中保黎崇理。立约黎崇贤。

同治五年（1866）三月初十日。

黄姝二永卖田契约②

立约永卖田人黄姝二，系西化那逐村居住。今因急中无钱

---

① 此契约原存大新县宝圩乡堪圩村埠新屯。1956年11月，广西少数民族社会历史调查组搜集。

② 此契约原存大新县宝圩乡堪圩村那逐屯。1956年11月，广西少数民族社会历史调查组搜集。

度活，不已，自己商议，愿将祖父遗下之田，土名唤畚隆，大小一片，共任八把地。入完原田纳粮钱三十文整。先通族内无人承受，凭中问到本村黄成高处，实永卖出，许取本钱两千四百文足，即日亲手领钱回家买米度活。当面言定：其田自卖之后，钱约两交明白完讫，永为世代子孙恒业，年中自耕自割为利。无论年久月深，卖主不敢反言。其田变成黄金亦是田主之物；崩成河海买主不追究本钱。此系明买明卖，实钱实约，并非折账等弊。若有反悔，日后何人者，此契有名承当，两相承愿。为此，立约一张。上陈理论，甘罪无辞，决不食言。此据当面言定，不敢反言是实。恐后无凭，人心难信，为此，立约交与钱主执存证。

见证人何农。中保人承当黄奉吉。立约永远卖田人黄姝二。

同治六年（1866）二月二十日。

黎崇贤卖畲地契约①

立约卖畲地人黎崇贤，系本村居住。因为无钱还债，不已，夫妻商议，愿将本分畲地一片，坐落科村，广下种一斗谷之地。问到本族黎成高处承买，本实铜钱二千文足，即日钱约两交。其畲随约连痕，把渠界交与钱主任从耕种，以为世代子孙长业管耕，不干卖主之事。恐口无凭，人心难信，故立文书为据。

同治六年（1866）三月初五日黎崇贤立约。

---

① 此契约原存大新县宝圩乡堪圩村埠新屯。1956年11月，广西少数民族社会历史调查组搜集。

黎崇理永远卖田契约①

　　立约永远卖田人黎崇理，系本村人。因为无钱生理，不已，自身愿将祖父遗下城田一片，土名唤嚣朵处，宽得禾十抱之地。问到本族黎成高承受永买，实出本铜钱八千文足，即日钱约两交明白。其田随约交与钱主，年中任从大小两苗自耕自割。其田踩出黄金亦不敢言退赎，变成沧海亦不干卖主之事。此乃明卖明买，以为子孙恒业，父殁子承，兄亡弟接。国有常法，故立文约。恐口无凭，人心难信，为此立约一张交与钱主手执为据。年中买主应出卯钱三十六文。

　　中保黎崇贤。

　　立约黎崇理。

　　同治六年（1867）四月初九日。

黎崇理卖畬地契约②

　　立约卖畬地人黎崇理，系本村居住。因为拙据，无钱还债，不得已，自身愿将本分畬地一片，坐落岜吼处，广得下种一斗五朴之地。自身问到本族内黎成龙承买永远，实出本铜钱三千文，即日钱约两交。其畬地随约交与钱主，任从撒种下秧，不干卖主之事。此契明卖明买。人心不古，恐口无凭，为此，立约交与钱主手执为凭。

　　同治六年（1867）四月十九日黎崇理立约。

---

　　① 此契约原存大新县宝圩乡堪圩村埠美屯。1956年11月，广西少数民族社会历史调查组搜集。

　　② 同上。

袁莅纪卖地基契约①

立卖永远地基人袁莅纪，系在茗盈州街住。今因需钱应用，不已，母子合议，愿将祖旧街叔遗下地基，连带石条、石头、石碌，妾土地直八丈，横二丈八尺。左边莅林，右边近在贵勤为界。先通族内，后问近邻，无人承受，凭中立约问到同州旧街住苏贵奇处，出承永买，取出本铜钱十二千文足，即日钱约两交，领钱回家。三面言定：其地基交过买主世代为业，父殁子承，兄终弟接。其地崩成河海，不干卖主之事，此地生出黄金，卖主亦不敢冒认退赎。此系明卖明买，并非折债等情。倘有日后年久月深，同堂叔侄敢冒认退赎，系在约内中保有名承当，再无异言。今欲有凭，人心难信，为此，立约一张，交与钱主收执存据是实。

中保堂侄袁玉珍。

立约卖永远地基袁莅纪。

代笔堂兄袁莅清。

同治六年（1867）十二月六日。

黄念卖田契约②

立永远卖田人黄念，系西化把侣村住。因为急中无钱还债，不已，兄弟商议，愿将本分祖父遗下之城田，土名唤䆜𪢮一片，

---

① 此契约原存大新县全茗乡全茗街。1956年12月，广西少数民族社会历史调查组搜集。

② 此契约原存大新县宝圩乡堪圩村那逐屯。1956年11月，广西少数民族社会历史调查组搜集。

年中割禾得有三十把地。先通本村，后通近邻，无人承领。凭中问到本化那逐村黄成高处实永买，取出许本价铜钱八千文足，即日亲手领钱回家应用还债讫完。当面言定，其田随约交与钱主，钱约两交明白。其田永为历代子孙恒业，卖主不敢反言退赎。变成黄金亦是钱主之物；崩成河海买主亦不得索取回本钱。此乃明卖明买，实钱实约，并非折账等弊。恐后年久月深，伯叔子侄不知情，妄行争夺者，系在约内有名之人承当，无干买主之事，不敢异言是实。今恐无凭，人心难信，为此，立永约一张交与钱主收执照。

立永远卖田人黄念。

请人代笔。

同治七年（1868）四月二十日。

黎崇贤永远卖田契约①

立约永远卖田人黎崇贤，系在西化埠新村居住。今因急中无钱救饥，不已，夫妻商议，愿将祖父遗下上城田枯咒一片整，坐落在头上处，又有鱼塘一个，归与一切，年中该禾得六把地。先通族内无人承受，自亲凭中问到本化本村本族黎成龙处，实取出本价钱青边三千文足，当面言定，即日亲手领钱回家作用。其田随永约交与钱主，永为世代子孙耕管，父殁子承，兄亡弟接。后日其田变成黄金亦不干田主事；崩成河海，钱主亦不敢反言退赎。此是明卖明买，并非盗卖私买，亦并非折账等弊，

---

① 此契约原存大新县宝圩乡堪圩村埠美屯。1956年11月，广西少数民族社会历史调查组搜集。

两无异言。若有异言者，任从钱主执约赴当堂理论，甘罪无辞。恐后年深月久，尚有同堂伯叔妄言争夺者，今口无凭，人心难信，故此，立约一张，交与钱主收执为据存照。

年中粮卯钱二十文。

天长地久。

立约永远卖田人黎崇贤。

请人依口代笔。

同治十年（1871）四月初一日。

黎崇理卖田契约[①]

立约永远卖田人黎崇理，系在西化埠新村居住。今因急中无钱救饥，不已，自己商议，愿将祖父遗下上城田，土名唤罾咟桥地一片，坐落夌村处，又有鱼塘一个，归与一切，年中该得禾十八把地。先通族内，无人承受，自亲凭中问到本化本村本族黎成高处实取出本价钱青边十五千文足，当面言定，即日亲手领钱回家作用。其田随永约交与钱主永为世代子孙耕管，父殁子承，兄亡弟接。后日其田变成黄金亦不关田主事；崩成河海钱主亦不敢反言退赎。此是明卖明买，并非盗卖私买，并非折账等弊，两无异言。若有异言者，任从钱主执文约赴当堂理论，甘罪无辞。恐后年深月久，尚有同堂伯叔妄言争夺者，今口无凭，人心难信，故此立约一张，交与钱主收执为据存照。

年中承粮卯钱七十文。

---

① 此契约原存大新县宝圩乡堪圩村埠美屯。1956年11月，广西少数民族社会历史调查组搜集。

立约永远卖田人黎崇理。

请人代笔。

同治十年（1871）四月初一日。

黎崇贤卖田契约①

立约永远卖田人黎崇贤，系在西化埠新村居住。今因急中，无钱救饥，不已，夫妻商议，愿将祖父遗下上城田，土名唤番哂桥地一片，坐落妾村处，又有鱼口（塘）一个，归与一切，年中该禾得二十二把地。先通族内无人承受，自亲凭中问到本化本村本族黎成高处，实取出本价钱青边十九千文足，当面言定，即日亲手领钱回家作用。其田随约交与钱主永为世代子孙耕管，父殁子承，兄亡弟接。后日其田变成黄金亦不关田主之事；崩成河海钱主亦不敢反言退赎。此是明卖明买，并非盗卖私买，并非折账等弊，两无异言。若有异言者，任从钱主执文约赴当堂理论，甘罪无辞。恐后年深月久，尚有同堂伯叔妄言争夺，今口无凭，人心不古，为此，立约一张交与钱主收执为据存照。

年中承粮卯钱七十文。

中保人黎崇理。

立约永远卖田人黎崇贤。

请人依口代笔。

同治十年（1871）四月初七日。

---

① 此契约原存大新县宝圩乡堪圩村埠美屯。1956年11月，广西少数民族社会历史调查组搜集。

袁莅麟卖地基契约[①]

立约卖地基一所带石人袁莅麟，系茗盈州旧街住。今因家贫无钱使用。不已，母子商议，愿将祖父遗下地基，连带石头，左近廖家，前后长八丈到街，横三丈。凭中立约问到同州住表兄苏贵奇处应承永买，取出本钱二千文足，即日钱约两交。三面言定：其地基交过钱主世代管耕起屋为业，父殁子承，兄终弟接。此系明买明卖，并非偷盗买卖，并非折债情弊。倘有日后年久月深，同堂叔侄敢冒认退赎，系在契内有名保人承当，再无异言。今恐无凭，人心不古，为此，立约一张，交与钱主收存执据是实。

中保袁莅杞。

立卖永远地基袁莅麟自亲的笔。

通引李玉林。

同治十一年（1872）二月十二日。

赵龙直卖田契约[②]

立约永远卖田人赵龙直，系安平五处农村居住。今因家贫无钱使用，不已，自身商议，以祖父遗下城田一子，大小共有三片，土名唤酱格榴，坐落有板农格榴处。先通族内无人承受，不已，凭中问到陇榄村农士昌处实买，取出本铜钱十一千文足，即日亲手领钱回家应用。三面言定，钱约两交明白。其田随约

---

① 此契约原存大新县全茗乡全茗街。1956 年 12 月，广西少数民族社会历史调查组搜集。

② 此契约原存大新县雷平（镇）安平村陇榄屯。1956 年 11 月，广西少数民族社会历史调查组搜集。

交与买主，年中自耕自割，永为世代子孙恒业是也。其田不关卖主之事。倘年深月久，生出黄金，卖主不得反言转夺；或崩成河海，买主亦不敢反言退赎。此是明卖明买，并无折账等情。兹言实说，立约交与买主收执为中保人赵龙典。

立约永远人赵龙直。

依口代笔。

同治十一年（1872）十一月十二日。

赵必冠退赎田契约①

立约退赎田人赵必冠，系恩城分县东街居住。因为乱世移居五处农村，急中无钱应需，不已，祖并侄孙兄弟商议，愿将三相公祖父自分遗下城田一子，土名唤那果楼，大小共有三片。凭中问到安平五处农村赵龙朱处，实退赎本铜钱四千文足，即日领钱回家应用。三面言定，钱约两交明白。其田随约交与，年中自耕自割，赎回世代基业子孙所接。因上手文契别田相共并交与，后日不敢反悔异言。此乃两相认愿，实钱实约，并非折债等弊。倘后年深月久，或有同堂子侄冒言滋端者，系在约内有名人承当，不敢异言是实。恐口无凭，人心不古，为此，立约一张交与钱主收执存据。

中保人胞弟赵必冕。

立约退赎田人赵必冠。

证见人祖婆的笔不代。

---

① 此契约原存大新县雷平（镇）安平村。1956年11月，广西少数民族社会历史调查组搜集。

同治十一年（1872）十一月十六日。

赵龙积卖田契约①

立约永远卖田人赵龙积，系安平五处农村居住。今因急中，家贫无钱还债。不已，叔孙商议，愿将祖父遗下之城田一子，大小共有一片，土名唤甾定凌，坐落在面农村处。年中纳粮钱一百八十七文。先通族内无人承受，不已，凭中问到同处陇榐村农士昌处永买，取出本铜钱十七千文足，即日亲手领钱回家还债。三面言定，钱约两交明白。其田随约交与买主，年中自耕自割，永为世代子孙恒业可也，其田不关卖主之事。倘年深月久，或出生黄金，卖主不得反言转夺者；或崩成河海，买主亦不敢反言退赎。此是明卖明买，并无折账等情。兹言实说，立约一张，交与买主收执为据。上陈理论，甘罪无辞是矣。仍照约内名人承当保。恐口无凭，人心刁乖，为此立一约交与买主收为证。

中保人赵龙典。

立约永远卖田人赵龙积。

请人代笔。

同治十二年（1873）四月初八日。

高何包卖铺地契约②

立约永远卖铺地人高何包、亲母余氏，系州城圩街移居科

---

① 此契约原存大新县太平乡安平村陇榐屯。1956年11月，广西少数民族社会历史调查组搜集。

② 此契约原存大新县雷平（镇）安平村。1956年11月，广西少数民族社会历史调查组搜集。

岜村。今因家中贫寒，无米度活，不已，母子商议，愿将祖父遗下铺基一处，坐落圩街中，共起得铺屋二座之地，宽有一丈三尺二刚至大街，后至河边，左近邱家，右界农姓。先通本街近邻，无人承受，凭中问到卷嵩巷赵老兄台印国福处实永买，取出本铜钱九千文足，即日亲手领钱回家应用。三面言定：其地即交与钱主，随时建造铺屋并旧遗下石条、石磉说交与钱主为用。日后倘有黄金、河海之变两无悔言。若年深月久，或有疏族兄弟冒言争端，系在约内卖主承当不敢异言。此乃明卖明买，并非折债等情。恐后无凭，人心难测，立约一张，交与钱主收执存据。

中保人本街黄致富。

立永卖地基人高何包、亲母余氏。

请人代笔。

同治十二年（1873）五月十七日。

农克明卖田契约

立约永远卖田人农克明，系五处岜贺村居住。今因急中，无钱使用，不已，父子商议，愿将祖父遗下城田一子，土名唤䚹马，坐落在前村，大小共有四片。凭中问到同村农永安处实永远卖与，取出本铜钱一十七千文足，即日亲手领钱回家应用。当面言定，钱约两交明白。其田交与钱主永为世代子孙管耕恒业。年深月久，其田生出黄金，田主亦不能退；或有崩成河海，亦不关卖主之事。倘日后年久，或有同堂伯叔冒言多端者，系在约内有名人承当。恐口无凭，人心难信，为此立约一纸，交与钱主收执存照。

中保何可。

立约永远农克明。

请人代笔。

光绪二年（1876）三月二十五日。

农永安换新契纸①

一百二十六次验字第一百九十二号，价一十七元，纸价一元，册费一角。广西国税厅筹备处换契，案奉财政部通行划一契纸一案，凡在民国元年（1912）以前，成立之不动产旧契，无论已税契未税契，均应一律呈验，前项旧契无论典卖，均应一律注册，给予新契。每张收纸价一元，注册费一角。但旧契未经投税者，呈验时除交注册费外，仍应照章补投契税。如在本章程施行以前，业经本省政府换给民国印契者，呈验时只收注册费，此外不许浮收折勒重税。如有此弊，准该业户控诉严办，缴到旧契照式填写。其余办法详载奉章程，施行细则叱昭。

计开：

业户农永安

买受　田四丘　粮米　石　斗　升　合　勺
　　　地段顷亩分

受屋　间　深长　横阔

铺　间

---

① 此契约原存大新县雷平（镇）安平村邑贺屯。1956 年 11 月，广西少数民族社会历史调查组搜集。

坐落　　都　　图　　甲户口　土名那马
　　　　　　　　　　　　区　街第　号门牌
东至　　南至　　西至　　北至
出卖人农克明　　价银一十七元　　中人何可
旧契光绪二年（1876）三月二十五日　　字　号老契张换给验字第一百九十二号，印契一纸，价银一元，注册费一角。

中华民国四年（1915）九月八日，安平州公署给一百二十六次验字，第一百九十二号。价一十七元，纸价一元，册费一角。

梁庭元卖田契约[①]

立永远卖田人梁庭元，系西化弄稔村居住。今因急中无钱还债，不已，父子商议，愿将祖父遗下之田，土名唤䂖棒二片，该禾八把地，坐落于䂖棒处。先通族内无人承受，凭中问到同村入门上宅黎贵兰处，应取出本青铜钱四千文足，即日亲手领钱回家还债。三面言定：其约交与钱主自耕自割，永为世代子孙基业，父殁子承，兄亡弟接等情。两相情愿，并非折账，明卖明买。或有生成黄金宝玉；或崩成河海，或有年深月久，推或有同堂伯叔弟兄无知，不得冒言争论。倘敢争夺者，契在卖主承当，不敢异言是实。今恐无凭，人心难信，为此，立约永远一张，交与钱主收执为据。

[①] 此契约原存大新县宝圩乡堪圩村弄稔屯。1956年11月，广西少数民族社会历史调查组搜集。

卯钱四十文。

中保何高梁。

立永远梁庭元。

请人依口代笔。

光绪十年（1884）四月二十一日。

黎枝贞卖田契约①

立约永远卖田人黎枝贞，系太平州城东街居住。今因急中无钱应用，不已，夫妻商议，愿将自己所买得之粮田，土名唤罾钦，大小共四片，九十把地。坐落在本处。先通族内无人承受，凭引问到伏均村杜门何氏受买，愿出本价铜钱四十千文，即日新手领钱回家支用。两面言定：其田随约交与钱主，年中自耕自割，冷热两苗永为世代子孙恒业管耕。自卖之后，其田或变成金，卖主不能退赎；或崩成河海，买主亦不能追取本钱。此系明卖明买，实钱实约，两相情愿，并无折账等弊。恐口无凭，人心难信，为此立约一张，交与钱主收执存证。

通引杜定杰。

中保胞弟黎枝长。

立约永远卖田人黎枝贞。

请人代笔。

光绪十一年（1885）四月初八日。

---

① 此契约原存大新县雷平（镇）伏均屯。1956年11月，广西少数民族社会历史调查组搜集。

袁玉堂卖田契约①

立约卖永远田堂弟袁玉堂，系同街住。今因无钱生理，不已，叔侄商议，自将本分祖父遗下分得私田，土名䎱吞凹，大小二片，凭地肥一片，共三张，凭中问到堂兄玉珺，应出本钱二十五千文足，即日亲手领钱回家生理。钱约两交，三面言定。其田交通堂兄永为基业，卖主不敢退赎，两家情愿，并非折债等情。现在约内有保人承当。恐口无凭，人心不古，为此，立约一张交与钱主永远存照。

中保堂叔袁苊杞。

立永远契袁玉堂。

光绪十三年（1887）正月初八日。

代笔堂叔袁苊红。

光绪十三年（1887）正月初八日。

黄何太卖竹木契约②

立约永远卖竹木人黄何太，系西化那逐村，家境贫穷，无钱应用，不已，自亲商议，愿将本分祖木竹康，坐落崩后，一共合二国不地在迎山年中得。先通族内无人承受，凭中问到同村黄何付处实买永远，应出本铜钱五百五十文足，即日亲手领钱回家应用。当面言定：其树随约过门交与钱主，任□为世代

---

① 此契约原有大新县全茗乡全茗街。1956 年 12 月，广西少数民族社会历史调查组搜集。

② 此契约原存大新县宝圩乡堪圩村那逐屯。1956 年 11 月，广西少数民族社会历史调查组搜集。

子孙永管，蓝具时为祖树，或变成黄金，卖主亦不敢言赎；或崩成河海，买主亦不反悔。此是明卖明买，两相永肯情。恐日后年久月深，或有同族伯叔兄弟之子，由冒言婪争者是实。恐口无凭，人心难信，故与以立约一张，交与钱主执收为据是约存。

中保何㮅。

立约永远卖树竹地黄何太。

光绪十一二年（1887）三月十八日。

赵必免卖田契约①

立约永远卖田人赵必免，系恩城州处居住。今因急中无钱还债，不已，兄弟商议，愿将祖父遗下城田畓叫派一子，畓密一子，畓科桥一片，畓雪一丢，畓留一丢，共有一召子，坐落在农村后处。先问族内无人承受，凭中问到安平五处农村宗兄进辉处，实应出本铜钱三千文足，即日亲手领回家还债。三面言定：其田随约永交与钱主永为世代子孙恒业，父殁子承，兄终弟接。若后日其田变出黄金或崩成河海，不关卖主之事是实。恐口无凭，人心难信，故此立约一张，交与钱主收执为据。

中保人赵必冠。

立约永远卖田人赵必免。

依口代笔。

光绪十五年（1889）四月十五日。

---

① 此契约原存大新县雷平（镇）安平村。1956年11月，广西少数民族社会历史调查组搜集。

农乐成卖畲地契约①

立约永远卖畲人内兄农乐成，系西化圩新村居住。今因家中无钱需用，不已，母子商议，愿将本分祖父遗下之畲地，土名唤畲格辛，坐落尾那处。先通族内无人承受，立文契问到同村红妹处实受，取出价本铜钱五千七百文足，即日亲手领钱回家应用。当面言定，其畲明卖明买，实钱实约。其畲地交与胞妹永为世代子孙常产业。其畲或东崩而西锄，南坏而北播，不关内兄之事。其畲日后有人冒言争占者，系在约内有名人承当是实。今口无凭，人心非昔，为此，立约一张交与胞妹收执存照。

中保人农乐茂记号。

立约永远卖畲人内兄农乐成。

请人代笔。

光绪十七年（1891）二月初八日。

方成玉卖畲地契约②

立约永远卖畲地人方成玉，系五处陇榄村居住。今因急需，无钱使用，不已，夫妻商议，自将祖父遗下畲地孔有一片，年中撒得谷种一斗。坐落在畲地孔处。先通族内无人承受，凭中问到同村农生美处，实看畲地如意永买，取价铜钱三千文足，即日亲手领钱回家应用。当面言定：钱约两交付明，其畲地交

---

① 此契约原存大新县宝圩乡堪圩村圩新屯。1956年11月，广西少数民族社会历史调查组搜集。

② 此契约原存大新县雷平（镇）安平村陇榄屯。1956年11月，广西少数民族社会历史调查组搜集。

与钱主永为世代子孙恒业。倘后年深月久，如有同堂伯弟男子侄无知之人冒论争夺者，系在保人承当，天理良心是实。恐日后无凭，立永约一纸，交与钱主收执为据。

中保子侄方正富。立约永卖畲地人方成玉。请人代笔。

光绪十七年（1891）六月十五日。

曾趾麟卖田契约①

立永远卖田人曾趾麟，系安平州城都楼街，移居邑贺村立住。今因急需，无钱生理，不已，父子商议，将本分所上年买得农余珠之城田一子，名唤酱呣飘，坐落底土地处，大小共二片。凭中问到同化陇榧村农生美处实买，取出本铜钱十二千文，即日当保领钱回家生理。三面言定，钱约两交明白，其田交与钱主永为世代子孙恒业。倘日后年深月久，产出黄金，卖主亦不能退赎；或崩成河海亦不与卖主之事。此乃明买明卖，并非折债等情。或有同堂兄弟冒言生端者，系在约内有名人承当。恐口无凭，人心不古，为此，立约一张，交与钱主收执存据。

中保人长男一理。立约曾趾麟。亲手的笔。

光绪二十年（1894）七月初一日。

黎仪主卖田契约②

立约永远卖田人黎仪主，系西化埠美村居住。今因急中无

---

① 此契约原存大新县雷平（镇）安平村陇榧屯。1956年11月，广西少数民族社会历史调查组搜集。

② 此契约原存大新县宝圩乡堪圩村。1956年11月，广西少数民族社会历史调查组搜集。

钱应用，不已，夫妻商议，愿将祖父遗下城田，土名唤落在田涝之处，大小共有四片。先通族内无人承受，凭中问到亲族村黎妹红处，实取出本铜钱十千文足，即日亲手领钱回家应用。当面言定：其田随约交与钱主永为世代子孙恒业。或崩成沧海，买主不敢反悔；或田变出黄金，卖主不敢反言退赎。此乃明买明卖，并非折账等情。或有同堂子侄冒言生端者，系在约内。年中解卯钱三十文足。恐口无凭，人心难信，为此立约一张，交与钱主收执存照。

中保黎辉兰。立约永远卖田人黎仪主。请人代笔。

光绪二十五年（1899）四月三十日。

冯赐福卖地基契约[①]

立约断卖地基人冯赐福，系衙前街居住。情因年迈力弱，无可活计，不已，夫妻商议，将昔日所亲买得之地基，坐落衙前照壁对面处，横宽二拏，前至街心，自街心至后七拏为界。凭中断卖与本坊许宝号铨钧处，肯出断价黄钱七千二百文，是日亲手携钱入身应用。三面言定：其地基中指定界限交与钱主，任从平土起屋，永为许姓世代子孙之地基。若日后此地能出黄金亦与冯家无涉。此是两边情愿，明买明卖，并无将押。若日后冯家子孙以及三亲四戚谈长论短者，钱主任从执此断卖文契呈官理论，甘罚无辞。恐口无凭，人心不古，故以立此断卖契一张，交与钱主手执为据是实。

[①] 此契约原存大新县□□乡。1956年11月，广西少数民族社会历史调查组搜集。

光绪十四年（1888）十月十二日。

曾一理卖瓦屋契约[①]

立永远卖瓦屋人曾一理，系州城都楼街，移居五处岜贺村居住。今因急需，无钱生理，不已，父子商议，愿将瓦屋一座，四凤宽二丈四尺，长到沟边二丈五尺，连地基、石条、石墩一切，永卖与本村农余瑶处实买，取出血本铜钱八十千文足，即日亲手领钱回家生理。三面言定：钱约两交明白，其屋交与买主永为世代子孙恒业。倘日后地屋产出黄金，卖主不能退赎；或变成河海亦不关卖主之事。此乃明买明卖，并非专私卖与别人。或年深月久，若有同堂兄弟冒言生端者，系在约内有名之人承当。恐口无凭，人心不古，故此，立永约一张，交与钱主收执存照。

中保人父亲。立约曾一理。父亲手的笔。

光绪二十四年（1898）三月初九日。

曾一理又卖瓦屋契约

立约永远卖瓦屋人曾一理，系州城都楼街，移居五处岜贺村立住。今因急需，无钱生理，不已，父子商议，愿将瓦屋一座，四凤三丈八尺，长到沟边，并神楼、横条、木板、门闩、楼梯、石葱、下连地基、石条、石墩、石磙连代屋顶、地基二丈等，二丈匡到边，那隆代柑木一根，柚木二根，合共每件一

---

① 此契约原存大新县雷平（镇）安平村岜贺屯。1956 年 11 月，广西少数民族社会历史调查组搜集。

切永卖与本村农余瑶处实买，取出血本铜钱八十二千文足，即日亲手领钱回家生理。三面言定：钱约两交明白，其屋交与买主永为世代子孙恒业。倘日后地屋产出黄金，卖主亦不能退赎；或变成河海，亦不关卖主之事。此乃明买明卖，并非专私卖与别人。或年深月久，若有同堂兄弟冒言生端者，系在约内有名人承当。恐口无凭，人心不古，故此，立约永远一张并上手地基文契与钱主收执存照。

中保人胞弟曾一敬。立永远约人曾一理。亲手的笔。

光绪二十四年（1898）十一月二十三日。

农余瑶验契执照[①]

一八六次财字第八三五九号。

现管业人姓名农余瑶，籍贯雷平，住地岜贺村，原得业人姓名曾一理，原出业人姓名产业。种类屋□。

四至面积三丈八尺。

所在地岜贺村。

价目小洋八十二元。

立契日期，光绪二十四年（1898）十一月二十三日。纳粮产名。

交纳纸价二元四角。交纳注册费六角。

交纳验费。

契右业经截验讫，除截根分别存报外，合行给予执照，以

---

① 此契约原存大新县雷平（镇）安平村岜贺屯。1956年11月，广西少数民族社会历史调查组搜集。

资证明此照。给该户农余瑶收执。

中华民国二十一年（1932）五月二十九日。

广西财政厅制定。一八六次财字第八三五九号。

赵必冠卖田契约

立约永远卖田人赵必冠，系恩城后州居住。今因急中无钱使用，不已，父子商议，将上年买得邑贺村上城田一召子丢，土名唤畓檀一子，畓马一子，畓唔五带崩面一子，畓标钦一丢，共合一召子丢，将以此田转卖于安平五处。凭中问到邑贺村农世忠，实出取本铜钱四十六千文足，即日亲手领钱回家应用。当面言定：其田随约交与钱主，永为世代子孙恒业。日后其田生出黄金，卖主亦不敢反言退赎；或崩成河海，亦不关卖主之事。情愿明卖明买，并非折账等情。倘日后年深月久，若有何人同堂兄弟冒言争端者，系在约内有名人承当，不敢异言。恐口无凭，人心难信，为此，立约一张交与钱主收执存据为照。

中保人长男。立约赵必冠。依口代笔。

光绪二十八年（1902）三月十六日。

农世忠换新契纸

五十九□验字第三千零五十号，价四十六元，纸价一元，册费一角。广西国税厅筹备处换契案奉财政部通行划一契纸一案，凡在民国元年（1912）以前成立之不动产旧契，无论已税契未税契，均应一律呈验。呈验前项旧契，无论典卖均应一律注册，给予新契，每张收纸价一元，注册费一角。但旧契未经投税者，呈验时，除缴注册费外，仍应照章补投契税。如在本章程施行以前，业经本省政府换给民国印契者，呈验注册费以外，不许浮收折勒重税，如有此弊，准该业户控诉严办。缴到旧契照式填写，其余办法详载本章程施行细则，此照。

计开：

业户农世忠买受田一召子□粮米□石□斗□升□合□勺
　　　　地□顷□□亩分

受屋铺　深长　　横阔

坐落□都□图邑贺村户口。土名□那檀、那马、那百、五带崩面、那标钦。

□区□街第□号门牌。

东至□南至□西至□北至□

出卖人赵必冠　　价银四十六元　　中人

旧契光绪二十八年（1902）三月十六日安字第五百五十九号老契一张，换给验字第三〇五九号，印契一纸，价银一元，注册费一角。

中华民国三年（1914）八月二十八日安平土州弹压公署给五十九□验字第三千零五十九号。价四十六元。纸费一元，册费一角。

农世忠验契执照[①]

一二九□财字第九一六八号。

---

① 此契约原存大新县雷平（镇）安平村邑贺屯。1956年11月，广西少数民族社会历史调查组搜集。

现管业人姓名农世忠，籍贯雷平二区，住址岜贺村。

原得业人姓名，原出业人姓名赵必冠。

户业种类田。

四至面积。

所在地那坛。

价目四十六元。

立契日期光绪二十八年（1902）三月十六日。纳粮户名。

交纳纸价一元六角。交纳注册费四角。交纳验费。

右契业经验讫，除截根，分别存报外，合行给予执照，以资证明此照。

给该户农世忠收执。

中华民国二十一年（1932）三月二十五日。

广西财政厅制定。雷平县政府验给。

一二九□财字第九一六八号。

农振光卖田契纸①

立约永远卖田人农振光，系五处岜贺村居住。今因急需无钱应用，不已，父子商议将以祖遗下城田一片，土名唤礕所，坐落在陇榗上那嫂处。先问近邻，族内无人承受，不料，凭中问到陇榗村农生美处实买取，永远出本价铜钱一十四千文足，即日亲手领钱回家资用。三面言定：其田交约与买主，年中永为世代子孙恒业可也，父没（殁）子承，兄终弟接。其田后日

---

① 此契约原存大新县雷平（镇）安平村陇礕屯。1956 年 11 月，广西少数民族社会历史调查组搜集。

生成黄金，卖主亦不敢退赎；或有崩成河海，亦不关卖主之事。此系明卖明买，公平交易，无赎无加。恐年深月久，有何人不知妄行抢夺者，系在有名人约内交与买主收执为凭。上陈理论，甘（罪）无辞，仍照约交随立张纸与买主收存据。

中保男永杰、永猷。立约永远卖田农振光。请人代笔。

光绪二十八年（1902）十二月二十日。

农振光永卖田契约①

立约永远卖田人农振光，系五处邑贺村居住。今因急需无钱使用，不已，夫妻商议，愿将以祖父遗下城田一子丢，土名唤畓苦炭一片，畓格里一片，畓门一片，畓所一片，畓底痕一片，畓面墓三片，大小共有八片，坐落在陇榧之处。先通族内，无人领受，凭引问到陇榧村农生美处实应买，取出本铜钱二十千文足，即日亲手领钱回家资用。当面言定：其田随约交与钱主，年中永为世代子孙基业是也，父没（殁）子承，兄亡弟接。其田后日生成黄金，卖主不敢退赎；或有崩坏河海，买主莫敢追悔。此系明卖明买，公平交易，并非私约之契。恐年深月久，或同堂兄弟不知妄行争夺，系在约内有名人承（当）。天理良心。恐口无凭，人心不古，故此立约一张纸，交与钱主收执存照。上陈理论，甘罪无辞，仍照约内交与买主收执为据。

中保长男永杰。立约永远卖田人农振光。请人代笔。

光绪三十年（1904）□二月二十五日。

---

① 此契约原存大新县雷平（镇）安平村陇榧屯。1956年11月，广西少数民族社会历史调查组搜集。

农秀荣卖田契约①

立约永远卖田人农秀荣，系五处岜贺村居住。今因急需，无钱救饥，不已，父孙（子）商议，自将以祖父遗下城田一丢，大小共有五片，上名唤那边村一片，伏隆三片，格南一片，坐落在陇榃处。先问近邻，族内无人承受，不料，转卖与陇榃村农大业处实永远买，取出本铜钱一十二千足，即日亲手领钱回家资用。当面言定：钱约两交明白，其田随约交与买主，永为世代子孙恒业是也。其田后日生成黄金，卖主亦不敢反言退赎；或有崩成河海，买主不敢反悔。此系明卖明买，公平交易，并非强约等弊。或有年深月久，有何人不知妄行抢夺者，系在约内名人承永（当）。恐后来无凭，人心刁乖不古，故此立约一张交与买主收执存照为据。

中保堂侄万益。立约永远卖田人农秀荣。请人代笔。

光绪三十一年（1905）三月初十日。

农庆余卖木契约②

立约永远卖木人农庆余，系把□街居住。今因急需，无钱应用，不已，父子商议，愿将祖父遗下龙眼木四根、棉木一根，共有五根。先问族内无人承受，问到五处陇榃村农生美处实认永买，取出本铜钱二千文足，即日亲手领钱回家支用。当面言

---

① 此契约原存大新县雷平（镇）安平村陇榃屯。1956 年 11 月，广西少数民族社会历史调查组搜集。

② 此契约原存大新县雷平（镇）安乎村陇榃屯。1956 年 11 月，广西少数民族社会历史调查组搜集。

定：其木随约交与钱主，随坎（砍）随留，不关卖主之事。日后坎（砍）伐其木，尾总归与卖主以为柴火，此乃两家情愿。年久月深，不敢反复言赎。若有反心者，系在约内有名人中保。今恐口后无凭，人心难信，为此，立约一张交与钱主收执存照。

中保男子世亨。立约卖木农庆余。依口代笔。

光绪三十二年（1906）十月十四日。

方荣恩卖竹木契约[①]

立约永远卖竹木人方荣恩，系五处陇榄村居住。今因急中无钱支用，不已，夫妻商议，愿将以祖父遗上（下）竹木，多少共有一根（片），土名唤标竹木，坐落在村前塘边之处。先通族内无人承领，不料，凭引问到本村农大业处实应买永远，取出铜钱二百五十文整，即日亲手领钱回家应用。三面言定：其竹木随约交与钱主，年中永留世代子孙之业，是无其人父没（殁）子承，兄终弟（接）。随坎（砍）随留。其竹木森茂成派，卖主不敢复赎；或有崩绝无根，买主亦不敢追悔。此系明卖明买，公平交易，并非私约之弊。恐年深月久，或有同堂兄弟不知妄行抢夺者，系在约内交与钱主收执存据。

中保同堂舍弟荣华。立约永远卖竹木方荣恩。托人之笔。

宣统元年（1908）七月初十日。

[①] 此契约原存大新县雷平（镇）安平村陇榄屯。1956年11月，广西少数民族社会历史调查组搜集。

杜品林买得膳田契约①

立古买得膳田契人杜品林，系后哨伏均村居住。今因宗祖自生耀买得遗下膳田二占，八十把地，土名唤酉产鸭及与酉项大小共有十三片，坐落在间洞处兼黄奇超之田。地由生耀买后已传及先祖父管耕，该田约值钱八十千文，至今杜品林永受。欲追还，旧契已失，今将立此新契。经鸣当堂挂号钤盖印信为凭，永为杜姓世代子孙恒业管耕。年中办粮纳赋。异日年深月久，倘有近邻何人妄言争占者，系此约上陈理论，仍归杜品林收为世业。今恐无凭，为此立新契存证。

左邻证杜定香。右邻证杜伦进。立永远买得膳田新契杜品林。依口代笔。

中华民国三年（1914）六月初五日。

李子周卖田契约②

立约断卖田人李子周，系署右居住。今因无银生理，愿将本分城田二召，土名唤那坡螂、那格祸、那昔、那格那、那柯、那猪肚、那渡、那格枟、那尾所、那格标奴、那肝把、那头尖、那头隆、那门。以上田名共计有十六片，均坐落陇橀村处。凭中问到陇橀村农生美看田如意，应允承买，愿出本价银一百六十元整，即日银契两相讫。其田交与买主永为世代子孙恒业。

---

① 此契约原存大新县雷平镇伏均屯。1956 年 11 月，广西少数民族社会历史调查组搜集。

② 此契约原存大新县雷平（镇）安平村陇橀屯。1956 年 11 月，广西少数民族社会历史调查组搜集。

异日其田产出黄金，卖主不能退赎；或崩成沟渠，买主亦无追悔。此系两家情愿，实银实约，并非折债不明等弊。倘后年深月久，如有子侄无知妄行争论者，约内立有名人承当。恐后无凭，人心不古，为此，立约一张，交与买主收执为据。

中保男李章。

中华民国四年（1915）十月二十三日。

方荣产卖竹契约①

立约永远卖竹木人方荣产，系五处陇槞村居住。今因急中无钱支用，不已，自身自议，愿将以祖父遗下之竹共有三区，土名唤宝心竹三株，一区坐落在近孔光之处，凤笔竹二株，别坐岩伏一区、江农一区。选通族内无人承受，不料，凭中问到本村农大业处实应买取永远，出本铜钱一千七百文，即日亲手领钱回家应用。三面言定：其竹连约两缴讫，年中钱主永留世代子孙之业是也，父殁子承，兄亡弟嗣。其竹后日产出丛排，卖主不敢退赎；或有崩绝无根，买主亦不敢反怨。此系明卖明买，公平交易，并非私约之弊。恐年深日久，或有同堂兄弟不知乱行争夺者，系在约内有名人承当。上陈理论，甘罪无辞，仍照交连约与买主收执存后为据。

立约卖竹木人方荣产。

中华民国十年（1921）三月初四日。

---

① 此契约原存大新县雷平（镇）安平村陇槞屯。1956年11月，广西少数民族社会历史调查组搜集。

李德普卖田契约①

立约永远卖田人李德普，系安平州署右居住。今因无银应用，不已，父子兄弟商议，将以祖父买得岜贺上城田一子，土名唤霉怀鱼，坐落在村前边河处大小共有二片。先通族内无人承受，凭中问到岜贺村农永明看田如意，愿出本洋银二百毫，永远买取，即日亲手银约两交明白。当面言定：其田随约交与买主，永为世代子孙管业，父殁子承，兄终弟接。倘日后其田产出黄金，卖主不敢退赎；或有崩成河海，买主不敢怨恨。此系明卖明买，无赎无加，实银实约，公平交易，并非私约等弊。年中赋银二角，买主自纳，不关卖主之事。日后年深月久，或有同堂兄弟冒言争夺者，系在约内有名人承当。恐口无凭，人心难信，故此立约一张，交与银主收执存据。

中保男李章。李天题笔。

中华民国十三年（1924）二月十八日立约。

梁修业卖畲地契约②

立约永远卖畲地人梁修业，系五处岜贺村居住。今因急中，家寒救饥，不已，夫妻商议，将以父亲遗产分得下畲地二断，土名唤畲格梅排楼，坐落在陇榅底下附处。先问近邻，无人承受，不料，转卖与问到同处陇榅村农大业处实买取永远，出本

---

① 此契约原存大新县雷平（镇）安平村岜贺屯。1956年11月，广西少数民族社会历史调查组搜集。

② 此契约原存大新县雷平（镇）安平村陇榅屯。1956年11月，广西少数民族社会历史调查组搜集。

铜钱二千五百文足,即日亲手领钱回家资用。当面言定:钱约两交明白,其畲地连约交与买主,永为世代子孙乐业是也。父没(殁)子承,兄亡弟接。其后日畲地生成黄金,卖主不能反言退赎;或有上成林壑丛木。买主不敢怨悔。此系明买明卖,并非强约等□□。恐年深月久,有何人不知冒言争夺者,现在约内有名人承当。历来无凭,人心不古难信,故此立约一张,交与买主收执存照为据。

胞兄中保耕业。

立约永远人梁修业。

请人代笔。

中华民国十四年(1925)二月二十三日。

李德普断卖田契约

立约永远断卖田人李德普,系安平州署右居住。今因正用无银,不已,父子商议,愿将祖父遗下旱田一子,土名唤暓咟格民,大小宽广共有四片,坐落路边处。先通族内,皆愿无受,后询邻舍,莫人承接。凭中引到中区下利村农万珍看田合意,诚愿永买,出血本银毫二百五十角整,即日取银用。三面说明:其田随约交与买主,年中自行管耕,永为世代子孙恒业,父殁子承,子殁孙承,缠绵不绝。自卖之后,其田或产出黄金,卖者不敢言赎;或变沧海,买者亦不敢追悔。倘有年深月久,或有同堂疏族不肖之徒冒言霸夺者,不论何处,上陈理论,系契内有名承当担任,与买主不涉。此系明买明卖,两家允愿,各无反悔。欲后有凭,故此立约一张交与买者收执存照为据。

每年纳赋银一角五仙。十七年开科章。

断卖田人李德普章。中保人男少鹤章。

中华民国十六年（1927）六月初八日立约。

李德普断卖契纸[①]

五二次字第七九二八号，价银二十五元，税银一元五角。

广西财政厅案查税契一项，前经改订新章，凡民间典卖田地房屋，自立契日起，限八个月内一律投税。每卖契价银一元应收税银六仙，典契价银一兀应收税银三仙。仍用三联契纸颁发各属以备填用，凡业户将草契投税时，由地方官应按照草契将买主、卖主、典主、中证姓名籍贯住址确系中国民籍及所买所按田房亩数，门数，四至丈户，坐落土名，价银数目，逐一填入官契之内，仍将草契粘连加盖，经税衙门印信，并于骑缝处填明契价税银各数，以免蒙混。如系先典后卖，准于换用买契，投税时，粘连典契扣还原纳之典税。其典契缴销，至此项契纸每张收纸价银四角，注册费银一角。除另刊典按契纸外，合将断卖纸编号刊发。嗣后，无论汉属、土属，凡买业之户，即便遵照购用，须至契照者。

计开：

业户农万珍。

田大小共四丘粮米银一角五仙□石□斗□升□合□勺。买受地□段横□丈□尺□寸，直□丈□尺□寸。

屋□间深□长□横阔。

---

① 此契约原存大新县雷平（镇）下利村。1956年11月，广西少数民族社会历史调查组搜集。李德普是安平州末代土官，其立契卖田，可知土司制度已全面垮台，对研究桂西壮族社会历史发展有重要参考。

坐落路边□都□图□甲□户口□区□土名街第□号门牌。

东至□南至□西至□北至□

出卖人李德普，中人李少鹤，契价小洋二十五元，应纳契税大洋一元五角。

给予五二次字第七九二八号印契一张，已收纸价大洋四角，注册费大洋一角。右给业户农万珍收执。

中华民国十七年（1928）十一月二日。

五二次字第七九二八号。价银二十五元，税银一元五角。

李珝卖田契约①

立约永远卖田人李珝，系太平州南厢居住。今因急款支需，不已，父子商议，愿将先祖遗下军户粮，田土名唤䚃布旁大小十四片，宽有六十把。地东近格邑散，西近金昌，南近珠林，北近新杏。坐落格邑散处，四界注明。先通族内无人承受，凭中引问到伏均村杜品林处看田合意，出时价大洋十六元承买，当经银约交讫。该田随约交与买主，年中自耕自割，照章纳粮，永为世代子孙恒业。自卖之后，该田产金变河，两无后悔。此乃两家允愿，实银实约，并非私相授受，来历不明等弊。任从呈署挂号钤盖印信为凭。该田系先祖自置遗下，粮田与族内人等并无镠辖情事。倘日后年深月久，族内何人妄行争占者，系约内名人负责办理。恐后无凭，严立断卖文契一张，交买主收执为据。

中保李广略。立约永远卖田人慎思堂李珝。通引团钦成。

---

① 此契约原存大新县雷平（镇）伏均屯。1956 年 11 月，广西少数民族社会历史调查组搜集。李珝是安平州末代土官，其出卖土地，是壮族地区土司制度彻底崩溃的证据，有参考价值。

中华民国十八年（1929）九月十五日。

赵必免永远卖田契约

立约永远卖田人赵必免，系恩城后州居住。今因急中无银支用，不已，兄弟商议，愿将祖上遗置城田，土名唤畓科派一子共四片，畓密一子，共十二片，畓楷一丢，共八片，那科桥一片，共田二十五片。先通族内，后问近邻，无人承受。凭中问到安平五处农村赵启英处实永远买取，许出本价银三十大圆整，是日亲手领银回家支用。当面言定：银契两交清讫，其田交与买主永为世代子孙恒业。此田或后日崩成河海，或产出黄金均系两愿，各不反悔。恐年深月久，或有不肖子弟冒言生端者，系在契内有名人承当，无涉买主之事。此乃明卖明买，公平交易，并无折债等弊。恐口无凭，人心不古，故此，立约一纸，交与买主收执为据。

中保人必冠。

中华民国一一十一年（1932）二月初十日立。

赵启英验契执照[①]

一二九次财字第九一五七号。

现管业人姓名赵启英，籍贯雷平二区，住址农村。

原得业人姓名□原出业人姓名赵必免。

产业□种类田□四至面积。

[①] 此契约原存大新县雷平（镇）安平村。1956年11月，广西少数民族社会历史调查组搜集。

所在地那科派。价目三十元。

立契日期民国二十一年（1932）二月十日，纳粮户名。

交纳纸价一元六角，交纳注册费四角，交纳验费□□。

右契业经验讫，除截根分别存报外，合行给予执照，以资证明此照。

给该户赵启英收执。

中华民国二十一年（1932）三月二十五日。

广西财政厅制定。雷平县政府验给一二九次财字第九一五七号。

李竜卖田契约[①]

立约断卖田人李竜，系雷平县安平乡安平街居住。情因急中无仙应用，不已，母子、兄弟商议，愿将祖上遗下粮田五片（所有详细田名坐落如后开列），先通族内，无人承受，凭中问到堪圩乡明仕村覃先生金章看田合意，愿出血本铜仙六千六百九十枚整，即日仙约两交清楚。当面言定：田随约出，年中由买主自耕自获自税，永为世代产业。日后该田崩成沧海，或产出黄金，概与卖主无涉。倘年深月久，或有不肖子孙冒行争夺者，约内有名人等愿负完全责任。恐口无凭，人心不古，故立约一张，交与买主收执为据。中间不冒，所具卖约是实。

计开列田名坐落：第二十段四片，土名䆬马；第二十四段一片，土名䆬郎。断卖田人李竜。中保人胞兄李端。证见人村

---

① 此契约原存大新县宝圩乡堪圩村明仕屯。1956年11月，广西少数民族社会历史调查组搜集。

长黄政。请人代笔。

中华民国二十六年（1937）五月日立约。

姜善宇、银花兄弟卖木契①

立卖杉木地约人姜善宇、银花兄弟二人，为因家下要银使用，自己将到分□所栽杉木一块，土名白皓山，承愿将半股出卖与本房姜启才、富宇、祖保、长保四人名下承买为业。当日凭中议定价银玖两整，亲手领回应用，价银交足，分厘不欠。自卖之后任从买主管业，卖主兄弟不得异［言］。如有不清，拘（俱）在；卖［主］理落，不与买主何干。今恐人信难凭，立此断卖杉地约远永存照。

凭中姜老德、老初、柳古　银五分

乾隆十三年正月二十六日立卖主姜善宇、银花

依口代书人姜启相受银一分

姜凤章卖山契

立卖山人上寨六房姜凤章，为因手中空乏，自己问到富宇名下将山出卖，地名过河□故□，当日凭中议定价银一两三钱正。其山自卖之后任从富宇照契管业，日后不得异言争论。如有来路不明，俱在卖主理落，不与买主相干。恐后无凭，此约远永存照。

此山作两大股，分作六小股，此今得买凤章一股。

---

① 姜善宇、银花兄弟卖木契至姜登科、登选卖塘契摘自陈金全、杜万华主编《贵族文斗寨苗族契约法律文书汇编》，人民出版社2008年版。

卖主姜凤章

代书姜得中　银五分

乾隆十六年四月廿六日　立

姜文华卖田契

立断卖田约人文堵下寨下房姜文华，为因家中缺少银用，请中间到六房姜永相名下承愿祖田二块。坐落地名乌鸠，土名是楼，承愿卖与永相为业。当日凭中议定价银贰拾陆两整，文华亲手领回任用。其田信凭永相父子耕管为业。一卖一了，父卖子休。永相父子永远存业，文华父子房叔弟兄并外人不得异言。如有异言，俱在卖主当前理落，不与买［主］何干。今欲有凭，立此断约存照。

姜永相外有田一块，坐落地名乌鸠，十子把契老官作粮。其有文华田二块，姜永相不要当粮。今欲无凭，外有补田当粮存照。

卖主亲笔　姜文华

凭中三人　姜老官吃银三钱、荣明吃捆银三两、陈□□

乾隆二十四年十二月十八日　立卖是实

姜保该、启才卖田契

立断卖田约人姜保该、姜启才，为因要银使用，自己问到平鳌寨姜启爱名下，自愿将到祖田岩板坡田一块，出卖与启爱承买为业。凭中面议断价纹银贰拾伍两整，亲领人手应用。粮随田走。其田自卖之后，任从买主子孙永远耕管为业，卖主房族弟兄不得异言翻悔。如有来路不明，俱在卖主理落，不与买主何干。今恐无凭，立此断卖约契为照。

外批：此田共一块，分为两节，保该的一节二十四年得买，用价八两，启才的一节二十八年得买，用价十七两。

代笔、中　姜得中
乾隆二十八年四月初八日　立　卖主姜保该、启才

姜银启三卖木契

立断卖杉木地人文堵寨姜银启三，为因家下无银使用，自愿将杉木壹块，地名坐落皆列山，请中向出卖与姜香乔、今保、今三三人承买为业永远，当面议定价银四钱整，卖主房族兄弟等不得异言。来路不清，俱在卖主理落，不干买主之事。今恐日后无凭，故立此字为据。

卖主　姜银启三
代书　邓世科
乾隆二十九年三月廿日　立

姜老岩卖仓廒契

立卖仓廒字人姜老岩，为因家中要银使用，无从得出，自愿将仓廒一间出卖与本房姜富宇名下承买。当日凭中面议价银陆两伍钱正，亲领人手应［用］。其仓自卖之后，任凭买主管业，卖主不得异言。今欲有凭，立此卖契为据。

凭中人　姜启□□、文烟、银谷

依口代书　姜文玉

乾隆三十年十月二十四日　立　卖仓人姜老岩　书

姜应保卖田契

立断卖田约人堂兄姜应保，今因家下要银费用，自己请中将到分下祖遗之田一大丘，土名坐落文斗，今凭中出卖与本房堂兄弟姜周魁名下承买耕种为业。当日凭中面议价银叁拾贰两正，亲手领回受用，其银交明，分厘不欠。自卖之后，凭从买主子孙管业，卖主兄弟以并外人亦不得异言翻悔。如有来历不清，俱在卖主尚（上）前理落，不干买主之事。其粮跟田走。一卖一了，二买二收。今恐日后人信难凭，立此断卖田约永远存照为据。

凭中　姜三蔼银贰分

凭中　姜文彩吃捆银贰分

代书人　姜周隆银贰分

乾隆三十二年十月初三日　立　卖主姜应保

姜兴宇卖田契

立断卖田约人文堵寨本房族侄姜兴宇，今因家下缺少银用，自愿将到田一块，坐落土名南鸠坡，请中问到姜今保名下承买为业。当日凭中叁面议定价纹银三十八两正，亲手领回应用。自断之后，其存任从买主子孙世代管业，断主房族弟兄外言不得异言。如有来历不明不于，俱在卖主上前理落，不干买主之事。今恐无凭，立此断约存照。

卖主　姜兴宇

凭中　姜青宇

代笔　姜廷佐　笔银二分正

乾隆三十二年十月十五日立断

姜老六卖田契

立断卖田约人下寨姜老六，今因家下缺少银用，无处得出，自愿将祖业田一丘，坐落土名眼鸠坡，收禾八十一把，请中问到上寨姜求番名下承买为业。三面议定价银十两九分整，老六亲手领回应用。自卖之后，其田任从求番子孙造册上纳。卖主房族人等不得异言。如有异言，卖主上前理落，不干买主之事。今欲无凭，立此断约存照。

相堂兄姜老安

代笔人　姜起谓

乾隆三十三年三月初三日断主姜老六　立

姜文彬卖田契

立断卖田约人姜文彬，为因要银还账，无从得处（出），请中向门问到姜文勷兄名下，自愿将分内祖田一丘，园地二点，俱在田里坎上当，土名井上穷翁，当日面议断价纹银叁拾陆两整，亲手收回应用。田不在粮册。凭中自卖之后，任从买主子孙永远管业，卖主房族并外人等不得异言。如不明，但在卖主理落，不与买主何干。今恐无凭，立此断卖田契存照。

凭中　邓子常、姜文玉、老牙　押

文彬　亲笔　患（印）

乾隆三十三年八月初六日　立

姜老睨三卖木并山契

立断卖杉木并地约人姜老睨三，为因家下缺少费用，无出，情愿将亲手所栽杉木二块，一块［坐］落地名倍翻，九股占一股；一块地名对门阿烂，九股占一股。凭中出断与姜廷显名下承断为也。当［日］议价纹银贰两叁钱整，亲收应用。其木并地自断之后，任从买主蓄禁修理管业，如有不清，俱在卖主上前理落。今恐人信难凭，立此断存照。

当批：所占人名，一股金保、金达各一大股，一股老睨、老金、老又三人共一大股，老睨一股出断卖主姜老睨三与廷显是实。

凭中　姜富宇、德宇

代书　胡金台　□

乾隆三十四年八月十三日　立

姜应保卖田契

立断卖田约人下文堵寨姜应保，为因家中缺少银用，亲自同中问到出情愿将名下受分祖遗水田壹块，坐落土名格眼翁，并上下左右田角荒坪在内，出断与上寨中房姜文勷兄名下承断为业。当日凭中议定断价纹银四十柒两整，亲手领回应用。自卖之后，任从买主世代子孙永远耕种管业。其有随田愿（原）粮，照册上纳。恐有来路不清，俱在卖主向（上）前理落，不与买主相干。恐后无凭，立此断约存照。

  凭中　姜九堂

  卖主　姜应保

  代笔　姜文清

  乾隆三十五年三月十八日　立

姜老管、老岩卖田契

  立卖断田约人文堵下寨姜老管、姜老岩弟兄二人，为因家下要银用度，无从寻出，请中问到自愿将祖遗坐落土名南鸠田大小三丘，出断卖与上文堵寨姜廷盛名下承买为业。当日凭中叁面议定断价纹银六两正，亲手领回应用。自断之后，其田任从买主子孙世代管业，断主房族弟兄外人不得异言。如有来历不明，俱在卖主理落，不干买主之事。一卖一买，二比心干（甘）。今欲有凭，立此约存照。

  凭中　姜远龙、得宇、老宗

  代笔　姜廷佐　一钱

  卖主姜老管、老岩

  乾隆三十五年四月十四日　立

姜士凤卖荒田契

  立卖荒田约人姜士凤，为因家下缺少银用，无处寻出，自愿将土名格智侃田一丘，自己问到姜富宇名下承买为业。当日凭中议定断价银三两五钱整，亲手领回应用。自卖之后，买主管业，卖主不得异人。如有来历不明，俱在卖主理落，不干买主之事。今欲有凭，立此断约存照。

外批：此田之界至，上平（凭）坡，下至本田，左已（以）领（岭），右已（以）沟，四至分明。

凭中　姜老牙、得宇

代笔　姜廷佐

乾隆三十五年五月初七日　立　卖主姜士凤

朱崇山卖地契

立卖地元（园）约人朱崇山，为因生年得买下寨姜老福地元（园）一块，崇山出卖与姜富宗为业。当日二面议定价银一两五钱正，清（亲）手收回应用。乙（以）后如有不清，居（俱）在卖主理落，不与买主之事，卖主不得异言。恐后难凭，立卖地元（园）存照。

笔、中　姜梦熊

乾隆三十五年闰五月初五日立

姜纹三卖田契

立断卖田字人文堵下寨姜纹三，为因缺少银用，无从得出，自己愿将祖父遗田大小七丘，坐落土名眼翁，出断卖与加十（什）寨姜起高名下承买为业。凭中三面议定断价文（纹）银十两整，亲手领回应用，粮随田走。其田自断之后，任从买主下田耕种管业，后日而卖主弟兄房族外人不得异言争论。倘有争论，俱在卖主理落。恐后无凭，立此断字存照。

凭中、代书　姜保三

乾隆三十八年十月二十日　立

姜映交卖木契

立卖杉木字人姜映交，为因要银无从得出，自愿将到杉木一块，土名坐落彼拜，文助、映辉二人名下承买为业。当日凭中议定价银一两正，亲手领回应用，其木地自卖之后，任从买主管业，卖主不得异［言］。今欲有凭，立此卖约存照。

亲笔　映交

乾隆卅九年正月十六日　立卖杉木地一路

朱国丙、姜祥宇卖山契

立卖杉木山场并清白约人朱国丙、姜祥宇，为因缺少黎平东门高店银，无处寻出，自原（愿）将到土名皆休山场一块，左右凭冲，上凭田，下凭岩拜田，此山木祥宇一股，国丙一股，二人二股都全卖与姜得宇名下承买为业。蒙中处断价银二两正，亲领应用。其木如有不清，卖主理落。立此卖约清白存照。

凭中　姜清宇、九唐

代笔　姜廷珍

乾隆三十九年十月十四日　立

姜今保、老年父子卖木契

立卖杉约人姜今保、老年父子，今因缺少银用，自己问到上寨姜映飞、官保二人名下为业，地名巫鸠杉木一块，平（凭）中议定价银一两一钱正，干（亲）手领回应用。如有来［历］

不清，俱在卖主上承理落，不与买主何干。今欲有凭，离此断约存照。

左平（凭）冲，右平（凭）冲。

卖主　姜今保、老年、香包父子

代笔　姜映□

乾隆四十年七月初九日　立

朱老连卖木并山契

立卖杉木带地山场约人上寨朱老连，为因家下钱少银用，无从得出，先年得买下寨姜乔堂杉木并山场一股，其一股分为四小股，富宇名下占一股，保所名下占一股，乔堂自己占一股，朱老连名下占一股，此一股自己请中出卖到下寨姜应魁名下承买为业，当日凭中议定价银贰钱正，亲手取回应用。杉木并地，任凭买主修理，世代为业，卖主不得异言。如有外人争论，俱在卖主一面承当，不与买主相干。一卖一了，二卖二休。今恐有（无）凭，立此卖杉木并地土子孙远永管业存照。

凭中　姜廷彩

代笔　曹辰周

乾隆四十二年十二月廿九日　卖主朱老连　立

陈什生卖田契

立断约人陈什生，为因年岁缺少银用，无从得出，将自己祖田一丘，坐落地名冉鳌，□禾二十把，载粮三厘，情愿自己请中问到□房陈具乔承买为业。当日凭中议定价银七两三钱，银契两交,分厘无欠,情(亲)手收回应用。其田自卖之后,任凭买主耕种管业,卖主不得异言。恐后无凭,立此断约存照。

  凭中 陈老也受银一分

  代笔 陈土敏受银一分

  乾隆四十三年八月□□日 立

姜周文卖田契

  立断约人姜周文,为因家下要银用度,无从得出,自愿将到乌丢田一块,自己问到姜应飞名下为业。三面议定价银一两六钱正,干(亲)手领回应用。其田自卖之后,应从买主耕重(种)管业,卖主不得意人。今恐无凭,立此卖断约存照。

  凭中 姜九□、青字

  周文 亲笔 押

  乾隆四十四年四月初十日 立

姜映交卖田契

  立断卖田约人姜映文,为因家下缺少费用,无出,自己请中情愿将到地名党宜田二丘,出卖与堂弟姜映辉名下承买为业。当日凭中议定断价纹银一两捌钱贰分整,亲手收回应用。其田自卖之后,任从买主耕种管业,而卖主日后不得异言。如有异言,俱在卖主一面承当。恐口无凭,立此断卖字存照。

  此约添四字。

  凭中 陆宏贵

  代书 姜廷俊

乾隆四十五年六月二十二日　立

姜映交卖田契

立卖田约人姜映交，为因缺少费用，自愿将到田二丘，土名坐落党宜，出卖与堂弟姜映辉名下承买为业。当日凭中议定价银二两一钱二分，亲领人手应用。其田自卖之［后］，任从买主耕种管业，卖主不得异言。如有异言，卖主相（上）前理落，不干买［主］之事。今欲有凭，立此卖字是实。

凭中　姜今保

代笔　姜映发

乾隆四十五年六月廿五日　立

姜九毛、老生父子卖屋基契

立断卖地场土名杨求约人姜九毛仝男老生父子二人，为因要银用度，自愿将荒坪出卖与众寨人等：文斗寨姜文勷与周弘道、启才，岩湾寨范文达、文开、文光，张化寨范文德，平敖（鳌）寨姜天德等开厂承买为业。凭中议定价银壹拾陆两整，亲手领回应用。自卖之后，任从众人管业开基起屋。上凭凹，下凭腰，左凭田，右凭路坎，四至分明。如有不清，拘（俱）在卖主理落，不干买主事。恐后无凭，此断约发达存照。

凭中　姜梦熊、国珍

代笔　朱纯修

乾隆四十五年八月十八日　卖主姜九毛、男老生　立

姜引声卖菜园契

立卖菜园约人上文堵寨姜引声，为因家下缺少银用，无处得出，自己请中将到土名皆从凤园一块，出卖与姜映辉名下承买为业，当日凭中议定价银四钱五分，亲手领回应用。其园自卖之后，任从买主修理管业，而卖主房族弟兄外人不得争论。如有争论，俱在卖主一面而当，不与买主相干。恐后无凭，立卖字存照。

此为外批：其园左凭甫□园为界，右凭□为界，上凭坎为[界]，下凭□□，四至分明。

凭中　姜岩生　鸠

代笔　姜廷俊

乾隆四十五年九月初五日　卖主姜引声　立

姜今五、今三兄弟卖田契

立断卖田约人姜今五、姜今三弟兄二人，为因家人缺少银用，无从得出，自愿将到祖田二块，坐落土名南鸠，出卖与本房姜应辉名下承买为业。当日凭中议定价银一两五钱整，亲手领回应用。其田自卖之后，任从买主子孙世代永远营业，而卖主房族人等不得异言。恐有异言，俱在卖主一面承当。恐后无凭，立断卖存照。

外批：□□□□

在芳平在内。

凭中　姜应所

代笔　姜廷俊

乾隆四十六年三月卅日　立卖

姜国政卖山契

立断卖山杉约人姜国政，今因要银用度，自愿将到地名冲离山杉一小冲，已（以）前清（请）姜□□□□□卖下节（截），今又将上节（截）出卖以（与）姜老勇承买为业。前作价七钱，今作价六钱，前后共银一两三钱，亲手领回应用。自卖之后，国政子孙不得异言。今恐后无凭，立此断约以老勇手中承照。

乾隆四十六年润（闰）五月十三日　亲笔立

姜甫周卖木契

立卖山场杉木字人姜甫周，今因要银使用，自愿将到土名污泥，右凭田角，上凭田，下凭溪，左凭文清田角为界，今出卖与本房姜映龙、映辉、今保三人名下承买为业。面议价银一两零二分整，亲手领回应用，其银交足，弟兄并外人不得异言。恐后无凭，立此卖约存照。

凭中　姜周隆

甫周亲笔

乾隆四十六年十月初四日　立

姜老远、九唐卖木契

立卖杉木约人姜老远、九唐二人，为因青宇亡故，缺少费用，无出，二人将到青宇分内杉木一块，坐落土名皆休，其木分为五股，地主占二股，岩湾占二股，存一股，卖与富宇名下为业。当日议定价银贰两五钱整。其山自卖之后，右凭冲，左凭冲，上凭田，下凭田为界，四至分明。日后卖主房族人等不得异言。如有异言，俱在卖主尚（上）前理落。恐口无凭，立卖字存照，存有当约一章（张）。

凭中　姜映交

代笔　姜廷发

乾隆四十八年三月十八日卖主姜老远、九唐　立卖

姜国政卖山契

立断卖杉山约人族叔姜国政，为因荒年银米不足，自愿将到分落名下所占之杉山，以（与）姜老井共的，其山其木老井占一大股分落，我国政占[一]大股，今将我国政一大股凭中出卖以（与）侄女姜老妹承买为业。面议价银壹两陆钱正，亲手领回应用。自卖之后，山木任从老妹女修理砍伐等情，卖主父子兄弟无得争论。如有争论，俱在卖主理论，不干买主之事。其山界至左凭古井之木，右凭文成之木，上凭应生之木，下凭路。今欲有据，立此卖契承照。

凭中　姜易得

乾隆四十九年闰三月廿四日亲笔　立

巫香科卖山契

立卖杉木地约人巫香科，为因费用无出，自愿将到土名皮

番杉木二股，出卖与姜映辉名下承买为业。当日凭中议定价银一两三钱五分整，人手领回应用。其山场杉木任从买主子孙修理管业，而卖主日后不得异言。恐后无凭，立卖字为据。

凭中　姜周杰、姜九唐

代笔　姜廷俊

乾隆四十九年八月初四日　立

姜廷俊、老三兄弟卖田契

立断卖田约人姜廷俊、老三兄弟二人，为因家下缺少费用，无出，自愿将到先年得买田大小三丘，地名岩板坡，出卖与下文堵寨姜映辉名下承买为业。当日凭中议定断价纹银拾两贰钱整，亲手领回应用。其田自卖之后，任从买主子孙世代耕种管业，而卖主弟兄不得异言。恐后无凭，立断卖存照。

凭中　姜九唐

廷俊亲笔

乾隆五十年二月初六日　卖主姜廷俊、老三　立断

姜甫乡卖田契

立断卖田约人文堵（斗）寨姜甫乡，为因缺少银用，自愿将到家业坐落土名从走田一丘，出卖与本房姜今保慢承买为业。当日凭中议定价银四两整，亲手领回应用。其田自卖之后，任从买主耕种管业，卖主房族不得异言。如有异言，俱在卖主理落，不干买主之事。恐后无凭，立断卖字存照。

凭中　姜周昇、九堂

代笔　姜盛周

乾隆五十年三月初二日　立

姜周杰、任印生卖山契

立断卖杉山约人本房姜周杰、任印生等，今因家下缺少粮食，无处寻出，自愿将到杉山一块，土名坐落穷文汝，左凭岭，右凭冲，上至映朝木，下至水沟为界，四至分明，出卖与本房姜映龙、映飞二人名下承买栽植修理管业。当日三面言定价银陆钱整，亲手收用。自卖之后，任从买主子孙为业，卖主之子孙并房族弟兄不得异言。倘有不清，卖主尚（上）前理落。恐后无凭，立此卖杉山约存照。

凭中　姜金保慢

代书　姜周隆

乾隆五十一年十二月廿四日　立

姜老剪卖山契

立断卖山场约人本寨姜老剪，为因家下缺少银用，无从得出，自己名下山场一块，坐落地名九怀，出断卖与姜佐周名下承买为业。三面议定价银七钱整，亲手收回应用。自断之后，任从佐周下山栽木管业，老剪兄弟并外人不得争论。倘有异言，俱在卖主一面上前理落，不管买主之事。恐后无凭，立此断约存照。

凭中　姜老义

姜朝杰　笔

乾隆五十二年六月二十日卖　立

姜启泰卖山契

立断卖杉木山场地字人姜启泰，为因家中缺少银用，自愿将到土名皆鸠杉木地一块，上凭包新，下至本，左至国荣，右至老长，四至分明，出卖与姜映翔、映飞、老宏三人名承买。凭中议定价银八钱整，亲手收回应用，其杉木地，恁（任）从买主管业，卖主并外人不得异言，如有不清，在卖主理落，不关买主之事，今恐有凭，立卖是实。

凭中　姜老所
代笔　杨肇伦
乾隆五十四年闰五月十八日　立

姜岳保卖田契

立卖断田姜岳保，为因家下缺少银用，无出，自己情愿将到俱田大小五丘，地名坐落堂庙，出断卖与本房姜廷伟名下承买为业。当日凭中议定价银四拾陆两壹钱正，亲手收回应用。其田自卖之后，任凭买主耕重（种）管业。我等防（房）族兄弟并外人，恐其言争论，俱在卖主理落。恐后无凭，立此卖断承（存）照。

代笔　姜绍魁
凭中　姜岩生
乾隆五十四年十一月廿七日

姜启贵、启琏兄弟卖田契

立断卖田约人平鳌姜启贵、启琏弟兄,为因缺少银用,无处得出,弟兄商议情愿请中将到水田一丘,坐落地名党业,出卖文斗寨姜映飞名下承买为业。当日凭中议定断价实受过银一拾贰两五钱,亲手领回应用,全足无欠。其田自断之后,任凭买主耕种管业,卖主弟兄不得异言。今欲有凭,立此卖约存照。

凭中　姜周杰

代书　姜启科

乾隆五十五年十月十三日　立　吉

姜老令、老路卖山契

立断卖山场杉木契人姜老令、老路,为因家中要银使用,无从得出,自己将到杉山上下二处,土名鸠至,出卖与本族姜佐周名下承买为业。当日面议价银上块作六钱,下块作五钱,亲手领回应用。其杉山任从买主管业,卖主房族弟兄不得言。如有不清,俱在卖主,不干卖主之事。今欲有凭,立断卖存照。

凭中　姜宗仁

卖主　姜老路、老令

乾隆五十六年十一月初二日　立

姜周培卖田契

立断卖田约人本房姜周培,为因……无从得出,情愿将到分下祖遗田大小二丘,土名坐[落]党泥,托中问到族下侄姜

□□承买耕种为业。当日凭中三面言定……两正，亲手……，分厘不欠。其田自卖之后，任从买主子孙管业，卖主之子□并房人不得番（翻）悔异言。倘有来历不清，俱在卖主尚（上）前理落，不干买主之事。粮随田走，照册完粮。今恐口说无凭，立此断卖田字为据。

凭中　姜□、陆生

代书　□□□

乾隆五十八年十一月廿五日　立

姜廷智卖田契

立断卖田约人上寨姜廷智，为因家下缺少用度，[无]出，自己请中将到土名皆屡田一丘出卖与下寨姜映辉兄名下承买为业。当日凭中三面议定价银拾两整，亲手收回应用。其田自卖之后，凭从买主耕种管业，卖主弟兄不得异言。如有异言，居（俱）在卖主上承理落，不干买主之事。一卖一了，二卖二收。今口无凭，立此断约是实。

亲笔　廷智

凭中　姜岩生

乾隆五十八年十一月廿七日　立

龙光林卖田契

立断卖田约人龙光林，为因家下缺少银用，无从得出，自己请中问到将先年得买下寨姜文青之田大小二丘，坐落土名乜求，凭中出断卖与邓大朝名下承买为也。三面议定断价银九两六钱整,亲手领回家用。其田自卖之后,任从买主耕种管业,卖主房亲外人不得异言。恐口无凭,立此断卖田存照。

  凭中 胞兄龙光显捆银四厘、王学才

  代笔 叔龙廷彩

  乾隆五十八年十二月二十五日 卖主 龙光林 立

姜相周、老领父子卖木契

  立断卖嫩杉木字人下文斗寨姜相周、子老领,今因要银用度,自愿将己所栽之木一团,坐落地名皆攸,请中卖以(与)李安远、正绅、巫香远、华远伙计名下承买蓄禁管业,二比依中处定断价银□两贰钱,正人手应用。其山界限:上凭田,下凭田,左凭众木,右凭田。砍尽之后,地退卖主。无地租,任从买主管业。倘有不清,不干买主之事。今欲有凭,立断契存照。

  外批:冲头□田小木系姜老四另栽。

  凭中 姜周杰、玉周、宗智

  代笔 姜文启

  乾隆五十九年三月初八日 立

姜文照等卖田契

  立断卖田约人平鳌寨姜文照、文奇、绍尚,为因要银使用,自愿将到岩板坡田一丘,出卖与文斗寨姜耿飞名下承买为业。凭中议定价银拾肆两贰钱,亲领人手应用,粮跟田走。其田自卖之后,任从买主子孙永远耕管为业,卖主房族弟兄不得异言。

［如有］来路不明，俱在卖主理落，不与买主何干。今恐无凭，立此断契为照。

凭中　姜甫周、启才

代笔　姜绍怀

乾隆五十九年十一月廿九日　立

姜映元卖田契

立断卖田约人下寨姜映元，今因家中要银费用，自己将到先年得买之田，土名坐落也丹一丘，凭中出断与本境姜士朝、映飞二人名下承买耕种为业。当日凭中三面议定价银柒两捌钱，亲手收回应用，其银交清，不得在欠。自卖之后，任从买主管业，卖主弟兄不得异言。倘有来历不明，俱在卖主尚（上）前理落，不干买主之事。今恐人信难凭，立此断卖田契存照为据。

凭胞兄姜朝杰

凭中　姜周杰

代书　姜周隆

乾隆六十年二月初二日　立

姜福生、陆生兄弟卖田契

立断卖田约人平鳌寨姜福生、陆生弟兄，今因要银用度，无处得出，自愿将到地名南坞田贰丘，出卖与文堵（斗）下寨姜映辉名下承买为业。当面凭中言定价银十九两整，亲手领回应用。其田自断之后，任从买主耕种，永远管业，卖主弟兄、房族不得异言。如有异言，俱在卖主上承理落，不与买主相干。

今恐人信难凭，立此断卖存照。

外批：原良粮田完。

凭中　母旧（舅）姜周才

姜福生亲笔

乾隆六十年九月二十四日　立

姜文甫卖田契

立断卖田约人姜文甫，今因缺少用费，情愿将分内之田大小五丘，坐落地名冉翁出卖，请中问到邓大朝名下承买为业。当日凭中面议定断价银一十一两叁钱整，亲手领回应用。其田自断之后，凭从买主下田耕种管业，而卖主兄弟族人不得异言。如有异言，在卖主向前理落，不干买主之事。恐人心不古，立此卖字世代子孙永远为据。

外批：其有天柱原粮照册完纳。

凭中　姜岩生

代笔　姜廷望

嘉庆元年三月初三日　立

姜文甫卖田契

立断卖田约人中房姜文甫，为因家中缺少银用，无从得出，自愿将到祖田壹丘，坐落土名眼翁大田一丘，凭中出卖与邓大朝名下承买为业。凭中议定断价银拾陆两整，亲手领回应用。其田自卖之后，任凭买主耕种管业，卖主兄弟不异言。恐后无凭，立此断卖远永存照。

外批：此田因正粮壹分正。

代笔　姜廷瑜

凭中　姜德占

嘉庆二年二月十九日　立

姜文甫、文邱卖木并山契

立卖杉木带山场约人姜文甫、文邱二人，为因家下缺少银用，无出，自愿将到先年得买杉山，地名婆拜，其地分为六股，弟兄二人占一股，将此一股自己卖到姜映飞名下承买为业，当日凭中议定价文（纹）银陆钱整，亲手领回家用。其山自卖之后，任凭买主管业，卖主不得异言。恐口无凭，立此卖杉木山场，远永存照。

凭中、笔　曹辰周

嘉庆四年三月二十二日　立

李安远等卖木契

立断卖杉木字人李安远、李正绅、巫香达、巫华远，为因要银用度，无处得出，先年得买姜领寿父子杉木一块，地名皆攸，自愿今将伙记共木，请中出卖与文堵（斗）下寨姜宗礼承买为业，三面议定价银九两五钱正，人手领回应用。其山界限：上凭田，下凭田，左凭田，右凭田，四至分明。日后植木长大，坎（砍）尽发卖，无地土，任从买主修理管业。倘有不清，俱在卖主相（上）前理落，不干买主之事。今欲有凭，立此断卖为据。

内添一字。

凭中　朱映本、姜朝英

代笔　杨正邦

嘉庆四年五月十二日　立

姜绍魁卖山契

立卖地木字人六房姜绍魁，为因缺少用度，无出，自愿将到杉木地培拜丢，在凭祥地山内，出卖与下房姜应辉等名下承买为业。当面议定价银壹钱正，亲手收回应用。其木自卖之后，任凭买主管业，我等□□不得异言。恐有人争论，俱在卖主理落。今恐无凭，立卖字是实。

界：上抵路，下［抵］冲，左至洪，右凭岭。

亲笔

嘉庆四年八月廿四日　立

范学奇卖田契

立断卖田约人张化寨范学奇，为因要银用度，无处得出，自愿将到田一丘，地名坐落南鸠，请中问到文斗下寨姜映辉名下承买为业。凭中议定价银贰十两五钱正，亲手收回应用。其田自卖之后，任凭买主耕种管业，而卖主不得异言。一卖一了，父卖子完。今恐无凭，立此断卖永远存照。

凭中　姜□□、龙绍舜

代笔　姜国华

嘉庆六年二月初十日　立

范锡畴卖木契

立卖杉木约人岩湾范锡畴,为因要银无出,自愿将到杉木壹块,地名也故野,上凭油山凭田为界,下凭田,左凭绍乡田角以岭为界,右凭从故难从以老木凭岭为界,此木分为贰股,本名占壹股;又壹块皆也从修,上凭田,下凭水沟,左凭绍昭田角以般(盘)岔为界,右凭小田角以小冲为界,此块之木六股均分,本名占壹股。今凭中人将此贰处木植出卖与舅父姜映辉名下承买为业,当日言定价银壹拾壹两伍钱正,亲手收用。其木自卖之后,任从舅父蓄禁管业。长大砍尽,地归原主,而卖主父子不得异言。今恐无凭,立约存照。

凭中　姜绍牙、范绍□

嘉庆二十二年十二月二十三日　　父　范宗尧　笔立

龙绍成卖木契

立断卖山场杉木约人龙绍成,为因家下缺少银用,自愿将到地名白号山贰处,上壹处,左凭岭,下凭冲,上凭顶,下凭盘路。又下壹处,上凭田,下凭大冲,左凭岭,右凭冲。此山地股分为五两之山,绍成名下占壹两,今将出卖与姜映辉为业,面议价银捌两伍钱,亲手岭(领)回应用。其山自卖之后,任凭买主修理管业,卖主房族弟兄不得异言。今欲有凭,立此断卖山场杉木约永远为据。

外批:此山分为五两,绍成名下占壹两,映辉、姜魁贰人共占壹两,姜光朝名下占贰两,大相、国柱贰人共占壹两。

凭中　龙香岩

代笔　姜通义

嘉庆贰拾贰年十二月廿五日　　立

龙仕吉、仕清兄弟卖田契

立卖田契约人龙仕吉、仕清兄弟二人，今因家下缺少银用，无从得出，自己情愿将到土名白号山令上田一丘，又将冲田一丘，收禾花五十边，请中出卖与文斗寨姜应祥、应辉兄弟名下承买。当日三面言定价银拾四两整，其银出，卖主领回应用，其田付与买主永远管业，日后不得异言。如有来路不清，卖主向（上）前理落，不与买主相干。今欲有凭，立此卖字存照。

外批：在粮银每年二分半。

凭中　姜胜祖、龙廷亮

代笔　蔡玉文

嘉庆廿三年二月廿九日　　立

龙仕吉、仕清卖木契

立断卖杉木契人龙仕吉、仕清，为因缺少用费，自愿将到杉木三块，一块地名主横浮头，上凭王仕敖木，下凭土垦，左凭杨陈学木，右凭罗在朝木为界，此木分二股，地主占一股，本名占栽手壹股；又处一地名鬼朗，上凭侯昌学老木，下凭朱卓廷木，右凭柴山以下凭朱卓廷木，左凭朱姓木，此木分为四股，地主占二股，卓廷占栽手一股，本名占栽手一股；又一块，地名培或杉木，上凭王有得老木，下凭王中保老木，左凭杨廷举木，右凭冲，此木分为四股，地主占二股，本名占栽手一股。凭中出卖与文斗寨姜映祥、映辉二人名下承买为业，当面议定价银叁拾两整，亲领应用。自卖之后，任从买主修理管业，卖主弟兄子孙不得异言。如有不清，俱在卖主向前理落，不干买主之事。今恐无凭，立有断卖杉木字为据。

  凭中 龙廷亮

  凭中、代笔 黄崇章

  嘉庆廿三年三月初九日 立卖

姜环德、朝相卖木契

立卖杉木约人文斗上寨六方（房）姜环德、朝相弟兄二人，家下无银使用，自愿将道（到）皆榜山杉木一块，自己上门问到李先和名下承买为业。当日凭中议定价银四两五分，其银亲手领回应用，不欠分厘。上平（凭）再渭木为界，下平（凭）连应木为界，左平（凭）潘亚杰木为界，右平（凭）光前为界，四至分明。自卖之后，任凭买主管业，卖主弟兄不得异言。如有不清，卖主向（上）前理落，不干买主之事。任凭买主□近，日后长大坎（砍）尽，地归原主。今欲凭，立此卖字承照。

  凭中 姜通荣

  代笔 黄朝榜

  嘉庆廿三年六月初五日 立

姜万年卖木契

立卖山场杉木字人姜万年，先年得买姜朝柱杉木二块，土名污榜溪，上块上凭朝琦木，下平（凭）冲，左平（凭）岩，右平（凭）岩洞边周木为界；下块上低（抵）岩洞，下低（抵）岩梁，左右平（凭）朝琦木为界，两块四至分明。请中出卖与上房姜应连、绍略、绍滔、绍吕、述昌、绍宏、绍宽、绍恒、述贤承买为业，当面平（凭）中议定价银六两九钱整，亲手领回应用，其木任从买主修理管业。倘有房族弟兄异言，俱在卖主上前理落，不与买主相关。今欲有凭，立此断卖杉木山场杉木字存照为据。

  凭中 姜玉兴

  凭中 姜功勋

  嘉庆二十三年七月初九日 亲笔 约立

姜通义等卖木并山契

  立卖杉木并地约人姜通义、通元、通敬，为因要银使用，自愿将到地名冉翁山壹岭，上凭田，下凭溪，左凭乌杂假，右凭冲，其山分为贰大股，栽手占壹股，地租（主）占壹股，此地租（主）一股分为贰大股，姜绍吕占地租一大股，其余地租一大股分为拾两之山，姜载渭占贰两五钱，大相占一两贰钱五分，姜廷常占一两贰钱五分，廷耿占一两贰钱五分，高显荣占一两贰钱五分，廷华占一两贰钱五分。今将本名占壹两贰钱五分出卖与姜绍略叔名下承买为业。当面议定价银九两贰钱，亲手领回应用。其山任凭买主管业，卖主不得异言。今欲有凭，立此卖杉木并地约永远为据。

  凭中 龙绍成

  亲笔 姜通义

嘉庆二十三年十二月廿一日　立

姜绍宗卖木契

立断卖山场杉木契人本房堂歌（哥）姜绍宗，为因家下缺少银用，无出，自愿将到亲手所栽山场杉木一块，地名党照，上登顶，下至盘路，左凭光文，右凭岭与大鸿为界，四至分清。今凭中出卖与本房堂弟姜光儒、光玉兄弟二人名下承买为业。当日凭中议定价银贰十八两，亲手领用。其山杉木自卖之后，任凭买主续佃管业，长大发卖。卖主子孙不得异言，今欲有凭，立此断卖杉木山场契存照。

凭中　高贵茂、姜老六

代笔　姜开甲

嘉庆二十三年十二月二十四日　立

姜光儒、老少兄弟卖田契

立断卖田契人上寨姜光儒、老少弟兄二人，为因家缺少银用，无出，自愿将到祖父遗下田一丘，坐落地名也浪，今将出卖与下寨姜映辉大爷名下承买为业。当日凭中议定价银二十两零一钱，亲手领用。其田自卖之后，任凭买主耕种管业，卖主不得异言。倘有不清，俱在卖主理落。今欲有凭，立此断契，永远发达存照。

外批：其田新开，无粮，杉木五根在内。

凭中、代笔　姜开甲

嘉庆二十四年三月初一日　立

范玉堂等叔侄卖木契

立卖杉木字人岩湾寨范玉堂、侄范老官、老申，为因要银使用，无出，自愿将亲手所栽反绍旁等四公之山，地名岗晚，左凭朝琦之木，右凭绍旁等之木，以下凭连合以冲为界，东凭污晚以田各（角）为界，西至大河为界，四至分明。此木分为五股，地主占三股，栽手占二股。今将栽手本名之二股，请中出卖与文斗寨姜映辉名下承买为业。凭中议定价银七十六两正，亲手收回应［用］。其木自卖之后，任凭买主蓄禁管业。如有不清，在卖主理落，不干买主之事。今恐无凭，立此卖字是实。

凭中　姜老景、范宗尧、文浩

代笔　范文秀

嘉庆二十四年三月初四日　立

姜绍祖卖木契

立断卖杉木契人姜绍祖，今因家下缺少银用，自己将到亲手所栽之杉木壹块，地名眼对约，出卖与本房姜映辉叔名下承买为业，当日三面议定价银叁两贰钱，亲领人手应用。此山之木以□股均分，绍略现得□□地租壹股，绍祖自栽占叁股，今将本名所占并卖与姜映辉。其山界：左平（凭）木洪路，右平（凭）溪，上登岩梁过盘路，下至岩梁抵小溪为界，四至分明。自卖之后，任从买主修理管业，卖主不得异言。日后砍尽，绍祖所占之地仍在。今欲有凭，立此断卖字存照。

凭中　姜映宗

亲笔

嘉庆二十四年三月十七日　立

范绍涵卖木契

立卖山场杉木契人岩湾寨范绍涵，为因要银使用，自愿将到山场杉木一块，地名衣赖，东凭乌晚以维远田角为界，西凭大河，左凭姜朝奇（琦）木，右凭绍华等之山为界，此木分为伍股，栽手占贰股，地主占三股，此地主之三股分为四十八股，本名占一小股，卖与文堵寨姜绍雄、绍略、绍齐承买为业，议定价银一两八钱，亲手领回应用。其山自卖之后，我范族不得争持。今恐无凭，立此卖山场杉木存照。

范维远　笔

嘉庆廿四年四月初十日　立

范绍廉卖木契

立断卖杉木契人岩湾寨范绍廉，为因无银使用，自愿将到杉木壹块，地名依哉，先年付与本寨范玉堂佃栽杉木，其木界至：左凭姜朝琦之木为界，右凭绍漓四公之木，下凭连合以冲为界，东至污晚以田角为界，西至大河为界。此木分为五股，栽手占贰股，地主四公占叁股。此三股分为四公、绍廉之公，分为十六股，绍廉名下占壹股；其有威秀之公分作九股，绍廉得买罢祖名下壹股，今将本名贰股出卖与文堵下寨姜映辉公名下承买为业，凭中议定价银五两三钱。自卖之后，任凭买主修理管业，卖主弟兄以及外人不得议争论。倘有此情，俱在卖主理落，不与买主何干。欲后有凭，立此卖契子孙存照。

外批：其木砍尽，地归原主。

凭中　姜文成、姜治齐

嘉庆贰拾四年四月初十日　亲笔　立

范绍涵卖山契

立卖杉木山场约人范绍涵，为因要银使用，自愿将到山场一块，土名衣赖，东凭污晚田角为界，西凭大河，左凭朝琦木，右凭绍华等之木为界，此木分为伍股，栽手占二股，地主占三股，此地主之三股分为四十八股，本名占一小股，出卖与文斗姜绍熊（雄）、绍略、绍齐名下承买为业，凭中议定价银一两八钱，亲手收回应用。其山木自卖之后，任凭买主管业，卖主弟兄不得言。恐口无凭，立卖山场杉木字存照。

衣（依）口代笔　姜国华

凭中　范维远

嘉庆二十四年四月初十日　立

陈龙磅卖木契

立卖杉木契人岩湾寨陈龙磅，今因要银不给，自愿将到亲手得栽地主姜绍略、绍宏二人山壹块，地名抱平，上凭荒坪，下凭田，左凭绍尧、绍傍等山为界，右凭绍英山为界。此山分为四股，地主占贰股，栽手占贰股。此栽手之贰股，宗尧占一股，龙磅占壹股。今将本名龙磅之股，请中出卖与姜映辉名下承买为业。当日凭中言定价银贰两五钱整，亲手收用。其木自卖之后，任从买主蓄禁管业。卖主并无当与别人。如有等情，卖主理落，不干买主之事。今恐无凭，立此卖约与地主子孙远永存照。

凭中　范绍师、锡畴

代书　范宗尧

嘉庆二十四年四月十七日　立

姜映科等卖木契

立断卖山场杉木约人姜映科、老□侄老□玉与述昌等，今因缺少银用，无处得出，自愿将到山场，地名克加令山壹块，上凭顶，下凭凹以岩□为界，左凭□岭以上寨山为界，右凭本人之山为界，四至分明。此山分为十股。今将名下占六股出卖与本房姜映辉、侄绍清、绍昌三人名下承买为业。当日凭中议价银九两，亲手收回任用。其山自卖之后，应从买主管业，卖主并房族日后不得异言。如有异言，居（俱）在卖主上前理落，不干买主之事，立断卖山场是实。

凭中　姜宗远

代笔　姜绍牙

嘉庆廿四年闰四月初一日　立

姜廷元卖山契

立断卖油山带地约人姜廷元，为因家下缺少银用，无出，自愿将到土名包故童油山一块，今将凭中出卖与下房姜映连名下承买为业。当日凭中议定价银一两贰钱正，亲手领回应用。

其山地自卖之后，任凭买主修理管业，卖主不得异言。恐后无凭，立此断卖字是实。

凭中　吴绍□

代笔　姜占鳌

嘉庆贰拾四年五月十一日　立

龙卧姑卖田契

立断卖田约人上寨龙卧姑，为因缺少银用，无处得出，自愿将到地名坐落冉翁田路壹丘，出卖与下寨姜映辉名下承买为业。当面凭中议定价银四拾六两伍钱，亲手领回应用。其田自卖之后，任从买主耕种管业，弟兄不得异言。如有异言，俱在卖主尚（上）前理落，不关买主之事；一卖一清，二卖二了。口说无凭，立此断卖田［字］永远存照。

凭中　姜引包、上寨龙绍成

朝显卖主　亲笔

嘉庆二十四年五月二十六日　立

李必望卖木契

立断卖杉木契人李必望，今因家下要银度用，无所得出，自愿将到先年所栽白号山之木，分为伍股，地主占叁股，栽主占贰股，今将栽主贰股出卖与地主姜映辉爷承买为业。当面凭中仪（议）定价银拾伍两捌钱整，亲手领回应用。此山上凭顶，下凭路，左凭岭，右凭冲，四据分明，任凭买主修理管业，卖主叔侄弟兄日后不得异言。如有不清，居（俱）在卖主上前理落。今恐无凭，立断卖字是实。

  凭中 姜相岐、王岩昌

  代笔 陆大忠

  嘉庆二十四年七月初十日 立卖字

姜光儒、光玉兄弟卖木契

立断卖山场杉木契人上寨姜光儒、光玉弟兄二人，要银使用，情愿将到先年得买姜绍宗之山杉，地名党头，上凭顶破岭与洪路为界，下至盘路，左凭光文，右凭梨嘴，凭中出卖与下寨姜任辉大爷名下承买为业。凭中议定价银九两五钱，其山场杉木任凭买主续（蓄）禁管业，卖主不得异言。倘有不清，俱在卖主理落。今欲有凭，立此卖契存照。

  凭中 姜开甲

  嘉庆二十四年十月十五日 光儒 笔

姜相周、老领父子卖木契

立卖杉木约人下房姜相周、子姜老领父子，为因家中缺少银用，自［愿］将到皆休木一块，卖与姜映辉父子名下承买为业。当日凭中三面议定价银拾伍两伍钱，亲手领回。其山界限：上凭田，下凭田，左凭田角，右凭田角，四至分明。日后木长大伐卖砍尽，地归原主，并无地租。立此卖字存照。

  凭中 姜绍周

  代书 李光尧

  嘉庆二十四年十月廿二日 立 字

刘得兴卖木契

立卖杉木约人刘得兴,为因缺少银用,无出,自愿将到地名江都绍贤地,地主占二股,栽手占一股,出卖与姜绍宏、绍贤二人名下承买为业。当日凭中义定价银四钱三分正,亲手收回应用。其杉木自卖之后,任凭买主修理管业,不得异言。恐有异言,俱在卖[主]里(理)落。今欲有凭,立此卖字存照。

代笔　潘绍祥

此契地木绍宏、绍贤二人所共金□、妆所之木

嘉庆廿四年十月廿五日　　立

姜卓卖木契

立卖山场杉木约人姜卓,为因家中缺少要银使用,无处得出,自愿将到坐落地名南鸠山场杉木一块,断卖与本房姜映辉大爷名下承买为业。当日凭中议定价银捌钱整,亲手收回应用。其山场杉木自卖之后,任从买主管业,卖主房族弟兄不得异言。今欲有凭,立此卖字是实为据。

外批:界至上凭本田,下凭路,左凭岭,右凭□。

凭中　姜映发

代笔　姜绍兴

嘉庆二十四年十月初□日　　立

姜映辉买田连契

立断卖田字人姜朝琏,为因要银使用,自己将到先年得买

上寨田，土名冉周、光周二块，官保料一块，共合三块，今三块请中出卖与姜映辉兄名下承买为业。凭中议定价银四拾三两整，其银亲手领回应用。自卖之后，任凭买主耕种管业，卖主弟兄并外人不得异言。如有异言，俱在卖主上前理落，不干买主之事。今欲有凭，立此断卖字存照。

凭中　姜绍周、朝良

朝琏　亲笔

嘉庆二十四年十二月十五日　立

立卖田字人姜利申，今因要银使用，无处得出，自愿将到祖遗之田，地名白堵，之田大小二块，请中出卖与上房姜映辉名下承买为业。当日凭中议定价银二拾五两八钱正，亲手领回应用。其田界限：上凭油山，下凭买主之田，左凭买主之田，右凭姜荣之田。自卖之后，任凭买主耕种管业，卖主房族弟兄不得异言。今欲有凭，立此断卖字为据存照。

亲笔

凭中　姜绍周

道光元年五月十五日　立

立断卖田字人姜光儒，为因家下缺少银用，无处得出，自愿将到地名白堵干占田大小二块，出卖与姜映辉名下承买为业。当日凭中议定价银十五两一钱正，亲手领回应用。其田自卖之后，任凭买主栽种管业，卖主房族弟兄不得异言。如有不亲（清），卖主上前理落，不干买主事。今欲有凭，立此断卖田约存照。

凭中　姜光舜、绍牙

光儒　亲笔

道光二年五月十八日　立

姜玉兴、远昌卖山契

立卖杉木山场字人姜玉兴、远昌，为因要银用度，自愿将到地名皆休杉木山场一块，上凭田，下凭田，左凭冲，右凭连合为界，此山分为四股。映辉名下占三股，玉兴、远昌共占一股。今将此一股出卖与姜映辉名下承买为业。凭中议定价银二两六钱，亲领应用。自卖之后，任从买主管业，卖主不得异言。恐有不清，俱在卖主理落，不干买主之事，立卖字是实。

代笔　映科

嘉庆二十四年十二月二十七日　立

姜老通卖山契

立卖油山字人姜老通，为因家下缺少银用，自愿将到地名包故童油山一块，上凭黑，下凭□路与映辉为界，左凭保富为界，右凭本人山，今将出卖与本房姜映林名下承买为业。凭中议定价银一两五钱，亲手收回应用。任凭买主管业，卖主不得异言。今恐有（无）凭，立卖字是实。

凭中　上寨姜光明

代笔　映科

嘉庆廿五年□月□六日　立

范咸宗等卖木契

立断卖杉木契人岩湾寨范咸宗、文澜、绍廉、绍源、绍培等，为因缺少银用，自愿将到杉木壹块，地名依赖，东抵乌晚维远田角，西抵依赖大河，左凭姜朝琦之木，右凭姜连合之木为界，四至分明。此木伍股均分，地主占叁股，栽手占贰股，地主之叁股分为拾陆股，绍纯占壹股。今将绝户绍纯之股，凭中出卖与文斗下寨姜绍略、绍雄、绍齐弟兄名下承买为业。价银柒两伍钱，亲领应用。自卖之后，任凭买主管业，卖主房族以及外人不得异言。倘有此情，卖主理落，不干买主之事。日后杉木砍伐，地归原主。恐后无凭，立此卖契存照。

内改贰字。

凭中　范绍奇

绍源　亲笔

嘉庆二十五年三月二十日　立

龙廷彩、廷振卖山契

立断卖山场约人寨龙廷彩、廷振，为因缺少银用，无出，自愿将到先年得买山场一块，土名南都，分为四股，二人占二股，中凭朱卓廷为界，下凭河，右凭姜载渭为界，左凭冲，四至分明，二人自愿将名下二股出卖与姜映辉老爷名下承买为业。当日凭中议定价银一两八钱正，亲手领回家用。其山自断之后，任从买主栽杉蓄禁修理管业，卖主不得翻悔异言。如有不清，俱在卖主理落，不与买主相干。今恐无凭，立此卖字存照。

廷振　笔名

凭中　罗隆乐

嘉庆二十五年四月十九日　立

姜老交、老□兄弟卖木契

立断卖山场杉木契人姜老交、老□弟兄二人，为因家中缺少银用，无处得出，自己将到祖遗之山一块，地名假度（堵），山界：上凭张化寨田坎，下凭通义木以垦为界，左凭包岩种地为界，右凭冲为界，四至分明。今将请中出卖与本房姜宗玉名下承买为业。当面凭中议定价银九钱五分，亲手领回。其山自卖之后，任凭买主修理管业，卖主弟兄不得异言。倘有不清，卖主理落，不与买主之事。今欲有凭，立此断卖字为据。

代笔　姜邦彦

嘉庆廿五年五月初二日　立

范维远卖木契

立断卖杉木约人岩湾寨范维远，为因缺少用度，将到乌衣赖杉木壹块，东抵乌晚溪本人田角，西抵衣赖大河，左抵姜朝奇之木，右抵姜林合之木，四至分明。此木五股均分，地主占叁股，栽手占贰股。地主之叁股分为拾贰股，维远本名占壹股，凭中出卖与文斗寨姜映辉名下承买［为］业。议定价银拾两正，其银亲手领足应用。自卖之后，买主管业，卖主不异言。如有此情，卖主理落，不与买主何干。日后杉木砍尽，地归原主。欲后有凭，立此卖契是实。

凭中　范绍源、姜邦林

嘉庆贰拾伍年五月廿（二）十二日　包（胞）弟绍昭笔立

范绍昭等卖木契

立断卖杉木约人岩湾寨范绍昭、绍儒、绍礼弟兄三人，为因缺少用度，自愿将到杉木壹块，地名衣赖，东抵乌晚溪维远田角，西抵衣赖大河，左抵姜朝奇（琦）之木，右抵姜林合之木，四至分明。此木伍股均分，地主占叁股，栽手占贰股。地主之叁股分为拾贰股，绍昭弟兄占壹股，今凭中出卖与文斗下寨姜映辉名下承买为业。议定价银拾两正，亲手领足。自卖之后，买主管业，卖主不得异言。如有此情，卖主理落。日后砍尽，地归原主。恐后无凭，立此断卖是实。

凭中　范绍源、姜邦林

嘉庆廿伍年五月二十二日　绍昭亲笔　立

姜昌盛、福绞父子卖木契

立卖栽手杉木契人上寨六房姜昌盛同子福绞父子，为因家下缺少用度无出，情愿将到亲手所栽姜光齐、光辉弟兄等之山一块，地名冉加，其木界至：上凭大路，下凭光士，左凭冲，右凭岭，与下寨姜宗玉之木为界，四至分明。凭中出卖与下寨姜映辉大爷名下承买为业。当日议定价银贰两正，亲手领用。其木自卖之后，任凭买主修理管业，卖主父子不得异言。今欲有凭，立此卖杉木契存照。

外批：界右下凭坎，与光土为界。

凭中　姜光明

代笔　姜开甲

嘉庆贰十伍年九月二十九日立

姜孟九等卖山契

立断卖油山字人姜孟九、子老渭、生乔父子三人，为因家下缺少银用，无从得出，自愿将到包故重油山一块，上凭黑，下凭刘玉章，左凭绍吕，右凭绍宏，四至分明，凭中出卖与本房姜唤林名下承买为业。当日凭中言定价银二两二钱，亲手收回应用。其油山字（自）卖之后，任凭买主管业，卖主父子不得异言。今欲有凭，立此卖字是实。

代笔、凭中　映科

嘉庆廿五年十二月初四日　立

姜保富卖山契

立卖油地字人姜保富，为因家下缺少银用，无出，自愿将到包故重油山地一块，右凭本人山，左凭本人山，上凭绍宏，下凭连合，四至分明，凭中出卖与本房姜映林名下承买为业。当日凭中言定价银二两四钱，亲手收回应用。其油山自卖之后，任从买主管业，卖主不得异言。今恐无凭，立卖字存照。

代笔　映科

嘉庆廿五年十二月初八日　立

姜朝顺、老华叔侄卖木契

立卖山场杉木字人文斗下寨姜朝顺、侄老华，祖父所遗山场壹块，坐落土名皆粟，上平（凭）岭，左平（凭）绍韬，右平（凭）岩洞，下平（凭）映连之木，四至分明，请中出卖与本寨姜相岐、姜绍齐二人名下承买为业。当面凭中议定价银四两五钱，亲手领回应用。其山杉自卖之后，任从买主修理管业，卖主房族兄弟不得异言。倘有异言，俱在卖主相（上）前理落，不与买主相干。今欲有凭，立此断卖山场杉木字为据。

外批：栽手占一股，地主占一股，合同姜孟九承（存）一张，买主承（存）一张。

外批：四两，登儒弟兄共占一两，卖与姜周礼为业。

凭中、代笔　姜万年

嘉庆二十五年十二月三十日卖字　立

姜绍祖卖田契

立断卖田契人姜绍祖，今因家下缺少银用，自己将到田五丘，地名止丢并大田角右边荒坪在内，出卖与本房姜映辉□名下承买为业。当日三面议定价银壹百伍拾贰两，亲手收回应用。自卖之后，任从买主子孙耕种管［业］，卖主不得异言，倘有来历不清，俱［在］卖主向（上）前理落，不与买主相干。其卖粮照册完纳。今欲有凭，立此卖字存照。

凭中度卖姜德照、房族姜光照、映科

亲笔　立

税契在外

嘉庆□年三月十五日　立

姜天九父子卖木契

立卖杉木约人姜天九父子五人，为因家中缺少银用，父子亲身问到无处得出，自愿将到地名培拜杉木，上凭大集之小杉木，下凭苑德英之木有刀口为凭，左凭以岭下至冲，右凭冲，四至分明。父子占栽手一股，地主占一股，范老生占地主一股。承（姜）天九父子占栽手一股，自愿出卖与本房姜映辉名下承买为业。当面凭中义（议）定价十一两正，亲手收回应用。其杉木自卖之后，任凭买主子孙管业。如有不清，居（俱）卖主在上前理落，不干买主之事，立卖杉木是实。

凭中、代笔　姜绍牙

□□年十月廿三日　立

范福镇卖山契

立卖杉木山场契人本寨范福镇，今因要银无出，自愿将到山场杉木壹块，地名玉□粟，上凭有才、绍奇，下凭德音，左凭德华，右凭德音，四至分明，请中出卖与范朝伟、献璜、献琳、献远、德魁等名下承买为业。当日凭中言定价银叁两整，亲手收用。其杉木山场自卖之后，任从买主管业，卖主房族兄弟以及外人不得异言。如有此情，卖主理落，不干买主之事。今恐无凭，立此卖约存照。

凭中　文斗寨姜绍牙、本房范绍田、栽手姜金九

代笔　范宗尧

姜某某卖木契

立断卖地杉木姜某某，为因家下缺少费用，无出，自愿将到先年得买之地，坐落地名干榜山。上凭顶，下凭冲，左凭岭以下凭冲，右凭岭以下凭某某嫩木为界，四至分明。此山分为四十两，某某名下占三两七钱五分。今凭房族弟兄出断与姜映飞名下承买为业，当日凭三面议定价银四两五钱正，亲手领回家用，其木任凭买主管［业］，卖主不得异言。今欲有凭，立断约存照。

姜祥楼、开文父子卖木契

立卖栽手杉木约人上寨姜祥楼同子开文父子，为因家下缺少银用，无出，情愿将到亲手所栽杉木贰块，土名报方草，又党加一块，又培格一块，界至：左凭载渭，右凭路，上凭田，下凭盘路，四至分明，其杉木三处凭中出卖与姜映辉大爷名下承买为业。凭中面议价银五两六钱，亲手领用。其木自卖之后，任凭买主管业，卖主不得异言。今欲有凭，立卖杉木契存照。

凭中　姜述昌

依口代笔　姜开甲

道光元年二月十八日　立

十年七月十四日，地名培格，界：上凭田，下凭盘路，左凭冲，右凭络，四至分明。此山内老木映辉、玉宏二家平分，嫩木映辉管业，二比不得异言。绍牙批笔

刘老你兄弟卖木契

立卖杉木约人刘老你弟兄二人，先年所栽之杉木，土名党宜，其木上凭田，下凭沟，左凭岩洞，右凭路，此木分为五股，本名占二股，出卖与姜映辉名下承买为业。当日凭中言定价银二钱正，人手收回应用。其杉木自卖之后，任凭买主管业，卖主不得妄言。今欲有凭，立此卖字是实。

道光元年二月廿四日　代笔姜启、姜勋　立

姜长生兄弟等卖木契

立卖杉木契人平鳌寨姜长生、文忠、文珍、文勋弟兄、宗宽等，今因要银使用无出，自己愿将到杉木一块，坐落土名乌松出，其界限：上凭廷辉等之山为界，下至溪，左凭岭，右凭小冲，四至分明。其有股数，地主分为十七股，今将九股出卖与文斗下寨姜映辉名下承买为业。当日凭中言定价银十五两九钱五分，亲手领回应用。其杉木自卖之后，任凭买主管业，卖主不得异言。日后候木坎（砍）尽，地归原主。今欲有凭，立此卖契存照。

宗宽名下占半股，先得买坛姤的。

外批：余有捌股，文斗姜绍鸿存四股，平敖（鳌）姜文号等存四股。

乌堵溪眼冲卒，此山十七股，有文、有彰、有能三家共得买老富一股，又得买岩交一股，又与文忠同得买坛保一股，单内之老契未退。

内存有契。文勋笔开（批）

凭中　文斗寨姜启彰

道光元年三月二十日　姜应德　笔立

姜光儒、光玉兄弟卖木契

立卖山场杉木崇木杂木约人六房姜光儒、光玉弟兄二人，为因[家]下要银用度，无从得出，自愿将到祖父遗下杉木山场二处，一处地名也郎，界至：上抵油山，下凭大路，左凭大冲与绍宗为界，右凭小田角与半边岭为界；又一处地名翁也恰，上抵油山，下至冲，左凭大相、光前破种岭为界，右凭小冲为界，四至分清，凭[中]出卖与下寨姜应（映）辉大爷名下承买为业。凭中议定价银十九两正，亲手领用。其山场杉木自卖之后，任凭买主管业，卖主不得异言。倘有不清，俱在卖主理落。今欲有凭，立此卖契存照。

外批：其有翁也恰一处，日后木坎（砍）尽，地归原主。

依口代笔　姜开甲

道光元年三月二十二日　立

姜本坤卖田契

立卖田约人姜本伸，为因先年父亲所欠之银无处培（赔）还，自愿将到祖遗田二丘，地名白堵，请中出卖与姜映辉大爷名下承买耕种管业。凭中三面议定价银五拾二两正，亲手领回银应用。其田自卖之后，任从买主耕种管业，卖主房族弟兄不得异言。今欲有凭，立此卖字为据，永远存照。

外批：粮随田走。

本伸　亲笔

凭中　姜绍周、姜朝梁

道光元年四月二十八日　立

范绍田卖木契

立卖地主杉木字人岩湾寨范绍田，为因要银使用，自愿将到先年得买范绍方之地主杉木一股，土名衣赖，东凭乌晚以绍淹田角为界，西凭大河，左凭朝琦木，右凭绍华等之木为界，此木分为五股，栽手占二股，地主占三股。此地主之三股分为三十二小股，本名得买绍方一股，今将出卖与文斗寨姜映辉名下承买为业。凭中议定价银三两正，亲手领用。其山自卖之后，任从买主管业，卖主不得异言。恐有不清，卖主向（上）前理落，不干买主之事。恐后无凭，立此卖字为据。

凭中、代笔　范绍方

道光元年五月初八日　立

范绍田等卖木契

立断卖杉木契人岩湾寨范绍田、继党、壬平、镇西等，因先年得买保界之山，地名冉楼，上凭岭，下凭冲，左凭冲，右凭冲，上截凭岭，四至分明。此木分为贰大股，栽手占壹股，地主占壹股。地主之壹股分为捌小股，众等三十户占壹小股，请中出卖与文堵（斗）寨姜映辉名下承买为业。当日凭中议定价银拾两零壹钱整，亲手领回应用。其杉木自卖之后，任从买主管业，卖主不得异言。如有不清，卖主理落，不与买主相干。恐后无凭，立此断卖存照。

范绍田、范继党、范壬平、范镇西……（众卖主姓名）

所畲四人未卖。

凭中　姜映发、李万明、范承尧

代笔　范本华

内有合同一张，绍榜存。载渭存一张。

道光元年五月贰拾贰日　立

范咸宗等卖木契

立卖杉木契人岩湾寨范咸宗、咸秀、维远、绍培、绍学等，为因缺少银用，情愿将到杉木壹块，地名冉楼，其山界限：上凭岭，下凭溪，左凭冲，右之上截凭岭，下截凭冲，四至分明。此木贰股均分，栽手占壹股，地主占壹股。地主之壹股分为四股，文进占壹股，绍滂占壹股，文祥、咸奉共占壹股，金乔占壹股。金乔之壹股分为贰股，绍祖占壹股，十九家占壹股。今将十九家之壹股凭中出卖于文斗寨姜映辉名下承买为业，议定价银拾两零壹钱五分，亲收应用。自卖之后，任从买主管业，而卖主弟兄以及外人不得异言。恐后无凭，立此卖契永远存照。

外批：十九家花户人名，开列于后：

| 咸宗 | 文澜 | 正西 |

咸秀（卖与十九家）文玉（十九家占半股，绍仁占半股）文达

| 德华 | 咸方 | 绍源 |
| 德声 | 文□ | 绍仁 |

德魁	文藻	文开
维远	有才（德华占半股）	
文进	绍奇	

十九家共卖是实，日后发卖，地归原主。

内有地主合同一张，绍滂存，姜载渭存栽手一张。

凭中　姜映发、李科连、范承尧

代笔　范绍源

道光元年五月廿二日　立

范维远卖木契

立卖杉木契人岩湾寨范维远，今因缺银费用，自愿将本名先年得买堂叔范咸芳父子所共四公江晚衣赖之山，东凭维远田角以上，西凭河，左凭文堵姜连合等公山，右凭姜朝琦等公山，其木地主股分四拾捌股，咸芳占四股，维远得买咸芳父子叁股，长男绍涵壹小股在外，凭中复卖文堵（斗）姜绍雄、绍略、绍齐承买为业，议定价银捌两叁钱正。自卖之后，任凭姜姓执契管业，卖主房族兄弟以及外人不得异言。候叁拾年之后，其木砍伐下河，地归范族原主，姜姓不得争持。今恐无凭，立此卖契存照。

凭中　姜映科

道光元年捌月初五日　亲笔　立

姜士模卖田契

立断卖田字人姜士模，今因要银使用，自愿将先年得买具才、九香之田，地名井忧田一丘，以作二干，右边一干原是卖主之田之井水，只养右边之一干，左边一干原是大冲之水，只养上丘与下丘下截，卖主之田无分，上截二丘之田水。今请中出卖与下寨姜绍齐名下承买为业。当日议定价银四十二两正，亲手领回应用。任凭买主耕种管业，卖主房族弟兄不得异言。如有异，俱在卖主理落。其田上凭油山路，下凭卖主之田，左凭领（岭）路，右凭卖主之田坎下与至冲为界，四至分明。今凭中卖主是实。

内添三字。

外批：代纳粮一升。

凭中　姜占鳌

道光元年十二月廿十四日　亲笔　立

姜绍祖等卖木契

立断卖杉木契人地主姜绍祖，侄相麟、相坤、栽手范镇西等，今因家下要银应用，自己将到杉木壹块，地名八半山从污榜，出卖与姜映辉公名下承买蓄禁为业。当日三面议定价银柒两玖钱，亲领人手应用。其木界：左平（凭）水冲为界，右平（凭）山岭以小路为界，上平（凭）水沟，下至盘路，四至分明。原系五股均分，地主卖叁股，栽手镇西卖壹股，范绍昭占壹股。自卖之后，任凭买主照股数管业，卖主不得异言。日后砍尽，地归原主。今欲有凭，立此卖契存照。

后批：婶母卧遂之股俱卖在内。

凭中　姜映宗

绍祖　笔

道光元年十二月二十四日　立

姜魁元卖田契

立断卖田约人姜魁元，今因要银使用，无处得出，自愿将到地名冉沙手一丘，请中出卖与上房姜映辉名下承买为业。凭中议定价银四十一两正，亲手领回应用。其田自卖之后，任从买主耕种管业，卖主房族弟兄不得异言。恐后无凭，立断约存照。

　　凭中　姜朝贵
　　代笔　德耕
　　道光二年三月初二日　立

姜魁元卖田契

立断卖田约人姜魁元，今因要银使用，无出，自愿将到地名冉沙手田一丘，请中出卖与上房姜映辉名下承买为业。凭中议定价银九拾三两五钱整，亲手领回应用。其田自卖之后，任从买主耕种管业，卖主房族弟兄不得异言。恐后无凭，立断卖字存照。

　　凭中　姜朝贵
　　代笔　姜德科
　　道光二年三月初二日　立

姜朝贵卖木契

立卖杉木山场契人下房姜朝贵，为因要银使用，自愿将到分下山场杉木一块，土名佰堵田坎下，左凭万华与下块田角为界，右凭路，上凭田与沟为界，下凭田，四至分明，今出卖与上房姜绍齐、绍略、绍熊名下承买为业。当面议定价银十两伍钱，亲手领回应用。其杉木自卖后，任从买主子孙永远管业，卖主房族弟兄不得异言。如有异言，俱在卖主尚（上）前理落，不干买主之事。今欲有凭，立此断契存照。

凭中　姜□□

姜光舜　代笔

道光二年三月初七日　立

姜万华卖山契

立卖杉木山场契人下房姜万华，为因要银使用，自愿将到分落杉木山场一块，坐落土名皆□，上凭田，左凭冲，右凭冲，下凭水沟；又一块土名白堵，上凭田，左凭金党与岭为界，右凭朝贵与田角为界，今将出卖与上房姜绍略、绍熊、绍齐名下承买为业。当日凭中议定价银八两五钱正，亲手领回应用。其杉木山场自卖之后，任从买主子孙永远管业，卖族（主）弟兄不得异言。若有异言，俱在卖主尚（上）前理落，不干买主事。今欲有凭，立此断契存照。

凭中、代笔　姜光舜

道光二年三月初八日

姜朝贵卖田契

立断卖田契人下房姜朝贵，为因要银使用，自愿将分下田一丘，坐落土名之鸠，今将出卖与上房姜映辉名下承买为业。当面议定价银八两八钱正，亲手领回应用。其田自卖之后，任从买主管业，日后不得异言。如有异言，俱在卖主理落，不干买主之事。今欲有凭，立此断卖存照。

凭中　魁元

代笔　光舜

道光二年三月初十日　立

姜田包卖木契

立卖杉木字人姜田包，今因要银用度，无出，自己将到亲手所栽地名乌宜姜映辉、绍宽二人之山杉木一块，卖与姜映辉、绍宽二人承买为业。面议定价银七钱正，亲领应用。卖主房族弟兄不得异言，立卖字为据。

代笔　李正寿

道光二年三月十一日　立

李万明卖山契

立卖山场杉木地土字人南路李万明，为因银用无法得出，愿将先年得买文堵寨姜盛祖弟兄地土杉木一块，土名堰柳今，上凭范继克木为界，下凭子木，左凭继克之木，右凭冲以荒地为界。该地分为五股，地主占三股，栽手占贰股，得买地主之三股出卖，又得买杨通发堂兄栽手［股］，上凭田，下底（抵）冲，左凭田角下，右凭冲，四至分明。今凭中出卖与文堵寨姜应（映）辉老爷名下承买为业。当［日］议价银拾伍两五钱，亲手收回应用。其山自卖之后，任凭买主修理管业，卖主弟兄内外人等不得异言。如有等情，俱在卖主上前理落，不与买主相干。今欲有凭，立此一纸存照。

　　内添九字。

　　凭中　范绍仲、宗尧、成克

　　代笔　姚玉齐

　　外批：堰柳今之一块查出老约，此木原作贰股平分，栽手一股，地主一股。契内错作五股均分，日后木卖二股分价，不得照五股分。

　　道光贰年闰三月初七日　立

杨宗成卖木契

道光二年四月十四日，杨宗成买得范文祥一股之木地，今复卖与姜映辉，卖木不卖地，因此老契未拔。

　　杨应山子笔

杨永成父子卖木契

立卖杉木字人天柱登宜寨杨永成父子，今因要银使用，无出，自愿将到先年得买岩湾范文祥名下之股杉木一处，地名冉楼。此山木作贰大股分，地主占一股，栽手占一股。地主之一股分作八小股，本名得文祥之一股，今将出卖与文斗寨姜映辉承买为业。面议价银十二两五钱正，亲手领用。其木界至上下左右照范姓契据，日后兄弟人等不得异言。恐有不清，卖主向（上）前理落，不干买主之事。

立卖字是实。

凭中　姜映发、范玉琢

应山子　亲笔

道光二年四月十八日　立卖契

姜保章卖山契

立卖杉木山场约人上寨姜保章，为因缺少银用，无出，自愿到南秀山场杉木一块，其山界至：上凭田，下凭溪，左凭今苟田角，右凭应辉田角，四至分明，今出卖于下房姜映辉名下承买为业。凭中议定价银二两五钱正，亲手收回应用。任凭买主修理管业，卖主不得异言。今恐无凭，立此卖约存照。

凭中　龙绍成

代笔　姜大相

道光二年四月廿一日　立

姜文焕卖木契

立卖地股杉木契人平鳌寨姜文焕，为因要银用度，无出，自愿将到名下分落祖遗杉木一块，土名污堂，先年佃与本寨老龙、老连二人栽修，其山界限上凭岭，下至溪，左右凭岭，俱与族内共山分界，四至分明，作五股均分，栽手占贰股，地主占叁股，今将所占之地租叁股凭中出卖与文斗寨姜映辉公名下承买为业。当面平（凭）中言定价银四拾伍两，亲手领回应用。其杉木自卖之后，任从买主管业蓄禁，卖主不得反悔异言。日后候木发卖砍尽，地归卖主。今欲有凭，立此卖契存照。

凭中　姜文清、姜述盛、姜述汉

道光二年五月二十五日　亲笔

姜光儒卖田契

立断卖田字人姜光儒，为因家下缺少银用，无处得出，自原（愿）将到地名白堵干占田大小二丘，出卖与姜映辉名下承买为业。当面凭中议定贾（价）银二十四两八分，亲手领回应用。其田自卖之厚（后），任凭买主耕种管业，卖主房族不得异言。如有不亲（清），卖主上承理落，不干买主之事。今欲有凭，立此断字为据。

内添二字，涂一字。

凭中　姜绍牙、光舜

光儒　亲笔

道光二年五月二十八日　立

龙廷彩卖山契

立卖杉木山场字人龙廷彩，今因要银使用，自愿将到地名乌沉山木，左凭田角，右凭崩坡岩版为界，上凭载渭田以下，下凭溪以至映辉山为界，今凭中出卖与姜映辉承买为业。凭中议定价银七两六钱正，亲手领[回]应用。自卖之后，愿从买主管业，卖主不异言。如有异言，俱在卖主理落，不以（与）买主相干。恐后无凭，立此断约存照。

亲笔

凭中　罗老龙

道光二年七月十五日　立

范宗尧、梅姑父女卖木契

立卖杉木契人岩湾寨范宗尧同女梅姑，为接父母抚养范绍正、龙氏福妹所赐杉木壹块，土名格在桑，上凭绍乡之田为界，下凭桥头以大路为界，左凭绍昭田角为界，右凭岔小冲以绍乡田角以下至水沟以上为界，四至分明，此木分为八股，梅姑所受一股，今将名分一股出卖与旧（舅）公姜映辉名下承买为业。当日言定价银二两八钱正，亲收手收用。其木自卖之后，任从买主管业，而卖主父子兄弟以及外人不得异言。如有等情，不干买主之事，卖主理落。恐后无凭，立契为据。

外批：卖木不卖地，地归原主。

又批：杂木在内。

父范宗尧　笔

凭中　范绍乡、绍思

道光三年四月二十六日　立

姜映荣等卖山契

立断卖杉木山场契人姜映荣、友连、丙连叔侄等，今因婶母姜氏宜整亡故，所费埋葬□□应用之资无银赔还，自己将到婶母所遗之山场贰块，地名假渚，出卖与本房姜述盛、绍略二家名下承买为业。当日凭中三面议定价银叁两叁钱，亲领人手应用。其山右边壹块上平（凭）田，下至田，左平（凭）田角，右平（凭）大路，原是贰股均分，绍宽占栽手壹股，我等占地租壹股，并地出卖。又有左边壹块，上平（凭）田沟，下至田，左平（凭）上寨五爷之山，右平（凭）冲，原是五股均分，老连占栽手贰股，我等占地租叁股，并地出卖。四至股数俱已分清，自卖之后，任从买主修理管业，卖主不得异言。今欲有凭，立此卖契存照。

此卖内之山系我二家所共，绍略弟兄三人占壹股，述圣弟兄三人占壹股，日后各照二股均分。

述圣笔批

凭中　姜绍周、邦林

代笔　姜绳武

道光三年九月二十二日　立

姜连卖田契

立断卖田字人姜连，为因要银使用，自己请中将祖田分落名下地名当宜，大小贰丘，收谷捌担，请中度卖与上房姜映辉兄名下承买为业。当日凭中议定价银伍十八两叁钱，其银卖主亲手领回应用，不欠分厘。自卖之后，任凭买主耕种管业，卖主弟兄不得异言。如有此情，俱在卖主上前理落，不干买主之事。今欲有凭，立此断卖字存照。

其有砍下杉木在外。

外批：其有粮召（照）册上纳。

内改四字。

代笔　姜朝连

道光叁年十一月初四日　卖主姜连　立

姜寿元卖木契

立断卖杉木约人姜寿元兄弟二人,家中缺少银用,无处得出,自己将到先年栽到卧宜之地名加堵,此山分为五股,地租(主)占三股,寿元栽手占二股,自愿出卖与本房堂侄姜绍宏、绍略二人名下承买为业。当日凭中议定价银壹两三钱,亲手收回应用。其杉木自卖之后,任从买主修理管业,卖主房族弟兄不得异言。今欲无凭,立断卖杉木是实。

凭中、代笔　姜绍牙

道光三年十一月初七日　立

姜映辉等买山契

立断卖杉木字人姜述圣,为因生理,得买吴正贵、正明弟兄之木栽手一股,地主姜映辉存地租一股,因地主自要蓄禁,我述圣愿将得买栽手一股转卖与映辉叔等承修理蓄禁为业。凭中议定价银贰百贰拾四两,亲手收清。其山木界:上登顶,下抵溪,左凭冲,右凭岭。其木任从买主管业,日后卖主述圣,原主吴正贵、正明等不得异言。倘有异言,卖主理落,不干买主之事。今欲有凭,立此卖字存照。

述圣　亲笔

凭中　薄玉山、姜玉宏、宏章、绍周

道光三年十二月廿三日　立

姜国衡等卖山契

立断卖山场地租杉木约人上寨姜国衡、姜廷芳等,为因家内要银使用，自愿将到祖父先年得买下寨杨士俊之山，土名坐［落］引中勇，上凭大岭，下至溪，左凭廷圣干冲，右凭买主，四至分明，请中问到下寨姜映祥、映辉、绍吕父子三人承买为业。当日凭中议定价银贰拾壹两。其山自卖之后，栽手占一股，地租一股，任凭买主照约字旨业，卖主房族弟兄不言异言。今恐无凭，立此断卖约存照。

凭中　姜绍魁、姜国英、姜廷魁

代笔　姜□□

嘉庆八年二月卅日　立

姜连中、福中卖山契

立卖杉木山场约人姜连中、福中，为因家下缺少银用，无从出处，自愿将到土名冉中□杉木山场一块，上凭岭，下凭乌睹溪，左凭姜宏□□冲，右凭姜明，四至分明。此杉山分有六股，我名下占一股，出卖本房姜映辉、映祥、绍吕三人名下承买。当面议定价银贰两伍钱正，亲手领回应用。日后卖主房族不得异言。如有异言，俱在卖主理落，不与买主相干。今欲有凭，立此卖字。

凭中、代笔　姜甫开

嘉庆七年五月十四日　立

姜有风、七生母子卖木契

立断卖山场杉木约人姜氏有风、子七生母子二人，为因家中无粮食，无处得出，已请中问到本房姜映辉名下承买为业。

当日凭中议定价银壹两伍钱，亲手收回应用。其山自卖之后，任从买主修理管业，买（卖）主并房族不得异言。此山地名皆风基，界限：上凭顶，下凭路，左右凭冲，四至分明。今欲有凭，立断卖山场杉木是实。

外批：此山地名上寨皆风基，此山分为四股，母子二人占一股，出卖映辉为业。

内添二字。

凭中　堂侄姜相林

代笔　姜绍牙

道光四年五月廿四日　卖主有风母子二人　立

姜述昌卖田契

立断卖田字人姜述昌，为因要银度用，无处寻出，自愿将到祖遗之田坵，地名扳研口，自己请中出卖与本房姜绍齐名下承买耕种管业。当面凭中议定价银八两二钱正，亲手收回应用。其田自卖之后，任凭买主管业，卖主不得异言。今欲有凭，立此卖字存照。

凭中　姜映发、邦彦

代笔　姜昌厚

道光四年六月廿九日　立

姜世琏卖田契

立断卖田契人加池寨姜世琏，为因生理缺少银用，无处计议，自愿将到冉翁过路田一丘，今请中出卖与文堵寨姜映辉名下承买为业。当面凭中议定断价银捌拾捌两捌钱整，亲手领回应用。其田自卖之后，任凭买主耕种栽插管业，卖主不得异言。倘有不清，俱在卖主理落，不与买主何干。今欲有凭，立此断卖子孙存照。

凭中　文堵寨龙朝显、姜大受、加池寨姜之美、世爵

道光四年十二月廿六日　世琏亲笔立

姜之豪等换田契

立换田契人本寨姜之豪、侄开让，将到地名冉翁田一丘与姜世琏换迫南皆在田贰丘，上凭开让之田，下凭之美之田，世琏又将也甲君能路坎下小田壹丘补之豪、开让管业，世琏各管冉翁之田。二比心平意愿，日后子孙不得翻悔多言。今欲有凭，立此换契子孙永远为据。

外批：冉翁之田粮一升与田走。

凭中　姜世昭、世昌

姜大魁　代笔

道光肆年拾二月廿八日　立

龙朝显、天林兄弟卖木契

立断卖山场杉木约人上寨龙朝显、天林兄弟二人，为因家中缺少银用，无处得出，自愿将地名冉翁小田与坎下之子木，以田角为界，以底下为珍（界），右为以水流［为界］，四至分明，出卖与姜绍照名下承买为业。当面凭自愿议定价银六钱，亲手领回应用。其杉木自卖之后，任从买主管业，子孙永远不

得异言。口说无凭，立此断卖山场杉木为存照。

内添二字。

代笔　朝显

道光五年二月十四日　立

龙廷彩卖山契

立断卖田杉山约人龙廷彩，为因先年亲手所开之田，地名冉翁，小田壹丘，出卖与姜朝荣名下为业。当日凭中面议价银叁两五钱，亲手收用。其田杉山任凭买主管业，其小田之水日后不许放下。今欲有凭，立此断卖田杉木约为据。

外批：其杉木在光文之田坎下，卖与朝荣为业。

凭中　姜老□、廷智、大相、廷杨

代笔　姜通义

道光五年四月十五日　立

姜本伸卖荒地契

立卖荒地字人姜本伸，今因要银用度，自愿将到祖遗荒坪二块、荒田一丘，地名坐落党庙，出卖与姜绍略名下承买为业，凭中议定价银五钱正，亲收应用。其坪任从买主开田管业，卖主房族弟兄不得异言。如有不清，俱在卖主理落，不与买主何干。今欲有凭，立此断卖字为据是实，永远存照。

姜本伸　亲笔

凭中　姜朝良

道光五年八月廿七日　立

姜宗玉卖木契

立断卖山场杉木契人姜宗玉,为因要银使用,无处得出,自愿将先年得买龙包瑾之木一块,地名假堵,上凭故是田,下凭路,左凭光裕之木,右凭锡禄路卑(碑)为界;又得买有生一块,地名假堵,上凭田,下已(凭)载渭,左凭岭,右凭冲,四至分明。共二处,今将出卖与本房姜映辉大爷名下承买修理管业。当面凭中议定价银叁拾两正,亲手领回应用。其二处买主修理管业,卖主不得异言。倘有不清,卖主尚(上)前理落,不与买主之事。立卖字永远存照是实。

凭中、代笔　姜邦彦

道光六年三月五日　立

姜凤桥、映桥兄弟卖木契

立卖山场杉木约人姜凤桥、映桥弟兄二人,为因要银使用,无处得出,自己将到杉木一块,地名松走,番朝河边,界至:上凭路,下凭冲,左凭宗玉木,右凭四爷木,四至分明;又一块在万年田角,上凭岭,下凭冲,左凭老六山,右抵万年山,四至分明,自愿请中出卖与上房姜映辉名下承买为业。当日凭中议定价银三十两整,亲手领回应用。其山自卖之后,任从买主修理管业,卖主房族弟兄不得异言。今欲有凭,立此卖山场杉木是实。

外批:万年田角冲老木一根在外。

凭中　姜绍牙、运亨

道光六年三月十八日　凤桥　亲笔立

姜大受卖山契

立卖山场约人姜大受，为因要银用度，自愿将地名干榜之山四十两之分，大受名下占二两五钱，今将本名所占之地断卖与姜应（映）辉公下承买为业。议定价银壹两一钱整。自卖之后，日后不得异言。口说无凭，立断卖契为据。

代笔　姜朝干

道光六年四月十六日　立

姜时泰卖田契

立断卖田契人姜时泰，今因要银使用，无出，自愿将到父亲所分名分之田叁丘，过路壹丘，路坎岭下贰丘，地名板泥奢，请中出卖与姜绍齐兄名下承买为业。凭中三面言定价银叁拾捌两整，亲手领回应用。其田自卖之后，任从买主耕种管业，买（卖）主弟兄房族不得异言。恐有不清，卖主向（上）前理落，不干买主之事。今欲有凭，立此断卖契为据。

凭中　姜大受

堂兄　姜济岐

道光陆年陆月初十日　姜时泰　亲笔　立

姜朝聘卖山契

立卖山场并方平字人上寨姜朝聘，为因缺少银用，无处得出，自愿将到岩板坡山场并方平，出卖与下寨姜绍熊名下承买为业。当日议定价银二钱整，亲手收回应用。其山界至：上凭买主之田为界，下凭水勺为界，左凭载渭田角为界，右凭买主田角与（以）下为界。此山与方平自卖之后，任凭买主管业，卖主不得异言。今恐无凭，立此断卖山场方平契为据。

　　代笔　姜朝魁
　　道光六年六月十三日　立

姜相林、七星兄弟卖田契

　　立断田约人姜相林、七星弟兄，为因母亲亡故，无银用度，自愿将到先年得买福生之田，地名南鸠田大小二丘，今将出卖与本房姜绍齐名下承买为业。三面议定价银十贰两，亲手收回。其田自卖之后，任凭买主耕种管业，卖主不得异言。如有不清，在卖主理落。其田粮随田运。今欲有凭，立此断卖田字远永存照。

　　代笔　姜绍怀
　　道光六年七月初六日　卖主立

姜卧女卖木契

　　立断卖山场杉木字姜氏卧女，先年卖出，要银使用，自己请中出卖祖上所遗杉山壹块，地名假堵，上平（凭）田，下平（凭）姜本旺山木，左平（凭）冲，右平（凭）姜维新，四至分明，请中出卖与本房侄甥姜绍周承买为业。当面凭中议定价五钱，亲手领回应用。其山当面凭中出卖，任从买主修理管业。倘有外人别争，执字赴众照书查理，外人等自干投罪。凭众断契写明，远永为据。

　　凭中　侄甥姜志连、志秉、侄□姜映宗、堂侄姜映荣
　　笔中　姜万年
　　道光六年九月二十三日　断卖字　立

姜绍周卖木契

立断卖山场杉木约人姜绍周，为因先理折本无归，无处得出，因先年得买卧宜之山，地名加堵，其山界至：上凭田，下凭本旺之木，左凭冲，右凭绍滔之木，四至分明；又一处，中盘路祖坟下之田宗发得买张化之田坎下杉木山场，山界：上凭田，下凭官桥水沟，左凭载渭、绍滔二人共木，右凭田冲，四至分明。共山杉木二处，自愿请中出卖与本房伯爷姜映辉名下。议定价银四十八两，亲手收回应用。其山杉自卖之后，任从买主修理蓄禁管业，卖主并房族弟兄不得异言。如有不清，俱在卖主上前理落，不干买主之事。立断卖山场杉木是实。

　　凭中　姜宗玉
　　笔中　姜绍牙
　　道光六年十月初八日　卖主绍周　立

姜朝顺等换地基合同

立换地基字人姜朝顺、侄老华，自愿将老地基一块与本房姜定国、广贤、定邦兄弟，换先年得买张山贤之地基，二比自愿相换，我叔侄之地界限：右凭姜老蒋、老仲，左凭姜宗智菜园，下凭宝周竹园，上凭老路，四自（至）分明。自换之后，

愿凭定国兄弟管业，我叔侄不得异言。今欲有凭，立此换字为据。

外批：恐有不清，俱在我叔侄理落，不干定国兄弟之事。

凭中、代笔　姜本旺

立换字合同永远为据［半书］

道光六年十月十七日　立

范献瑶卖木契

立断卖杉木约人岩湾寨范献瑶，为因缺银用度，自愿将到杉木壹块，土名也忧，止界：上凭田，下凭荒田，左凭冲，右凭买主，四至分明，请中出卖与姜映辉名下承买为业。当日凭中议定价银六拾叁两伍钱整，亲手收领应用。其田自卖之后，任从买主修理管业，卖主不得异言。倘有不清，卖主理落，不关买主之事。如有以及弟兄外人争论，卖主成（承）当。今欲有凭，立此断卖存照。

外批：木植长大发卖，地归原主。

此块拨归献瑶名下。

凭中　范献黄、有才、献林

道光六年十一月初四日　献蹯亲笔　立

姜昌荣卖山契

立卖山场契人姜昌荣，为因要银度用，无所得出，自己将到山场一块，地名坐落九怀，此山界至：上凭岩洞，下凭本旺，左凭朝奇，右凭本人，四至分明，请中问到本房姜映辉名下承买为业。当日凭中议定价银一两贰钱正，亲领人手应用。其山任凭买主栽种为业，卖主不得异言。恐有不清，卖主理落。立此卖山场是实。

凭中　叔姜老霞

代书　姜昌厚

道光六年十二月廿三日　立卖

朱达泗卖田契

立断卖田约人朱达泗，为因遗业就业，自愿将到得买上寨龙老富之田，土名眼翁田大小六丘，约谷拾陆石，随代天柱粮贰合，上寨黎平粮一分入石正粮，今凭中出卖与姜绍熊名下承买为业。当日议定断价银柒拾三两伍钱八分整，亲手领回应用。其田自卖之后，任从买主耕种管业，卖主不得异言。今欲有凭，立此断卖字永远存照。

内批：田坎上下之杉木俱在外。

凭中　姜昌宗、朱相廷

代笔　堂叔陶廷

道光柒年二月二十七日　立

姜老龙、老凤兄弟卖山契

立断卖杉木油山契人姜老龙、老凤弟兄二人，为因父亡故，无处得出，自愿将到丢了杉木油山二块，杉木界至：上、下凭田，左凭路，右凭冲；油山界至：上凭大路，下凭路，左凭岭，右凭冲，四至分清。凭中出断与堂兄姜老开名下承买为业。当日价银二两八钱五分，亲手收用。自卖之后，买主理修营业，卖主不得异言。恐后无凭，立此卖契发达，子孙永远存照。

  凭中 堂公姜应发、玉兴

  代笔 旧（舅）父 范绍美

  道光七年三月二十八日 立

姜氏楼真卖田契

  立断卖田约人瑶光寨姜氏楼真，为因缺少银用，无出，自愿将到土名南故田贰丘，约禾六把，今凭中出断卖与姜应（映）辉名下承买为业。当日凭中议定断价银十六两正，亲手领回应用。其田自断之后，任凭买主管业，卖主不得异言争论。如有此情，俱在卖主理落，不与买主相干。今恐有（无）凭，立断为据。

  凭中 姜引头

  代笔 姜希道

  道光七年四月十五日 立

李绍璜父子卖山契

  立卖山场杉木字人本房李绍璜父子四人，为因缺少粮食，自将到杉山共贰处，一处穷诸了，上凭盘路，下凭冲口，左凭山水沟，右凭油山；又一处土名从陋贯，上凭油山盘至冲，与绍宏杉山为界，左凭钟英油山冲，右凭冲。今出卖与本房姜绍齐名下承买为业。面议谷一百九十斤，亲手收回。其山杉自卖之后，任凭买主修理管业，卖主父子不得异言。恐后无凭，立此卖字存照。

内涂二字，添四字。

道光八年二月十三日

姜宏章卖山契

立断卖山场约人姜宏章，为因家中缺少银用，无出，自己将到乌榜杉木山场一块，其山界至：上平（凭）岩洞，下平（凭）溪，左平（凭）岩洞，右平（凭）岭以小路为界，四至分明，今将出卖与下房姜绍熊名下承买为业。当日义（议）定价银五钱正，亲手领收回家中应用。应平（凭）买主管业，卖主不得异言。今恐无凭，立此卖字是实。

代笔　姜开运

道光八年二月十三日　立

姜三火父子叔侄卖木契

立断卖杉木约人下房姜三火、子记保、侄桥柳父子三人，为因定亲无处得出，自愿将到祖遗杉木，地名卧滥，界限上凭田，下凭四爷之山，左凭光红路，右凭四爷之山，四至分明，今将自愿请中出卖与上房姜绍熊名下承买为业。当日凭中议定价银陆两零八分，亲手领回应用。其杉木自卖之后，任从买主蓄禁修理管业，卖主并房族弟兄不得异言。如有异言不清，居（俱）在卖主向（上）前理落，不干买主之事。今欲有凭，立断卖杉木是实。

日后木长大发卖，木坎（砍）尽之后地归卖主。

凭中、代笔　姜绍牙

道光八年三月初三日　卖主三火父子三人同　押立

姜宗智卖木并山契

立卖木并地契人姜宗智，为因要银用度，自愿将到先年得买宗德、宗元木地□□□松，上凭大岭，下抵犁嘴，左凭□□，右凭冲至兜，栽手地租（主）分为肆股，栽手占贰股，地租（主）占贰股，今将地租（主）贰股出卖与上下贰房。南岳菩萨先年卖皆粟木银承买蓄业。当日三面公议价银八两二钱三分，亲手领[回]应用。其业自卖之后，卖主不得异言。恐来历不清，卖主理落。今欲有凭，立此卖契永远为据。

地租（主）贰股卖，栽手贰股在。

二房公中姜春发　姜绍齐

凭中　光舜

道光八年三月十六日　亲笔

姜氏有凤、七星母子卖木契

立断卖山场杉木约人姜氏有凤子、七星，为因要银使用，自己请中将到地名候培山出卖。其山界上凭油山，下凭水沟，左凭岭□卖主共木，右凭冲，四字（至）分明。今凭中出卖与堂兄姜相弼弟兄名下承买为业。当日三面议定价银一两四钱正，领回应用，未欠分厘。自卖之后，任凭买主修理管业，卖主房族弟兄不得异言。如有异言，俱在卖主母子一面承当，不与买[主]何干。今欲有凭，立此断契，永远存照。

中　堂兄姜相清、相林

代笔　姜绍和

道光八年四月初八日　立

龙应九父子卖木契

立卖栽手杉木字人上寨龙应九父子，为因家中要银使用，无从得出，自愿将到承栽地名党加培景山，今出卖与下寨姜映辉叔侄、绍宏叔侄，李开第等名下承买为业。当日凭中三面议定银叁两三钱整，亲手领回收用。其山之界：一块上凭更仁木，下凭田，左凭冲，右凭岭；又一块上凭老孝木，下凭冲，左凭冲，右凭田角；又一块田坎下，上凭田，下凭主中，左凭老孝之木，右凭半岭；又一块上凭田，下凭路，左凭田角，右凭老亮之木为界，四至分明。如有不清，俱在卖主理落。今恐无凭，立此卖栽手木存照。

外批：其有老木在栽渭田坎下岭木一根在外。

内添三字，涂一字。

此契系绍宏、映辉、李绍璜三家私买。开泰笔批

凭中　李老鸣

代笔　姜开庠

道光八年八月十七日　立

龙老孝、老四卖木契

立断卖杉木约人上房龙老孝、老四二人，为因家中缺少银用，自愿将到杉木一块，地名乌养，上凭种地，下至溪，左凭

买主共山，右凭草坪角长柳栽山为界，四至分清，其山作贰大股均分，地主占一股，栽手占壹股，今将栽手壹股请中出卖与下寨上房姜绍熊名下承买为业。当日凭中议定价银拾三两三钱，亲手领回应用。其山自卖之后，任从买主永远蓄禁管业，卖主弟兄房族不得异言。如有异言，俱在卖主向（上）前理落，不干买主之事。今欲有凭，立此断卖杉木约存照。

此外批：内涂三字，添一字。

龙老四　亲笔

姜氏柳真卖田契

立断卖田约人瑶光寨姜氏柳真，为因缺少银用，无出，自愿将种地名皆大列田大小三丘，收禾九把，凭中出断卖与文斗寨姜公应（映）辉名下承买为业。当日凭[中]议定价银十八两正，亲手领银用其银，言定任从银主耕种管业，买（卖）主不得异言。今欲有凭，立断是实。

凭中　姜威鳌

代笔　姜应德

道光九年二月廿六日　立断

姜七生卖木契

立断卖山场杉木约人姜七生，为因家中缺少银用，无处得出，自将祖遗山场杉木，地名党陋，其山界至：上凭田，下凭冲，左凭田角以下至冲，右凭绍滔田角以冲为界，四至分明。其山股数分为四股，地租本名占一股，出卖与本房公姜映辉名下存（承）买为业。当日凭中议定价银三两六钱，亲手领回应用。自卖之后，任从买主修理管业。如有不清，俱在卖主向（上）前理落，不干买主事。此山地租栽手分为五股，地租占三股，栽手占二股。今欲有凭，立断卖山场杉木是实。

内添"下"字。

道光廿年十一月十七日批契：四大股以作八小股，得买相儒一股。邦彦笔批。

凭中　堂兄姜相林

凭中代笔　姜绍牙

道光九年二月二十六日　立

姜朝胡卖木契

立断卖山场杉木契人下房姜朝胡，为因要银使用，自愿将到祖遗之山场杉木，坐落上名污宜，上凭路，下凭溪，左凭田角，右凭廷式之木以岩梁为界，四至分明。今将出卖与上房姜绍略、绍熊、绍齐名下承买为业。当面凭中议定价银六两五钱正，亲手领回应用。其杉木自卖之后，任从买主子孙永远管业，卖主房族弟兄不得异言。如有异言，俱在卖主尚（上）前理落，不干买[主]之事。今欲有凭，立此断卖契存照。

外批：此山木先年自送侄女姜氏玉香，今朝胡权代侄女出卖，价银侄女收。

凭中、代笔　姜光舜

道光九年六月初四日　立

姜士模卖鱼塘契

立卖鱼塘山杉字人中房姜士模，为因要银用度，自愿将到中寨大塘坎下鱼塘一口，内抵沟，外抵坎，左抵水沟，右抵菜园与路，四至分明，出卖与下寨姜维新名下承买为业。当面议定价银一百零八两，亲手领回应用。其塘自卖之后，任凭买主管业，卖主房族弟兄不得异言。如有异言，卖主理落，不干买主之事。今恐无凭，立此卖字为据。

凭中　姜显祖、绍齐、大受

姜士模亲笔

道光九年八月初六日　立卖

姜昌凌兄弟卖田及山契

立断卖山田字人姜昌凌、昌远、老发、老四弟兄，今因要银使用，自愿将到地名扳皆从，得买主屋坎下田一丘，界至：上凭路，下凭田，左凭山，右凭山。其有山场杂木，界至：上凭路沟、下凭田，左凭钧渭塘角，木桥沟为界，右凭田，四至分明。请中上门卖与姜钟英、钟华弟兄名下承买。当日议定价银贰拾两整，亲领人手。其田山自卖之后，任凭买主管业，卖主不得异言。今欲有凭，立此卖字存照。

凭中　房叔姜耿发

亲笔　姜昌凌

道光十三年四月廿二日立卖

龙引辉父子卖田契

立断卖田契人上寨龙引辉父子，为因缺少口粮，无处得出，自己将小田一垃，地名冉翁，请中出卖与姜绍熊名下承买为业。当面凭中议定价银六钱三分整，亲手父子领回应用。其山自卖之后，任从买主耕种管业，日后不得异言。如有异言，恐说无凭，买主不清，俱在卖主理落，不干买主事。恐后无凭，立此卖契存照。

凭中、笔　龙朝顺

道光九年十二月十七日立

姜绍齐买田连契

立断卖田字人姜士模，今无银用度，自愿将到先年得买兴才、九香之田，地名井忧田一丘，今请中出卖与姜绍齐名下承买为业。当日凭中议定价银四十八两二钱，亲手领回应用。其田任凭买主耕种管业，卖主亲房子侄弟兄并族侄等不得异言。如有异言，在卖主理落。其四至：上凭油山，下凭卖主之田，左凭岭，右凭卖主之田坎下与（以）冲为界，四至分明，今凭中卖是实。

内添一字。

外批：代纳粮六合五。

凭中　姜占鳌

道光十年二月廿四日　亲笔

立断卖田契人范达、连英为因无银使用，无处得出，自愿将到先年得买姜万年之田一丘，地名登敖，今将请中出卖与姜绍齐名下承买耕种管业。当日三面议定价银五十两正，亲手领回应用。其田自卖之后，任凭买主耕种，卖主房族弟兄人等不得异言。今欲有凭，立此卖契字为据。

凭中　姜绍浦、堂口姜宗保

代笔　姜邦彦

道光十年十二月初四日　立

姜士模卖田契

立断卖田字人姜士模，今因要银用度，无出，自愿将到先年得买兴才九香之田，地名井忧田一丘，约谷十五石，今请中出卖与姜绍齐名下承买为业。当日凭中议定价银九拾六两，亲领人手应用。其田任从买主耕种管业，卖主亲房子侄弟兄并族侄等不得异言。如有异言，在卖主理落。其田上凭油山，下凭卖主之田，左凭顶兴四爷田坎下为界，右凭卖主之田坎下与冲为界，四至分明，今凭中出卖是实。

内添一字。

外批：代纳粮一升。

凭中　姜占鳌　押

道光十年二月廿四日亲笔　立卖

范乔四、老丙兄弟卖木契

立卖杉木字人岩湾寨范乔四、老丙弟兄二人，为因缺少银用，情愿将杉木壹块，地名南挽，左凭冲，右凭岭以姜廷德为界，上凭买主田，下凭卖主新种之山，此木分为伍大股，地主占叁股，栽手占贰股，地主之叁大股，乔四弟兄占贰大股，出卖，栽手之贰大股作叁小股，乔四弟兄占贰小股，出卖与文斗寨姜映辉公名下承买为业。凭中议定价银拾肆两伍钱整，亲领应用。其木自卖之后，任买主修理管业，卖主房族弟兄以及外人不得异言。如有不清，卖主理落。日后杉木砍尽，地归原主。恐后无凭，立此卖字为据。

外批：田坎下零木三株在，外添大字壹字。

凭中　范贵绞

代笔　范绍源

道光十年五月初七日　立

姜氏叱音、相廷母子卖山契

立断卖山场杉木契人姜氏叱音、子相廷，为因要银度用，无处得出，自己将到祖遗之山，地名毫排，界至：上凭国柱油山，下抵水沟，左凭国柱山以冲为界，右凭相弼山为界，四至分明。此山栽手、地主分为五股，栽手占二股，地主占叁股。地主三股以作四小股，相廷母子占一股，出卖与本房姜映辉公名下承买为业。当日凭中议定价银壹两一钱，亲手领回应用。其山自出卖之后，任凭买主修理管业，卖主弟兄房族不得异言。今欲有凭，立此断卖字为据。

凭中　姜昌厚

代笔　姜邦彦

道光十年七月初八日　立

干榜地买卖连契

立断卖山场杉木约人姜门范氏卧姑，为因缺少粮食，无出，自愿将到干榜与光辉所共山，其界至：上凭岭，左凭绍齐，右凭陆家，下凭冲，四至分明，今将出卖与本房姜光辉名下承买为业。当面议定价银叁钱正，亲手领用。其山自卖之后，任凭买主修理管业，卖主房出弟兄不得异言。今恐无凭，立此断卖约为据。

凭中、代笔　姜开元
道光十七年□□　立

立断卖山场杉木字人上寨六房姜光辉，为因要银使用，无处得出，自己将到山场杉木一块，地名干榜，地主栽手分为五股，地主管叁股，栽手管二股，今将地主之叁股并地卖与姜绍熊、绍齐、侄钟泰承买为业。当面凭中议定价银一两陆钱五分，亲手领回应用。其山界限：上凭岭与路为界，下凭路，左凭买主，右凭陆姓之木为界，四至分明。如有不清，俱在卖主上前理落，不干买主之事。恐口无凭，立此断卖山场杉木字为据。

外批：栽手在外。
凭中　姜大受
代笔　姜朝辉
道光二十一年三月初八日　立

立断卖杉木字人龙开学、姜超泰二人，为因家中缺少银用无处得出，自愿将到新年栽光辉山，地名干榜，地主、栽手分为五股，栽手占二股出卖与下寨姜绍杨、姜绍齐侄钟泰承买为业。当日凭中议定买银九钱整。其山界限：上凭岭以路为界，下凭路，左凭冲与买主为界，右凭岭以陆姓为界，四至分明。其山房族弟兄不得异言，倘有异言，俱在卖主上前理落，不干买主之事。恐后无凭，立此断卖杉木字人为据。

  凭中 姜昌宗 笔
道光十年十一月十五 立

龙长生卖山契

  立卖杉木油山约人龙长生，为因家下缺少银用，无处得出，自愿将到油山并杉木一块，地名校研奚，左凭寿保，右凭冲，上至载渭田坎，下凭廷智之木为界，四至分明，今将凭中出卖与下寨姜绍雄名下承买为业。当日凭中议定价银一两六钱正，亲手领回应用。其山自卖之后，应从买主修理管业，卖主不得异言。恐后无凭，立此卖契为据。

  内添五字。
  凭中 罗老龙
  代笔 朱锦
道光拾年十二月廿四日 立

姜玉才父子卖木契

  立卖栽杉木字人姜玉才父子，为因要银使用，无处得出，自愿将到所栽之木，地名冉牛郎，出卖与姜绍熊名下承买为业。议定价纹银五钱五分正，亲手领回应用。其山界限：左凭岭，右凭冲，上登岭，下凭路，四至分明。其杉字（自）卖之后，卖主不得议（异）言。今恐无凭，立此卖字为据。

绍祖、绍齐、钟泰三人

凭中　昌基笔

道光十年　立

姜光训、光主兄弟卖田契

立断卖田约人姜光训、光主弟兄二人，为因父亲亡故，无处得出，自己情（请）中将到田大小三丘，土名冉翁，出卖与下寨姜绍齐兄名下承[买]为业，当日凭中议定价银肆拾叁两整，亲手领回应用。其田自卖之后，任凭买主管业，卖主不得异言。今欲有凭，立此断卖字为据。

外批：此田代（带）田坎下之杉木俱卖在内，其田界限：上凭姜绍吕，下凭绍吕，左凭冲，右凭路，四至分明。

凭中　姜大受

代笔　姜朝辉

道光十一年一月十三日　立

姜宗连兄弟卖木契

立断卖栽手杉木约人姜宗连、姜老舛弟兄二人，为因家中要银使用，自愿先年佃栽姜廷耽山场一块，土名卧腰，此山上凭买主之木，左右凭冲，下凭水沟。此山栽手地租（主）分为五股，地主占三股，栽手占二股。本名占栽手一股，今请中将本名栽手一股出断卖与姜伟公名下承买为业。当日凭中议价银十三两，亲手领回应用。其栽手自卖之后，任凭买主修理管业。倘有不清，俱在卖主理落，不干买主之事。恐后无凭，立此断卖栽手远永存照。

  凭中 高显荣、姜老齐

  道光拾一年三月初五日 亲笔立

姜宏章卖山契

  立断卖山契人中房姜宏章，为因家中要银用度，无处得出，自愿将到本名所栽油树杉木一块，土名坐落冉路卡，今凭中出卖与下寨姜绍齐名下承买为业。当日凭中议定价银拾两叁钱整，亲手收回家中应用。其油树杉木任凭买主管业，卖主弟兄不得异言。其山界限：上凭田，右［凭］冲，左凭岭，下凭上口，四至分明。今欲有凭，立此卖油山杉木存照。

  凭中 姜昌基

  中房代笔 姜显宗

  道光拾一年三月初七日 立

姜昌厚卖木契

  立卖杉木契人姜昌厚，今因家下要银使用，自愿将到杉木一块，地从皆拜破，此木界至：上凭田路，下抵钟英之木，左凭载渭之山，右凭冲为界。先年得买栽手，五股均分，地主占三股，栽手占贰股，界至股数分清；又一处下半破，地名皮拜，杉木并地，界至：右凭岭与（以）冲为界，左凭木红为界，上凭水沟，下抵姜载渭之木，四至分明。请中卖与姜绍齐兄名下承买修理为业，当日议定价银贰两四钱整，亲手领回。其木任凭买主管业，卖主弟兄不得异言。今欲有凭，立此卖契一纸存照。

凭中　房叔姜映发

道光十一年六月十三日　亲笔　立

龙文彪卖树契

立断卖油树字人龙文彪，为因缺少银用，无处得出，自愿将到先年得栽姜举周之山一块，地名白堵，上凭凹顶，下凭买主油山，左凭岭，右凭通明油山，此油树分为二大股，地主占一大股，栽手弟兄三人占一大股，此一大股分为三小股，今将本名［下］一小股出卖与地主姜公举周名下承买为业。三面凭中议定价银七钱五分，亲手领回应用。自卖之后，任从买主修理管业，卖主不得异言。今欲有凭，立此卖字为据。

外批：内添二字。

依口代笔　姜德昌

道光十一年六月廿七日　立

姜怀德卖山契

立卖山场杉木约人上寨姜怀德，为因要银使用，无出，自愿将到杉木一块，土名坐落子鸠，上凭大路，下凭水沟，左凭冲，右凭田嘴，今将出卖与下寨姜绍雄名下为业。当日凭中议定价银四钱三分，亲手收用。其山自卖之后，任凭买主管业。口说无凭，立此卖字为据。

外批：此山先年与廷峰得买。

道光十一年七月十二日　姜开榜笔　立

姜老卯、老引卖木契

立卖杉木约人姜老卯、老引弟兄二人，为因母亲忘（亡）故要银用度，无处得出，自愿将到地名白号杉木一块，出卖与本房姜映辉名下承买为业。当日凭中议定价银六两三钱，亲手领回应用。其木界至：上凭盘路，下凭方平，右凭冲，左凭岭，四至分明。如有不清，俱在卖主向（上）前理落，不干买主之事，卖主房族弟兄不得异言。恐后无凭，立此卖契永远为据。

代笔，凭中　龙绍宾

道光十一年九月初二日　立

姜连寿卖木契

立断卖栽手杉木字人姜连寿，为因要银度用，无处得出，自愿将到地名耸涯，有杉木一块，界至：上凭显祖之木，下凭冲，左凭上寨三爷之木以岭为界，右凭本人以冲为界，四至分明，今将请中上门问到本房姜映辉名下承买为业。当日凭中议定价银九两八分整，亲手应用。其木自卖之后，任凭买主修理管业，卖主不得异言。口说无凭，立此卖杉木存照。

外批：地主与映辉、绍尧二人所共地主栽手分为三股，地主占两股，栽手占一股，卖与映辉名下得买。

凭中　姜宗保

代笔　姜昌厚

道光十一年九月十二日　立卖

姜相清等卖木契

立卖地租杉木字人文斗寨姜相清、相德、侄照华，为因要银使用，自愿将到先年得买龙盛周、绍宾之山，地名翁扭，此山界上登顶，下抵田沟，左凭岭，右凭大冲，四至分清。所有股数相清等占地租叁股，今凭中出卖与萧廷彩六爷名下承买为业。当面凭中议定价银柒拾四两，亲领应用。自卖之后，任凭买主蓄禁管业，日后砍伐，地退归原主，姜相清弟兄另栽为业。立卖字是实。

凭中　姜本清、春发、绍周

姜相清亲笔

道光十一年十月初三日立

肖廷彩卖木契

立卖地租杉木字人肖廷彩，今因无银使用，自己得买姜相清、相得、侄熙华名下地名翁扭之山木，出卖与文斗下寨姜映辉公名下承买蓄禁。当面议定价银八十八两，□□其木四至：上凭顶，下抵田沟，左凭岭，右凭大冲，其木地四至分明。所有股数，相清、相得弟兄占地租三股。自卖之后，任凭买主管业，日后砍伐，地退原主姜相清、弟相得另栽。立卖字是实。

凭中　杨安宗、姜春发、朱和宗

道光十一年十月廿日　肖廷彩亲立

姜宏章卖山契

立卖山场约人姜宏章，为因家中缺少银用，无出，自己将到乌榜溪杉木山场二块，上块左平（凭）凹上，右平（凭）岩洞，上平（凭）溪，下平（凭）溪；下块上平（凭）水勾（沟），下平（凭）溪，左平（凭）初（粗）岩，右平（凭）岩洞。今将出卖与下房姜绍熊名下承买为业。当日义（议）定价银二两五分整，亲手领收回家中应用。应平（凭）买主管业，卖主不得异言。今恐无凭，立此卖字是实。

内天（添）一字。

代笔　姜开运

道光十一年十二月廿八日立

姜之美兄弟卖田契

立断卖田约人加什寨姜之美兄弟四人，为因家中缺少银用，无出，自愿将到田一丘，坐落土名冉翁，今出断卖与文斗寨姜绍熊名下承买为业。议定价银贰拾三两八钱整，亲手收回任用。其田自卖之后，任从买主耕种管业，卖主日后不得异言。今欲有凭，立此断约存照。

外批：粮每年银三钱。

亲笔　之美

凭中　龙朝显

道光十二年正月二十日　立

姜朝广等卖田契

立卖田约人下房姜朝广、姜万兴兄弟，为因家中要银用度，无处得出，自愿将到土名党岭田，大小二丘，上凭买主之山，下凭本旺之田，左凭光禹之田，右凭姜连之田，四至分明。今将出卖，请中问到上房姜绍熊名下承买为业。当日凭中议定价银叁拾叁两八钱整，亲手领回应用。其田自卖之后，应从买主下田耕种管业，卖主弟兄不得异言。如有异言，卖主上前理落，不干买主之事。恐口无凭，立此卖字为据是实。

内涂贰字。

凭中　龙绍宾

光典　笔

道光十二年七月十七日　立

姜济盛等卖田契

立断卖田字人姜济盛、寿长弟兄，为因父没，无银用度，自愿将到井溜田壹丘，其田上抵买主，下抵卖主，今请中断卖与姜绍齐兄名下承买为业。当日凭中议定价纹银贰两柒钱伍分，亲手领足应用。其田自卖之后，任凭买主耕种管业，卖主等不得异言。如有不清，卖主理落，不关买主之事。今欲有凭，立此断卖田字存照。

凭中　姜占鳌

道光十贰年七月廿日　济盛亲笔　立

姜昌俊等卖木并山契

立卖杉木并地契人姜昌俊、昌远、老癸、老四弟兄等，今因要银使用，无处得出，自己将到，地名□□，此山分为四股，先年得买绍祖、生兰、姝辇三人之三股，姜钟英弟兄存得买述贤本名一股，共合四股，此木界至：上凭油山，下凭绍昌田，左右凭冲，四至分明，今将请中卖与姜绍齐兄名下承买为业。当日凭中议定价银贰两五钱整，亲领人手收回应用。其木自卖之后，任凭买主管业，卖主不得异言。今欲有凭，立此卖契存照。

此山分为四股，登儒弟兄占一股半，登海所占山三钱柒分半，壹□□□。登儒批出卖与朱家振为业。仰华批。

凭中　姜老霞

道光十二年七月廿一日　亲笔　昌俊　立

姜未乔等卖地基契

立断卖屋地基契人姜未乔、生乔弟兄二人，为因要银使用，无处得出，自愿将到屋地基上一块，左凭故保年屋，右凭工美屋，上凭买主之地，下凭坎，四至分清。今凭中出卖与本房姜绍熊兄名下承买为业。当日凭中三面议定价银八两八钱正，亲手领回应用。其地基自卖之后，任凭买主修整管业，卖主弟兄房族不得异言。今欲有凭，立此断卖字为据。

外批：添一字，涂一字。

凭中、代笔　姜邦彦

道光十二年八月十六日卖主押

姜氏林氏等卖田契

立断卖田约人文斗寨姜氏、林氏同男济盛、寿长母子，为因家下缺少费用，母子商议，自愿将到井忧田大小贰丘，约谷拾贰担，凭中出断卖与黎平城李魁名下承买为业。当日凭中实受过断价银柒拾六两整并画字酒水在内，母子亲手收回应用。其田自断之后，任从买主招人耕种管业。此系母子名下之业，不与族外人等相干。如有异言，俱在母子承当理落，不干买主之事。恐后无凭，立此断卖约永远存照。

外有典当字未退，日后查出系是故纸。

凭中　堂兄姜济岐、济泰、林中鲁、族兄姜显祖　押

道光拾贰年八月廿五日　子济盛亲笔立

姜通敬卖田契

立断卖田字人姜通敬，为因家中缺少银用，无出，自愿将到名下所分之田壹块，地名鸠宜，上凭通元之田，下凭国柱之田，左抵坡，右抵水沟，出卖与姜绍齐叔名下承买管业。当面议定价银贰拾伍两伍钱，亲手领回应用。其田自卖之后，任凭买主耕种管业。卖主房族弟兄不得异言。若有不明，俱在卖主上前理落，不干买主之事。今欲有凭，立此断卖田约永远为据。

外批：其田粮逐年帮贰分。

凭中　姜大受

代笔　胞兄姜通义

道光十二年十月二十七日　立

姜□美兄弟卖田契

立断卖田地约人加什寨姜□美兄弟四人，为因家中□□，要银使用，无处得出，愿情（请）中将到地名坐落乌甲加，界至：上凭卧奢，下已（凭）买主之田，今将出卖与下寨之姜绍熊名下承买为业。当面凭中议定价银贰拾三两八钱八分，亲手领回应用。其田自卖之后，任从买主耕管为业，卖主不得异言。今欲有凭，立此断卖约人存照。

每年帮粮三分。

凭中、代笔　龙朝显

道光十二年十一月十二日　立

姜朝广、万兴兄弟卖田契

立断卖田约下房姜朝广、万兴弟兄，为因家下缺少银用，无处得［出］，自愿将到地名党岭田，大小贰丘，界限：上凭买主之山，下凭本望之田，左凭岩禹之田，右凭姜连之田，四至分明。今将出断卖与上房姜绍熊兄弟名下承买为业。当日凭中议定价银九两八钱八分整，亲手领回应用。其田自卖之后，任凭买主耕种管业，卖［主］房族弟兄不得异言。如有异言，俱在卖主理落，不干买主之事。恐口无［凭］，立此断卖田为据是实。

其粮照册完纳。

内添一字。

凭中　龙绍宾

子光典　笔

道光十二年十二月十七日　立

姜宏章卖山契

立卖油山杉土（木）约人姜宏章，为因缺少银用，无出，至（自）愿将到油山杉木二块，土名祭丢，出卖与下房姜绍齐名下。当日凭中义（议）定价银一两九钱五分正，亲手领回家中应用。其山上一块，上凭田，下凭路，左凭载渭，右显渭；下杉土一块，上凭田坎路，下凭路，左凭载渭，右凭显渭，四至分明。其地土山自卖之后，应平（凭）买主管业，卖主不得异言。今恐无凭，立此卖字是实。

凭中　易明喜

代笔　姜开运

道光十二年十二月廿日　立

龙朝显卖田契

立断卖芳（方）田约人上寨龙朝显，为因缺少银用，无处得出，自己将到地名坐落冉翁芳（方）田出卖与下寨姜绍雄名下承买为业。当日议定价银叁钱，亲手领回应用。其芳（方）田自卖之后，任从买主耕管为业，异日卖主子孙不得异言。今欲有凭，立此断卖芳（方）平田存照。

代笔　龙朝显

道光十年十二月二十五日　立

姜昌俊卖山契

立断卖油并地字人姜昌俊，今因要银使用，自愿到地名良点油山一块，上凭魂山，下凭龙玉洪之山，左凭魂山，右凭岭与连合山界，四至分明，出卖与姜绍熊兄名下承买为业。当日凭中议定价银二两伍钱八分，亲领收回应用。其油应凭买主管业，卖主不得异言。今恐无凭，立此断卖字是实。

凭中　叔姜映发
道光十三年四月十三日亲笔　立

范献瑶卖地契

立断卖地约人岩湾寨范献瑶，为因缺少粮食，自愿将到地壹块，土名也优，界限：上凭田，下凭溪荒坪，左凭钟英弟兄之山，右之上截凭岭，下截凭冲，四至分清。今凭中出卖与文堵（斗）姜绍熊、绍齐二人名下承买为业。当日凭中议价银二两二钱整，亲手收回应用。其地任从买主管业，卖主弟兄不得多言，如有此情，卖主理落。今欲有凭，立此卖地存照。

涂一字，添一字。
凭中　堂兄范老兰
道光拾叁年伍月初九日卖主亲笔押　立

李魁卖田契

立断卖田约人黎平李魁，为因家下缺少银用，自愿将到先年得买姜济盛、寿长弟兄，土名井忧，大小田贰丘，约谷拾贰担，随带原粮照册完纳。今凭中出卖与姜绍齐公名下承买为业，当日凭中实过价银陆拾壹两肆钱整，亲手收回应用。其田自卖之后，任凭买主招人耕种管业，不与房族外人相干。倘有不清，俱在卖主理落，不干买主之事。今欲有凭，立此断卖约永远子孙发达存照。

凭中　姜大受、李万年

道光十三年七月二十日　子李万朝笔　立

龙文忠卖油树契

立断卖栽手油树字人龙文忠，为因缺少银用，无处得出，自愿将到先年得栽姜举周之山一块，地名白堵，上凭凹顶，下凭买主油山，左凭岭，右凭通明油山。此油树分为二大股，地主占一大股，栽手弟兄三人占一大股。此一大股分为三小股，今将本名一小股出卖与地主姜公举周名下承买为业。三面凭中议定价银伍钱五分，亲手领回应用。自卖之后，任从买主修理管业，卖主不得异言。今欲有凭，立此卖字为据。

外批：内添三字。

代笔　弟　文彪

凭中　姜万华

道光十三年十二月十四日　立

罗老龙卖木契

立断卖栽手约人罗老龙，为因先年佃到绍熊弟兄之山，地名污泥，上凭田，下至溪，左凭绍璜田角以下，右凭引保米田角以下，四至分明。无处得出，自愿将到先年佃栽手出卖与山主本房姜映辉公名下存买为业。当日凭中议定价色银陆钱，亲手领回应用。其栽手自卖之后，任从买主修理管业，栽手子孙日后不得异言。今欲有凭，立断卖栽手是实。

凭中、代笔　姜绍牙

道光十三年十二月十九日　立

姜必显卖木契

立断卖栽手字人姜必显，为因家中缺少粮食，无出，自己将到先年所栽姜光模山一块，地名风黎，其山界至：上登岭下，下凭田，左凭岭与绍宏山为界，右凭岭以相岐山为界，四至止明。其杉木地主、栽手分为五股，地主占叁股，栽手占贰股。今请中将栽手贰股出卖与姜光照名下承买为业。当日凭中三面言定价银叁两四分，亲手收回受用，不欠分厘。其山自卖之后，任凭买主修理管业，卖主房族兄弟并外人不得争论。如有不清，拘（俱）在卖主上前理落，不关买主之事。今欲有凭，立断卖栽手字为据。

凭中　姜老中

代笔　姜光禧

道光十四年三月初二日　立

姜氏香矫、开怡母子卖田契

立断卖田契人上房姜氏香矫同子开怡，为因丈夫光齐所该账务无处归还，自愿将到先年祖父遗下之田分落名下田一丘，坐落地名党庙，其田上凭廷映，下凭相荣，左凭沟，右凭载渭，四至分明。今将出卖与下寨映辉公名下承买为业。当日凭中议定断价银壹百叁拾贰两，亲手领回。其田自卖之后，任从买主耕种管业，卖主以及内外人等，不得异言。今欲有凭，立断卖契人永远存照。

外批：其田源头水，照依田角自沟自井，外人不得争论。其有大沟，此田无分，此粮照册代纳。所批是实。

批：添二字。

凭中　叔光璧、姜绍恒

卖主　姜开怡

道光十四年四月廿八日　侄开泰笔立

姜氏香矫、开怡母子卖田契

立断卖田契人上寨姜氏香矫同子开怡，为因缺少银用，无出，自愿将到祖父分落名下之田壹蚯，地名坐落党庙，其田上凭廷映之田，下抵绍恒之田，左抵水沟，右抵载渭之田。今请房族度到下寨妻映辉公名下承买为业，当日凭中议定断价纹［银］贰拾六两，亲手领足应用。其田自卖之后，任凭买主耕种管业，卖主以及内外人等不得异言。今欲有凭，立断卖契存照。

其田粮照册代纳，所有源头水自沟自井，外人不得争论。其有大沟，此田无分。所批是实。

凭中　叔光璧、姜绍恒

道光十四年四月廿八日　侄开泰笔立

姜显祖等卖木契

立断卖杉木约人姜显祖、子开池、开泗父子，为因缺少银用，自愿将到先年得买姜□泰之山，坐落土名该也细如，界限上凭田，下凭田，左凭岭，右凭田角，四至分明，请中出卖与姜映辉公名下承买为业。当日凭中议定价银三两二钱五分整，亲手领回家中应用。其杉木自卖之后，任凭买主管业，卖主不得异言。如有异言，俱在卖主上前理落，不关买主之事。今欲有凭，立此断卖杉木远永存照。

外批：该也细如之木，地主占三股出卖与姜映辉公。

外批：其有老契未拔。

凭中　潘绍方、姜启德　老契之中

凭中　姜宏章

道光十四年六月廿三日　姜开池亲笔　立

姜开贵等卖田契

立断卖田约字人上寨姜开贵、开荣弟兄二人，为因缺少银用，无［处］得出，愿请中问到下寨姜绍熊四爷名下承买为业。当日凭中议定纹银二两三钱四分。其田界趾（至）：上凭载渭田，下凭沟，左右凭沟，四至分明。其田土名污杂假田一丘，约谷三箩。自卖之后，任凭买主耕种管业，卖主弟兄房族不得异言。倘有不清，俱在卖主理落，不干买主之事。今欲有凭，立此断卖田约存照。

外批：粮钱每年十六文。

凭中　姜老齐

代笔　易明喜

姜向荣押

道光十四年七月初十日　立

姜昌后卖菜园契

立卖菜园字人姜昌后，今因家下要银使用，自愿将到地名杨报菜园一块，左凭映发，右凭陆大伦，上边凭路，下凭昌远，四至分明，请中问到姜绍熊兄名下承买为业。当日议定价银伍两正，亲手收回应用。其园自卖之后，任凭买主管业，卖主弟兄不得异言。今欲有凭，立此卖字存照。

凭中　堂兄姜昌荣

道光十四年十二月廿五日　亲笔　立

姜氏香矫、开怡母子卖田契

立断卖田契人六房姜氏香矫、子开怡，为因先年父亲光齐亲手将祖父得买姜岳保之田分落名下，地名党庙里垅田一丘，典当与姜映辉、朱卓廷二家。奈光齐已故，母子无银赎回，情愿请中将已典当与映辉之田仍断卖与姜映辉公名下承买为业。当日凭中议定价银壹百零捌两，扣除典当价外，补银叁两六钱，母子亲手领足，分厘不欠。自卖之后，任凭买主与朱姓共耕种管业，卖主以及内外人等不得异言。

今欲有凭，立此断卖字约永远发达存照。

外批：其田之粮照册上纳。

又批：朱姓之股原是典契，尚未断卖。

内添三字。

凭中　姜绍怀、通义

道光十五年四月十四日　姜开泰　笔立

姜万年卖木契

立断卖山场杉木字人文斗下寨姜万年，先年得买本寨姜映发山场杉木壹块，地名干榜，其山界至：上登顶，下凭刘老常之山，左凭冲，右凭岭抵买主之山木。此山与姜绍宏所共，分着七股，得买映发壹股，今面凭中人将此一股出卖与本寨姜绍齐兄名下承买［为］业。当日凭中议定价银色银壹两伍钱，亲手领回应用。其山杉自卖之后，任从买主修理管业。倘有来路不明，俱在卖主尚（上）前理落，不与买主相干。今欲有凭，立此断卖山场杉木字为据。

凭中　姜绍怀

道光十五年五月初三日　万年亲笔　立

姜昌远兄弟卖木契

立断卖油山杉木自（字）人姜昌远弟兄三人，为烟（因）要银度用，无处得出，自愿将到土名暴故同，界至：上边凭良廷路，下边凭绍齐木，左右凭绍宏油山，四至分明，请中出卖于姜绍熊名下承买为业。当命价银三两五钱。自卖之后，任凭买主修理管业，卖主弟兄不得异言。如有不清，俱在卖主理落，不以（与）买主相干。今恐无凭，立此断卖油山杉木远远存照。

凭中　故霞

亲笔　姜昌远

道光十五年五月廿六日　立

姜朝广、光谨叔侄卖山契

立断卖油山字人姜朝广、侄光谨，为因家下要银用度，无处得出，自己愿将到白堵油山杉木山场，界限：上凭路，下凭卖主油山，左凭路，右凭通理，四至分明，今将请中出卖与上房姜绍熊、绍齐、钟太三人名下承买为业。当日凭中三面议定价银叁两陆钱，亲手收回应用。其油山杉木自卖之后，任从买主修理管业，卖主不得异言。如有不清，俱在卖主理落，不与买主相关。今欲有凭，立断卖字为据。

外批：内添四字。

外批：油山分为六股，本名占五股出卖，文顺自存一小股在外。

凭中　龙绍宾

朝广　亲笔

道光十五年六月初九日　立卖

杨枝一卖田契

立断卖田字人天柱县杨枝一，今因家下缺少银用，无处寻出，自愿将到先年得买姜济盛、寿长弟兄之田，地名党泥，大小三丘，约收谷七运，今凭中出卖与文斗上寨姜开儒名下耕种为业。当日三面议定价纹银拾两正，其银亲领入手。其田任凭买主子孙耕种管业，卖主不得异言。今欲有凭，立此断卖字约为据。

内添一字。

凭中　姜朝辉

道光十五年十一月初六日　亲笔立

姜光模卖田契

立断卖田契人下房姜光模，为因要银使用，无处得出，自己将到祖遗之田，地名岩板坡大小五丘，界：上凭天麻，下凭买主田，四至分明。今请中出卖与上房姜绍熊名下承买耕种管业。当日凭中三面议定价银四十五两贰钱五分，亲手领回应用。其田自卖之后，凭买主耕种管业，卖主房族人等不得异言。今欲有凭，立此断卖字存照。

外批：粮照册代纳。

凭中　姜天祥、绍齐、邦彦

道光十六年二月十七日卖主　亲笔　立

姜光模卖木契

立断卖油山场田坎上下杉木字人下房姜光模，为因要银使用，无处得出，自己问到上房姜绍熊名下承买修理管业。当日凭中三面议定价银一两六钱，亲手领回。其油山杉木任凭买主修理管业，卖主并房族不得异言。今欲有凭，立此卖是实。

凭中　邦彦、运亨

道光十六年三月十五日　亲笔　立

龙玉宏卖木契

立卖油山杉木约人龙玉宏，今因要银使用，自己将到地名报故童油山并地一块，界至：上凭绍宏油山，下抵大路，左凭买主油山，右凭绍宏，四至分明。今将请中卖与姜绍熊名下承买修理管业，卖主不得异言。当日凭中议定价纹银八钱二分，亲手收回应用。日后卖主不得番（翻）悔，立此断卖油山杉木是实。

凭中、代笔　姜昌后
道光十六年五月十八日　立

龙文顺等卖山契

立断卖油山字人龙文顺、老岩父子，为因家下要银用度，无处得出，自己愿将到白堵山杉木山场，界限：上凭路，下凭卖主，左凭路，右凭通理，四至分明，今将出卖与上房姜绍熊、绍齐、钟太三人名下承买为［业］。当日凭中议定价银四两正，亲手领回任用。其油山杉木自卖之后，任从买主修理管业，卖主不得异言。如有不清，卖主理落，不干买［主］之事。今欲有凭，立断卖字是实。

代笔、凭中　龙绍宾
道光十六年五月十九日　立

姜开科等卖木并山契

立断卖油山并嫩杉木、老木字人上寨姜开科、开仲弟兄二人，为因要银资用，自愿将到祖□所遗油山壹块，有杉木在内，坐落土名乌假载，其山上凭姜种英田角下为界，下凭姜通义田角以上为界，左凭姜通戴田角至下截凭大集为界，右凭水冲坏坡为界，四址（至）分明，凭中断卖与下寨姜绍齐先生名下承买为业。当面议定价银叁两柒钱整。自卖之后，任从买主管业，卖主弟兄日后不敢异言。特立此断契纸，以为卖主永远执据。

凭中　姜大受

代笔　姜朝干

道光壹拾陆年六月初四日　立

范献连父子卖田契

立断卖田契人岩湾范献连、子老寅、老文、老保、老元父子五人，今因缺少费用，无出，自愿将到祖遗地名冉高小田五丘，若谷六石，凭中出断卖与文斗姜绍熊名下承买为业。当日凭中议定过断价纹银拾叁两整，亲手收足应用。其田自断之后，任从买主下田耕种管业，卖主父子族人等不得异言。倘有不清，俱在卖主理落，不以（与）买主何干。今欲有凭，立此断卖契永远存照为据。

批：其田粮每年买主帮银叁分。

批：其田界限上壹林二土丘，上凭坡，下凭卖主大田，左凭大田砍（坎）上斗处，右凭大路；又壹丘在大田右角，上凭杉山，下凭朱姓，左凭大田，右凭坡；又壹丘在卖主大田砍（坎）下，界限上凭大田，下凭杉山，左凭路，右凭杉山；又壹丘界限在大田左边砍（坎）上，上凭钟英之田，下凭大田，左凭田砍（坎）上边斗坡，右凭大田中内砍（坎）上之斗处为界。此断卖之田五块，界限一概分明。锡寿手批。

凭中　范绍享

代笔　范锡寿

道光拾柒年叁月初五日　立

姜启智等卖山契

立断卖杉山约人平鳌姜启智、启思、子惟清父子，今因要银使用，无处设法，情愿将到祖遗杉山地名从讲上下贰块，上一块界限：上凭东兴，下至盘路，左凭得万，以岭为界，右凭冲为界；又下一块：上凭石泉屋角以上刀尖为界，下抵岩良（梁）为界，左凭岭为界，右凭小冲与载渭、姜洪为界，四至分明。此贰块股数，栽手、地主分为贰大股均分。卧福所占一大股，启智、启思、惟清所占一大股。今将栽手、地主一大股，请中出卖与文斗姜连合、绍熊、绍齐、钟泰四人名下承买为业。当面凭中言定价银拾陆两捌钱正，亲手领足，分毫无欠。其杉山自卖之后，任凭买主修理管业，卖主不得异言。日后杉木长大砍尽，地归原主。恐后无凭，立此断卖杉山存照。

凭中　姜春发

道光十七年三月二十二日　亲笔立

姜老生等卖木契

立断卖杉木字人姜老生、老元弟兄，为因要银使用，无处得出，自己将到杉木一块，地名南堵，上凭土垠，下凭河，左凭冲，右凭载渭之木为界，四至分明，请中出断卖与姜绍雄、绍齐、钟泰叔侄名下承买为业。当日凭中议定价银四钱五分，其银亲手领回应用。自卖之后，任从买主修理管业，卖主不得异言。今欲有凭，立此断卖字是实。

凭中　姜应荣

代笔　姜朝理

道光十七年十二月廿九日　立

玉宏卖木契

立断卖地土杉木契人玉宏，为因将到祖山二块，地名乌格溪，界：上凭水沟与买祖（主）山，下凭乌格溪，左凭小冲，下至大冲，右凭岭买主之山，出卖。右边一块，界：上凭田沟买主山，下凭冲，左凭岭，右凭小冲，此右边之一块分为二股，本名占一股。凭中出断卖与姜绍齐名下承买为业，当日议定价银拾六两八钱正，亲手收足应用。其山自断之后，任凭买主子孙世代管业。恐口无凭，立此断山场字为据。

凭中　姜绍滔、宗保

代笔　玉兴

道光拾八年二月十四日　立

姜光模卖田契

立断卖田契人下房姜光模，为因要银使用，无处得出，自己将到祖遗之土，地名岩板坡，大小五丘，界：上凭天麻，下凭买主田，四至分明。今请中出卖与上房姜绍熊名下承买耕种管业。当日凭中三面议定价银十四两伍钱八分整，亲手领回应用。其田自卖之后，任凭买主耕种管业，卖主房族人等不得异言。恐[后]无凭，立此断卖田契存照。

凭中　姜□□、邦彦

道光十八年二月十七日　亲笔　立

姜遇魁卖木契

立断卖栽手杉木约人六房姜遇魁，为因要银用度，自愿将到先年佃到姜廷映之山，地名卧腰，此山上凭盘路，下凭大河，左凭冲，右凭水冲，四至分明。此杉木地主、栽手分为二大股，地主占一大股，栽手占一大股，栽手一大股又分为二小股，姜老黎占一小股，我姜遇魁占一小股，今请中将我本名栽手一小股出断卖与姜齐泰名下承买为业。当面议定价银一两零五钱，亲手领回任用。其栽手自卖之后，任凭买主修理管业，卖主不得异言。恐有不清，俱在卖主理落，不干买主之事。今欲有凭，立此卖栽手一股，永远存照。

内涂七字，添一字。

凭中　堂叔姜老齐

道光十八年三月十七日　姜遇魁亲笔　立

姜光照卖木契

立断卖栽手杉木字人文堵寨姜光照，为因要银用度，无出，自己将到先年得买姜志方栽手之股，地名风黎山，其木界至：上登顶，下凭水沟，左右凭岭，杉木地主栽手分为五股，地主占三股，栽手占贰股，今请中先问地主亲房叔侄无人承买，自己请中将栽手贰股问到蒋日快大爷名下承买为业。当日凭中三面议断价纹银四两七钱五分，亲手收回应用。自卖之后，任凭买主修理管业，卖主弟兄外人并不得争论。如有不清，拘（俱）在卖主上前理落，不关买主之事。今欲有凭，立断卖栽手字为据。

内添二字。

外批：日［后］木长大砍发（伐）下河，地归地主。

凭中　薛正元　兄姜光宗

道光十八年又四月初一日　亲笔　立

姜光宗卖田契

立卖田字人姜光宗，为因要银使用，自愿请中将到田壹丘，地名寨脚，上凭荒坪，下凭李正伦，左凭□，右凭姜光本，请中出卖与姜绍齐晚公名下承买耕种为业。当日凭中议定价纹银壹两伍钱，亲手收回应用。其田自卖之后，任从买主耕种为业，卖主不得异言。如有不清，卖主尚（上）前理落，不关买主之事。今欲有凭，立此卖田字是实。

凭中　姜钟琦、德宏

道光十八年四月二十日　亲笔　立

姜朝望父子卖山契

立断卖油山并地字人下房姜朝望父子，为因家中缺少银用，无处得出，自愿将到先年得买朝广油山地壹块，土名皆晓，自愿请中出卖与上房姜绍熊、绍齐、钟太名下承买为业。当面议价纹银壹两玖钱伍分，亲手领回应用，未欠分毫。其油山自卖之后，任平（凭）买主修理管业，我卖主并房族弟兄不得异言。今恐人心不古，立断卖字为据。外批：此油山界上抵光兴，下抵朝秀，与田角横过，左抵本善，右抵光宗，四至分明。

涂一字，添三字。

凭中　姜绍清

代笔　姜相荣

道光拾捌年伍月二十一日　立

李如兰卖山契

立断卖山场杉木契人李如兰，为因要银使用无处得出，自己将到杉木一块，地名白号山之木，界至：上凭田，下凭相清之木，左凭天舒之木，右凭冲，与大宏为界，四至分明，今请中出卖与本房姜绍熊名下承买为业。当日凭中议定价银一两二钱整，亲手领回应用。其山自卖之后，任凭买主管业，卖主弟兄不得异言。今欲有凭，立此断卖山场杉木为据。

外批：此山栽手地主分为叁大股，如连占一股，如葵占一股，如兰占一股，出卖木并地。

内添一字，涂一字。

凭中、度中　龙九连

代书　姜邦彦

道光十八年六月十五日　立

李如葵卖木契

立断卖山场杉木字人本房李如葵，为因家中缺少银用，无处寻出，自愿将到地名风聋杉山一块，其界至：上凭田，下凭相清，左凭冲，右凭岭，又一处老虎洞与相弼所共，又一处污号与兄弟所共，又一处风早与绍堂所共，又一处培格与绍宏、绍齐所共之栽手。自愿请中出卖与本房姜绍熊名下承买为业。当日中议定价纹银八两四钱整，亲手领回应用。其山自卖之后，任凭买主修理管业，卖主弟兄不得异言。今欲有凭，立此断卖字为据。

其山一处地名老虎洞，此山分为五两，弟兄名下所占山股数占二两四钱一厘七毫，相弼名下所占贰两五钱八厘三毫，共合五两。

又一处污号，此山分为四股，界至：上凭岭，下凭冲，左凭冲与至凹，右凭本望。本名占一股，出卖。其山地主绍熊占，栽手如葵占。

又一处地名风早，此山地主栽手分为五股，地主占三股，栽手占贰股，栽手分为四股，本名占一股，出卖。上凭路，下凭冲，左凭冲，右凭光照。

又一处培格，先年绍黄、绍宏、绍齐三人得买映九栽手。绍黄占一股，分为四股，本名占一股，出卖。

民国十二年五月十二日凭中坤相、周礼、兴□、登池、李德元、翰元等、登鳌、登宰、登廷弟兄所占老虎洞之山……断卖与姜绍齐管业，价□□元正。姜周礼笔批。

凭中　姜如莆、绍牙、邦彦

道光十八年十二月十四日　亲笔立

姜光禹父子卖田契

立断卖田约人姜光禹父子，为因家中要银用度，自愿将到祖遗田大小叁丘，地名皆也报，请中出卖与上房姜绍齐兄名下承买为业。当日凭中面议定断价纹银捌两捌钱，亲手收回应用。其田自卖之后，任从买主耕种管业，卖主兄弟不得异言。如有异言，俱在卖主尚（上）前理落，不关买主之事。其粮照册上纳，不得推辞。所有田坎上下杂木杉树在外。田界：上凭姜连山，下凭禁山，左凭禁山，右凭冲，四至载明。今欲有凭，立断卖田契永远存照。

凭中　姜绍牙、绍熊

代笔　姜光宗

道光十八年十二月廿七日立

李开弟等卖木契

立卖杉木字人李开弟、子如兰、如莲父子三人，为因家中要银用度，自己将到得买栽手杉木一块，土名东周，其界上凭路，下凭冲，左凭小冲，右凭光兆刀口为界，今出卖与姜绍熊名下承买蓄禁修理管业。面议价银七钱，亲手领回应用。其山杉木自卖之后，任凭买主修理管业，卖主毋得异言。今欲有凭，立卖杉木字为据。

外批：此山分作五股分，地主占三股，栽手占二股，此二股栽手又分为四股，今卖主父子只卖名下栽手三小股是实。

道光十九年三月初九日　开弟亲笔　立

姜天祥等卖木契

立断卖山场杉木字人下房姜天祥、天瑞弟兄二人，为因要银用度，无处得出，自己先年父亲得买上寨六房姜廷珠、国华、卧香三人之山场杉木一块，地名世风梨，界限：上凭本望、绍宏之山，下凭绍宏、正福之山，左凭冲，右凭冲，界至分明，自愿请中出卖与上房姜绍熊、绍齐二人名下承买为业。当日凭中议定价纹银捌两壹钱正，亲手领回应用。其山场杉木自卖之后，应凭买主修理管业，卖主不得异言。倘有异言，俱在卖［主］尚（上）前理落，不与买主相干。今欲有凭，立此断卖字为据。

内添一字。

外批：老契在内。

凭中　姜光清

道光拾玖年柒月初五日　姜天祥亲笔　立

龙士宠卖木契

立断卖栽手杉木字人龙士宠父子，为因缺少银用，无从出，自愿将到地名培格与绍齐所共栽手分为四股，名［下］占一股出卖与姜绍齐兄弟父子，价银四钱五分，亲手收回任用，日后不得异言。如有不清，卖主理落，不干买主事。今欲有凭，立此断卖是实。

凭中、代笔　龙绍宾

道光十九年八月初日　立

姜凌汉等卖田契

立断卖田契人姜凌汉、凌霄、凌青，为因要银用度，无处得出，自愿将到地名冉翁田一块，地址：上凭载渭田，下凭绍吕，左凭水沟，右凭载渭，以路为界。今请中出卖与姜绍熊四爷名下承买耕种管业。当日凭中议价文（纹）银拾三两正，亲自［手］领回应用。其田之后，任凭买主耕种为业。恐口无凭，立此断卖字契存照。

凭中　姜大受、老齐

道光十九年八月初八日　亲笔　立

姜凌汉等卖田契

立断卖田字人姜凌汉、凌霄、凌青，为因要银用度，无处得出，自愿将到冉翁大田一丘，界趾（至）：上凭载渭，下凭绍吕，左凭沟，右凭载渭，已（以）路为界。今请中出断卖与姜绍熊四大爷名下承买为业。凭中议定价纹银叁拾贰两，亲手领回应用。其田至（自）卖之后，任凭买主耕种管业，卖主弟兄不得异言。恐口无凭，立此断卖字存照。

内添二字。

凭中　姜口齐、大受

道光十九年八月初八日　亲笔　立

范德政父子卖木契

立断卖杉木契人岩湾寨范德政父子，为因缺少银用，无处得出，自愿将到地名晚有金，地主李科连，栽手范德政，地主占二股，栽手德政、耿彩父子占二股，德政占一股，请中出卖与姜福香弟兄二人名下承买为业。凭中当面议定价银三两整，亲手收回应用。其有界至：上凭弟尧，左凭冲，右凭洞，下凭姜廷云，四至分明。其杉木至（自）卖之后，任从买主管业，卖主父子外人不得异言。倘有异言，俱在卖主理落，不与买［主］何干。今恐无凭，立此卖杉木是实。

  凭中 范耿彩

  代笔 范绍良

  道光拾玖年十一月廿五日 立

陆春华卖田契

立断卖田契约人中仰陆春华，情因先年问价得买文斗上寨姜钧谓地名冉荡之田一丘，除田角之荒坪在外，并除田边上下左右之杉杂木荒坪一概在外，要行出卖，自己请中上门问到出卖与文斗寨姜开儒名下承买为业。当日凭中议定价银贰拾五两捌钱正，亲手领用。其田自卖之后，任凭买主下田耕种，卖主不得异言。如有典当不清，俱在卖主理落，不关买主之事。恐后无凭，立此断字为据。

  外批：每年正粮三钱，其有彩买照数加之。

  凭中 久口潘廷光、文斗姜大庆、中仰陆光正

  道光十九年十二月初八日亲笔 立

李正明、姜连寿卖木契

立卖杉木字人李正明、姜连寿二人，佃种下房姜运亨、子

壬午父子之山，地名冉皁，大小三块。今议定五股分，地主占三股，正明、连寿二人栽手占二股，今正明一股出补卖与姜连寿名下承买修理为业。当日议价银壹钱五分。其杉木任凭连寿修理耕管，正明父子日后不得番（翻）悔异言。今欲有凭，立此卖契存照。

凭［中］、［代］笔　姜绍和

道光二十年正月初十日　立

姜绞生卖木契

立卖山场杉木姜绞生无地基起屋，自愿将到祖遗山场杉木一块，地名卧要（腰），田坎下，界止（至）：上凭田，下凭买主木，左凭岭，右凭起边山为界；又一块地名抱中，保与甲内姜朝□、姜光禹众人所共之山场，绞生本名占之地股当卖；又一块先年亲手栽杉木，地主姜相清之山，地主栽手分为五股，地主占三股，栽手占贰股，其杉木界止：上凭路，下凭路，左凭岭，右凭冲。今将三处山场栽手杉木出卖与姜绍熊、绍齐兄弟二人名下承买为业。兄弟二人相义（议），自愿将凤梨水沟下屋地二间，巧分与姜绞生起屋住坐，二比自愿巧分，不得异言。今欲有凭，立此巧分字永远为据。

外批：绞生名下占三股之字不许再开坎。

凭中　姜邦彦、姜昌宗

道光廿年四月初四日　光照　笔立

姜老霞卖木契

立卖栽手杉木字人姜老霞，为因要银使用，自己将到地名党宜杉木一块，此木栽手分为五股，地主占三股，栽手占二股，今将栽手二股出卖与姜绍吕、绍熊、绍青、钟英名下承买。当日议定价纹［银］四钱八分整，亲手收回应用。其木自卖之后，任凭买主修理管业，卖主不得异言。今欲有凭，立此卖杉木栽手是实。

外批：界至上下凭田，左凭钟英之木界，右凭朝胡、绍吕之木为界。

凭中、代笔　姜昌俊

道光二十年五月廿四日　立

范献璧父子卖山契

立断卖山场约人本家范献璧父子，今因要银使用，自愿将到先年得买本房范朝相山场壹块，地名白南皆理攸，界限：上凭田，下凭姜姓，左凭姜姓，右凭范乔素为界，四至分明，今将出断卖与本家范本番名下承买为业。当日凭中议定价纹银叁两一钱整，亲手人回应用。其山场任从买主管业，卖主房族弟兄不得异言。今欲有凭，立此卖字为据。

凭中　范绍传

代笔　范锡寿

道光廿年八月初九日　立

李如莲卖木契

立断卖山场杉木契人李如莲，为因家中缺少银用，自愿请中将到主（祖）业土名松宠山杉一块，老虎洞一块，风早一块，此三块本名占五股，今凭中出卖与叔姜绍熊名下承买为业。当日凭中三面议定断价纹银壹两伍分正，亲手领足。其山木自卖之后，任凭买主修理管业，卖主弟兄并外人不得争论。恐后无凭，立此断约一纸存照。

民国十二年五月十二日凭中姜坤相、周礼、兴贵、登池、李清元、乔元等、登鳌、登宰、登廷弟兄所占老虎洞之山股，概行出断卖与姜名齐管业，价洋捌元正。

姜周礼　笔批

凭中　李如兰

代笔　彭玉杰

道光贰拾年十一月十五日　立

姜庚酉卖木契

立卖栽手杉木契人姜庚酉，今因要银使用，自愿将到地名污容溪口杉木壹块，界至：上凭龙涯云，下凭溪，左凭唐姓之木，右到刘福与之木；又一块上凭路，下凭溪，左凭小岭与绍宏为界，右凭桥为界；又对面溪一块，上抵路，下至溪，左右凭张姓之木为界，四至分明。其有栽杉之木五股均分，地主占三股，栽手占贰股。今将栽手三股出卖与姜绍齐名下承买为业。当日凭中议定价纹［银］贰两整，亲领人手，收回应用。其木任从买主修理管业，卖主不得异言。今欲有凭，立此卖［字］永远存照。

外批：□□、□□二人所共之木□□。

代书　姜昌后

道光廿年十二月初九日　立

姜熙翱卖木契

立卖杉木字人姜熙翱,为因凉亭土地会银因父借用,今无银填还,自愿将到杉木地租一块,土名假堵,其界上凭路,下凭水沟,左凭冲,右凭岭,四至分明。今将出卖栽手地租杉木与会上众人为业。

日后木大,砍尽发卖,地归原主,另招别人佃栽;又一处刚培道,栽手贰股出与会上众等管业;又一处菜非昌明所栽,栽手占二股,地主占三股,今将地主三股出卖与会上众等管业。会友姜述圣、绍齐、钟英、钟太、相弼、李正通、熙华众等管业,四至分明。今请中议定价银陆两柒钱正。其杉木自卖之后,任凭会友修理管业,卖主不得番(翻)悔。今欲有凭,立此卖字存照。

内添四字。

外批:假堵一处、菜非一处,此二处木大砍尽,地归熙翱。菜非昌明栽手在外。

凭中　姜绍周　姜相德

代笔　姜绍和

道光二十一年二月二十日　立

李绍璜父子卖木契

立卖山场杉木契人本房李绍璜父子、老龙、老生、老岩,为因家中缺少银用,无处得出,自愿将到主(祖)遗山场杉木一块,土名白号山,先年佃与李毕才栽杉,本名十一股,山场出卖与本房姜绍熊叔名下承买为业。当日凭中议定价纹银一两零五分，亲手领回应用。其山分为五股，地主占三股，栽手占二股，今地主三股出卖是实，其有界至：上登顶，下抵相荣，左凭相荣，右凭钟英为界，四至分明。其山自卖之后，任凭买主修理管业，卖主父子不得异言。今欲有凭，立此卖山场字为据。

凭中　范致连

道光二十一年四月廿五日　于如葵亲笔　立

姜光典卖田契

立断卖田契人下房姜光典，为因缺少银用，无处寻出，自愿请中将到乌格者之田一丘，界限：上凭相荣，下凭买主，左凭乌格者，右凭相荣，四至分明。今将请中出断卖与上房姜绍齐名下承买为业。当日凭中三面议定价纹银陆两壹钱整，其银亲手领足应用。自卖之后，任从买主耕种管业，我卖主房族叔伯弟兄不得异言。如有来历不清，俱在卖主上前理落，不干买主之事。恐后无凭，立此断卖田字为据。

外批：此田照册代纳。

外批：添一字。

凭中、代笔　姜朝伟

道光廿一年五月十八日　立

李绍璜父子等卖木契

立断卖栽手杉木字人李绍璜、子老虎、老生、老岩父子，因家中缺少粮食，无出，自将到先年得买龙老畴兄弟所栽党加培丁之山共贰块，系映辉、玉宏、绍宏、宗玉、绍璜等共买之栽手，其山界现有买契载明。今绍璜父子之股请中出卖，又先年映辉、绍宏、绍璜三家私得买应九所栽党加山四块，其界至买契未载明，已砍伐，去贰块，现下贰块绍璜名下占一股，此一股分为四股，老岩名下之股已卖与绍熊为业，所余绍璜、老虎、老生父子三人之三小股请中出卖与本房姜绍昌、绍熊、绍齐、钟英叔侄三家名下承买蓄禁为业。当日凭中面议银一两零八分，亲手领回收用。其杉木自卖之后，任凭买主修理管业，卖主父子不得异言。如有不清，在卖主理落，不与买主相干。今欲有凭，立此断卖字存照。

外批：老三家得买，绍齐笔批。

凭中　姜昌宗

绍璜　亲笔

道光二十一年六月十五日　立

姜开儒卖田契

立断卖田约人姜开儒，为因要银用度，无处得出，自愿将到先年得中仰寨陆光大、春华弟兄之田地名冉荡田一丘，田角荒坪在外，除田边上下左右之杉，杂木荒坪一概在外，自己请中出卖与姜绍熊、绍齐、侄钟泰三人名下承买为业。当日凭中议定价纹银贰拾二两伍钱正，亲手收回任用。其田自卖之后，任凭买主耕种管业，卖主不得异言。今欲有凭，立此断卖为据。

外批：每年帮粮钱二十四文。

凭中　姜大受

道光二十一年六月廿八日　亲笔　立

姜相儒卖山契

　　立断卖山场杉木契人姜相儒，因要银使用，无处得出，自己将到山场杉木并油山在内，此油山杉木一处，地名岩板坡，界至：上凭盘路，下抵通碎坟田，左凭绍昌、绍熊木地，右凭相荣油山为界，又贰处山地名党陋绞天田坎脚，上凭田，下抵冲，左凭田角毫至沟头，右凭钟英田角至冲。此山分为八股，得买相儒一股，又三处地名包党宜之山，界至：上凭土垦以岭为界，下抵老水沟，左凭岭以大岩为界，右凭冲，四至分明，共合三处之山。今请中出卖与本房姜绍熊、绍齐、侄钟太名下承买修理管业。当日凭中三面议定价银叁两六钱正，亲手领回应用。其山自卖之后，任凭买主管业，卖主弟兄房族不得异言。今欲有凭，立此卖字为据。

　　凭中　绍周、相连
　　代笔　姜邦彦
　　道光廿一年十一月十七日　姜相儒　押　立

姜昌后等卖木契

　　立卖山场杉木契人姜昌后、昌远、老四弟兄，为因要银使用，自己将到地名污皆追山场杉木一块。此山界至：上凭买主之田，下凭买主之山，左凭冲，右凭买主，四至分明。今将请中断卖与姜绍熊、绍齐、钟泰名下承买为业。当日凭中议定价银三钱五分正，亲领收回应用。其山杉木任凭买主修理管业，卖主弟兄不得异言。今恐有凭，立此卖山场杉木为据。

  凭中 姜绍姬

  代笔 姜昌后

  道光廿一年十二月廿九日 立

龙绍宾卖木契

  立卖栽手杉木字人龙绍宾，为因要银得度，无处得出，自己将到先年所栽地主之山，地名南晚，今木成林，又转卖与地主姜绍熊、绍齐、侄钟太名下承买为业。议定价银一两正，亲手领回任用。其木自卖之后，地主管业，日后不得异言。恐有不清，卖主理落。倘（恐）后无凭，立卖栽手为字是实。

  外批：界限左凭载渭刀口岩为界，右凭载渭为界，上登顶，下至大河为界。

  道光二十二年四月初四日 亲笔 立

姜老福卖木契

  立断卖栽手杉木字人姜老福，为因家下缺纹银用，无处得出，自愿将到杉木三处，壹处地名冉稿多，栽手贰股出卖；又一处从皆帝，栽手贰股出卖；又一处地名井斗，地主分为十六股，本名占一股，出卖与姜绍齐、钟英、昌宗三人名下承买为业。当日凭中议定价银贰两一钱五分，亲手收回应用，未欠分厘。其木任凭买主修理管业，卖主日后不得异言。如有不清，俱在卖主上前理落，不与买主何干。今欲有凭，立此断卖字为据。

外批：内涂一字。冉稿多，界限上凭路，下凭岩洞，左凭冲，又凭岭。一处从皆帝，界限上凭绍舜之山，下凭路，左凭熙翱之山，右凭绍唐之山。井斗地主栽手分为五大股，又地主叁大股以作十六小股，名下占一小股出卖，界限左凭冲，右凭岭，上凭芳山，下凭溪。

凭中　姜相弼　笔

道光贰拾贰年十一月十二日　老福亲手押　立

姜凌汉等卖木契

立断卖山场杉木约人姜凌汉、凌清弟兄，为因要银使用，情愿将到祖遗山场杉木壹块，地名卧腰，界至：上凭绍熊与买主之山为界，下抵盘路，左凭岭，右凭岭朱姓之木为界。此山地主、栽手分为伍股，栽手占贰股，地主占叁股，二人名下占地主贰股断卖。又先年得买姜老齐、王魁之栽手一块，地名卧腰，界至：上凭盘路，下凭犁□，左右凭冲。此山地主、栽手分为伍股，地主占叁股，栽手占贰股，栽手贰股分为叁小股，弟兄名下占贰股。今将山场栽手贰块出断卖与姜绍熊、绍齐、钟泰名下，承买为业。凭中议定价银叁两伍钱四分，亲手领回应用。其山场自卖之后。任凭买主修理管业，卖主不得异言。今欲有凭，立此断卖约存照。

内添一字。

凭中　姜老齐

道光二十二年十一月十七日　凌汉　笔　立

姜凌有卖山契

立断卖山场杉木契人姜凌有，为因要银使用，情愿将到祖遗山场杉木壹块，地名卧腰，界至：上凭绍熊与罗王之山为界，下抵盘路，左凭岭，右凭岭以朱姓之木为界。此山地主、栽手分为伍股，栽手占贰股，地主占叁股，一人名下一股断卖。又先年得买姜老□玉魁之栽手壹块，地名卧腰，界趾（至）：上凭盘路，下凭犁□，左、右凭冲。此山地主、栽手分为伍股，地主占叁股，栽手占贰股；栽手贰股分为叁小股，壹人名下占一股，今将山场栽手手贰块出断卖与姜绍熊、姜绍齐、钟泰三人名下承买主为业。凭中议定价纹银壹两七钱七分，亲手领回应用。其山场自卖之后，任凭买主修理管业，卖主不得异言。今欲有凭，立此断卖字存照。

凭中　老齐　亲笔

道光贰拾贰年拾壹月十七日　立

姜壬午等卖木契

立断卖山场杉木字人姜壬午、壬坤弟兄二人，为因要银使用无处得出，自愿将到祖遗山场杉木一块，地名从堆（从堆即是长冲），此山界至：上凭顶，下凭溪，左右凭岭，四至分明，今将出断卖与上房姜绍熊名下承买为业。当日凭中三面议定价纹银十两五钱正，亲手领回受用。其山任凭买主修理管业，卖主弟兄本族人等不得异言。如有不清，俱在卖主上前理落，不干买主之事。此山以边分为五股，连寿栽手占二股，地主占三股，日后照股均分。今欲有凭，立此断卖山场杉木为据。

外批：上凭土恳（垦）与昌宗木为界。

内添六字。

凡有税契，老约未扒（拨）。

凭中　姜光裕、昌宗

道光贰拾壹年十二月初五日　姜壬午亲笔

姜光典卖山契

立卖山场油山字人姜光典，为因家中缺少银用，无处得出，自己将到主（祖）遗之油山杉木一块，地名皆晚，今将凭中断卖与姜绍熊、绍齐、钟太叔侄名下承买为业。当日凭中议定价银一两五钱六分，亲手领回收足。其山界至：上凭大路，下凭买主，左凭姜春登，右凭光禹，四至分明。其山自卖之后，任凭买主修理管业，卖主房族弟兄不得异言。今恐无凭，立此断卖油山杉字为据。

凭中　姜绍清

道光二十二年十二月二十日　亲笔　立

姜门李氏、姜凌云祖孙卖木契

立断卖山场杉木契人姜门李氏同孙凌云，为因要银用度，情愿将到祖遗山场壹块，土名干榜，界至：上凭凤梨盘路，下凭田，左右凭冲，此山地主栽手分为伍股，栽手占贰股，地主占叁股。地主叁股分为四股，奶孙名下占贰股，出断卖与姜绍熊、绍齐、钟泰名下承买为业。凭中议定价银伍两伍钱，亲手收足应用。其山场自卖之后，任从买主修理管业，卖［主］不得异言。今欲有凭，立此断卖契存照。

凭中　姜老齐

道光二十三年二月十八日　凌汉　笔　立

姜朝广卖山契

立断卖油山契人姜朝广，为因家下要银用度，无出，自己愿将到坐落地名白堵油山一块，今分为贰块，侄姜先璜占一块卖与姜光谷名下，叔姜朝广占一块，今将请中出卖与姜绍熊、绍齐、侄姜钟泰父子三人名下，承买为业。当［日］三面议定价银八钱四分，人手收足。其油山自卖之后，任从买主管业，卖主子孙并房下不得异言。如有不清，卖主理落。今恐无凭，立此断卖契为据。

外批：油山界限上凭买主油山，下凭姜连杉木，左凭姜连木，右凭姜光本油山□□□为凭，四至分明。其有油山杉木俱在内。

凭中　姜绍清

姜朝广　亲笔

道光二十三年二月二十日立卖

姜光照卖木契

立断卖山场杉木字人姜光照，为因缺粮食，无出，自己请中将到祖遗山场一块，土名报楼，其山界至：上凭买主，下凭荒坪，左凭大冲，右凭冲直上小岭以路为界，四至止明。其山杉木栽手地主分为五股，栽手占二股，地主占三股，今将地主三股请中出卖与姜钟太名下承买为业。当日凭中三面言定价纹银一两零五分，亲手收回受用，不少分毫。其山杉木自卖之后，任凭买主读禁修理管业，卖主兄弟并外人不得争论。如有争论，俱在卖主上前理落，不关买主之事。今欲有凭，立断卖山场杉木字是实。

  凭中　姜朝伟

  光照　亲笔

  道光廿三年五月初一日　　立

姜光绪卖山契

立断卖山场杉木契人下房姜光绪，为因家下缺少粮食，无处寻出，自愿请中将到先年父亲得买岩湾范姓之山一块，土名从的，界限上［凭］土垦，下凭大河，左凭岭，右凭冲；又一处冉拜，界限：上凭连合，下凭河，左凭冲，右凭岭；又一处地名南乌卑沙，界限上凭载渭，下凭溪，左凭岩梁，右凭载渭，四至分明。其三处之山，每处分为拾贰股，弟兄四人名下占一股，一股分为四小股，我名下占一小股，出卖与上房姜绍齐晚爷名下承买为业。当日凭中三面议定纹银价银叁钱壹分，其银亲手领回家中应用。自卖之后，任从买主子孙管业，我卖主子孙并房族不得异言。如有异言，俱在卖主上前理落，不干买主之事。今欲有凭，立此断卖杉木山场为据。

  外批：内添"凭冲"贰字。

  批：民国八年十一月十一日乌卑沙之山股登儒弟兄所占出卖姜周元管业。

凭中、代笔　姜朝伟

道光廿三年五月初五日　立

姜朝广卖山契

立断卖油山并地字人本房姜朝广，为因家下要银用度，无处得出，自己愿将到土名油山皆晚一块，界至：上抵路，下抵朝秀，左抵朝连，右抵光宗，四至分明，此油山分为贰股，万兴占一股，朝广占一股，今名下所占之股出卖与本房姜朝望名下承买为业。当日二比议定价银五五分，人手收回应用。其油山自卖之后，任从买主控修管业，卖主弟兄并外人不得异言。如有异言，俱在卖主向（上）前理落，不与买主相干。今欲有凭，立此断卖字为据。

外批：万兴所占之一股各在外，未卖。

内添三字。

姜朝广　亲笔

道光廿三年七月初八日　立卖

姜本善卖木契

立断卖山场杉木字人下房姜本善，为因先父先年所借之账，自愿将到祖父所遗山场杉木一处，坐落土名从故挖，上凭岭，下凭冲，左凭载渭，右凭钟英之木，此山地主我名下全占，今凭中出卖与上房姜绍熊、绍齐、侄钟泰叔侄名下承买为业。当日凭中议定价十一两，其银人手收足归回。其山自卖之后，任凭买主叔侄修理管业，我卖主叔侄房族弟兄不得异言。如有异言，俱在卖主理落，不干买主之事。今欲有凭，立断卖存照。

　　凭中　堂叔姜荣、姜连

　　凭中　姜朝伟、邦彦

　　道光贰十叁年十二月初二日　本善亲笔　押立

姜本美卖木契

　　立断卖山场杉木字人下房姜本美，为因先年先父所借之银，自愿将祖父所遗山场一处，地名白号路坎下，上凭路，下凭溪，左凭壬午之山，右凭冲，此山分为五股。我名下占一股，又巧换朝胡名下一股共合贰股，出卖。又一处卧要，上凭路，下凭土坎，左凭洪路，右凭冲，此山分为五股，我名下占一股，今凭中出卖与上房姜绍熊、绍齐、侄钟泰叔侄名下承买为业。当日凭中议价五两，其银人手收回。自卖之后，任凭买主修理管业，我卖叔侄房族弟兄不得异言。如有异言，俱在卖主理落，不干买主之事。今欲有凭，立此卖字存照。

　　外批：内圈一字，添一字。

　　批：冉卧高山，世臣、登宰、登甲、登熙之股出卖与周礼。

　　凭中　堂叔姜荣、姜连

　　凭中　姜朝伟、邦彦

　　道光贰十叁年十二月初二日　本善　亲笔　押立

姜开儒卖田契

　　立断卖田约人姜开儒，为因要银用无度，无处得出，自愿将到先年得买场一之田，地名党宜古，其有界：上二丘上凭买主，下凭卖主，右左凭山；下一丘，上凭卖主田，下凭昌远，左凭钟英田，右凭路为界，四至分明，请中出卖与下寨姜钟泰名下承买为业。当日凭中议定价银三两二钱四分整，亲手领回应用。自卖之后，任凭买主耕种管业，卖主不得异言。如有不清，俱在卖主理清，不干买主之事。今欲有凭，立此断卖田契为据。

帮粮钱十六文。

凭中　姜老齐

道光廿三年十二月十二日　亲笔立

姜老惟卖木契

立断卖栽手杉木字人姜老惟，为因缺少粮食，无出，自愿将到先年所栽绍吕等山一块，土名堂家，其上界至：上凭田，下抵沟，左凭冲，右凭岭，四至分明。今将出卖与下寨姜绍吕、绍熊、钟英等名下承买为业。议定价［银］约谷三十斤，亲手收足应用。其山自出卖之后，任从买主修理管业，卖主不得异言。恐有不清，卖主理落，不干买主之事。今欲有凭，立此卖字是实。

凭中、代笔　姜凌皓

道光二十三年十二月二十九日　立

姜开儒卖田契

立断卖田约姜开儒，为因要银用度，无处得出，自愿将到父亲得买大田一丘，地名党宜古，其有界至：上凭买主，下凭钟英田，左凭杉山，右凭田角以路为界；其有上二丘，上凭买主，下凭大田，左右凭山；下一丘，上凭大田，下凭昌远，左凭钟英，右凭路为界。今将请中出断卖与下寨姜钟泰名下承买为业。当面凭中仪（议）定价纹银伍拾八两九钱五分，亲手领足。其田自卖之后，任凭买主耕种管业，卖主房族并外人不得异言。今欲有凭，立此断卖字永远存照。

足（逐）年帮粮钱五十六文。

凭中　姜老齐

道光二十四年二月初六日　亲笔　立

姜氏辰妙等卖木契

立断卖山场杉木字人姜氏辰妙、子寿长、孙凌皓弟兄等，为因家下缺少银用，无处得出，自愿将到祖遗山场一块，土名暴堆从见，其山界止：上凭顶，下凭路以冲过凹为界，左凭岭以载渭山为界，右凭路以凉亭角为界，四至分明，此山分为二十四股，祖遗占一十二股，本名占叁股，今将三股出卖与下寨姜绍吕、绍熊、钟英三老家名下承买为业。当日凭中议定银壹两二钱八分，亲手领回应用。其山自卖之后，任从买主管业，卖主叔侄不得异言。倘有不清，俱在卖主理落，不干买主之事。口说无凭，立此断卖［约］存照。

凭中　姜占科

道光二十四年三月初五日　姜凌皓　亲笔立

姜老齐卖木契

立断卖栽手杉木约人姜老齐，为因要银用度，自愿将到先年佃栽凌汉之山一块，地名从路榜，界至：上凭买主土垦为界，下凭田，左凭岭，右凭冲，四至分明，其山分为五股，地主占叁股，栽手占贰股，栽手出卖与姜绍齐、绍熊、侄钟泰三人名下承买为业。当日凭中议定价银贰钱八分半，亲手领回应用。自卖之后，买主修理管业，卖主不得异言。今欲有凭，立此卖杉木存照。

内添二字。

凭中　姜开儒　笔

道光二十四年三月廿七日　立

姜老贵卖木契

立断卖山场杉木并栽手杉木字人姜老贵，为因要银使用，无处寻出，自己请中将到山场杉木并栽手杉木贰块。一块地名培拜坡脚，上凭屋地基，下凭大河，左凭岭，右凭冲，四至分明，其山分为五股，地主占叁股，栽手占贰股。地主叁股老贵、老平叔侄占一股，一股又分为贰小股，老贵占一小股；栽手贰股老贵占一股。又一块，地名从六，上凭岭，下凭污荣溪，左凭相德之山，右凭冲，四至分明，其山分为五股，地主占叁股，栽手占贰股。今将本名占栽手贰股并培拜坡脚所占之地股栽股请中概卖与姜绍熊、绍齐、钟泰叔侄名下承买为业。当面凭中议定价纹银壹两四钱四分，其银亲手领回应用。自卖之后，任凭买主修理蓄禁管业，卖主不得异言。倘有来历不清，卖主向（上）前理落，不与买主相干。今欲有凭，立此断卖字是实。

契内涂贰字。

凭中　姜老引

代笔　姜朝理

道光廿四年四月初三日　立

姜开二等卖田契

立卖田约人姜开贰老榜单□二人，为因家中缺少银用，自愿将到祖遗之田一丘，地名冉打□坟台下，出卖与姜兆龙兄名下承买为业。面议价银壹两一钱，亲手领回应用。其田任凭买主耕种管业，卖主不得异言。今欲有凭，立此卖约是实。

凭中　姜道义

道光廿四年四月十一日开贰笔立

姜相廷卖木契

立卖杉木字人姜相廷，为因要银度用，无处得出，自愿将到地名子鸠，田坎上下之木出卖与本房姜绍熊田主承买为业。应议定价银八分，清（亲）手收用。卖主房族不得异言。倘有异言，卖主理清，不干买主之事。立此卖字为据。

凭中　姜钟太、明喜

道光廿四年五月初三日　亲笔立

龙昌贵父子卖菜园契

立断卖菜园字人龙昌贵、子老雄、老堂、老三、老屈、老丑、老元父子七人，为因家下缺少粮食，无处寻出，自己请中将到父亲先年得买姜玉才之园一个，地名皮得圣，上凭卖主祖坟，下凭坟，左凭卖主祖坟，右凭卖主祖坟，四至分明。请中出卖与姜钟泰名下承买为业。当面凭中议定价纹银壹两八钱九分，其银亲手领回应用。自卖之后，任凭买主栽菜瓜豆管业，卖主父子不得异言。倘有不清，卖主理落，不与买主相干。今欲有凭，立此断卖字永远存照为据。

凭中　姜绍清

代笔　姜朝理

道光廿四年五月十八日　立

李绍黄父子卖山契

立卖油树并地字人李绍黄父子，为因缺少银用，无处得出，自将到名下之油地土名从向坡顶之油山一块，其界：上下登顶，凭杉山为界，左凭钟英油山，右凭绍宏山，四至分明，请中出卖与本房姜绍齐名下承买蓄禁为业。议价□□正，亲领收回。其油山自卖之后，任凭买主蓄禁管业，卖主父子勿得异言。恐后无凭，立此卖字为据。

凭中　老龙

李绍黄　亲笔

道光廿四年五月廿五日　立

姜相儒卖田契

立断卖田字人姜相儒，为因家中缺用银，无处得出，自愿将到祖遗田大小贰块，坐落土名堂庙，其田界：上凭水沟，下凭相开田角，左凭老□，右凭田角，四至分明，今请中出卖与姜绍熊、绍齐、侄钟泰叔侄三人承买为业。当面议定价银贰两陆钱，亲手领回应用，并不欠分厘。其田任凭买主耕管管业，卖主房族兄弟不得异言。今恐无凭，立断卖田字永远为据。

　　凭中　姜永发、邦彦
　　代笔　本望
　　道光廿四年八月初三日　亲　押立

姜凌霄卖木契

　　立断卖山场杉木契人姜凌霄，为因缺少银用度，无处得出，情愿将到祖遗山场杉木贰处，地名冉下尼，其山界趾（至）：上凭顶，下凭路，左凭冲，右凭岭；又一处田坎下，界趾（至）：上凭田，下抵溪，左凭岭，右凭冲，四至分明，此山分伍两，绍雄私占三两，开榜占五钱，绍吕、绍雄、钟英与凌汉占一两五钱，此一两五钱，绍吕、绍雄、钟英三老家占柒钱五分，凌洪、凌青、凌霄占柒钱五分，本名占一两二钱五分，请中出卖与姜绍吕、绍雄二位大爷、侄钟英兄三老家名下承买为业。当日凭中议定价银四钱八分，亲手收足应用。自卖之后，任凭买主蓄禁管业，卖主房族弟兄不得异言。今欲有凭，立此断卖字存照。

　　外批：内添三字，涂一字。
　　凭中　姜老齐
　　道光廿四年八月十八日　亲笔立

姜凌霄卖木契

　　立断卖山场杉木契人姜凌霄，为因缺少银用，无处得出，情愿将到祖遗山场贰块，壹处地名冉下宜，其界趾（至）：上凭顶，下凭盘路，左凭岭，右凭冲以下，尼下一块界址：上凭田，下抵溪，左凭岭，右凭冲，又壹块地名报伐，界趾（至）：上凭凹，下凭盘路，左凭载渭，右凭买主之木为界，四至分清。请中将到凌汉、凌青兄弟二股出断卖与姜绍吕、绍雄、侄钟英兄名下承买为业。当日凭中议定价纹银壹两九钱八分，亲手收足应用。自卖之后，任凭买主管业，卖主弟兄不得异言。今欲有凭，立此断卖字存照。

凭中　李元才、朱建才

道光廿四年九月初七日　　亲笔立

兆鲤卖田契

立断卖田字人胞□兆鲤，为因要银用度，无处得出，自愿将到祖遗之田，土名岗都大田一丘，与父亲问垦，上下与父亲田交界，凭中卖与胞兄兆龙名下为业。当日凭中议定价银叁两贰钱，亲手领用。其田自卖之后，买主耕种管业，卖主不得异言。今欲有凭，立此断卖字是实。

凭中　姜大受、通祥、朝选

凭　父笔　立

道光二十四年十一月初三日　　立

龙士吉、光渭卖木契

立断卖栽手杉木人九怀魁傍寨龙士吉、光渭弟兄，今因家下缺少银用，无处得出，自愿将到先年佃栽买主之地，土名翁扭，此山地股栽股分为五股，地主占三股，栽［手］占二股，栽手二股分为四小股，光渭弟兄占二小股，又得买文品一小股，士吉占一小股，共合四股，今将四小股出卖与主家姜绍齐、绍熊、钟太名下承买为业。当日凭中议定价银五钱分正，亲手领足应用。其山界至：上凭汪讲，下凭田，左凭买主与相德所［共］之山，右凭买主之山，四至分明。其木自卖之后，任凭买主修理管业，兄弟不得异言。倘若股数不清，具（俱）在卖主理落，不与买主之事。今恐后无凭，立有断卖字为据。

代笔　龙文甫
道光二十四年十二月二十八日　立

姜老主、老平卖木契

立断卖山场杉木字人姜老主、老平，为因家下缺少银用，无处寻出，自己请中将到本名分落所占之山场杉木一块，土名培拜下边，上凭盘路，下凭大路，左凭岭，右凭冲，四至分明。请中出卖与本房姜绍熊、绍齐、钟泰叔侄名下承买为业。当面凭中议定价纹银七钱正，其银亲手领回应用。自卖之后，任凭买主修理蓄禁管业，卖主不得异言。今欲有凭，立此卖字是实。

外批：此山地主分为四大股，老贵、老平叔侄占一大股，老贵、老平之一大股又分为贰股，老平、老祖兄弟占一股，卖清。又栽手分为贰大股，绍熊占一大股，老贵、老平占一大股，老贵、老平之一大股又分为贰股，老贵占一股，老平、老祖兄弟占一股，卖清。

凭中　姜绍清
姜朝理　笔

道光廿五年二月廿六日　立

姜凌汉、凌青卖木契

立断卖山场杉木约人姜凌汉、凌青，为因缺少银用，情愿将到山场壹块，地名陋榜，界至：上凭买主木，下凭田，左凭岭，右凭冲。此山分为叁股，弟兄名下占贰股，今将此贰股出断卖与姜绍熊、绍齐大爷、侄钟泰三人（绍齐笔批）名下承买为业。凭中议定价银六钱八分，亲手收足。其山场自卖之后，任凭买主管业，卖主不得异言。今欲有凭，立此卖字为据。

凭中　姜老齐
道光二十五年三月初一日　凌汉笔立

姜天祥父子卖木契

立断卖山场杉木字人下房姜天祥父子，为因要银用度，无处得出，自愿将到祖遗之山地名冉拜，界限：上登顶，下凭大河，左凭岭，右凭口岭以冲为界，四至分明。此山地主、栽手分为伍股，地主占叁股，栽手占贰股。地主叁股，本名占壹股，自愿请中出卖与上房姜绍熊、绍齐、侄钟太三人名下承买为业。三面议定价纹银叁两肆钱正，亲手收回应用。其山场杉木自卖之后，任凭买主管业，卖主日后不得异言。倘有异言，俱在卖主尚（上）前理落，不关买主之事。今欲有凭，立此断卖字为据。

外批：内涂贰字，添叁字。

凭中　姜朝伟

道光廿五年三月初二日　姜天祥亲笔　立

姜凌汉、凌青兄弟卖木契

　　立断卖山场杉木契人姜凌汉、凌青兄弟二人，今将到祖遗有山场壹块，地名寨脚顽哉六，此山地主、栽手分为五股，地主占三股，栽手占贰股，地主之三股，兄弟名下占二，今将名下贰股出断与下寨姜绍熊、绍齐、钟泰叔侄名下承买为业。当日凭中议定价纹银叁两壹钱四分，亲手收足应用。其有此山之界至：上凭田以沟之大冲为界，下凭乌榜溪，左凭大冲，右凭冲，上截凭□□□，下截以凌云为界，四至分明。其山自卖之后，任凭买主修理管业，而卖主兄弟不得异言。今恐人性难凭，立此断卖字为据。

　　凭中　姜□□
道光贰十伍年叁月初三日　凌青笔　立

龙文甫、光渭佃契

　　立佃字人高让寨龙文甫、光渭，今佃到文斗下寨姜绍齐、绍熊、侄钟泰叔侄三人之土，地名鸠怀山一块，佃与龙姓栽梨木。日后长大，照五股均分，地主占三股，栽手占二股。恐后无凭，立此佃字为据。

　　道光二十五年三月初九日　文甫亲笔　立

吴凤乔卖田契

　　立卖栽手杉木字人冷木寨吴凤乔，为因缺小（少）粮食，无处得出，自愿将到先年佃栽主家之地，土名从皆记，其山界限上凭田，下凭冲，左凭路，右凭小冲，四至分明，且今长大成林，出卖与主家文斗下寨姜绍齐、绍熊、侄钟泰叔侄三人名下承买为业。当面凭中议定价银五钱五分正。亲手领回应用。其山自卖之后，任从买主管业修理，不得异言。倘若不清，具（俱）在卖理主（主理）落，不与买主之事。恐后无凭，立有卖字为据。

  凭中 龙光运

  代笔 龙文甫

  道光二十五年三月十五日 立

范长寿、富乔卖木契

立卖栽手杉木契人岩湾范长寿、富乔二人，因粮食不足，自愿将到所栽文堵下寨姜绍齐、绍雄弟兄之山，土名南晚，界限：上凭田，下凭荒坪，左右凭冲，四界分清，其木分为三股，地主占二股，栽手占一股，此栽手之一股分为三股，绍钦占二股，本名二人占一股，今凭中出卖与地主姜绍齐、绍雄弟兄承买为业，凭中议价当日实受谷一百六十斤。其木自卖之后，任从买主修理蓄禁管业。如有不清，卖主向（上）前理落。恐后无凭，立此卖契存照。

  凭中 范锡龄

  代笔 范绍明

  道光二十五年八月初十日 立

姜保三卖木契

立断地土杉木人姜保三，为因［缺少］粮食，自己将到祖遗山场一块，地名皆假堵，上凭田，下抵土垦，左抵洪倚、钟英山，右抵田角，今将凭中卖与姜绍齐承买为业。当中价银六两，收足应用。自卖之后，任凭买主管业。如有不清，卖主理落。恐口无凭，立断为据。

凭中、代笔　姜老玉

道光廿八年七月十六日　保三　押立

李如兰等卖木契

立卖栽手杉木字人下房李如兰、如莲、如葵弟兄三人，为因要银用度，无处得出，自愿将到先年佃栽熙华、熙和之山，土名冉歪一块，其山界至：上凭钟英，下凭大路，左凭恩诏与冲为界，右凭钟英，四至分明，今请中出卖与本房姜绍熊叔名下承买为业。当日凭中议定价纹银贰钱五分，亲手收足。其山自卖之后，任凭买主蓄禁管业，卖主弟兄不得异言。恐后无凭，立此卖栽手杉木字为据。

外批：其山分为五股，地主占三股，栽手占贰股。

凭中　世贤

道光廿九年三月廿六日　如葵亲笔　立

姜本洪卖田契

立断卖田字人下房姜本洪，为因有事在衙，要银使用，无处得出，自愿将到分占祖遗之田，地名岩板坡，田大小三丘，界趾（至）：上凭绍熊田，下凭绍齐田，左凭开字田，右凭绍熊田，四至分明，请中断卖与上房姜相珍名下承买为业。当面言定价纹银拾八两五钱正，领回应用，未欠分厘。自卖之后，应凭买主管业，卖主子侄、房族弟兄并外人不得借别生端。如有此情，卖主上前理落，不与买主相干。今欲有凭，立此断卖田契永远为据。

外添一字。

凭中　天柱城湖九江

度中　凤鸣、凤祥

道光廿九年四月初三日　　立

姜本洪卖田契

立断卖田字人姜本洪，今因为家中缺少银用，无处得出，自愿将到分落名下之田，地名岩板坡，田大小三丘，其田界至：上凭买主田，下凭蒋氏二妹田，左凭买主田，右凭水沟，四至分明，今请中出卖与上房姜绍熊名下承买耕种管业。当日凭中三面议定价银十一两五钱，亲手领回应用。其田自卖之后，任凭买主耕种管业，我卖主并外人兄弟叔侄不得异言。若有异言，俱在卖主上前理落，不关买主之事。今欲有凭，立断卖田字为据。

凭中　姜本和、本义、得洪

道光廿九年五月十九日　姜本洪　亲笔立

姜绍宏卖木契

立卖杉木字人姜绍宏,为因要银用,无出,自己情愿将祖遗山场杉木,坐落地名乌冲,其界至:上凭岩洞,下至溪,左凭冲以姜发所栽为界,右凭乌冲其水毛为界。其山杉五股均分,栽手占贰股,地主占叁股,今将地主叁股出卖与姜文英、之干、之相三人名下承买为业。当日凭中言定价银捌钱捌分,亲手领回。自卖之后,任凭买主管业,卖主不得异言。今欲有凭,立此卖契存照。

外批:买价贰股,文英占一股,之干、之相二人占一股。

凭中　姜文炫

道光二十九年五月廿六日亲笔　立

龙绞灵卖木契

立断卖栽手杉木约人龙绞灵,为因家中缺少粮食,无处得出,自愿请中将到地名迫告,先年所种栽姜钟奇弟兄之山杉木一处,上凭岭,下凭大冲,左右凭小冲,四址(至)分明。此木分为伍股,地主占叁股,栽手占贰股。栽手之贰股,又分为叁小股,本名下占一小股,今凭中出卖与姜钟芳一人名下,承买为业。当日凭中面议定价银壹钱五分正,亲手领足。其杉木自卖之后,任凭买主修理管业,卖主并外人等不得异言。恐口难凭,立此断约存照。

内添一字。

凭中、代笔　彭玉杰

道光贰拾九年六月二十五日　立

姜松佰母子卖田契

立断卖田契人姜松佰母子，为因缺少粮食，无出，自愿将到先年得典地名寨却田一丘，今出断卖与姜兆龙名下承买为业。凭中议定价银捌钱正，亲手收回应用。其田自卖之后，任凭买主耕种管业，卖主不得异言。今恐无凭，立此断卖田契为据。

内添四字。

外批：此田之粮帮钱八文。

凭中　姜开邑、老四

代笔　姜开元

道光廿九年十一月十二日　立

姜本洪等卖木契

立断卖山场杉木字人下房姜本洪、凤鸣、侄祖锡，为因缺少银用，自愿将到山场一块，地名再卧高，出卖与上房姜绍熊、绍齐、侄钟泰名下承买为业，修理管业。请中出卖，当面议定价银三钱五分整，亲手收足去用。卖主房族弟兄不得异言。如有不清，俱在卖主向（上）前理落，不关买主之事。其山界限：上凭路，下凭水沟，左凭岭，右凭冲，四至分明为界。此山分为五股，栽手占二股，地主占三股，地主之三股又分为五大股，本洪弟兄叔侄占一大股。今将出是实，恐口无凭，立此断字为据。

批：再卧高山世臣、登幸、登□、登照之股出卖与周礼为业。

内添四字。

凭中　龙绍宾

凤鸣　亲笔

道光叁拾年九月二十二日　立

姜玉兴父子等卖地基契

立断卖地基字姜玉兴父子、昌华、昌明、老恒、老伍五人，为因家中缺少银用，自愿将到各□老屋地基三间，老龙、老凤兄弟占一间，我本名占二间，今出卖。以（上）凭卖主，下凭昌后杨勾，左凭老龙兄弟，右凭老霞为界，四至分明，自愿出卖与姜绍齐名下承买管业。价银八两三钱正，亲手领回应用。其地基自卖之后，买主管业，卖主不得异言。若有此情，卖主一面承当，不与买主［相干］。今欲有凭，立此卖地基远永存照。

凭中　姜老霞

亲笔　姜昌华

姜本洪卖荒坪契

立断卖荒坪并岩石下房姜本洪，为因缺少银用，无处得出，自愿将到地名岩板坡荒坪壹块，下上左右凭买主之田，今出卖与上房姜钟奇弟兄名下承买为业。凭中议定谷一百斤，亲手收用。倘有来历不清，俱在卖主理落，不关买主之事。今欲有凭，立此契存照。

外批：岩石贰个三尺余长。

凭中　姜天展

亲笔　姜本洪

咸丰元年十二月二十一日　立

姜开杰卖田契

立断卖田约人姜开杰，为因要银使用，无处得出，自愿将到祖父所遗田贰丘，地名从忧，今将请中出卖与姜兆龙名下承买为业。当日凭中议定价银叁两陆钱九分，亲手领回应用。其田自卖之后，任凭买主耕种管业，卖主弟兄不得异言。今恐无凭，立此断卖。

外批：其田界趾（至）上凭坡脚，下凭卖主，左凭水沟，右凭水沟，四至分明，逐年帮粮钱廿八文。

凭中　姜引乔

代笔　开智

咸丰陆年十贰月初二日　立

姜老根卖木契

立卖杉木栽手字人姜老根，今因缺少银用，无处得出，自愿将到先年所栽工党头山栽手一块，上凭路，下凭老木桥头为界，左凭禁山，右凭小冲以毓菁山为界，四至分明。此山分为五股，地主占三股，栽手占二股。今将栽手出卖与姜钟碧名下承买为业，当面议定价银一两零四分，亲手领足。其木自卖之后，任凭买主修理管业，卖主不得异言。今欲有凭，立此卖栽手字为据。

内涂一字，添三字。

外批：栽手春香买。

凭中、代笔　姜德宏

咸丰十年十月初二日　立

姜昌义卖木契

立断卖栽手杉木约人姜昌义，为因要银使用，无处得出，自愿将到栽手地名南休杉木二处，两边田二块，出卖与姜钟碧名下承买为业。凭中议价银五钱，亲手领回应用。自卖之后，任凭买主修理管业，卖主不得言。恐后无凭，立此卖字是实。

凭中　李如兰

代笔　昌远

咸丰十一年十月十四日　立

姜光宗卖木契抄件

立卖山场杉木字人姜光宗，为因要银使用，自愿将到……杉木叁块，壹块地名皆也列姑恶，界至：上凭渡船……大冲，下凭盘路，左凭大冲，右凭大冲，土栽……股，本名占地主壹股；壹块地名皆也显借……下凭姜开明，左凭大冲，右凭岭，地主分为捌股……壹块地名皆你了，界至：上凭顶，下凭岩洞，上左凭岭，右凭冲，土栽分为伍股，地主占叁股，此地主叁股分为捌股，本名占壹股。今将叁块本名所占之股凭中卖与姜绍齐晚公名下承买为业。当日凭中议定价纹银肆两伍钱，亲手收回应用，分厘不少。其山杉自卖之后，任凭买主修理管业，卖主不得异言。如有不清，卖主向（上）前理落，不关买主之事。今欲有凭，立此卖山场杉木字为据是实。

凭中　绍齐、德宏

姜相弼卖山契

立断山场字人姜相弼，为因要钱应用，无处得出，自愿将祖遗山场一块，土名九龙山，卖与本房姜钟齐、钟太弟兄承买为业。凭中议定价钱七百八十文，亲手收足。其山界至：上凭黎嘴，下凭路坎脚，以土垒为界，左凭岭，右凭冲，四至分明。其山场贰大［股］均分，相弼占一大股，相珍占一大股。相弼占一股出卖。口说无凭，立此断卖字是实。

凭中　姜昌照、昌连
同治元年三月十一日　亲笔立

姜戴长等卖屋契

立卖房屋壹间地□□□内字人姜戴长、姜光和父子，家中缺少钱用，无处得出，自愿请中上门问到本房□□玖名下承买为业。当日凭中议定价钱……仟玖佰文，当日凭中亲手领足，分文不少。今恐无凭，立此卖字为据。

分界凭屋，左凭卖主，右凭光□，上凭钟泰采（菜）园，下凭□坤之屋，四至分明。

外边走路架楼溪（梯），讨大门壹路走。

凭中　姜昌明、老恒

□富笔

同治元年六月十九日　立

舒昌麟、志礼叔侄卖木契

立断卖栽手字人舒昌麟、侄志礼叔侄，[要银度用]无处得出，自愿将到先年佃栽主家之山地名冉下宜，地主栽手分为五股，栽手占贰股，地主占叁股，今将本名叔侄栽手一股，出卖与地主姜钟奇、钟太、钟芳、钟碧三小家承买为业。当日凭中议价钱叁千四百八十文，亲手收用。界此（至）：上凭顶，下凭盘路，左凭岭，右凭冲，四至分清。任凭买主修理管业，卖主房族弟兄不得异言。若有异言，卖主上前理落，不干买主之事。恐口无凭，立此卖栽手杉木字是实。

凭中　李必才

代笔　姜世清

同治二年七月廿七日亲手押立

潘元兴卖田契

立断卖田字人潘元兴，先年与钟太、钟奇、钟碧三家共之田丘，地名党妙，潘姓占一股，姜姓二股，今潘元兴凭中出卖一股与姜钟泰、钟芳二人名下为业。议价银四两□□，亲手收用，任凭买主管业。自卖之后，房族不德（得）异言。倘有异言，我卖主理落，不与买主之事。恐无凭，立此断卖田字为据。

外批：田老契共一张，多处相连，未拔，日后查出以为故纸。

代笔　潘大荣

凭中　姜风松

同治三年三月二十六日　立

杨昌甲等卖木契

立卖杉木栽手字人黄养杨昌甲、昌子弟兄，为因缺少钱用，无处得出，自愿将到先年佃栽买主之山一块，土名南容，界趾（至）：上凭犁嘴，下凭大路，左凭冲，又凭路，四至分明。此木分为伍股，地主占叁股，栽手占贰股。今将栽手贰股请中出卖与文斗下寨地主姜钟奇弟兄、世模弟兄二老家，又世清一小家名下承买蓄禁为业。当面凭中议定价钱贰千叁佰捌拾文，亲手收用。其木自卖之后，任凭买主修理管业，卖主弟兄不得异言。恐口无凭，立卖字为据。

栽手贰股作叁股，钟奇弟兄占一股，世模弟兄占一股，世清一人私下占一股。杨昌甲批。

度中　姜映元

杨昌甲　亲笔

同治三年五月二十六日　立

台老九卖地基契

立断卖屋地基字人台老九，今因要银使用，无处得出，自己将到先年得买苗老概之屋地基一间，今将出卖与文斗寨姜钟泰名下承买管业。当日凭中议定价钱贰千贰百文，亲手领回应用。其地基任凭买主管业，我卖主弟兄不得异言。如有异言，俱在卖主上前理落，不干买主之事。其有地基之界：上凭买主，下凭载坤之沟，左凭载坤得买姜老顺之地基，右凭姜老合、老胖之地，四字（至）分明。恐后无凭，立此断卖屋地基字为据是实。

凭中　姜老恒

代笔　姜恩诏

同治三年九月二十二日　卖主台老九　押　立

杨昌甲卖木契

立卖杉木字人杨昌甲，因无钱用，自愿将到先年佃栽文斗寨地一块，此木上凭路，左凭路，右凭冲，下凭相必之山，界至分明。今将地主、栽手分为五股，地主占三股，栽手占贰股，今将栽手（股）出卖，自己上门问到文斗寨姜钟奇、钟芳、钟碧、钟泰三小家承买为业。地明（名）黄养山，凭中议定价钱五百六十文，亲手收用。其山任从买主管业，卖主不得异言。如有不清，卖主理落，不许（与）买主何干。恐后无凭，立此卖字为据。

内添三字。

凭中　魏岩元

亲笔

同治四年三月十五日　立

李老明父子卖木契

立卖栽手字人李老明父子，先年佃到姜钟奇弟兄之山，地名污宜，今因家缺少银用，无处得出，自愿请中问到地主姜钟奇三小家承买为业。当中议钱贰百八十文，亲手收用。其山界止（至）：左凭买主之山，右凭相吉之山，上凭田，下凭溪。栽手地主分为五股均分，将栽手贰股出卖，我姓李父子不得异言。恐口无凭，立此卖杉木字为据。

凭中登瀛　　笔

同治四年六月十三日　　立

姜光清父子卖木契

立卖栽手杉木字人姜光清父子，先年佃到姜钟太、钟奇、钟芳、钟碧三小家之山，地名傲堵，地主栽手分为五股，地主占三股，栽手占贰股，本名出卖栽手一股，界止（至）：上凭土垦，下凭大河，左凭姜名卿山，右凭大冲；又一处栽世模之山，栽手分为贰股，本名出卖一股，地名再陋卡，界：上凭田，下凭冲，左凭天寿之山林，右凭本和之木；又一处三老家之山，地名穷为有，栽手分为六股，本名出卖一股，界：上凭岭以盘路，下凭坪至冲，左凭冲以上至盘路岩角为界。凭中议定价银贰两八钱正，亲领回应用。其杉木自卖之后，应凭买主修理管业，我卖主弟兄不得异言。恐后无凭，立此卖栽手字是实。

买主　姜钟太、钟奇、钟芳、钟碧

凭中　姜邦正、凤乔

代笔　龙昌荣

同治四年十二月十五日　　立

姜钟述卖木契

立断卖栽手杉木字人姜钟述，为因要钱使用，自愿将到先年佃栽钟奇弟兄三小家之山一块，土名污宜，界至：上凭路，下凭污宜溪，左凭桥头，右凭世模私山；四至分明。今将栽手出卖与姜钟奇、世杨、世模三老家叔侄承买为业。当面议定价钱七百八十文，亲手收足。今欲有凭，立此断卖字是实。

凭中　范炳质
代笔　朱达源
同治七年五月十二日　立

姜钟泰卖木契

立卖山场杉木契人姜钟泰，为因要银使用，自愿将到先年得买凌汉兄弟并本名所共之山一块，地名松笼，界至：上登顶以凹为界，下凭松笼大凹，左凭岭以下至洪冲为界，右凭冲以水濠为界，四至分明。此山地分为三大股，此三股又分为九小股。本名占一股出卖□□□名下承买为业。当日凭中议定价银贰千肆佰文，亲手领回应用。其自出卖之后，任凭买主修理管业，卖主弟兄不得异言。倘有异言，卖主理落。恐口无凭，立此卖契为据。

凭中　侄世杨
同治九年　立

姜老宗、龙万宗卖木契

立断卖杉木字人姜老宗、龙万宗，为因母亲亡故，无处出钱，自愿将到先年佃栽地主之山，地名穷故□之杉木，凭中出卖与地主姜钟芳、钟碧、侄世官名下承买为业。当日议价钱一千叁佰伍十文，清（亲）手收回应用。界趾（至）：上凭岭，下凭大冲，左凭世模、相开之山，右凭名乡之山。其山分为伍股，地主占三股，栽手占贰股出卖。任凭地主整修管业，卖主房族不得异言。恐口无凭，立此断卖杉木字是实。

姜钟芳、侄世官、女秋香三人得买。世臣笔批。

凭中　龙松茂

代笔　世清

光绪元年七月初二日　立

姜老条卖木契

立卖杉木字人姜老条，决（缺）少粮食，无处得出，自愿将到先年佃栽姜钟奇弟兄之山，地名党宜，上凭□，下凭水沟，左凭岩洞，右凭岭，以路为界，四至分明。价钱壹仟叁佰八十文，亲手岭（领）回应用。恐口无据，立此卖字为据。卖与姜世臣、侄登魁为业。

凭中　钟述、世清

代笔　登瀛

光绪七年三月二十日　立

龙松茂卖木契

立卖栽手杉木字人龙松茂，为因缺少银用，自愿将到先年佃到三老家之……其田界限左凭地主之山，右凭田角以毫（壕）

沟为界，上抵沟，下至溪，凭中出卖与姜世臣名下承买为业。当面凭中议定价银……自卖之后，任凭买主修理管业，卖主不得异言。一此买栽手永远发达。

外批：股数地主栽手分为五股，地主占三大股，栽手占贰大股。本名栽手□股出卖。永远发达。

凭中　任五喜

依口代笔　饶成德

光绪九年十二月十八日　立

龙作林卖木契

立卖栽手杉木字人龙作林，为因缺少银用，无处得出，自愿将到先年佃到三老家之山，地名南休，其有界限：左凭地主，右凭地主，上抵沟，下至溪，凭中出卖与姜钟璧名下承买为业。当面凭中议定价银一两五钱八分。自卖之后，任从买主管业，卖主不得异言。立此卖栽手为据。

外批：股数地主、栽手分为五股，地主占叁股，栽手占贰股。栽手贰股分为八小股，弟兄占四小股，本名占两小股出卖。

凭中　任伍喜、龙松茂

代笔　李作金

光绪九年十二月十八日　立

杨老保卖木契

立卖栽手杉木字人杨老保，为因家中要银使用，自愿将到先年所佃到三老家……地主、栽手分为五股，地主占二股，栽手三股，弟兄……断卖与姜氏秋香名下承买为业。凭中议定价钱一千三百零八文，亲手领应用。自卖之后，任从买主栽修管业，卖主弟兄不异言。立此卖栽手永远发达存照。山界：上凭沟，下至溪，左田角与毫（壕）沟为界，右凭地主……

凭中、代笔□□□

光绪九年十二月卅日　立

姜正诚卖木契

立卖栽手杉木字人姜正诚，为因缺少银用，无处得出，自愿将到土名南的栽手。地主、栽手分为五股，地主占三股，栽手占贰股，本名占一股，出卖与姜世臣名下承买为业，当面凭中议定价银柒佰八十文。自卖之后，任从买主蓐修里（理）管业。买主不清，俱在卖主理落，卖主房族弟兄不得异言。立此卖字为据。

凭中　壬五使　龙岩林

代笔　姜永文

光绪拾一年十二月廿七日　立

姜老德卖地基契

立断卖屋地基字人姜老德，为因家中粮缺少，无处得出，自愿请中登门问到，将地基一块，此地基分为三大股，老德父子占一大股，界趾（至）：上凭钟碧、寅邱之地，下凭买主之沟，左凭大路，右凭世浚、登泮二人之园为界，四至分明，今将出卖与姜世洪名下。当面凭中议定价银拾两零八分，亲手收足应用。自卖之后,任凭买主起房造屋,卖主族下父子不得异言。恐口无凭,立此断卖字为据。

内添二字。

凭中　李先扬

代笔　作金　押

光绪十二年三月十三日　立

姜乔生、来生卖地基契

立断卖屋地基字人姜乔生、来生二人,为因缺少银用,无处得出,自愿将到所坐地基贰间,界趾(至):上凭钟碧、凤乔二人地基为界,下凭买主水沟为界,左凭大路,右凭囗俊,盛泮二人北木岭为界,四至分清,此地基分为叁股,本名二人占贰股,今将出卖与姜世清名下承买为业。当面凭中议定价银壹拾柒两捌钱,亲手收足应用。自卖之后,任凭买主起造管业,卖主房族父子不得异言。倘有股数不清,俱在卖主理落,不干买主之事。恐口无凭,立断卖字为据。

凭中　龙绍林

代笔　姜囗囗　押

光绪拾叁年贰月初四日　立

姜世清卖地基契

立断卖屋地基姜世清,情因缺少银用,无处得出,自愿将到先年得买姜乔生、来生、老德弟兄叔侄之屋地基四间,地名杨报,界趾(至):里边凭坎与世臣弟之地,外边下凭洋沟世俊叔侄地为界，左凭路，右凭世俊、登泮之菜园，四抵分清，今将出卖与堂弟姜世臣名下承买为业。当面凭中议定价银肆拾肆两八钱八分，亲手收回应用。自卖之后，任凭买主起房造屋管业，卖主房族弟兄叔侄不得异言。如有不清，俱在卖主理落，不关买主之事。恐说无凭，立此断卖屋地基，永远发达存照。

内添拾伍字。

凭中　姜永和

光绪贰拾二年十一月二十六日　亲笔立

姜世臣卖田契

立卖田人姜世臣，情因缺少银用，无处得出，自愿将到祖所遗之共田壹蚯，地名岩板坡，界趾（至）：上凭世风，下凭世臣，左凭路，右凭世风叔侄田，四抵分清，今将出卖与堂兄姜世风名下承买为业。当面凭中议定价银叁两整，亲手收回应用。自卖之后，任凭堂兄耕种管业，我弟不得异言。恐说无凭，立此卖田永远发达存照。

其田我名下占之股出卖。

内添四字。

凭中　姜永和

亲笔

光绪二十二年十二月二十六日　立

台言发兄弟卖菜园契

立断卖菜园字人台言发弟兄，因为缺少钱用，无处得出，自愿将到先年得买姜世发之菜园，地名羊报，界趾（至）：上凭路，下凭世□之园，右凭买主之园，左凭永和之园为界，四字（至）分清。今将请中出断卖与姜世官、世凤弟兄名下承买为业。当日凭中三面议定价钱壹仟一百六十文，亲手收足应用。自卖之后，任凭买主耕种管业，卖主弟兄不得异言。倘有不清，俱在卖主上存理落，不关买主之事。恐口无凭，立此断卖园字为据。

凭中、代笔　姜永文

光绪二十三年六月廿一日　立

姜世臣、世美转让山场契

立分拨山场姜世臣、世美兄弟，俱属心同意愿，今已拨归皆计打山与世美管业，界趾（至）：上凭田，下凭河，左凭冲，右凭光宗山。世臣管业之丢山，界趾（至）：上凭田，下凭田，左凭冲，右凭濠（壕）沟。此山分为肆股，弟兄占叁，归世臣管业。日后照此分拨，不得相争。恐口无凭，立此分拨字为据。

拨得世臣大伯，此山严父亲手卖与河边黄良负名下，其拨契业经无用，故我以致裁去中间一节。姜登鳌笔批，后人无异。

凭中　姜永和

世臣　　亲笔

光绪二十六年三月十四日　立

姜登高卖田契

立断卖田字人姜登高，为因胞弟天保亡故，无处得出，凭中自愿将到分落胞弟名下之田，地名丢了，界趾（至）：上抵松清，下抵登泮之田，左右凭坡，四抵分清，今将出断卖与姜世美族叔名下承买为业。当面凭中议定足文拾叁两二钱八分，亲手收足应用，不欠分文。自卖之后，任凭买主修理耕种管业，我卖主房族叔侄弟兄不得异言。倘有不清，俱在卖主向（上）前理落，不关买主之事。今欲有凭，立此断田永远发达存照为据。

凭中　姜永和

代笔　姜登科

光绪贰拾陆年柒月初十日　立

姜老德卖地基并屋契

立断卖地基并座屋字人姜老德，为因缺少钱用，无处得出，自愿将到地基房子出卖与姜世臣名下承买为业。当面凭中议定价钱贰仟七百八十文，亲手收回应用。自卖之后，任凭买主管业，卖主房族弟兄不得导言。当有不清，居（俱）在卖主上成（承）理洛（落），不关买主之事。

外批：地基房屋为三股，买主占贰，我卖主占壹股，出卖，界趾（至）：里边凭沟，外边买主，左边凭根长屋，右边边凭买主。恐后无凭，立此断字为据，子孙永远发达存照。

内天（添）四字。

凭中　龙作连

代笔　傅志桓

光绪贰拾柒年九月卅日押　立

姜登选卖田契

立断卖田约契字人房侄姜登选，为因要银用度，无处得出，自愿将到祖遗分落本名所占之田壹丘，约谷伍石，在寨脚地名里党，界限：上凭卖主之山，下抵世臣之田荒坪为界，左凭大路，右凭我三老家之共山，四抵分清。今将请中登门问到出断卖与堂叔姜世美名下承下买为业。当日凭中三面议价宝足银拾捌两壹钱八分，亲手收足应用，未欠分毫。其田自断卖之后，任凭买主修理下田耕种管业，我卖主弟兄以及外人不得异言。今欲有凭，立此断卖田约契字为据永远发达存照。

其有外批田粮壹合。

凭中　姜永和

光绪叁拾壹年十二月十七日　登选亲笔　立

姜世□卖田契

立断卖田人姜世□，为因缺少银用，无处得出，自愿将到分落各下之田，地名乌休田贰块，上块贰间以（与）下壹块连，界址（至）：上抵德先之田，下抵铨相田，左凭乌假口，右凭坡，四抵分清，今将出断卖与姜恩临先生名下承买为业。当面凭中议定价足纹银壹拾两贰钱捌分，亲手收回应用。其田自卖之后，任凭买主耕种管业，卖主房族弟兄不得异言。今欲有凭，立此断卖田字永远发达存照为据。

外批：其田约谷陆石，内改壹字。

粮照册完纳壹升，老契未□。

凭中　平鳌傅志恒

光绪叁拾贰年三月初十日　亲笔　立

姜登选菜园换山场契

立将菜园换山场契约字人房侄姜登选，自愿将祖遗分落我名下所占之菜园壹块，地名晚中党，界限：前凭坎砌，后凭登汉得买我登选之菜园，左凭与世美之菜园，右凭坎砌为界，四抵分清，今将凭中换与房叔姜世美名下承换为业。当日凭中三面换山场壹块，地名冉休，界限俱照我登选所执换之张，任凭照所换契修理管业，日后二比不得异言。倘有不清，俱在己向（上）前理落，不关胥换之事。今欲有凭，立将菜园换山场字为据，永远登达存照。

外批：我登选换得冉休山场即当日并卖与上寨周智弟兄。

外添四字。

凭中　姜荣昌、□□

光绪叁拾贰年五月廿八日　姜登选　亲笔立

姜世臣卖地基契

立断卖屋基地字人堂弟姜世臣，为因缺少银用度，无处寻出，自愿将到祖遗所共之屋基地壹块，地名皆抱中宝，界趾（至）：前凭坎砌以大路为界；后凭路沟以坎砌为界，左右俱凭世清所共之屋地基，四抵分明。此地基分四大股，我名下占一大股，今得凭中出断卖与堂兄姜世官名下承买为业。当日凭中议定价宝新银叁两一钱八分，亲手领足应用。其屋基自卖之后，任凭买主起造屋房住居,永远管业。我卖主以及房族外人不得异言。倘有不清,俱在卖主一面全当理落,不干买主之事。今欲有凭,立此断卖屋基字为据,永远发达存照是实。

外批:添贰字。

凭中　姜德能

代笔　胞侄姜登鳌

光绪三十有四年四月二十五日　立

姜世臣卖仓宇并地基契

立断卖仓宇并地基字人胞兄姜世臣,为因与焕卿争从皆榜之山,要银上黎平府告状,无处得出,自愿将到祖遗分落仓宇一间,在井水上,地名皆从翁,界限:前凭坎砌,后凭分落胞弟之田,左凭坎砌以水和园地为界,右凭小路为界,四抵分清。今将出卖与胞弟姜世美名下承买为业,当日凭中议定价银四两二钱八分,亲手收足应用。其仓宇并地基自卖之后,任凭胞弟修理管业,我胞兄父子不得异言。今欲有凭,立此断卖仓宇并地基字为据存照,永远发达。

内涂四字,外添二字。

凭中　姜世官、德能

光绪三十四年十一月十二日　子登儒　亲笔立

姜世官等卖木契

立断卖山场地股杉木字人下房姜世官、世凤、侄某某等,为因家中缺少粮食,无处寻出,情愿将到祖遗之山一块,地名污休，其山界至：上凭大盘沟，下抵污休溪，左凭田角小冲，右凭田角至溪为界，与买、卖主所共之山，原来系是三幅，左边二幅早卖与别人，今只存右边一幅出卖。此山地主栽手分为五股，地主占三股，栽手占两股。此地主之三股，我弟兄一族三大房人分为三十六股，我弟兄、叔侄共占四小股，今将请中登门出断与本房姜某某名下承买为业。当中议定价银贰两五钱九分，亲手领回应用，不欠分文。其山自卖之后，任凭买主照界管业，我卖主弟兄叔侄以及族人不得异言。今欲有凭，立此断卖字存照为据。

杨昭洪卖仓宇契

立断卖仓宇砖瓦基地石板字人稳洞杨昭洪，为被事要钱，自愿将到祖遗仓宇一座三间，界趾（至）：前凭路坎，后凭卖主基地，左凭杨再权基地，右凭大路，四抵分清。分贰大股，我占一间半，胞弟占一间半，今将我之股断卖与文斗姜登鳌弟兄名下承买为业。当面凭中议定价典钱拾仟零八百文，亲手收足应用。自卖之后，任凭买主居住管业，我老母房族弟兄以及外人不得异言。今欲有凭，立此断卖字为据。

凭中　龙吉恩

宣统元年七月贰拾八日　杨昭洪　亲笔

姜登沅卖木契

立断卖山场杉木字人姜登沅，为因要钱用，无处得出，自愿将到祖遗共山壹块，地名板皆威，界限：上凭路，下抵冲以田为界，左凭冲，右凭冲，四抵分清。此山分作贰大股，我房族三老家占一大股。我三老家占之一大股，分为三十六股，我名下占一股半，今将凭中出断卖与堂弟姜登鳌名下承买为业。当中议定价钱捌佰八十文，亲手收足应用。其山自卖之后，任凭买主修理管业，我卖主不得异言。倘有不清，我主理落，不关买主之事。恐口无凭，立此断卖山场杉木字为据存照。

内涂一字。

凭中、代笔　姜登选

民国二年阴历二月十八日　登沅　亲押　立

姜门李氏、凌云祖孙卖田官契

贵州国税厅储备处，为颁发印契以资信守事。照得民国成立各府州县印信已经更换，民间所有业契与民国不符，难资信守，前经财政司奉都督命令特制三联契纸发行，各属一体遵办在案。本处成立业将此项契税办法报明财政部，划为国税，归本处征收，自应照式刻发三联契纸，无论业户原契已税未税，俱应一律。前清已税买契产价每十两纳税银二角，未税者纳税银五角；前清已税当契产价每十两纳税银一角，未税者纳税银二角。从奉到民政长展限令之日起征，限五个月内仰各业户从速挂号投税，逾期不投税者原契作为废纸，其各凛遵，勿违，切切。后余空白处摘录业户原契，至该业户原契仍粘附于后，加盖骑缝印信，合并，饬遵。

姜绍齐得买姜门李氏仝孙凌云干榜一块。产价银伍两五钱，应纳税银二角七□五□，纸价一角。

中华民国二年十月十号　给

字第□□□□号产价银五两五钱（骑缝）

姜登儒卖木并山契

立断卖山场并栽手杉木字人姜登儒，为因要钱应用，无处得出，自愿将到祖遗山场并栽手杉木一块，地名皆张基，界限：上凭小路以禁山右木为界，下抵土垦以从皆又沟为界，左凭登泮荒田角，右凭六冲，四抵分清。此山原来分为四大股，我此边公占壹大股。此壹大股今将本名所占之股凭中出断卖与胞叔姜世美名下承买为业。当日凭中三面议定价钱六百八十文，亲手收足应用。其山自卖之后，任凭买主管业，我卖主弟兄不得异言。恐口无凭，立此断卖字为据存照。

候此木砍尽，地归原主。

凭中　姜登科、姜元福

中华民国二年阴历十一月十八日登儒　笔立

姜登焕卖木契

立断卖［山］场杉木并栽手字人姜登焕，为因要钱用，无处得出，自愿将到祖遗山场壹块，地名皆从基，界限：上凭小路以古木为界，下抵土垦以皆又沟为界，右凭冲，左凭登泮荒田为界，四抵分清。此山分为四大股，我边公占一股。今将我本名所占之股出断卖与胞叔姜世美名下承买为业。当日凭中三面议定价钱六百八十文，亲手收足应用。其山场自卖之后，任凭买主管业，我卖主不得异言。恐口无凭，立此断卖山场杉木字为据存照。

后木砍尽，地归原主。

凭中　姜登科

代笔　登儒

中华民国二［年］阴历十二月廿七日　立

姜登选卖园基契

立断卖园基屋地字人姜登选，为因缺少钱用，无处得出，自愿将到祖遗园基壹块，地名皆豆衣，界限：上凭三老家之共山，下抵买主，左凭三老家，右凭买主屋，四抵分清。此园分为伍股，本名占一股，今将出卖与姜登流名下承买为业。当日凭中三面议定价钱四百四十八文，亲手收足应用，不欠分文。其园至（自）卖之后，任凭管业远永存照。

凭中　姜登儒

中华民国三年四月九日　亲笔　立

姜登悌卖木契

立断卖山场杉木字人姜登悌，为因要钱用度，无处得出，自愿将到祖遗山场一块，地名皆中塞，界限：上凭小路与古木为界，下凭土垦抵冲为界，左凭登奎之田为界，右凭冲，四抵分清。此山分为三大股，我三老家占二股，三老家之二股分为三大股，我边公占一大股，之一大股与作十二小股，我本名占一小股，今请中出断与姜登鳌弟兄名下承买为业。当中三面议定价钱六佰八十文，亲手收足应用。其山场自卖之后，任凭买主修理管业，我卖主弟兄不得异言。恐口无凭，立此断卖山场字为据。

外批：后木砍尽，地归元（原）主。

凭中　姜登选

代笔　登儒

甲寅年十二月初四日　立

姜熙豪等卖木契

立断卖山场杉木下寨字人姜熙侯、熙豪、永台、永翰四公等，为因无钱用度，无处得出，自愿将到祖遗与竹园所共之山，地名提缴，其山界至：上凭土垦，下抵下盘路，左凭买主之山，右凭岭抵买主之山为界。又下截界：上下凭路，左凭路，右抵朱姓与登廷之山为界，四趾（至）分清。此山分为贰大股，本名四公等占壹大股，凭中断卖与上寨姜周栋名下承买为业。当面议定价钱伍仟零捌□，亲手收回应用。其山至（自）卖之后，任凭买主修理管业，卖主房族人等不得异言。如有不清，俱在卖主理落，不与买主相干。恐口无凭，立此断卖山场字为据存照。

外批：老契日后查出，以为故纸。

添"不"字。

凭中　姜登津、明学

民国五年九月初七日　永丰笔　立

此契于民国十七年六月初五日由公家凭地方拍卖与姜登鳌管业。□□批

姜登宰等卖地基契

立断卖地基字人姜登宰、登照、登甲，为因要钱用度，无处得出，自愿将地基一间，界限：上凭路，下抵塘，左凭买主之屋，右凭砍（坎），四抵分清，今将出断卖与姜登□名下承买为业。当日中议定价钱一千八十文，亲手收足应用。其地基自卖之后，任凭修理管业，我卖主不得异言。恐口无凭，立此断字为据。

凭中、代笔　姜登儒

民国七年贰月初四日　登照亲押　立

姜登儒等卖木契

立断卖山场地上杉木字人姜登儒、登悌，为因要钱使用，无处得出，自愿将到祖遗山一块，地名冉路，其界：上凭田，下抵土垦，左凭岭，右凭冲。此地分为贰大股，弟兄占一股，今凭中出断卖与□□□名下承买为业。当中议定价□百零八文，亲手收足应用。其山自卖之后，任凭买主修理管业。恐口无凭，立此断卖字为据。

凭中　姜恩临

民国十年七月初三日　登儒　笔立

姜世美等卖田契

立断卖田字人姜世美，侄登宰、登廷、登娣、孙元□、元亨等，为因伯母谭氏玉秀去世，需用葬费，无处得出，自愿将所共之田，地名党宜中间田三小间，界限：上凭田，下凭世美田，左凭世美之间垦，右凭登廷之间垦，四抵分清。今我叔侄孙等相商，出断卖与姜元亨名下承买为业。当日凭族我等相定价足银拾两零捌钱八分，当将其银开销葬费，不欠分毫。自卖之后，任凭元亨下田耕种管业，我叔侄孙等不得异言。今欲有凭，立此断卖田字为据存照。

其有田□照□□分当。

凭中　族戚姜登津、登沼、登熙、傅志恒、杨顺隆、姜名煌、姜显泮、姜儒煌

民国十三年正月廿九日　　登鳌　亲笔立

姜登宰卖田契

立断卖田字人姜登宰，为因缺少粮食，无处得出，自愿将到祖遗地名堂庙田一丘两间，界限：上凭姜登仁、姜明学、姜建章、字翰元之田，下凭上寨共田，进里边抵沟，左凭买主山以路为界，右凭水沟，四抵分清。此田分作贰大股，买主占一大股，余壹大股分为贰股，我本名叔侄占壹股，今将凭中出断卖与堂媳姜氏随凤名下承买为业。当中三面议定价元钱伍拾陆仟八佰文，亲手收足应用，不欠分文。其田自卖之后，任凭买主耕种管业，我卖主叔侄不得异言。倘有不清，我卖主理落，不关买主之事。恐后无凭，立此断卖田字为据，永远存照。

凭中、笔　姜登选

民国拾伍年夏历五月二十六日

姜登宰左母（拇）指手亲押立

姜氏彩元等卖塘契

立卖塘字人本族姜氏彩元、子康寿，为因缺少粮食，无处寻出，自愿将到三老家塘壹口，地名竹园边，界限：上凭买主塘，下抵登熙塘，左凭沟，以先年间垦抵登池、登熙、登选等小塘，右凭路，四抵分清。此塘分为三十六股，名下占一股贰，今将此塘之股出断卖本房姜登廷名下承买为业。议定价米二件，亲手领足应用。恐口无凭，立此断卖塘字管业存照为据。

内添四字。

凭中、笔　姜广绩

民国拾五年六月二十二日亲押立

朱家振等卖木并山契

立断卖山场并栽手字人朱家振同侄崇贵，为因要钱使用，无处得出，自愿将到亲手得买地名党宜，界限：上凭路，下凭沟，左凭岩洞以买主山为界，右凭岭以田角为界，四抵分清。此山分为十贰股，得买姜世臣、姜登宰弟兄叔侄，姜登沅、登直并买主，共占十壹股，今将得买之十壹股转卖与姜氏随凤名下承买为业。当中议定价钱叁仟四百文，亲手收足应用。自卖之后，任凭买主管业。口说无凭，立此断卖字为据永远存照。

凭中　姜登选、范基盘

民国十六年六月初二日亲笔　立

朱家根卖木契

立断卖山场杉木字人朱家根，为因要钱使用，无处得出，自愿将到先年亲手得买姜世臣并登海之山场杉木壹块，地名皆从翁，界限：上登顶，下凭姜登津园坪，左凭小冲，右凭坟岭，四抵分清。此山分为四两，世臣占一两五囗，囗主与登海弟兄占一两五钱，得买登海三钱七分五厘，今将转卖与姜登鳌弟兄叔侄名下承买为业。当中议定价钱四千文，亲手收足应用。自卖之后，任凭买主管业。恐口无凭，立此断卖字为据，永远存照。

凭中　范基盘
民国十七年腊月初十日亲笔　立

姜登科等卖塘契

立断卖唐（塘）字人下寨姜登科、登选二人名下之股，为因缺少银用，无处得出，自愿将到之唐（塘），上凭沟，下凭买主之唐（塘），左凭沟，右凭世官之园。又一口下囗界限：上凭买主，下凭田沟，左凭沟，右凭世官之园，至自分清。其唐（塘）分为十贰股，登选占上口股占一股，下一口登科、元彬三人占叁股，今将请中出卖与上寨姜正方名下得买为业。当日凭中议价银贰两四钱正，亲手收足应用。其唐（塘）字（自）卖之后，任凭买主管业，卖主不得异言。恐口无凭，立此卖字为据。

内添二字。
凭中　龙岩林

吾苴加添文约

立加添文约人吾苴，系叠不村居住，为因于道光三年内有祖阿泽同慈日二人，卖获与打米杵南山和勺大山地一块，坐落四至具在，原契不必重开，当日央请凭中，再加义助银贰两以作挥迪安埋之资，自此之后，不敢再三加找，倘有靠等弊任凭买主理论，恐后无凭，立此文约存照。

里由奴卖山场契约

立实卖过割山场文约人里由奴、控奴、国里，系鲁甸里扎答却住民，为因缺少使用，情将祖遗山场一块实卖与打米杵村和毛阿立、和习、和那、和玉成名下，永远为业，实授过价银八两整人手应用，并无私债准折，亦非逼迫成交，其山场坐落东至打米杵垭口止，西至河止，南至山梁止，北至三岔河止，今将四至开明，自卖之后，任从买主开砍，不致异言，若有族人等前来争说，国里等三人一力承当，今恐人心不古，立此实卖山场文存照。

再照有国吐山地一块，在于四至之内，当日授过价银一两三钱再照。

  凭中人 小管 和长寿奉过银三分

  伙头 和六 十奉过银三分

道光二十年十一月二十六日实卖山场过割文约人

  控奴十（画押）

  国里、由奴

  见证人 次日 奉过银三分

  代字 周君用 奉过银五分

国日加添文约

立加添文约人国日，系三所罗住，为因祖父国更有使宽的山场蜂窝一块。卖过与打米杵和玉成祖上，今因国日无奈之际，只得请凭添到和玉成名下白银贰两捌钱整人手应用，自此之后，孙孙子子再不致加找分厘，其有使宽的山场蜂窝及一草一木亦不敢沾惹。恐口无凭，立此加添文约存照是实。

道光二十八年四月初五日立

凭中人　　娘苴　奉银三钱

害迪　奉银三钱

加添文人　　国日

见证人　　永长　奉银三钱

古作　奉银三线

代字人周君用，奉银三钱、羊毛二斤，外有吃食酒一瓶，合银五钱，又酒二十碗，合银四钱，米三升，合银一钱五分，猪皮肉四斤合银二钱。

和小瓦三卖山地文约

立实杜卖过割山地文约人和小瓦三，系鲁甸打米杵居住，家中为因缺少耕牛，正用银两无处借挪，只得央请凭证族人等自己份额遗山地一块，情愿卖出，卖到小村和瓦林名下，实接受过山地价纹银一十八两整。

光绪十四年十月十六日　立实杜卖山地文约人和小瓦三（画押）

凭中人和恒（画押）谢布一件

和福元谢茶一元

凭知人和瓦料奉茶一元

代字人杨近中谢钱四百文

附于契约查验费一元

注册费一角

和桂卖前程文约

立找义助文约人和桂，系甸尾村居住，为因喜事急用钱卖获田，后找到打米杵上村和福元名下永远为业耕种，实找过田后义助市银三两整人手应用，其四至坐落具在老契之内，不必重开，我二比当凭找义助之后，银敷济足，任买主当卖，再不敢前来。

光绪十八年冬月初十

和瓦三卖田文约

立找补义助地价文约人和瓦三，系鲁甸里打米杵村居住，为因家中缺少正事银两，无处借纳，只得再三请凭证人卖获西米处挂国口，地后讨补义助到小村和瓦大名下……纹银八两整……

光绪三十四年三月初八日立

凭证人　　奉茶一元

族内人　　奉钱五百文、奉茶二元

代字人　　杨建中　　奉钱二百五

和阿恒卖山地文约

立赐山地信据文约人和阿恒、阿嘛苴、瓦苟同族等三人，系鲁甸里打米杵村民，为因未分祖遗存余山地壹大块，协同情愿赐傈民忍受格名下永远为业耕种，实授过水礼市银陆两整人手应用，其地坐落阿珠色，东至小村瓦吉苴地边梁子止，南腊各行行办梁子止，西马卜阿止底梁子止，北圻地内顺大梁子止，今将四至开明，每年言定后随纳公件黄蜡四两之外，三年两次补纳酒拾伍碗，不论大小羊肉一半。如若纳款不误，我弟兄子孙永不致以及异言，任凭银主放佃砍挖，不论修造阴阳二宅，永远准其照纸管业，亦不得越界霸占。倘若外有前来争说者，我赐主弟兄亦力家当，再不与银主之事，恐口难凭，立存文约，为据是实。

光绪叁拾肆年玖月拾肆日立
两边凭证人　　和福元阿苴
立赐山地文约人　和阿恒　阿嘛苴　瓦苟
代字人杨学美谢茶二元

李德泰卖干地文约

立实卖干地文约人李德泰系……为因正事紧用银两，情愿托凭将前当与……和占元名下门前干地一块，立约实卖实接受卖价银大洋拾捌块整，人手应用，速步当价共合大洋六十八块，川元四十七块，制钱贰拾柒仟伍佰文整，言行有银准其赎取，无银认凭永远为业耕种。

立实杜卖割干地文……李鸿泰，其子得勤文子元，系……为因正事，紧用银两，无处添办，情愿有祖遗干地一块前卖后杜到本村和占元名下门前干地一块，实接受地价大洋壹佰贰拾元整人手应用，自杜之后永断割藤，卖主有理不得赎取，无钱不得加添……

  立此杜卖文约是实
  按杜卖不卖死有谢礼
  族内人谢茶叶三筒
  民国二十四年腊月十八日是实杜卖文约

廖正旺卖断田契①

  立约卖断田本寨廖正旺，今因家下缺少使用无从出处，夫妻商议，情将自躬（己）分下水田一块，将来出卖，坐落土名社面一块，禾苗十二把整。请中问到本寨廖英应言承领，时值价禾三十三秤整，即日凭中亲手接领回家应用有靠。其田卖后，便由买主管业，起上耕种，卖主不敢异言翻悔。如有异言，卖主自甘其罪。今恐无凭，立卖断约存照为据。

  买主人廖金英。卖主人廖正旺。凭中人廖金才，禾一秤。代笔人廖玉明，木一百。通道鸡一只、酒四斤、米四升。

  光绪十年（1884）甲申岁闰五月十三日立。

廖金贵卖田契②

  立约卖田人上寨廖金贵，因缺少口粮，家下无从出处，亲将祖田出卖。坐落土名邦马田、外槽田一共二处，作禾苗六屯

---

  ① 原存广西龙胜各族自治县和平乡龙脊村廖家寨。1956 年 11 月 27 日，广西少数民族社会历史调查组搜集。

  ② 原存广西龙胜各族自治县和平乡龙脊村廖家寨。1956 年 11 月 29 日，广西少数民族社会历史调查组搜集。

整。托请中人问到房族无价承买，方可出外；问到金竹寨廖光甲，应言承买，当中言定价禾三十九屯零六秤，凭中交足，接领回家；交田与买主耕种管业，后代子孙不敢异言翻悔。在于翻悔者，自干其罪。今欲有凭，立契卖断立字一纸存照为据。

卖主人廖金贵自笔。买主人廖光甲。凭中人廖光裕。在场人廖杨康。计开：通到（道）猪一只，酒一翁（瓮）。

道光九年（1829）己丑年三月十五日立字。

潘学美卖田契[①]

立卖田人，兄潘学美，今因使用禾秤，自将己分之田，土名国雍田，该苗二屯，卖与胞弟潘学洋，作价禾十二屯整，并无尾禾，即日约价交清，不敢翻悔，今恐无凭，立约收存为据。

至道光十九年（1839）收足尾禾乙屯二。凭中人老六。

道光十七年（1837）十二月十四日亲笔立。

廖弟广卖断山场文契[②]

立契卖断山场人廖弟广，籍宗祖山，今因无从出处，夫妇商议出卖，无人承领，方可出外。自躬问到廖光元承领。三面言定，土名八控山，二北路看，上至了龙坪，下至园篱，左至岩氓（底）至水圳，右至少（小）路为界，四至开明。山价作钱八百文整，即日交足，接领回家。买主过价管业，卖主子孙

---

① 原存广西龙胜各族自治县和平乡龙脊村平段寨。1956 年 11 月 27 日，广西少数民族社会历史调查组搜集。

② 原存广西龙胜各族自治县和平乡龙脊村廖家寨。1956 年 11 月 27 日，广西少数民族社会历史调查组搜集。

于后不得异言翻悔，若有悔者，自己其（吃）罪。买主收执契约为凭，存照为据。

卖主人廖弟广。买主人廖光元。代笔人廖阳星。通道吃肉乙（一）餐。

道光十九年（1839）二月二十日，立契为凭。

廖弟埠换山合同书①

立契字人廖弟埠，有山场一块，想换其之山。问到廖光元二比情愿互换；上名马鞍山一块，桥（换）之龙瑶山一块。二比情愿，无言之语异，日后异话不得，二比主人不得异言翻悔。若有异言翻悔，契纸为凭，存照为据。

二比主人廖弟埠、廖光元情愿换山。

在场子弟盘、金美二主子。

代笔廖阳星（钱五十文）。互换鞍马山契。

大清道光十九年（1839）三月十七日立换字合同。

潘学海卖断田契②

立约卖断田人潘学海，今因家下缺少口粮，无从出处。父子兄弟商议，自将原日承蒙伯公良专相送之田，土名那宗田一处，二兄俱各分占，各愿将田转卖与叔父潘金才转买为业。一共四两五钱，时值价禾二十零七秤整，并尾禾在内。即日约价

---

① 原存广西龙胜各族自治县和平乡龙脊村廖家寨。1956 年 11 月 25 日，广西少数民族社会历史调查组搜集。

② 原存广西龙胜各族自治县和平乡龙脊村平段寨。1956 年 11 月 27 日，广西少数民族社会历史调查组搜集。

两交人手，其田任由买主起土耕种管业，卖断不敢翻悔异言。今恐无凭，立约永断为据。

卖主人潘学海。凭中人潘学继。代笔人潘学美。计开买主父子各出价钱于后。父出价一两五钱。子学洋出价二两。学云出价一两。学武后又出价五钱，一共五两，禾三十三屯。

道光二十三年（1843）癸卯十月初六立。

贲胜绿卖断水田契①

立约卖断田人，双洞寨贲胜绿，今因家下急用钱文，无从出处，自己情愿将祖父分上之田出卖。坐落土名盘田大小三丘，计穗（禾）把四屯。今开四至：上凭贲仁盛，下凭潘书太，左凭右凭山为界，四至分明。托中问到喇正寨潘学义处应言承买，三面言定，作价钱八千二百文。即日凭中钱契两交清白。其田卖后，任从买主耕种管业，卖主不敢异言翻悔，不与买主相干。恐口无凭，立卖约一纸为据。

卖主贲胜绿亲笔。

买主潘学义。中人白文见，收钱二百文。

咸丰十一年（1861）十二月初一日立。

潘学美卖田契约②

立约卖田人乎段寨潘学美，今因家下缺少口粮，情愿将祖

---

① 原存广西龙胜各族自治县日新乡双洞村拉正屯。1956年11月27日，广西少数民族社会历史调查组搜集。

② 原存广西龙胜各族自治县和平乡龙脊村平段寨。1956年11月27日，广西少数民族社会历史调查组搜集。

田出卖，土名拉场田，中间一分，大小二十一块，禾苗三屯五之价，将来卖与马海表兄蒙光瑛应言承买。言定价钱二十二千四百四十文；又禾六屯另六秤，并尾禾在内。即日凭中，约价两交清白。其田买主管业，卖主佃耕，逐年定收干禾二十二秤。卖后不敢翻悔异言。如有此者，执字到官，自干其罪。

今恐无凭，立卖约为据。

卖主潘学美。凭中人潘佛保受钱三百。代笔人潘日映受钱三百。通道猪一只、酒一席。

同治元年（1862）壬戌六月二十二日。

潘内瑶族卖田契约①

立约卖断田人粟亮田，今因家下缺少银钱使用，无从出处，夫妻商议，将祖遗水田出卖，坐落上名黑岩泥田一段，计谷五百多斤，上凭水坝，下凭罗姓，田左凭冷，右凭水坝，四至分明，先近亲粟亮银名下，应言承领。即日三面言定，时值价钱作禾五十斤，连禾连钱乙共三十三千五百文整。就文银契两交，亲手接回家中存用，并无短少分文。准折其田卖后，任凭买主子孙永远管理耕种，如后不复异言翻悔，若有翻悔，任凭中人乙命承当。高山落水，永无归宗，今欲有凭，所立卖断立契约为据。

卖田主粟亮田。买主粟亮仁。凭中人粟大挽、粟贵才、粟才兴、粟唐天、粟老二、粟文才、粟老三、粟富玥。

房族凭人粟金桐、粟金富。代笔人粟己科钱一百文。谢中

---

① 契存龙胜潘内瑶村粟家，1958年，广西少数民族社会历史调查组搜集整理。

钱一共一千六十五文。

大清咸丰十三年（1863）二月朔四日立。

侯金傍卖禾仓契①

立约卖禾仓人侯金傍，今因家下缺少钱文使用，无从出处，母子商议，自将情愿（禾仓）出卖。托中问到侯潘妻，应言承买，待（时）值价钱四千八百文整，禾仓地钱三千文，卖主收足回家使用有靠。其地以后卖主不得异言翻悔，立字永远为据。

卖主人侯金傍。买主人侯潘妻。凭中人潘金玉禾一秤。代笔人侯金明禾一秤。

同治二年（1863）十月初六日立。

潘日皎卖断山场契②

立约卖断山场字人本寨潘日皎，兹因上春父亲仙游，急使用钱，无从出处，夫妇商议，情愿有祖父之山业出卖。坐落土名石吊山一处，杂木、桐、茶、杉树一并在内；下凭荒路横斜为界，左凭寨古日德山为界，右凭干漕为界，上头凭乎寨潘业妹山为直上到九重山横路为界，下左凭日德山为界。另有茶山一块，下凭老路日龙地背为界，两边左右凭干冷为界，上凭大岩山为界。四至分明，先问房族有人无价承买，放（方）可出

---

① 原存广西龙胜各族自治县和平乡龙脊村侯家寨。1956年11月27日，广西少数民族社会历史调查组搜集。

② 原存广西龙胜各族自治县和平乡龙脊村平寨屯。1956年11月27日，广西少数民族社会历史调查组搜集。

外，托中问到潘□□名下应言承买，三面言定，时值价钱三千一百文整。其山杂木、茶油、桐子、杉树一并在内，一笔卖断，永不许赎。买主随砍随挖管业。日后不得异言翻悔，滋事多端，如有自干其罪。今恐人心不古，愿立断契字一纸，付与买主子孙存照为据。

计开：卖主人潘日咬。买主人潘□□。凭中人潘日明。代笔人潘日。通道鸡一只。

道光十八年（1892）岁次壬辰五月十五日面立。

廖正旺卖断菜园契约①

立约卖断菜园人廖正旺，今因家下缺少钱文使用，无从出处，父子商议，将菜园出卖。坐落土名棘立正财屋边，菜园大小三块，托请中人问到本寨廖金美名下应言承买。三面言定，时值价钱二千三百文整。即日凭中交足，亲手接领回家任用，买主子孙任从管业，卖主日后不敢异言翻悔。若有悔者，自干其罪。恐口无凭，立字付与买主子孙，永远存照为据。

卖主正旺亲代笔钱一百文。买主金美。凭中人廖正忠钱一百文。通到（道）肉两斤，酒两斤，米两升。

光绪十九年（1893）癸巳二月二十日立字。

廖正喜立架设枧槽契据②

立承应架枧槽字人廖正喜，今创造新居，迁至唎犁田内，

---

① 原存广西龙胜各族自治县和平乡龙脊村廖家寨。1956 年 11 月 27 日，广西少数民族社会历史调查组搜集。

② 同上。

开砌宅场。因地窄狭难安，扇架所砌出塞，入正兴田之水圳。即日凭中廖仁华，三面言定，自今砌塞其水难来，任我正喜子孙永远做作此枧，以架其水，朽而易新，勿需催言，不得有悔。欲后有凭，故立承应架枧槽字一纸，以付执之永据。

凭中人廖仁华钱五十文。代笔人廖正道钱五十文。通道鸭一只、酒二斤。

光绪二十九年（1903）癸卯四月十五日立。

潘大福卖断水田契[①]

立约卖断水田字潘大福，今因家下使用钱文，无从出处，父子商议，情愿将自己祖父遗下水田一处，土名江秀，田禾二十一把。上凭大路，左凭水漕为界，右凭日忠田为界，右下边凭侯益定田为界，四至开清。又有翁而田一丘，禾苗三把。二处将来出卖，亲身问到堂弟潘大寿名下应言承买，当面言定，时值价钱十千文，翁而一丘时值价钱二千文，二处共钱十二千文整。就日亲手接足应用有靠，并无少欠分文。其田卖断之后，任由买主起土耕种管业，卖主永远不得回赎翻悔，如有异言悔者，自甘其罪。恐口无凭，立断卖约为据。

卖主人潘大福亲笔钱一百文。买主潘大寿。中人潘光耀钱二百文。

天运黄帝壬子岁（1852）三月二十二日。

---

① 原存龙胜各族自治县和平乡龙脊村平寨屯。1956年11月17日，广西少数民族社会历史调查组搜集。

潘弟湘补约田契①

立翻悔补约人潘弟湘，子学继、学府，前因道光八年（1828），自将水田土名那徒田一处，卖与潘金才、子学洋承买为业，作价二两钱，价禾一十五屯八秤五斤，收清无异。今又托中翻悔，补中银又补价禾三屯。即日凭中约价，两交清白。其田任由买主耕种管业，卖断不敢翻悔异言。今恐口无凭，立补约卖断收存为据。

卖主人潘弟湘，子学继、学府。

潘昌元禀状归赎田产文②

具民事辩诉状人国民潘昌元，年四十岁，住居龙脊平寨，离城四十里，职业耕种。为富不仁，伪契讹断，恳恩集案，确讯究断，照契归赎，以儆土豪，而分泾渭事。缘民于民国己未年，因急钱使用，托中将祖遗三坡田一处，立契当卖与土豪萧作楷为业，当价一百三十千，其田仍归民耕种。每年进田分机，契内载明不限近远，钱到照契回赎。延至本年月内，民备价向萧问赎，不但抗拒不允，反说此田伊已买断。民闻不胜诧异。伏思此田共计一十四屯，计机二十余石，乃系民母养膳，当时作低价当卖，原预备转赎，故房族侄无一人在场，若系卖断，以当时价每屯至少值钱二十千，统共应得断价二百八十千之谱。

---

① 原存龙胜各族自治县和平乡龙脊村平段寨。1956年11月27日，广西少数民族社会历史调查组搜集。

② 原存广西龙胜各族自治县和平乡龙脊村平寨屯。1956年11月，广西少数民族社会历史调查组搜集。

以现时之价，每屯值钱四五十、六七十千不等。该土豪觊觎田多价少，乃私伪契，借税吞谋，以此推之，究非讹断而何。前当官衙局董理论是否，伪造先诣，武圣庙盟誓共表心肠。该萧姓自知情非，不敢盟誓，恐遭神谴，乃投署起诉，先发制人。似此为富不仁，若不颁恩集案，面较笔迹，讯明究断，将见未断之田，被土豪伪契吞谋，致民损失甚巨，情何以堪。为此，沥由辩诉，伏乞仁天作主，俯准确讯究断施行。谨呈县长台前公鉴。

被辩诉状人萧作楷。

中证人潘华凤。

陆本义等批山契约①

立批山场字人三色村陆本义、陆本厚、陆本芳、陆运英并通族人等，今因人力不足，经营不到，缺少使用，无从出处，只得众村商议，愿将祖父遗下之地，坐落土名荒田山一面茅山、青山、杉树、杉木一概出批，自请中人问到海洋坪冯金龙、冯金明、冯成周叔侄三人名下承批为业。当日凭中踏看，上至岭顶倒水为界，下至到河为界，左至老石灰窑隘口分水为界，右至枫树大冲漕为界。四界分明，回家三面言定，时值押批价钱一十四千文整，并言递年长租钱六百文，此日契钱交批主亲手领足，并无欠限分文。恐有上房下族人等已到未到另生支有（由），出批人一力（律）承担，倘有上手来历不明，批主、中

---

① 据存荔浦县茶城乡九尺瑶村。1958年，广西少数民族社会历史调查组搜集整理。

人向前理落（论）不与相干。立批之后，应从冯姓耕种，阳春竹木百物等件管业，任由生耕死葬，批主不得异言翻悔阻挡，倘有人心不足，今口无凭，陆于出批一纸，付与冯姓永远收执为据。

通引中人瞿学礼。在场中人唐福清。

同治八年（1869）二月初五日，运英亲笔立。

陆运宗等批山契约①

立换合同长批山场字人三色村陆运英、陆运宗、陆运清、陆运林、陆运富、陆运隆、陆凤台、陆凤池、陆凤神、陆凤文、陆凤翔、陆凤云、陆凤朝、陆凤朝、陆凤山、陆凤翔、陆凤塘、陆凤鳖、陆凤岐、陆凤皇、陆凤阳、陆凤庄、陆凤阁、陆凤承、陆凤锦、陆凤麟今因合族于同治年间将祖地批山一处，坐落土名荒田冲右边一面茅山之地与冯姓耕租，每年长租钱六百文，加租钱八百文，递年交清，并无缺少。耕种数载，年代日久，众村通族人等商议，将地换批，再加租八百文，二共长租钱一千四百文整。请中问到九尺村冯金明、冯元金、冯元献应言承批为业，即日凭中照依先日老批地界，踏看再点清，上至岭顶为界，下至到河为界，左至冲尾滥泥田小沟直上岭顶田为界，右至由大街漕下到河为界，左边陆姓之地、右边赵姓之地，四界分明，三面言定，时值换押批钱四十一千文整。即日凭中立批，钱字两交清白，陆姓亲手领足应用，并无限欠分文。此二

---

① 据存荔浦县茶城乡九尺瑶村。1958 年，广西少数民族社会历史调查组调查搜集。

次批一次长租六百文，二次长租八百文，二共租钱一千四百文整，限每年冬下十一月十五日交清，两开加减。自批之后，其地界内一草一竹一木，寸上片石百物等件，毫无存留，概由冯姓子孙管业，起屋居住，阴阳两造，生耕死葬，百随其便，任与冯姓，不得招入外姓人等。已到未到，不得换批收赎找补一切。其地界内栽有百物等件，陆姓不得入山乱取。地内先有老祖上下左右，川心三丈不得开挖，如冯姓子孙自愿地不种，老批新批退与陆姓，租钱无给，二比甘愿，不得翻悔，并无逼供，恐口无凭，中立换批合同字二张，各执一张，永世收存为据。

尾批明祖地长批阴地任随山主使用。

中人陆德仪钱一千六百文。

在场陆凤玉、陆凤孔、陆凤伴、陆凤书、陆凤积、陆凤呈、陆凤游、陆凤楼。

在见赵荣品。

合同字，宣统二年（1910）庚戌四月十六日凤池亲笔。

茶城乡瑶族批山契约[①]

立换合同长批山场字人三色村陆运英、陆运宗、陆运林、陆运清、陆运凤、陆运永、陆运锦、陆运麟，今因合族于咸丰年间，前人将祖地批山一处，坐落土名荒田九十九尺大小漕山土与冯姓耕种，每长租钱五百文，递年交清，并无短少，耕种数载，年代日久，家村通族人等商议，将地换批再加租钱五百

[①] 碑存荔浦县茶城乡九尺瑶村。1958年，广西少数民族社会历史调查组搜集。

文，二共租钱一千文，自请中人问到九尺村冯金明男孙应言承批为业，即日凭中照依先日老批地界踏看再点清，上至岭顶为界，下至大街河田为界，左至冯关先年买受唐八地交界，岭分水直上岭顶为界，水倒左唐八岭之地，水倒右九尺山之地，右至松树大漕扯下岔河田为界，左边三色之地，右边长洞之地，四界分明，凭中三面言定，时值换押批钱二十八千文整，即日凭中立批，钱字两交清白，陆姓亲手领足应用，并无限欠分文，此二次批，一次长租五百文，二次长租五百文，二共租钱一千文整，限每年冬下十一月十五日交清，两无加减。自批之后，其地界内一草一竹一木，寸土片石有物等件，毫无存留，概由冯姓子孙管业，起屋居住，阴阳两造，生耕死葬，随其便任，与冯姓不得招入外姓。陆姓人等已到未到，不得换批长赎找补一切。其他界内栽有百物等件，陆姓不得入出乱取。地内先有老祖上下左右，川心五丈，不得开挖，如冯姓子孙自愿地不种，老批新批退与陆姓，租钱无给，二比甘愿，不得翻悔，并无逼供，恐口无凭，中立换批合同字二张，各执一张，永远收存为据。

批明阴地任随山主使用。中人陆德仪银十一毫。在场陆凤楼、陆凤积、陆凤呈、陆凤立、陆凤仁、陆凤孔、陆凤游、陆凤伴、陆凤宝。

在见赵荣品。

宣统二年（1910）庚戌四月十六日命立，陆凤玉、陆凤麟亲笔立。

姜盛荣卖地屋契约[①]

立书约卖地屋带石人姜盛荣，系西化圩新庄居住。急中无钱救饥，不已，自身议卖祖父遗下地屋一座。先通问族无人承受，凭中问到本村人宅黎主处，实出价本铜钱二千文足，即日亲手领钱回家救饥。当三面言定：其地屋随约交与钱主，不论年中，到时作屋，卖主不能邪言正意。其地屋崩壑者，买主亦无追悔；其地屋生金宝贝者，卖主亦不反退收。此系明卖明买，并非私相授受。日后有人妄行争夺，系在约内有名人承当之事。亲族邪言之情，上堂理论，甘罪无辞，其地屋仍归与钱主是实。今口无凭，世风不古，为此，立书卖地屋带石交与一张存照。

中保姜求新。立书约卖地屋人姜盛荣。请人代笔。

光绪四年（1878）七月二十九日。

---

① 此契约原存大新县宝圩乡堪圩村圩新屯。1956年11月，广西少数民族社会历史调查组搜集。